Rasch

Die literarische Décadence um 1900

Wolfdietrich Rasch

Die literarische Décadence um 1900

Verlag C. H. Beck München

Mit einer Abbildung

CIP-Kurztitelaufnahme der Deutschen Bibliothek

Rasch, Wolfdietrich:
Die literarische Décadence um 1900 / Wolfdietrich
Rasch. – München : Beck, 1986.
ISBN 3 406 31544 5

ISBN 3 406 31544 5

Umschlagbild: Markus Behmer, Illustration zu Oscar Wilde ‚Salome'
(mit freundlicher Genehmigung des Insel Verlags, Frankfurt am Main)
Umschlagentwurf: Bruno Schachtner, Dachau

Gesamtherstellung: Hieronymus Mühlberger GmbH, Augsburg
Printed in Germany

Inhalt

Einleitung

„Ich unterscheide einen Typus des aufsteigenden Lebens und einen andern des Verfalls, der Zersetzung, der Schwäche. Sollte man glauben, daß die Rangfrage zwischen beiden Typen überhaupt noch zu stellen ist? ..."

Nietzsche (III, 829)

„Seltsamer- und eigentümlicherweise habe ich alles geliebt, was sich in diesem Wort Sturz zusammenfassen läßt."[1] Die Bejahung all dessen, was „chute", Sturz und Fall und Untergang ist, die Erfahrung der Welt aus dem, was in ihr verfällt – damit hat Stephane Mallarmé 1867 eine Grundposition der literarischen Décadence formuliert. Mallarmé bezeichnet damit freilich auch das, was an der Décadence immer Anstoß erregt hat. Es regte sich Widerstand gegen die Zumutung, in Verfall und Untergang nicht nur etwas Bedrückendes, Erschreckendes, Beklagenswertes zu sehen, sondern, wenn auch der Verfall nicht total zu bejahen ist, doch wenigstens einen positiven Aspekt in ihm wahrzunehmen, ihn, wie Mallarmé, zu „lieben" und ebenso darstellenswert zu finden wie das gesunde, starke, aufsteigende Leben.

Die Literaturwissenschaft war weitgehend nicht bereit, die literarische Décadence unbefangen zu interpretieren, d. h. ohne Abwertung und moralische Verurteilung. An solchen Vorurteilen halten nicht nur extrem nationalistische Verfasser von literaturgeschichtlichen Darstellungen wie Adolf Bartels fest, sondern auch so verdienstvolle Literarhistoriker wie z. B. Walther Rehm. In seinem Aufsatz ‚Der Renaissancekult um 1900 und seine Überwindung' von 1929 hält Rehm diesen Renaissancekult – sofern er, wie in Heinrich Manns Roman ‚Die Göttinnen', in höchster Steigerung vorliegt und eine Verherrlichung des starken, rücksichtslos grausamen und amoralischen Lebens bedeutet – im Grunde nur darum für beachtenswert, weil er „überwunden", als ein Irrweg abgetan wird. Er sagt mit Recht, „der gesteigerte Renaissancekult ist nichts anderes als eine unverkennbare Erscheinungsform der Dekadenz, so daß also eine innere Bedingung von Renaissancebegeisterung und Dekadenzbewußtsein vorhanden ist".[2] Und es ist auch richtig, daß der Renaissancekult nicht auf mächtiger Lebenskraft und Lebensfülle beruht, sondern im Gegenteil aus der Schwäche stammt, die sich für das Starke begeistert, „da sie es selbst nicht besitzt und deshalb sich an der Schönheit starker, voller, rauschender, ursprünglicher Lebenskraft" berauscht. Doch das ist keine Erkenntnis Rehms, vielmehr wird es im Roman selbst vielfach ausgesprochen und verdeutlicht; es ist dem Autor bewußt, ist sein Thema. Fragwürdig ist, daß Rehm die dekadente Renaissancegebärde abwertet, nur weil sie aus der Schwäche kommt, so als sei Schwäche etwas schlechthin Verächtliches und als wäre nur ihre „Überwindung" als Gegenstand literarischer Darstellung berechtigt, nicht aber sie selbst. So verurteilt Rehm die aus Schwäche stammende Verherrlichung der Renaissance, statt objektiv und ohne Moralismus die Darstellung eines Grundzuges der dekadenten Verfassung in ihm zu sehen, die Heinrich Mann zwar teilweise kritisch, teilweise aber auch positiv auffaßt.

Ähnlich ist die negative Bewertung, die Rehm der „neuen Einsamkeit" zuteil werden läßt, worunter er vornehmlich die Abtrennung des Künstlers von der bürgerlichen Normalwelt versteht. Er kann das nicht einfach als ein Schicksal, eine Folge dekadenter Verfassung ansehen oder, sofern die Analyse sich auf Thomas Manns ‚Tonio Kröger' bezieht, vielleicht als Selbststilisierung einer mißmutig empfundenen, nicht angepaßten Existenz nach dem Vorbild Flauberts, der ja in dieser Abtrennung gelebt und übrigens auch das Wort von dem „in die Kunst verirrten Bürger" vorgeprägt hat. (Flaubert schrieb: „Haben Sie welche gekannt, die ihre Kunst lieben? Welche Fülle von Künstlern, die nur verirrte Bürger sind."[3]) Rehm sieht, wiederum moralisierend, einen Anteil von Schuld an dieser Abtrennung. „Es wird nie auszumachen sein, wie Schicksal und Schuld sich hier verbinden, wie sie gegeneinander abzugrenzen sind."[4]

Ein anderer Literaturhistoriker, Richard Moritz Meyer, scheut sich offensichtlich, das anrüchige Wort Décadence zu benutzen, verwendet es immerhin einmal ohne Abwertung. Nachdem er Andrea in Hofmannsthals Spiel ‚Gestern' als kranken Don Juan charakterisiert hat, fährt er fort: „Dieser Typus, dieser Manfred der Décadence, (...) er bleibt die Hauptfigur der Dramen Hofmannsthals."[5] Der Zusammenhang mit der europäischen Décadence-Literatur wird zwar nicht vermittelt; dennoch bleibt Meyers Gebrauch des Wortes eine bemerkenswerte Ausnahme.

Karl Heinz Bohrer spricht in seinem Buch ‚Die Ästhetik des Schreckens' von der „langen Tradition bürgerlich-akademischer, zum Teil extrem reaktionärer Décadencekritik, die schließlich in der nationalsozialistischen Décadence-Polemik mündete",[6] und bezieht sich dabei besonders auf Karl Justus Obenauers Buch ‚Die Problematik des ästhetischen Menschen in der deutschen Literatur' (1933). „Die Décadence als zersetzend, pervers, ungesund einzuschätzen, war ein Gemeinplatz der literaturgeschichtlichen Forschung der Dreißiger Jahre."[7] Rolf Geißler hat in seinem Buch ‚Dekadenz und Heroismus' diese Abwertung der Décadence-Literatur seinerseits kritisch analysiert.[8] Zwar haben auch die marxistisch orientierten Literarhistoriker, also Lukács und seine Nachfolger, ebenso wie die Kulturpolitiker der osteuropäischen Diktaturen die Décadence-

Literatur als Symptom spätbürgerlicher Entartung und Entkräftung verworfen. Aber Bohrer hat die im Westen übliche Abwertung der Décadence im Auge, wenn er sagt: „Stereotyp ist die Blindheit vor den intellektuell wie künstlerisch bedeutenden Elementen der Decadence."[9]

Es gab schon sehr früh entschiedene Ablehnungen der Décadence, so von dem bekannten und einflußreichen Psychologen und Ästhetiker Theodor Lipps. In einem Aufsatz ‚Zur Psychologie der Décadence' von 1904 nennt er durchaus richtig erkannte Momente der Décadence, aber alle mit negativem Vorzeichen. Er versteht die erhöhte Eindrucksfähigkeit des Décadent, aber sie lähmt nach seiner Ansicht, wenn eine „Disposition zur Dissoziation" vorliegt und die Kraft der „Assimilierung" aller Eindrücke fehlt.[10] Unser „dekadentes Zeitalter", sagt Lipps, habe Reizempfindlichkeit, die Auflösung bewirkt. Dekadenz erklärt er für einen „Krankheitszustand", als dessen Symptome er Zweifelsucht, Lust am Zersetzen ansieht, auch den „Kult des Häßlichen", die Anziehung durch das „Widerwärtige", die „Wollust der Grausamkeit" als Würze für das „erschlaffende Ich".[11] Das Wort „dekadent" wird, wie später bei den marxistischen wie den reaktionären Kritikern, geradezu zum Schimpfwort. Die „berauschende, raffinierte" Kunst wie die „mystisch weltentrückende" gelten als dekadent und verderblich. Bei aller Schärfe der Verurteilung ist der Aufsatz von Lipps doch von höherem Niveau als das 1892 erschienene Buch von Max Nordau, das einen maßlosen Angriff auf die gesamte moderne Dichtung vorträgt.[12]

Kritisch äußert sich auch Otto Harnack 1913 in einem Aufsatz ‚Décadence', aber doch nicht so radikal abwertend wie Lipps.[13] Er vermerkt zunächst überrascht, „daß das Wort ‚Décadence' anstandslos angewendet wird, ja sogar von Menschen, auf die es gemünzt ist, als wohlgefällig, als eine Art eigentümlicher Auszeichnung betrachtet und empfunden wird".[14] Harnack führt dann aus, daß der politische und wirtschaftliche Aufschwung im 19. Jahrhundert der Auffassung widerspricht, die literarische Décadence sei die „naturgemäße Folge" eines „Allgemeinzustandes" des Niedergangs.[15] Aber er sieht auch, daß jener Aufschwung zum Teil eine „feindselige Beurteilung findet", und läßt ein gewisses Verständnis für diese Opposition erkennen. Harnack verurteilt durchaus die Décadence als „Äußerung eines krankhaften Zustandes", in dem die „Willensbetätigung" ausgeschaltet wird. Er verwirft ein „Ästhetentum", das „überhaupt nicht mehr nach Lebenswerten fragt" und nur „Nervenerregung" und „Auskosten der eigenen Reizungen" will. Aber im Ganzen sieht er all diese Momente doch schließlich nur als „Gärungserscheinungen", mit „Keimen des Fortschritts". „Der rein ästhetisch gerichtete Mensch fühlt sich heute deshalb als Décadent, weil er an der Art von Willenskraft, die heute die Welt beherrscht, keinen Anteil haben kann und haben will", und damit wirkt er „für das Aufgehen einer neuen

Kultur die (...) den ästhetischen Lebenstrieben eine höhere Bedeutung zusprechen wird".[16]

Harnack unterscheidet sich auch damit wohltuend von den rigorosen Gegnern der Décadence, daß er seine Darlegungen nicht auf „die bloße Pose des Dekadenten" bezieht, also nur das echte Décadence-Bewußtsein im Auge hat. Die radikalen Gegner haben sich sehr oft auf solche Poseure berufen, auf das, was man „Pseudo-Décadence" nennen könnte. Es gab in nicht geringem Umfang diese Pose der Décadence, ihre modische Attitude, so wie es ja auch die kokette Attitude des spätromantischen Weltschmerzes und die äußerlich wilde Gebärde der Sturm-und-Drang-Gesinnung um 1770 gab, die Goethe im ‚Satyros' verspottet hat. Manche scheinen dem Reiz erlegen zu sein, das dekadente Gehabe und Reden nachzuahmen, sich mit dekadentem Pessimismus, der ein „Salonartikel" wurde, interessant zu machen. Edmond Boncourt notiert am 6. Februar 1889 in seinem Tagebuch: „Voici que recommence chez les décadents une génération de poseurs, de chercheurs d'effets, d'étonneurs de bourgois."[17] Doch kann man sich hier leicht täuschen, weil auch der wirkliche Décadent sein Außenseitertum gern zur Schau trägt, sich als Dandy vom Normalbürger betont abhebt, die blasierte Allüre bevorzugt. Dieses Gehabe gehört zu seinem Wesen, ist aber leicht zu kopieren von den Snobs der Salons. Carassus warnt vor der oberflächlichen Einschätzung, die die Aufrichtigkeit hinter dem dekadenten Auftreten verkennt: „Die Maske klebt zu gut an der Haut."[18]

Den Poseuren der Pseudo-Décadence entsprechen literarische Werke minderen Wertes, die, wenn sie nicht einfach Kitsch sind, sich dem Kitsch nähern und mit billigen Effekten die Décadence-Dichtung zu einer bloßen Mode herabsetzen. Es ist Trivial-Décadence, so wie es ja auch zum Beispiel Trivial-Romantik gab. Die radikalen Gegner der Décadence berufen sich besonders gern auf sie und zitieren z. B. Felix Dörmann, um mit trivialen Beispielen die literarische Décadence zu diskriminieren, statt sich an die großen Autoren zu halten. Viele Motive der Décadence werden von Dörmann in ausdrucksarmer Sprache wiederholt, so in einem Gedicht mit dem Titel ‚Mir ist es gleich':

Ihre Liebe ist Lüge, käuflich – aber egal.
Ich weiß, daß diese schäumenden Ekstasen
Erkünstelt sind.
Daß sie nur künstlich Deinen Leib durchrasen,
Mein bleiches Kind.[19]

Karl Kraus hat die Gedichte Felix Dörmanns und Richard Spechts als Proben einer „Décadence, die sich die Anführungszeichen gefallen lassen muß", also einer Pseudo-Décadence, entlarvt. Der Essay über diese Autoren enthält aber auch das Diktum: „Dekadent ist schließlich jeder Poet."[20]

Adolf Bartels, der die Décadence-Dichtung insgesamt rigoros ablehnte, hat in einem kleinen Aufsatz im ‚Kunstwart' von 1899, ‚Dekadenz in der Unterhaltungsliteratur', mit besonderer Feindseligkeit festgestellt, daß man dabei ist, „die Dekadenz für das Leihbibliothek- und Feuilletonromanpublikum nutzbar zu machen". Er nennt mit Abscheu Romane und Erzählungen von Hans von Kahlenberg, Arnold Glut, Ludwig Wolff.[21]

Mit dem Hinweis auf das Vorhandensein dieser Pseudo-Décadence möchte ich mich hier begnügen und nicht weiter auf sie eingehen. Das Buch gibt keine Geschichte der literarischen Décadence. Sie kulminiert zwar im späten 19. Jahrhundert unverkennbar, aber bestimmt doch keineswegs allein das literarische Leben, sondern ist nur eine seiner Komponenten. Es läßt sich also nicht von einer Zeit der Décadence-Literatur in dem Sinne sprechen, wie man etwa von der Periode der barocken, klassischen oder romantischen Dichtung spricht.

Daß die Décadence-Dichtung in den neunziger Jahren und weit darüber hinaus eine bedeutende Komponente der europäischen Literatur war und ihre größte Verbreitung fand, ist unbestreitbar und auch so gut wie unbestritten. Nur Roger Bauer behauptet, in den achtziger Jahren, „als sich Nietzsche so mit der Décadence einließ (...), hatte man jedoch in Frankreich schon wieder begonnen, sie altmodisch und lächerlich zu finden".[22] Bauer hat dafür als Beleg nur die – recht mäßigen – Parodien auf Dichtungen der Décadence angeführt, die 1885 von H. Beauclair und G. Vicaire herausgegeben wurden unter dem Titel ‚Les déliquescences. Poèmes décadents d'Adoré Floupette'. Doch eine Parodie hat noch nie die Geltung und Wirksamkeit eines literarischen Stiles vermindert. Die Parodien von Beauclair und Vicaire bilden keineswegs einen „großen Hiatus", wie Bauer meint.[23] Baudelaire oder Huysmans wurden weiterhin uneingeschränkt bewundert, die Décadence-Dichtung bildete die literarische Atmosphäre, in der Paul Valéry, André Gide, Marcel Proust ihr Werk begannen. Paul Valéry schrieb Ende 1889 an Albert Dugrip: „Immer wieder lese ich ‚A rebours', das ist meine Bibel, mein Lieblingsbuch. Nichts Stärkeres ward geschrieben in den letzten zwanzig Jahren."[24] An Pierre Louys schrieb Valéry am 22. Juni 1890: „und ich bin Décadent".[25] Wenn Bauer sagt: „1890 ist dann die Wendung ins eigentlich Belanglose vollzogen",[26] so widerspricht dem die Tatsache, daß nach 1890 noch sehr bedeutende Décadence-Dichtungen erscheinen.[27] Wenn der kühl urteilende Kritiker Ferdinand Brunetière 1887 bemerkt, „Baudelaire est l'un des idoles de ce temps",[28] so erweist das ebenso die Belanglosigkeit jener zwei Jahre vorher erschienenen Parodien wie Rémy de Gourmonts Satz von 1896: „Toute la littérature actuelle (...) est baudelairienne."[29] Jean Pierrot hat zweifellos recht, wenn er sagt, daß „jusqu'à la fin du siècle la sensibilité décadente continue à imprégner l'ensemble du mouvement poétique".[30]

Erst um 1912 läßt sich eine allmähliche Abkehr von der Décadence erkennen. Schon 1906 schreibt Ernst Stadler: „Man ist es satt, immer nur Ausklang, Spätling zu sein. Der Wille regt sich, vorwärts zu zeigen, statt zurück, Anfang zu sein (...)."[31] Für Frankreich hat Romain Rolland 1912 in seiner ‚Chronique Parisienne' eine Erneuerung der geistigen Kräfte festgestellt, eine deutliche Entfernung von der Haltung der Décadence, eine neue „Lebensleidenschaft". „Diese Vitalität ist das wesentliche und neue Phänomen der Zeit. Sie bricht jäh hervor aus der moralischen Apathie und dem dilettantistischen Objektivismus des vorhergehenden Zeitalters. Es scheint, als ob die junge Generation einen neuen Pakt mit dem Leben abgeschlossen habe."[32] Diese junge Generation meldet sich zu Wort etwa mit dem 1886 geborenen Jacques Rivière, der 1913 in der ‚Nouvelle Revue Française' schreibt: „Wir sind in einem der Augenblicke, wo man merkt, daß sich etwas vom Platze bewegt. Wie ein Schiff, das sich nachts an seinem Anker dreht, – und am Morgen ist der Bug, der nach dem Hafen gewandt war, zum offenen Meer gerichtet, – so hat sich eine Neuorientierung der Literatur vollzogen. (...) Die Symbolisten kannten nur die Genüsse müder Menschen. Sie kamen am Ende eines Jahrhunderts, in dem man viel gearbeitet hatte; sie lebten in der Stimmung eines zu Ende gehenden Tages. (...) Heute kennen wir heftigere und heiterer sprudelnde Freuden. Sie sind alle enthalten in der Freude zu leben."[33] Hier wird Schopenhauers Forderung einer „Verneinung des Willens zum Leben", die in der Décadence des Fin de siècle dominant war, abgewiesen. Aber wenn damit der Moment einer Abkehr markiert ist, so bedeutet das nicht ein absolutes und endgültiges Verschwinden aller Décadence-Dichtung. So wie Baudelaire und Flaubert sie seit den fünfziger Jahren des 19. Jahrhunderts für die moderne Welt vorgeprägt haben, bleibt sie eine Möglichkeit, die immer wieder aufgenommen werden kann, deren Motivwelt, die Thematik des Untergangs, sich wieder aktualisieren läßt, auch wenn ihr keine allgemeine Zeitstimmung entspricht. Rolf Geißler hat mit vollem Recht Dichtungen wie Joseph Roths ‚Radetzkymarsch' von 1932 und Schnitzlers ‚Therese' von 1928 als Décadence-Romane interpretiert, und Karlheinz Bohrer hat wie vor ihm schon Rainer Gruenter mit gleichem Recht die frühen Werke Ernst Jüngers der Décadence zugeordnet. Die literarische Décadence widersetzt sich der strikten zeitlichen Einordnung und Periodisierung, und sie widerstrebt auch dem Versuch, bestimmte Autoren auf sie festzulegen. Der Verfasser eines zur Décadence-Literatur gehörenden Werkes muß nicht in jeder späteren Dichtung wieder Décadence-Motive behandeln, er kann seine Thematik wechseln, seine perspektivische Sicht verändern, ohne daß man gleich von „Überwindung der Décadence" sprechen sollte. Hofmannsthals ‚Jedermann' ist gewiß keine dekadente Dichtung wie vorher ‚Der Tor und der Tod' und später wieder ‚Der Schwierige' mit der Gebrochenheit seines Helden und der Untergangsnähe der vorgeführten Gesellschaft.

Die literarische Décadence ist ein höchst kompliziertes Phänomen. Ihre Grundpositionen sind widerspruchsvoll. Die von Mallarmé formulierte Liebe zu Verfall und Untergang hebt die Furcht vor diesem Untergang, das Leiden an ihm nicht auf, sondern läßt es gleichzeitig bestehen. Das Verständnis der Décadence-Dichtung hängt von der Bereitschaft ab, dieses Zugleich, diesen unbequemen, sinnwidrig scheinenden Widerspruch zu akzeptieren. Der Lebenstrieb ist stark, auch durch seine bewußte Verleugnung wird er nicht gleich annulliert. Wenn der Décadent Schopenhauers „Verneinung des Willens zum Leben" akzeptiert, so genügt diese Bewußtseinsänderung nicht, den Lebenswillen ganz aufzugeben, auch und gerade bei einem kränklichen Décadent nicht. Nicht jeder gibt sich auf wie Thomas Manns kleiner Hanno in den ‚Buddenbrooks', der das allerdings tut. Verfall bleibt, selbst wenn er bejaht und um seiner Reize willen genossen wird, auch für den Décadent zugleich immer traurig und beklagenswert, und die Lust am Untergang ist immer eine Trauerlust, eine Schmerzlust, – jene Mischung, die der Décadent bevorzugt.

Statt eine Geschichte der literarischen Décadence zu bieten, versucht dieses Buch, ihren – bisher nie zureichend geklärten – Begriff und seine literarische Verwirklichung zu entwickeln, und zwar frei von jedem Vorurteil, streng sachlich, ohne jede moralische oder sonstige Abwertung. Die fragwürdigen Seiten der literarischen Décadence werden nicht verschwiegen oder beschönigt, aber sie werden nicht zum Argument ihrer Diffamierung gemacht. Das scheint ein dringendes Erfordernis.

Die Untersuchung gilt vorwiegend der deutschen Décadence-Dichtung, und da diese erst um 1890 einsetzt und um 1912 zurücktritt, so läßt sich die Zeitangabe „um 1900" wohl rechtfertigen, auch wenn einige spätere Dichtungen herangezogen und vor allem für die Berücksichtigung der französischen Décadence zeitlich weit zurückgegriffen wird. Daß maßgebliche Beispiele auch der französischen Dichtung behandelt werden müssen, versteht sich von selbst, da ja die moderne Décadence-Dichtung in Frankreich entstanden ist und die deutschen Autoren entscheidend von ihr bestimmt sind. Aber auch englische oder italienische Beispiele waren aufzunehmen: Die deutschsprachige einschlägige Literatur hat ihre nicht isolierbare Stelle in einer in ganz Europa sich ausbreitenden Décadence-Dichtung und läßt sich nur in diesem Zusammenhang verstehen.

Die Untersuchung beschreibt im ersten Teil, nach der Klärung der Wesensbestimmung der literarischen Décadence als Darstellung von Verfall und Untergang, die wichtigsten spezifischen Einzelerscheinungen und Äußerungsformen, die Gesinnungen und personalen Strukturen der Décadence, die zugleich die Grundmotive ihrer literarischen Darstellung bilden. Die Einzelerscheinungen werden jedoch nicht abstrakt-analysierend vermittelt, sondern an Beispielen aus der Décadence-Literatur und aus Äußerungen ihrer Autoren in Briefen, theoretischen Reflexionen usw. anschaulich gemacht. Diese Beispiele sind jedoch nicht nur als Belege für Thesen angeführt, vielmehr sind sie jeweils so reichlich mitgeteilt, daß eine große Zahl von Texten präsent wird und die Differenzierung sowohl wie die in immer wiederkehrenden Grundmotiven erkennbare Einheitlichkeit der europäischen Décadence-Literatur erfaßbar wird. Dabei zeigt sich – was oft nicht recht erkannt wird –, daß die Décadence-Literatur nicht etwa hauptsächlich die Darstellung des ganzen Zeitalters als Epoche des Verfalls unternimmt, sondern vorwiegend dekadente Einzelerscheinungen behandelt, oft ganz ohne Bezug auf ihre Umwelt. Von Tonio Krögers Familie in Thomas Manns Erzählung heißt es: „Die alte Familie der Kröger war nach und nach in einen Zustand des Abbröckelns und der Zersetzung geraten (...)" (VIII, 289). Eine solche biologisch fundierte Degeneration von Familien, in denen lebensschwache Erben auf starke Väter folgen, kann es zu allen Zeiten geben, sie sind nicht Symptome eines allgemeinen Niedergangs. Doch wird erst in der Décadence-Literatur ein solcher „Verfall einer Familie" als darstellenswert angesehen und überaus häufig zum Thema erzählender Dichtung gemacht, und er kann so allerdings Symbolwert gewinnen.

Andere Momente von Décadence wie Nervenschwäche oder Willensschwäche werden von den Autoren mit dem Bewußtsein gestaltet, daß damit nicht nur singuläre Erscheinungen gezeigt werden, sondern daß viele Zeitgenossen von diesen Schwächen betroffen sind. Aber das bedeutet nicht, daß damit ein allgemeiner politisch-gesellschaftlicher Verfall behauptet oder gar eine Verfallszeit dargestellt würde. Hofmannsthal schreibt in seinem ersten Essay über d'Annunzio, der für die Analyse des Décadence-Bewußtseins besonders ergiebig ist, die sehr verschiedenen Menschen in d'Annunzios Erzählwerk hätten „einen gemeinsamen Grundzug, jene unheimliche Willenlosigkeit, die sich nach und nach als Grundzug des in der gegenwärtigen Literatur abgespiegelten Lebens herauszustellen scheint" (PI, 174). Diese Bemerkung erweist sehr deutlich die Abwegigkeit einer vereinzelt geäußerten Meinung, die Literatur der Décadence sei ein bloßes literarisches Spiel, das keinen Bezug zur Realität, nichts Entsprechendes in der Wirklichkeit habe, – eine Meinung, die wohl einer Widerlegung kaum bedarf. Auch die so häufig dargestellte Degeneration alter Familien ist schließlich ein bekanntes Faktum.[34]

Im zweiten Teil des Buches werden dann als repräsentative Beispiele einige Dichtungen im Ganzen oder Werkreihen eines Autors auf ihre dekadente Thematik hin interpretiert, um die Konzeption und das Verfahren dekadenter Autoren, die Gestaltung der im ersten Teil angeführten einzelnen Décadence-Motive im Zusammenhang einer geschlossenen

Dichtung sichtbar zu machen.[35] Es sind Werke von exemplarischer Bedeutung, deren Deutung ein sehr fragmentarisches, aber im Sinne des pars pro toto doch gültiges Bild der Décadence-Dichtung zu geben sucht.

Erster Teil

I. Die Darstellung des Verfalls und Untergangs

Der Terminus ‚Décadence' ist zunächst nicht als Kennzeichnung literarischer und künstlerischer Erscheinungen verwendet worden, auch nicht als Formel für die vitale Schwächung einzelner Menschen oder ganzer Familien, vielmehr war er anfangs bezogen auf den Untergang des römischen Weltreichs. Der Verfall Roms war seit der Antike und durch Jahrhunderte ein immer wieder leidenschaftlich ergriffener Gegenstand des Nachdenkens, das unerschöpflich ergiebige Thema einer auf die Ursachen und Hintergründe des Verfalls menschlicher Größe bedachten Reflexion.[1] Man hat im Lauf der Zeiten von Polybios bis Montesquieu und Gibbon immer neue Gründe und Motive für den Verfall Roms angeführt: moralische, religiöse, politische unterschiedlicher Art, Verfall der Sitten oder Verlust der republikanischen Freiheit, Abwelken der antiken Religion oder – so sah es Gibbon – das Christentum als auflösende Macht werden verantwortlich gemacht. Aber all diese Erklärungen bewegen sich auf dem Grunde einer eigentümlich konstanten, stets wiederholten Anschauung, die einfach besagt, daß alles Bestehende, sowohl das naturhaft Gewachsene wie das von Menschen Erzeugte, also Einrichtungen, Staatsgebilde usw., keine ewige Dauer hat, sondern bestimmt ist, zugrunde zu gehen.

Hier scheinen sich Widersprüche zu ergeben. Denn wenn man den Untergang Roms z. B. auf die große Üppigkeit oder Sittenlosigkeit zurückführt, so könnte man daraus schließen, daß bei größerer Disziplin und Strenge der Verfall nicht eingetreten wäre. Jedoch ist das nicht die Meinung derer, die spezielle Ursachen für den Niedergang angeben. Vielmehr sieht man im Sittenverfall oder im Verlust der Freiheit nur die jeweils besonderen Formen, in denen der Untergang sich vollzieht, der als solcher unvermeidlich ist. Die Widersprüche lassen sich also auflösen. Aber es bleibt eine Frage, die in der großen Literatur über Roms Untergang kaum gestellt worden ist, nämlich die Frage, woher es kommt, daß die verschiedensten Interpreten, antike Historiker und mittelalterliche Theologen, politische Denker wie Machiavelli, Aufklärungsdenker wie Montesquieu oder Gibbon, ungeachtet der großen Verschiedenheit ihrer Grundanschauungen und Standpunkte, immer wieder die Naturgesetzlichkeit des Untergangs von Rom festgestellt haben. Worauf beruht die merkwürdige Beharrlichkeit einer solchen Erklärung? In ihr drückt sich offensichtlich eine zu allen Zeiten, unter allen geschichtlichen Bedingungen mögliche Selbsterfahrung des Menschen aus: die Gewißheit seiner eigenen Endlichkeit, der unausweichlichen Todesverfallenheit seiner Existenz. Diese Gewißheit wird, besonders in der jugendlichen Phase des Lebens, zwar aus dem Bewußtsein verdrängt, ja fast verleugnet, aber sie ist unbewußt immer wirksam. Die Einsicht, daß alle natürlichen Erscheinungen wie alles vom Menschen Geschaffene unweigerlich zum Untergang bestimmt sind, ist eine Projektion der menschlichen Selbsterfahrung. Die christliche Glaubensgewißheit von der Unsterblichkeit der Seele läßt doch das Bewußtsein vom Aufhören der zeitlichen Existenz des Menschen bestehen.

Immer wieder werden Geschichtsprozesse interpretiert mit „organischen" Metaphern. Man spricht von der Kindheit, Jugend, Blüte und vom Altern und Verfall eines Volkes, einer Kultur, einer Machtstruktur. Pflanzliche Metaphorik wie „Blüte" oder „Welken" mischt sich hier ein, aber das Grundmodell ist das menschliche Leben selbst, in die Geschichte projiziert. Es ist dieses subjektive Bewußtsein, diese Selbsterfahrung eines zum Untergang bestimmten Daseins, das den Umschlag in der Bewertung des Verfalls möglich macht, der im modernen Décadence-Bewußtsein eingetreten ist. Der Untergang Roms war in den zahllosen Erörterungen seiner Ursachen und Folgen überwiegend negativ beurteilt, mit Trauer und bekümmertem Ernst dargestellt worden. Roms Sturz wurde nicht bejaht, auch nicht, wie man vielleicht meinen könnte, in jenen Ruinenbildern, die in der Malerei des 17. Jahrhunderts so häufig und beliebt waren. Zwar teilt sich in diesen Ruinendarstellungen eine Wehmut über den Sturz machtvoller Größe mit, die sich sentimental selbst zu genießen scheint. Aber durch die Zeugnisse der Zerstörung und des Verfalls hindurch wird meistens die einstige Größe der römischen Herrschaftswelt spürbar gemacht, und sie wird gerühmt als für das barocke Bewußtsein absoluter Höhepunkt weltlicher Macht und Größe. Das unterscheidet diese Ruinenbilder von dekadenten Darstellungen des Verfalls.

Natürlich gab es, besonders im 17. Jahrhundert, die von der christlichen Weltverneinung geforderte Einsicht in die Hinfälligkeit und Nichtigkeit alles Irdischen und Zeitlichen, der die im Jenseits gesicherte Ewigkeit als einziger wahrer und beständiger Wert gegenübersteht. Aber da ist der Verfall als solcher negativ gesehen, eben nur als Voraussetzung des ewigen Lebens.

Eine Bejahung des Verfalls ohne Jenseitshoffnung tritt – auch wenn sich Vorstufen erkennen lassen – erst im 19. Jahrhundert deutlich hervor. Schon bei Wilhelm von Humboldt, dessen Denken durchaus im 18. Jahrhundert wurzelt, kündigt sich diese Umwertung an, wenn er 1817 schreibt: „Daher ist die Geschichte des Verfalls der Staaten meistenteils anziehender als die ihrer Blüte oder vielmehr die letztere ist erst dann recht anziehend, wenn sie von dem Verfall aus betrachtet wird."[2] Obwohl hier der Blickpunkt der Ruinenmalerei noch spürbar ist, sieht man an dieser Bemerkung Humboldts, wie der Wertakzent sich langsam verschiebt. Zwar stellt er gleich darauf fest, daß die Geschichte des Wachstums oder Verfalls einer Nation „nicht so sehr Geschichte sei" wie ein moralisches „Räsonnement", denn es seien „moralische Erscheinungen". Mit diesen Sätzen zeigt sich Humboldt der traditionellen Sehweise verbunden, aber gerade deshalb ist es erstaunlich, daß er Zeiten eines moralischen Niedergangs der Staaten nicht nur negativ sieht, sondern sie „meistenteils" anziehender findet als ihre Blüte. Das weist voraus auf eine künftige Entwicklung. Ein halbes Jahrhundert später (1867) wird Stephane Mallarmé seine leidenschaftliche Vorliebe für „la poésie agonisante" der „derniers moments de Rome" bekennen. Aber für Mallarmé ist die römische Verfallspoesie nur ein Beispiel, seine besondere Liebe gilt, wie schon in der Einleitung hevorgehoben wurde, dem Verfall überhaupt, allem, was stirbt und untergeht.[3]

Damit hat sich, von Humboldt aus gesehen, das persönliche, emotionale Verhalten zur Décadence in zweifacher Weise geändert. Einmal wird jetzt ohne Vorbehalt und Einschränkung der Verfall als liebenswert angesehen, und zum zweiten wird der Begriff der Décadence nicht mehr ausschließlich an den Untergang Roms oder anderer Staaten gebunden, sondern auf alle Phänomene des Verfalls angewandt. Die Subjektivierung der Décadence-Erfahrung wird deutlich in einer Außerung Richard Wagners, der 1853 in einem Brief an Franz Liszt über den Nibelungen-Zyklus spricht und dabei bemerkt: „Ja – im Brande Wallhalls möchte ich untergehen! Beachte wohl meine neue Dichtung – sie enthält der Welt Anfang und Untergang!"[4] Die Vorstellung des eigenen Untergangs verbindet sich unmittelbar mit der dichterischen und musikalischen Darstellung des Weltuntergangs, den Wagner im Sturz der germanischen Götterwelt symbolisieren will. Cosima bekennt in ihren Tagebüchern die gleiche Untergangssehnsucht: „Ich dürste nach Vergehen, Verderben" oder: „Zu dem leuchtenden sternenerfüllten Abgrund zieht es mich an, unwiderstehlich schaue ich hinein und versinke bewußtlos darin."[5]

Thomas Mann hat bekanntlich in seinem ersten Roman ‚Buddenbrooks' von 1901 den „Verfall einer Familie" – so der Untertitel – vorgeführt und in der Gestalt des musikalisch begabten kleinen Hanno die Schwäche und Lebensunfähigkeit eines Décadent dargestellt, des späten Erben tüchtiger und tätiger Vorfahren. Man hat gern betont, daß dieser Verfall der Lebenskräfte auch positive Seiten hat, die erhöhte Sensibilität, Verfeinerung und künstlerische Begabung. Aber Thomas Mann selbst geht in der Bewertung des kleinen Hanno sehr viel weiter, wenn er noch sehr spät, 1947, in einem Rückblick auf ‚Buddenbrooks' schreibt: „Ich erinnere mich wohl, daß, was mir ursprünglich am Herzen gelegen hatte, nur die Gestalt und die Erfahrungen des sensitiven Spätlings Hanno waren" (XI, 554). Das „tiefste Anliegen" des Werkes sei „die Psychologie ermüdenden Lebens, die seelischen Verfeinerungen und ästhetischen Verklärungen (...), welche den biologischen Niedergang begleiten" (XI, 554). Diese Hochwertung des kleinen „Verfallsprinzen" kulminiert in einem provozierend hochgegriffenen Lob der Schwäche, von der es heißt: „ohne (...) ihren leidenden Kritizismus, dem die Wirklichkeit, wie sie ist, und wie sie den für sie Tüchtigen behagt, unerträglich ist, – kurz ohne den Décadent, den kleinen Hanno, wären Menschheit und Gesellschaft seit diluvialen Zeiten um keinen Schritt vorwärts gekommen. Es ist die Lebensuntauglichkeit, welche das Leben steigert, denn sie ist dem Geist verbunden" (XI, 556).

Diese Äußerung weist deutlich zurück auf eine Bemerkung Nietzsches, der sich schon früh mit dem Phänomen der Décadence befaßt hat, längst bevor er es mit diesem Namen benannte. Er schrieb 1878 in der Schrift ‚Menschliches, Allzumenschliches' unter dem Stichwort „Veredelung durch Entartung": „Aus der Geschichte ist zu lernen, daß *der* Stamm eines Volkes sich am besten erhält, in dem die meisten Menschen lebendigen Gemeinsinn infolge (...) ihres gemeinsamen Glaubens haben. (...) Die Gefahr dieser starken (...) Gemeinwesen ist die allmählich durch Vererbung gesteigerte Verdummung, welche nun einmal aller Stabilität wie ihr Schatten folgt. Es sind die ungebundeneren, viel unsichereren und moralisch schwächeren Individuen, an denen das *geistige Fortschreiten* in solchen Gemeinwesen hängt: es sind die Menschen, die Neues und überhaupt vielerlei versuchen. (...) Die abartenden Naturen sind überall da von höchster Bedeutung, wo ein Fortschritt erfolgen soll. Jedem Fortschritt im Großen muß eine teilweise Schwächung vorhergehen. Die stärksten Naturen *halten* den Typus *fest*, die schwächeren helfen ihn *fortbilden.*" Es besteht „die Möglichkeit, zu höheren Zielen zu gelangen, dadurch, daß entartende Naturen und, infolge derselben, teilweise Schwächungen und Verwundungen der stabilen Kraft vorkommen; gerade die schwächere Natur, als die zartere und feinere, macht alles Fortschreiten überhaupt möglich" (I, 584). Das klingt fast wie eine vorweggenommene Antwort auf Max Nordaus ‚Entartung', diesen 1892 erschienenen wüsten Angriff auf die Décadence.

Thomas Mann gibt in ‚Buddenbrooks' eine objektive Darstellung des als biologische Schwäche verstandenen Verfalls einer Familie, verweist aber auf den sozialen Hintergrund des Romans, auf seine eigene innere Verfassung und persönliche Erfahrung. Er habe, sagt er, den Roman seinerzeit „aus frischer Erinnerung, aus dichterischer Introspektion" geschrieben. Dieser Verfallsprozeß aber ist für Mann ein durchaus würdiger, gerechtfertigter Gegenstand literarischer Darstellung.

Es gilt zunächst, genau zu sehen, wie es zu der Umwertung kam, die als Voraussetzung der modernen literarischen Décadence angesehen werden muß. Um diese geht es hier, und darum muß eine Bestimmung des Begriffs ‚literarische Décadence' vorangestellt werden. Er bezeichnet einen Themenkomplex, die Darstellung des Verfalls und Untergangs in allen Spielarten und Differenzierungen. Dem zentralen Thema des Verfalls ordnen sich viele Motive zu, mit denen seine Symptome beschrieben, seine Erscheinungsweisen dargestellt werden. In Lockerungen und Auflösungsmomenten der politisch-gesellschaftlichen Ordnung kann der Verfall der Staaten sichtbar werden, in verminderter Vitalität, in der Schwächung der Lebensenergien, der Lähmung des Willens der Verfall der Familien und Personen. Schwächung der Lebenskraft macht nicht nur empfänglich für immer neue, immer ausgefallenere Reize, für künstliche Belebungsmomente, für Sensationen der Nerven, es macht geradezu süchtig nach ihnen. Das sind ein paar Stichworte für die Beschreibung einiger Grundzüge des dekadenten Verhaltens, einige unter vielen anderen. Die Verfallsthematik ist allen literarischen Werken der Décadence gemeinsam.

Auch die äußerst gesteigerte Sensibilität, ein unbezweifeltes Kennzeichen der Décadence, hängt eng mit dem Phänomen des Verfalls zusammen, weil sie möglich wird auf Kosten der vitalen, aktiven, willensmäßigen Kräfte. Die übermäßige Sensibilität ist Voraussetzung und Symptom dieses Kräfteverfalls. „Wir sind alle ehrgeizig, ein bißchen verdorben durch Sensitivität", schrieb Hofmannsthal 1892.[6] „Verdorben" bezieht sich auf die Schwächung der Vitalität. Ebenso ist die ausgesprochene Vorliebe der Décadence für das Künstliche, die in allen Bereichen wahrnehmbare Bevorzugung des Artifiziellen ein Verfallssymptom. Die äußere Natur hat nur noch gewisse Reize im Zustand des Verfalls, des welkenden Absterbens. „La nature n'est intéressante que débile et navrée",[7] schreibt Huysmans. Kraftlos und schmerzgequält also muß sie sein, um dem Décadent zu gefallen.

Es wird auf Bedenken oder Widerspruch stoßen, daß hier die literarische Décadence so einseitig von ihren Motiven her bestimmt wird und nicht von ihren Strukturen aus. Doch scheint das wegen der definitorischen Klarheit und Eindeutigkeit nötig, auch wenn man sich bewußt bleibt, daß eine Trennung von Form und Inhalt im Kunstwerk nicht möglich ist. Es wird natürlich auch nicht behauptet, daß es etwa möglich sei, Décadence-Dichtung allein von ihren Motiven her zu interpretieren. Selbstverständlich hat die Décadence-Literatur ihre besondere Formensprache entwickelt. Der junge Paul Valéry schrieb 1890: „Décadent bedeutet für mich äußerst verfeinerter Künstler, den eine kunstvolle Sprache gegen den Ansturm des Vulgären schützt."[8]

Künstlichkeit, artistisches Raffinement, subtilste Nuancierung sind häufige Kennzeichen der Décadence-Dichtung, weiterhin eine Vorliebe für das seltene und erlesene Wort, eine Entlegenes verbindende, überraschende Metaphorik, hermetische Strukturen. Aber als Kriterien der Zuordnung zur Décadence sind diese und andere formale Momente fragwürdig, weil eine artistische Gestaltungsweise auch außerhalb der Décadence begegnet, jedem Manierismus eigentümlich ist. Andererseits gibt es unzweifelhaft dekadente Werke wie z. B. Oscar Wildes ‚Bildnis des Dorian Gray' oder Huysmans' ‚A rebours', die ohne raffinierte Sprachkunst geschrieben sind, was deren Fragwürdigkeit als Kriterium bestätigt. ‚A rebours' „verrät auf jeder Seite, daß der Verfasser mit einer dekadenten Sprache nichts zu schaffen hat".[9] Das gleiche gilt für Barrès' frühe Romane, von denen Hofmannsthal sagt, der Verfasser „ist um Schönheit der Form unbekümmert, er hat fast keinen Stil" (PI, 47). Als nicht einseitig kritisch, sondern mit bejahendem Vorzeichen gegebene Darstellung von Verfallserscheinungen läßt sich die Kunst der Décadence eindeutig bestimmen.

Erwin Koppen macht in seinem bedeutenden, überaus lehrreichen Buch ‚Dekadenter Wagnerismus', das auch die Entstehung der französischen Décadence-Literatur eingehend beschreibt, zwar andeutende Bemerkungen zu einem „Stil" der Décadence, dem die üblichen Merkmale wie artistische Verfeinerung, Kompliziertheit, usw. zugeschrieben werden, neigt aber im Grunde doch zu einer inhaltlichen Bestimmung des Décadence-Begriffs. Er versteht darunter „eine Haltung dem Leben und der Gesellschaft gegenüber, deren literarische Phänomene weniger in der Sprache als in bestimmten gehaltlichen Charakteristika (Motiven, Charakteren usw.) in Erscheinung treten".[10] Dieser grundsätzlichen Stellungnahme ist zuzustimmen, und auch die „gehaltlichen" Momente, die Koppen im Gange seiner Untersuchung herausstellt, sind überzeugend. Doch weicht er einer Definition des Gesamtphänomens Décadence, die alle einzelnen Motive umgreifen sollte, eher aus. Als zusammenfassende Bestimmung gibt Koppen folgende Formulierung: „Décadence-Literatur ist nichts anderes als eine literarische Reaktion, eine ästhetische Opposition gegen die bürgerliche Industriegesellschaft der letzten Jahrzehnte des 19. Jahrhunderts. Als Komplementärbegriff zu dem des Fortschritts (in seinem bürgerlich-technokratischen Verständnis) bezeichnet der Terminus eine Literatur, die Verhaltensweisen, Ideale und Leitbilder aufzeigt, die denen des zeitgenössischen Bourgeois ins Gesicht schlagen."[11] Das ist gewiß zutreffend, indessen ist die so verstandene Décadence, wie Koppen selbst bemerkt, nur eine neben „zahlreichen literarischen und künstlerischen Gegenbewegungen zu den Industriegesellschaften", und das Spezifische dieser Gegenbewegung, das, was sie von den anderen unterscheidet, wird in Koppens Formulierung nicht erfaßt. Es wird erst erkennbar, wenn man literarische Décadence als Darstellung von Verfall und Untergang begreift und wahrnimmt, daß darauf alle Einzelmotive zurückweisen, daß die Verfallsthematik ihre Verklammerung bildet, ihre Gemeinsamkeit, und daß gerade in ihr auch der Protest gegen die bürgerliche Gesellschaft und ihre Wertvorstellungen enthalten ist.

Die Verfallsdarstellung aber wird erst möglich durch die Umwertung der Décadence, die Freilegung ihres positiven Aspekts. Es ist Charles Baudelaire, der dessen Geltung durchgesetzt hat. 1834 erschien ein zweibändiges, 1849 neu aufgelegtes Werk von Désiré Nisard über die „poètes latins de la décadence". Nisard, ein gelehrter Kenner der spätlateinischen Dichtung, weiß wohl diese und jene Qualitäten an ihr hervorzuheben, wie man das immer schon getan hatte, aber im Ganzen ist sein Urteil negativ. Er betrachtet ihre Schwächen „comme symptomes ou comme effets d'un état de décadence".[12] Im Grunde läßt er nur die klassische Literaturperiode gelten, die literarische Décadence hat wohl überraschende Effekte, pikante Reize, aber keine „beautés réelles".[13] In der französischen Literatur seiner eigenen Zeit entdeckt Nisard viele Gemeinsamkeiten mit der spätrömischen, es ist „la même décadence".[14] Die negative Beurteilung der geschichtlichen Verfallszeiten überträgt Nisard auf die literarische Décadence, die er als Verlust an Qualität versteht und abwertet. Diese Position, die auch von dem Literaturkritiker Armand de Pontmartin und von vielen Rezensenten geteilt wird, greift Baudelaire an. 1857, im Erscheinungsjahr der ‚Fleurs du mal', schreibt er ein Vorwort für eine Übersetzung von neuen Erzählungen Edgar Allan Poes, den er bekanntlich aufs höchste bewunderte. Diese ‚Notes nouvelles sur Edgar Poe' beginnen mit folgender Feststellung: „Littérature de décadence! – Paroles vides que nous entendons souvent tomber, avec la sonorité d'un bâillement emphatique, de la bouche de ces sphinx sans énigme qui veillent devant les portes saintes de l'Esthétique classique. A chaque fois que l'irréfutable oracle retentit, on peut affirmer qu'il s'agit d'un ouvrage plus amusant que l'Iliade. Il est évidemment question d'un poème ou d'un roman dont toutes les parties sont habilement disposées pour la surprise, dont le style est magnifiquement orné, où toutes les ressources du langage sont utilisées par une main impeccable" (II, 319).[15] Der scharfe Angriff Baudelaires gilt der herkömmlichen, als abwertende Bezeichnung für minderwertige Literatur gemeinten Verwendung des Begriffs Décadence. Er richtet sich gegen die klassische Ästhetik, wie sie Nisard vertritt: Das wird deutlich, wenn Baudelaire etwas später von den „professeurs jurés" und ihrer „sagesse d'écolier" spricht. Auch den Kritiker Pontmartin, den er später persönlich angreift, hat er hier im Auge. Dieser hat das bemerkt und sehr scharf und verletzend im ‚Spectateur' vom 19. September 1857 darauf erwidert.

In Pontmartins kritischen Aufsätzen wird in der Tat der Begriff der literarischen Décadence stets im Sinne einer auf ein niederes Niveau abgesunkenen Literatur verwendet. So zählt er z. B. ‚La dame aux Camélias' von Dumas fils zum ‚Théatre de la Décadence', weil das Drama gegenüber der klassischen Tragödie minderwertig sei.[16] Flauberts ‚Madame Bovary' ist für Pontmartin ein Beispiel für den Verfall der Romankunst, für ihren Qualitätsverlust. „La décadence me semble manifeste."[17] Die Poesie Baudelaires ist für Pontmartin trotz seines artistischen Talentes ebenso wertlos, nur noch „une curiosité plus ou moins bizarre."[18] Baudelaire habe „une imagination malade", sei ein Dichter, „qui se sépare de la grande famille humaine", ohne Glauben, Ideen und Seele. Pontmartins Abwertung der Décadence-Dichtung gründet sich vornehmlich auf ihre Inhalte. So nennt er „La Dame aux Camélias' deshalb décadent, weil die Hauptfigur eine Kurtisane ist.[19] Ähnlich sind für Pontmartin die späten Novellen des anfangs geschätzten Musset Zeichen „de cette rapide décadence"[20] dieses Autors.

Die Art, wie der sehr einflußreiche Kritiker Pontmartin den Décadence-Begriff konsequent als Bezeichnung für minderwertige Literatur benützt, stellt vollends klar, wogegen sich Baudelaire in seinen ‚Notes nouvelles' polemisch wendet. „Littérature de décadence" ist für ihn eine „leere" Formel, die akademische Verteidiger der klassischen Ästhetik verständnislos anwenden. Wenn Baudelaire im Verlauf seiner Darlegung den sinnlosen Begriff wieder aufnimmt und feststellt, er impliziere eine Stufenleiter, „une échelle de littératures, une vagissante, une puérile, une adolescente, etc.", so sagt er das keineswegs zustimmend, wie Roger Bauer in seinem Aufsatz ‚Décadence: histoire d'un mot et d'une idée' meint,[21] sondern im Gegenteil polemisch. Er lehnt die Vorstellung dieser Stufenleiter ab als Zeichen der „vanité" und „inutilité" jener weisen Männer, wie er sie ironisch nennt. Diese Vorstellung, sagt er, setze „quelque chose de fatal et de providentiel" voraus, das er ablehnt, denn wenn diese „loi mystérieuse" gelten würde, könnte man den Dichtern der Spätzeit ja nicht vorwerfen, daß ihre Poesie minderwertig und damit diesem Gesetze gemäß sei. Roger Bauer bezieht jene Vorstellung zu Unrecht auf Baudelaire, wenn er sagt: „La décadence est donc considerée très traditionellement comme le stade final d'une évolution par ailleurs normale."[22] Das ist gerade nicht die Meinung Baudelaires, der sich vielmehr über diese Ansicht lustig macht. Die „weisen" Beurteiler, so bemerkt er, geraten in Verlegenheit, wenn sie – er spielt damit auf Poe an, der ja als Amerikaner nicht in eine geschichtliche Spätzeit gehört – dem Phänomen begegnen „où une nation commence par la décadence et débute par où les autres finissent" (II, 320). Damit hat Baudelaire den Begriff ‚Décadence' auf Poe angewandt, also ohne Abwertung gebraucht.

Baudelaire polemisiert nur gegen denjenigen Décadence-Begriff, den die Vertreter der klassischen Ästhetik als Benennung einer Literatur niederen Ranges verwenden; er hat es ermöglicht, den Begriff als sachliche

Bezeichnung zu benutzen, so daß Gautier seinen Freund Baudelaire dann ausdrücklich einen „poète de décadence“ nennen kann.[23] Gautier verwendet das Wort Décadence in einem neuen Sinn, nämlich als wertfreie Bezeichnung für eine Literatur, die sich der Verfallsthematik zuwendet, die für ihn eine der klassischen Dichtung gleichwertige Motivwelt bedeutet. Pontmartin hatte auf Baudelaires Angriffe in seinem Aufsatz ‚La poésie française en 1861‘ geantwortet und Baudelaire scharf getadelt.[24] Dieser schickte den Aufsatz seiner Mutter und schrieb ihr dazu: „C'est un imbécile qui défend au poète de choisir lui-même ses sujets.“[25] Es ging Baudelaire um die Rechtfertigung seiner Sujets. Er gibt einen kleinen Katalog der Motive dekadenter Dichtung unter dem Stichwort „Soleil agonisant“, einer Metapher für Untergang und Verfall. Diese Metapher war häufig zur Beschreibung der Décadence verwendet worden, aber immer als Bild für eine ganze Epoche des Niedergangs. Baudelaire verwendet das Bild in völlig anderem Sinne,[26] nämlich als Kennwort für alle einzelnen Motive, die auf Verfall und Untergang verweisen. Die „dahinsterbende Sonne“, die vielfarbige Spiele erzeugt, steht hier als Metapher für Verfall und Untergang überhaupt, als zentralem Thema dekadenter Dichtung, das sich in viele Einzelmotive differenziert. „Ce soleil qui, il y a quelques heures, écrasait toute chose de sa lumière droite et blanche, va bientôt inonder l'horizon occidental de couleurs variées. Dans les jeux de ce soleil agonisant, certains esprits poétiques trouveront des délices nouvelles; ils y découvriront des colonnades éblouissantes, des cascades de métal fondu, des paradis de feu, une splendeur triste, la volupté du regret, toutes les magies du rêve, tous les souvenirs de l'opium. Et le coucher du soleil leur apparaîtra en effet comme la merveilleuse allégorie d'une âme chargée de vie, qui descend derrière l'horizon avec une magnifique provision de pensées et de rêves.“

Damit ist die Wendung, die Umdeutung der Décadence vollzogen. Alle Verfallsmotive haben die gleiche Geltung wie die Momente eines starken, aufsteigenden Lebens, sie haben das gleiche Recht wie die klassischen Motive, in der Dichtung zu erscheinen. „Décadent“ ist kein Schimpfwort mehr, bezeichnet nicht mehr eine minderwertige Art von Poesie, sondern einen bestimmten hochgewerteten Typus der modernen Dichtung. Paul Bourget, Maurice Barrès, Nietzsche (II, 1091) und viele andere haben Baudelaire dann als Dichter der Décadence bezeichnet. Der junge Paul Valéry, im Banne von Dichtern wie Baudelaire und besonders von Huysmans' ‚A rebours‘, schreibt 1890 mit Stolz: „und ich bin décadent“.

Freilich hat sich Baudelaires Umwertung des Décadence-Begriffs nicht völlig durchgesetzt. Auch später bleibt daneben der herkömmliche, abwertende Sinn des Wortes in Geltung. Aber die neue Bedeutung bleibt bestehen, sie findet sich bei Paul Bourget oder bei Anatole Baju, bei Maurice du Plessys, Rémy de Gourmont und anderen bedeutenden Kritikern, auch bei Paul Valéry. 1907 polemisiert Ernst Bertram in einem Aufsatz über ‚Das Problem des Verfalls' gegen die Rezension eines nicht genannten Verfassers, der gegen Thomas Manns ‚Buddenbrooks' den Einwand erhoben hatte, daß darin „als Grundmotiv das dekadente Problem eines Verfalls" dargestellt würde. Bertram weist diesen Vorwurf zurück und sagt: „Was für eine Bedeutung sollte es für die Qualität eines Kunstwerks als solchen haben, ob eine aufsteigende oder absteigende ethische Linie Schicksale und Charaktere dieses Lebensabschnittes bestimmt?"[27] Das ist ganz im Sinne Baudelaires gesagt.

Die Frage der Décadence wird dadurch kompliziert, daß der Begriff oft weder eindeutig positiv noch eindeutig negativ, sondern ambivalent verstanden wird, so auch von Nietzsche, der bekanntlich gesagt hat: „Abgerechnet nämlich, daß ich ein *décadent* bin, bin ich auch dessen Gegensatz" (II, 1072). Die literarische Décadence stößt sehr häufig auf Mißtrauen, Widerspruch, Unverständnis und Ablehnung. Sie wird einer korrumpierenden Wirkung auf die Leser verdächtigt. Das läßt sich in gewissem Grade verstehen, denn die Darstellung von Auflösung und Verfall mit einigen positiven Vorzeichen ist oft eine Herausforderung, der sich mancher nicht so leicht öffnet wie der künstlerischen Vergegenwärtigung eines gesunden, aufsteigenden, blühenden Lebens, gläubiger Zuversicht, glücklicher Augenblicke. Das Bekenntnis zur Lust am Untergang, die Liebe zum Verfall wirken verwirrend, vielleicht auch abstoßend, erwekken Widerspruch und Irritation. Der Interpret der literarischen Décadence darf das nicht verschweigen oder abschwächen; und auch die Autoren selbst tun das nicht. Ihre Dichtungen wirken gleichsam durch eine Schicht der Abwehr, des Widerstandes hindurch, was aber ihre Wirkung nicht beeinträchtigt. Erneut ist zu fragen nach der Begründung und Rechtfertigung dieser Liebe zum Untergang, dieser Zustimmung fordernden Darstellung der Auflösung, der morbiden Schwäche, der schwindenden Widerstandskraft.

Thomas Mann hat mit seinem gewiß provozierenden Lob der Lebensuntauglichkeit doch nur einen bestimmten Aspekt der Frage beantwortet. Man muß eine umfassendere Antwort suchen. Nietzsche, der scharfsichtige Psychologe der Décadence, bejaht den Verfall, weil er unabdingbar zur Totalität des Lebens gehört. Denn es besteht gleichermaßen aus Aufstieg und Sinken, eines ist nicht ohne das andere. „Die Erscheinung der *décadence*", schreibt Nietzsche, „ist so notwendig, wie irgendein Aufgang und Vorwärts des Lebens: man hat es nicht in der Hand, sie *abzuschaffen*" (III, 779). Hat die Literatur die Gesamtheit des Lebens zu ihrem Gegenstand, so ist schon damit die Darstellung des Verfalls gerechtfertigt. Was aber den Autor zu ihr inspiriert, den Leser an ihr durch die Abwehrhaltung hindurch fesselt, das ist das im Unbewußten stets wirksame, doch auch immer wieder ins Bewußtsein aufsteigende Wissen, daß er selbst dem Verfall ausgesetzt ist. So erkennt er seine eigene Daseinsbedingung in jedem Verfall wieder. Liebe zu diesem Verfall, Verlangen nach dem Untergang geht noch einen Schritt weiter, aber auf dieser Linie. Sie ist Befreiung von einem Druck und Zwang, von der auferlegten Notwendigkeit, die mit der Liebe zum Verfall gleichsam in einen Akt des eigenen Willens verwandelt wird. Nietzsche hat das Erlösende dieser Bejahung durchschaut, es liegt in der Verwandlung des Zwanghaft-Notwendigen in ein „So wollte ich es", ist ein Verzicht auf „eine Auflehnung gegen die grundsätzlichsten Voraussetzungen des Lebens". „Lieber will noch der Mensch *das Nichts* wollen, als *nicht* wollen" (II, 395,900).

Um ein Beispiel für ein Werk der literarischen Décadence als Darstellung des Verfalls zu geben, sei ein sehr extremes gewählt: Baudelaires berühmtes Gedicht ‚Une charogne' (‚Ein Aas'). Die anfängliche Abwehrreaktion, die sich gegenüber Werken der Décadence nicht selten einstellt, scheint hier unausweichlich. Denn Gegenstand des Gedichtes ist eine der abschreckendsten Formen des Verfalls. Mit höchster sprachlicher Suggestionskraft und vollendeter Kunst wird der verwesende Kadaver eines Tieres am Wegrand dargestellt. Fäulnis, Zersetzung, durchdringender Gestank, Fliegen über dem Aas, aus dem Maden kriechen: das wird vor Augen geführt. Rilke hat das Gedicht später im Sinne Nietzsches dadurch gerechtfertigt, daß auch das Verwesende zur Totalität des Lebens gehört. „Es kann sein, daß ich es jetzt verstehe. (...) Es war seine Aufgabe, in diesem Schrecklichen, scheinbar nur Widerwärtigen das Seiende zu sehen, das unter allem Seienden gilt. Auswahl und Ablehnung gibt es nicht" (VI, 775).[28] Ein spätes Gedicht Rilkes nimmt unter der Überschrift ‚Baudelaire' (II, 246) das Thema wieder auf und spricht dem Dichter die Möglichkeit zu, die Einheit der Welt, die für den Menschen leicht in Positives und Negatives auseinanderfällt, herzustellen.

Der Dichter einzig hat die Welt geeinigt,
die weit in jedem auseinanderfällt,
das Schöne hat er unerhört bescheinigt,
doch da er selbst noch feiert, was ihn peinigt,
Hat er unendlich den Ruin gereinigt:
Und auch noch das Vernichtende wird Welt.

Die Dichtung also hat den Verfall, der notwendig zum Ganzen der Welt gehört, akzeptiert und zum Thema gemacht, hat damit „den Ruin gereinigt".

Die Analogie zum Menschen, dessen Existenz vom gleichen Schicksal der Auflösung betroffen ist, hat Baudelaire in seinem Gedicht ‚Une charogne' selbst ausgesprochen. Denn in den letzten Strophen wird gesagt, daß einst auch der schöne Leib der Geliebten diesem gräßlichen Kadaver gleichen wird, daß ihn ebenfalls die Würmer fressen werden. Zwar wird im Gedächtnis des Dichters die einst schöne Form des aufgelösten Körpers weiter bestehen, so heißt es, aber das ist nur eine schwache, auch zeitlich begrenzte Art des Überlebens. Es gibt keinerlei Perspektive auf eine Auferstehung und Fortdauer im Jenseits, der Zerfall ist endgültig, ein unwiderrufliches Ende. Erst die im 19. Jahrhundert ständig zunehmende Lockerung der christlichen Glaubensgewißheiten, der wachsende Verlust der Unsterblichkeitshoffnung gibt der Vorstellung vom Verfall die eigentliche Schärfe des Décadence-Bewußtseins. Auch die im späten 19. Jahrhundert sehr intensive, stark auch nach Frankreich hinüberreichende Wirkung Schopenhauers weist in die gleiche Richtung. In Schopenhauers Weltkonzeption ist der Untergang des Individuums eine letzte Wahrheit. Das Ganze lebt zwar weiter und läßt immer neue Einzelwesen entstehen, aber das einzelne Leben endet definitiv, erfährt keine Wiedergeburt. Die Anschauung, daß das Leben sich ständig wieder erneuert, gilt nicht für das Einzelleben. Die Individuation wird aufgehoben, das Einzelwesen sinkt ins Universelle zurück, löst sich darin auf, ohne Bewußtsein.

Wie sehr eine solche Daseinsorientierung empfänglich macht für die Phänomene des Verfalls, dafür bietet ein Aufsatz von Alois Riegl eine höchst interessante Bestätigung. Der große österreichische Kunsthistoriker schrieb 1905 einen umfangreichen Aufsatz mit dem Titel ‚Der moderne Denkmalkultus. Sein Wesen und sein Entstehen'.[29] Es geht Riegl darin nicht um die zur Erinnerung an Verstorbene errichteten Denkmäler, sondern um Bauten und Kunstwerke aller Art, die als aus der Vergangenheit überkommene Gebilde zu – wie er sagt – „ungewollten" Kunstdenkmalen oder historischen Denkmalen werden und Gegenstand der Denkmalpflege sind. Riegl sieht nun in diesen Denkmalen neben dem Kunstwert und dem historischen Wert noch einen dritten, den „Alterswert", der, wie er sagt, seit Ende des 19. Jahrhunderts besondere Bedeutung erlangt hat. Riegl gibt diesem Alterswert zwar nicht einen unbedingten Vorrang, spricht ihm aber doch eine wesentliche Geltung zu und bekundet ein genaues Verständnis für ihn. Was als Alterswert geschätzt wird, sind die sichtbaren „Spuren des Alters", also die Zeichen des Verfalls, der langsamen Auflösung „der geschlossenen objektiven Individualität", die das Werk, als es neu war, besaß und die es gegenüber der Umwelt abschloß. Diese Abgeschlossenheit wird durch die Naturkräfte zerstört, und der Anblick dieser Zerstörung erreicht eine Wirkung, sagt Riegl, „die im modernen Menschen die Vorstellung des gesetzlichen Kreislaufs vom Werden und Vergehen, des Auftauchens des einzelnen aus dem Allgemeinen und seines notwendigen allmählichen Wiederaufgehens im Allgemeinen erzeugt".[30] Es ist leicht erkennbar, daß diese Einsicht ganz im Geiste Schopenhauers formuliert ist. Denn Schopenhauer sieht bekanntlich jedes Einzelwesen als etwas an, was durch die Individuation aus dem Allgemeinen der Totalität durch Ausgliederung entstanden ist, eine befristete Existenz hat und mit dem Tode ins Allgemeine zurücktaucht. Diese Existenzweise schreibt Riegl auch den zu Denkmälern gewordenen Kunstwerken zu; er vollzieht eine Gleichsetzung von Naturgegenstand und Kunstgebilde. „Sobald aber das Individuum (das von Menschen wie das von der Natur geschaffene) geformt ist, beginnt die zerstörende Tätigkeit der Natur, das ist ihrer mechanischen und chemischen Kräfte, die das Individuum wieder in seine Elemente aufzulösen und mit der amorphen Natur zu verbinden trachten."[31] Gerade die Merkmale des Verfalls, Verwitterung, Risse und Sprünge, Entfärbung, „abgewetzte Ecken und Kanten" usw. haben einen besonderen Reiz, weil – und das ist ein Zeichen für Décadence-Bewußtsein – besonders im Vergehen und Verfallen, in der „Auflösungsarbeit der Natur" der große Kreislauf erfahren wird. „Die Altersspuren", sagt Riegl, wirken auf den modernen Menschen „beruhigend als Zeugnisse des gesetzlichen Naturlaufs, dem alles Menschenwerk sicher und unfehlbar unterworfen ist."[32] „Beruhigend" wirkt der Anblick des Verfalls offenbar deshalb, weil der Betrachtende sich dabei im Einklang mit seinem eigenen, zum Verfall bestimmten Dasein befindet. „Von der Menschenhand", so heißt es, „verlangen wir die Herstellung geschlossener Werke als Sinnbilder des notwendigen und gesetzlichen Werdens, von der in der Zeit wirkenden Natur hingegen die Auflösung des Geschlossenen als Sinnbild des ebenso naturnotwendigen und gesetzlichen Vergehens." Es ist die „ungetrübte Wahrnehmung" dieses naturgesetzlichen Kreislaufs, die „den modernen Menschen vom Anfange des 20. Jahrhunderts erfreut".[33] Deshalb verbietet sich jeder konservierende Eingriff, jede Restaurierung und künstliche Sicherung des Fortbestehens, die „der auflösenden Wirkung der Naturkräfte Einhalt gebietet". „Der reine erlösende Eindruck natürlichen gesetzlichen Vergehens darf nicht durch die Beimischung willkürlich aufgepfropften Werdens getrübt werden."[34]

In erstaunlich radikaler Konsequenz wird hier der Anblick des Verfalls bedeutender Denkmäler nicht – was als normale Reaktion gilt – als traurig, erschreckend, schlimm empfunden, sondern als erfreuend, beruhigend, ja als erlösend. Von dieser durch Alois Riegl entwickelten Einsicht aus wird die Faszination der Dichter der Décadence durch die Phänomene des Verfalls wie die positive Wirkung ihrer literarischen Darstellung auf den Leser und ihre Bejahung durch ihn verständlich. Wenn der Anblick der Auflösung als „erlösend" erfahren wird, so wäre zu fragen, wovon er erlöst. Die Antwort kann nur heißen: Er erlöst von der Befangenheit in rein positiven Anschauungen von Wachstum und Fortschritt, erlöst von dem, was Schopenhauer die „Bejahung des Willens zum Leben" genannt und als fragwürdig entlarvt hat. Das anorganische, vom Menschen geschaffene Gebilde wird von Riegl als etwas Lebendiges angesehen, weil damit sein Gleichniswert für das eigene Leben des Betrachters gesichert und erhöht wird. Riegl schreibt: „Jedes Menschenwerk wird hierbei aufgefaßt gleich einem natürlichen Organismus, in dessen Entwicklung niemand eingreifen darf (...). So erblickt der moderne Mensch im Denkmal ein Stück seines eigenen Lebens, und jeden Eingriff in dasselbe empfindet er ebenso störend wie einen Eingriff in seinen eigenen Organismus.“[35] Hier ist die völlige Identifizierung des Menschen mit dem angeschauten Kunstdenkmal ausgesprochen. Aber er identifiziert sich nicht etwa mit seiner Schönheit oder seiner gelungenen Gestaltung, mit seiner Kraft und Lebensfülle, sondern mit seinem sichtbaren Verfall. Das Gemeinsame ist das Vergehen, an den Zeichen der Auflösung wird dem Betrachter sein eigenes Vergehen bewußt; darum ist es für ihn „ein Stück seines eigenen Lebens“. Das ist die Erlebnisweise der Décadence. In der Wahrnehmung des Vergehens, das ein stetiges und unaufhaltsames ist, scheint für Riegl „die eigentliche ästhetische Befriedigung des modernen Beschauers alter Denkmale zu ruhen“.

Ernst Jünger hat Erfahrungen dieser Art in einigen am 20. Oktober 1971 aufgezeichneten Stichworten sehr präzise erfaßt.[36] „Jugendstil. Heut fällt die unbewußte oder halbbewußte Trauer auf, sei es in der Sprache, den Themen, den Bildwerken (...).

Ein letzter Frühling vor dem Sturm. Eigentlich ein Herbst, der sich als Frühling verkleidet hat. Dazu die Melancholie junger Menschen, verblassende Farben; schwindsüchtige Heiterkeit.

Fin de siècle ist besser – das neue Jahrhundert droht.“

Etwas später folgt der entscheidende Satz: „Das Vergängliche ist nicht mehr Gleichnis, es wird substantiell.“ Das trifft genau die Position Riegls.

In naher innerer Verwandtschaft zu Riegls Bejahung des Verfalls überlieferter Denkmäler steht ein spätes Gedicht Rilkes von 1924 (II, 159). Das langsame Verschwinden eines wohlgelungenen Bauwerks, das vom Sandsturm zugeweht wird, ist hier das Symbol des Verfalls, der wie bei Riegl mit innerer Zustimmung betrachtet wird.

Vergänglichkeit

Flugsand der Stunden. Leise fortwährende Schwindung
auch noch des glücklich gesegneten Baus.
Leben weht immer. Schon ragen ohne Verbindung
die nicht mehr tragenden Säulen heraus.
Aber Verfall: ist er trauriger, als der Fontäne
Rückkehr zum Spiegel, den sie mit Schimmer bestaubt? (...)

Dem Verwittern und Zerbröckeln der Bauwerke entspricht im Bereich des organischen Lebens das Welken und Vergilben. Rilke hat es in einem bedeutenden Brief (an die Gräfin Mary Gneisenau vom 11. September 1906)[37] am Beispiel einer verblühenden Rose als notwendige, unentbehrliche Erfahrung des Menschen verkündet, ebenso wesentlich wie die Anschauung des Aufblühens und Wachsens. Er rühmt den „Ausgleich, der in dem unsäglichen Schönsein einer solchen Rose liegt, die den freudigen und fürstlichen Rhythmus ihrer Fülle verlangsamt hat, bis er Vergehen wurde, Vergänglichkeit, eine Reihe langsam absteigender Töne. – Aber, wie wir die Rose irgendwie brauchen in ihrem Kommen und Aufgehen, wie sehr ist auch dieses uns nötig, wie sehr hängt auch dieses mit unserem Herzen zusammen, wie hängen wir auch *daran:* an diesem Welksein und an des Welkseins zarten, ein wenig klagenden Nuancen: diese Gelbs im Gelben, ach ja, sie sind auch in uns, und wir kommen dazu, sie schön zu finden und uns an ihnen zu freuen; wir kommen dazu, in des Lebens Händen alles gelten zu lassen in abwartender, in williger, noch ein wenig anfängerhafter Gerechtigkeit. Denn das Welken und Welksein und Sich-daran-Hingeben ist eine Schönheit mehr neben der Schönheit dessen, was kommt und treibt und trägt, wie das Klagen eine ist, und das Bangsein, und das Sichpreisgeben, und das unnütze und sich erniedrigende Flehen, wenn es so gewaltig kommt, so unaufhaltsam hinstürzend über das Gefälle eines Herzens, wie es bei der portugiesischen Schwester geschah."

Die Liebe zum Verfall, dessen sichtbare Spuren er als Schönheit empfindet, hat Rilke hier emphatisch bekannt. Sie kennt viele Variationen –, erscheint z. B. auch als Liebe zum Verfall der Macht in Ramón de Valle-Incláns Roman ‚Wintersonate'. Der Autor der spanischen Décadence schildert den Marqués de Bradomin als leidenschaftlichen Parteigänger des Thronanwärters Don Carlos VII., der als legitimer Thronfolger gilt und im dritten Karlistenkrieg die Herrschaft zu erobern sucht. Brandomin beteiligt sich an diesem Krieg, der aber nicht zum Erfolg zu führen scheint. Brandomin berichtet von einem Gespräch mit dem kriegerischen früheren Ordensmann Ambrosio. „Ich sagte mit einem Lächeln: ‚Bruder Ambrosio, fast möchte ich sagen: Es freut mich, daß unsere Sache nicht triumphiert.' Verdutzt schaute er mich an. ‚Reden Sie ohne Ironie?' – ‚Ohne Ironie!' Und es stimmte. Die gestürzte Hoheit empfand ich immer als schöner denn die thronende ..."[38]

Stefan George hat für eine Folge von Prosadichtungen ‚Tage und Taten' ein Poème en prose von Stephane Mallarmé übersetzt mit dem Titel ‚Winter-Schauer'. Es ist die Vergegenwärtigung eines Interieurs mit kostbaren alten Dingen, einer sächsischen Stutzuhr, einem venezianischen Spiegel, mit Truhe, Möbeln und Geräten. Eingefügt ist eine Anrede an die Schwester: „Hast du nicht gewünscht, meine schwester mit dem blick von ehedem, daß in einem meiner gedichte die worte vorkämen: ‚der reiz der verwelkten dinge?' Die neuen gegenstände mißfallen dir, dir auch machen sie angst mit ihrer schreienden anmaßung und du würdest das bedürfnis fühlen sie abzunutzen – was schwer ist für solche die die tätigkeit nicht lieben" (I, 535). Daß George gerade dieses Stück aus Mallarmés ‚Pages' auswählt, erweist seinen Sinn für den Reiz der vernutzten, sichtbar gealterten Dinge, den Riegl glorifiziert hat.

Es ist gewiß kein Zufall, daß Riegls Aufsatz 1905 in Wien entstand, wo das Décadence-Bewußtsein, wie man weiß, besonders stark ausgeprägt war. Ein kleines Beispiel dafür findet sich, neben einer Fülle ähnlicher Äußerungen, in einer fragmentarischen Erzählung Arthur Schnitzlers mit dem Titel ‚Das Himmelbett', die etwa 1893 geschrieben und aus dem Nachlaß veröffentlicht wurde.[39] Hier berichtet der Erzähler, wie er mit seinem Freund bei Sonnenuntergang im Außenbezirk Wiens, „weit vor der Linie", flaniert, dort, wo die Großstadt Form und Charakter verliert, in einen ärmlichen, häßlichen Randbezirk sich auflöst und in dürftige Wiesen übergeht. Manche wandern dort hinaus, so heißt es, um „von der Stimmung dieses seltsamen Grenzgebietes zu kosten, wo die Stadt allmählich aufhört und das dumpfe, bange, angstvolle Atmen der Großstadt in einem müden, tröstlichen Seufzen aushaucht". Schnitzler schreibt weiter: „So waren auch wir heute da heraus gelangt, Hans und ich, wieder einmal jener Sehnsucht nachgebend, die manchmal über uns kam, einer Sehnsucht, etwas aufhören zu sehen, ersterbenden Lauten nachzugehen, erblassenden Farben zu folgen und allmählige Übergänge zu erlauschen. Etwas von diesem tiefen und melancholischen Reiz empfanden wir hier stets (...)." Sehnsucht nach dem Verfall auch hier, inneres Bedürfnis nach dem Anblick des Endens, der Auflösung. Noch schärfer und radikaler hat später Josph Roth dieses Bedürfnis nach Verfallserscheinungen in der Erzählung ‚Flucht ohne Ende' geschildert. Der österreichische Oberleutnant, 1916 aus russischer Gefangenschaft geflohen, in Sibirien lange in Abenteuer verstrickt und schließlich doch heimgekehrt, findet lange nirgends einen Ort, wo er hingehört, und auch keine sinnvolle Tätigkeit. Er gelangt schließlich nach Paris. „Hier, so schien es ihm, war sein Platz und sein Untergang. Er lebte vom Geruch der Fäulnis und ernährte sich von dem Moder, er atmete den Staub der zerfallenden Häuser und lauschte mit Entzücken dem Gesang der Holzwürmer."[40]

Schon der ganz junge Hofmannsthal hat in seinem ersten dramatischen Spiel ‚Gestern' durch die Hauptfigur Andrea jene Liebe zu verfallenden Ruinen aussprechen lassen, die Riegl später so intensiv als eine wesentlich moderne Erfahrung rühmt. Andrea, der allein dem Augenblick, ohne Bindung an Vergangenes, zu leben sucht, läßt zur Enttäuschung seines Freundes Fantasio die Arbeit an dem großen Bauwerk, das er geplant hat und das schon begonnen wurde, plötzlich abbrechen, weil ihm das gestern Gewünschte nichts mehr bedeutet. Er will jetzt gerade das Halbfertige, Fragmentarische, das schnell zur Ruine verfällt, „... weil alles, was da wird und ragt, In Marmorformen reift – mir nichts mehr sagt." Darum will er den Verfall vorausgestalten (GLD, 228 f.):

Dann sollen in den Teich, den spiegelnd blauen,
Ruinen, totgeboren, niederschauen.
Ich sehe schon das irre Mondenlicht,
Wie's durch geborst'ne Säulen zitternd bricht.
Ich sehe schon die schaumgekrönten Wogen
Sich sprühend brechen an zersprengten Bogen.
Und langsam webt die Zeit um diese Mauern
Ein blasses, königliches, wahres Trauern:
Dann wird, was heute quält wie ein Mißlingen,
Uns schmerzlich reiche, leise Träume bringen.

Fantasio

Du rufst ihn nicht zurück? Der Bau verfällt?

Andrea

Mein Bau verfällt.

Zuweilen bedrängt Hofmannsthal die Vision von Wien als Ruinenstadt. 1893 notiert er: „Wien: als großes verfallenes Felsennest; paradiesische Ruinen, Stadt mit wenigen Wachen" (A, 102). 1894 überwältigt den Zwanzigjährigen auf einem Spaziergang mit Richard Beer-Hofmann „vom Rosenhügel gegen Tivoli zugehend" das Endzeitbewußtsein, das sich wieder mit der Vision von Wien als Ruinenstadt verbindet: „Was wir für ein verzweifeltes (exasperiertes) Künstlergeschlecht sind, schwimmen durch den tönenden verworrenen Sturm der Zeit, zwischen Zähnen die Krone der Kunst. Die hinter uns kommen, werden größer sein als wir, aber wir sind doch seit den Stürmern und Drängern wieder die ersten ganzen Künstler. Wie merkwürdig auch das wieder ist, daß wir vielleicht in Wien die letzten denkenden, die letzten ganzen, beseelten Menschen überhaupt sind, daß dann vielleicht eine große Barbarei kommt, eine slavisch-jüdische sinnliche Welt. Das zerstörte Wien zu denken: alle Mauern verfallen, der innere Leib der Stadt bloßgelegt, die Wunden mit unendlichem Schlingkraut übersponnen, überall lichtgrüne Baumwipfel, Stille, plätscherndes Wasser, alles Leben tot; welch wundervolle Fern- und Durchsichtigkeit! Und Wächter zu sein in einem der Trajanstürme vor der Karlskirche, der noch aufrecht steht und mit Gedanken, die hier keiner mehr versteht, zwischen den Ruinen herumgehen."[41]

Die Vorstellung von Wien als „toter Stadt" ist nicht durchaus negativ, sondern in Trauer und Schrecken mischt sich auch eine Bejahung des Untergangs, des Reizes der „wundervollen Fern- und Durchsichten" und der Rolle des „Wächters", der als Überlebender den Geist einer lebendigen Vergangenheit festhält. Ähnlich doppelwertig ist die Vorstellung des Untergangs in der Aufzeichnung eines Gesprächs Hofmannsthals mit

Leopold von Andrian, das auf den 23. April 1894 datiert ist: „Mit Poldy in der Abenddämmerung in Schönbrunn." Hier heißt es am Schluß: „Wir glauben die Seele dieses Wien zu spüren, die vielleicht in uns zum letzten Male aufbebt; wir waren triumphierend traurig" (A, 107).

Andrian, durchaus ein Décadent, hat später in seinem Gedicht ‚Am Karfreitag II' das untergehende Österreich mit der Lebensschwäche der „femmes fragiles" verglichen, die „müd und bleich" sich zum Schlafen legen.[42]

Décadence-Autoren haben oft einen scharfen Blick für Verfallserscheinungen, auch wenn sie sich noch hinter scheinbar intakter Fassade verbergen. Als der Däne Herman Bang 1886 Wien besucht, genießt er, als Dandy durch die Straßen flanierend, deren buntes Leben, sieht aber schon eine untergehende Stadt. Sie hat „noch alte Traditionen (...). Und für die Raffinierten hat diese sterbende Weltstadt noch einen Charme: den der Dekadenz."[43]

Es klingt wie ein Echo auf die bereits zitierte Äußerung Mallarmés über seine Liebe zu allem, was „la chute" bedeutet, wenn Hofmannsthal davon spricht, daß er etwas bilden wollte, „das funkte von der inneren Lust des Lebens, und es hinter mich werfen, wenn der unaufhaltsame und entzückende Sturz des Daseins mich dahinriß" (P II, 349). Der unaufhaltsame Sturz des Daseins ist „entzückend": Diese Überzeugung hat Hofmannsthal auch Oscar Wilde vindiziert, dessen Schicksal er in dem Essay ‚Sebastian Melmoth' eigentümlich mythisiert, als Weg von der glanzvoll-hochmütigen, hochstilisierten Existenz des jungen Wilde in die grausame Erniedrigung des Zuchthauses zu Reading, wo er in das fürchterliche Bad mit schmutzigem Wasser steigen muß, in dem vor ihm schon zehn Häftlinge gebadet haben. Aber Hofmannsthal interpretiert Wilde so, daß er alle Wirklichkeit mit mondänem Zynismus verachtete und verleugnete, doch in Wahrheit an sie „unaufhörlich dachte"; und seine Glieder „waren im tiefsten voll fataler Sehnsucht nach dem gräßlichen Bad" (P II, 119). Er sehnt sich also nach Erniedrigung, Verletzung, Untergang. Es ist offenbar die gleiche Sehnsucht, die den verwöhnten Kaufmannssohn in Hofmannsthals ‚Märchen der 672. Nacht' unwiderstehlich aus seiner üppigen Wohnung zu den elenden Soldatenquartieren treibt und zu dem bösartigen Pferd, an dessen Hufschlag er eines kläglichen, häßlichen Todes stirbt. Es ist das gleiche Verlangen nach dem Untergang, das Aschenbach in Thomas Manns ‚Tod in Venedig' in der tödlich verseuchten Stadt zurückhält.

Fünfzehn Jahre nach Riegls Lob des „beruhigenden, erlösenden" Anblicks des Verfalls alter Kunstdenkmäler hat Sigmund Freud in seiner Schrift von 1920 einen „Todestrieb" in der seelischen Disposition des Menschen festgestellt, wenn auch mit einigem Vorbehalt. Freud versteht darunter das dem Sexualtrieb und seiner Zeugungslust entgegengesetzte

Streben nach Auflösung der organischen Struktur des Menschen, nach Rückkehr in die genetisch dem Leben vorangehende anorganische Materie. In einigen Sätzen dieser Abhandlung finden sich merkwürdige Anklänge an Äußerungen Riegls, der ja ständig mit stärkstem Akzent erklärt, daß beim Anschauen des Verfalls ein Einblick in die notwendige Naturgesetzlichkeit möglich wird, der erfreulich und beruhigend ist. Freud schreibt, er habe die Einsicht erschlossen, „daß alles Lebende aus inneren Ursachen sterben müsse (...). Wir sind gewohnt, so zu denken, unsere Dichter bestärken uns darin. Vielleicht haben wir uns dazu entschlossen, weil ein Trost in diesem Glauben liegt. Wenn man schon selbst sterben und vorher seine Liebsten durch den Tod verlieren soll, so will man lieber einem unerbittlichen Naturgesetz, der hehren Ananke (Notwendigkeit) erlegen sein, als einem Zufall, der sich etwa noch hätte vermeiden lassen. Aber vielleicht ist dieser Glaube an die innere Gesetzmäßigkeit des Sterbens auch nur eine der Illusionen, die wir uns geschaffen haben, ‚um die Schwere des Daseins zu ertragen'."[44] Freud hat hier eine Erklärung für die von Riegl festgestellte erfreuende und beruhigende Wirkung gegeben, die vom Verfall alter Denkmäler ausgeht. Damit wird sozusagen der Todestrieb angesprochen und bekräftigt, aber zugleich auch die Vernichtung des eigenen Selbst noch aufgehalten, „indem das Lebewesen", so Freud, „anderes anstatt seines eigenen Selbst vernichtete" oder, so darf man vielleicht ergänzen, dessen Vernichtung zuließ.

In den Denkformen der Psychoanalyse wäre Décadence vielleicht so zu verstehen, daß der im Unbewußten wirkende Todestrieb und sein Abkömmling, der Destruktionstrieb, seit etwa der Mitte des 19. Jahrhunderts verstärkt in das Bewußtsein vieler Menschen dringt, die Lebenstriebe zurückdrängt und selbst dominiert.

Schließlich sei noch ein spätes Gedicht Rilkes zitiert, das eine besonders eindringliche Bejahung des Untergangs ausspricht. Die Handschrift vermerkt, daß es am 20. und 22. Januar 1924 entstand, als am Abend von Rilkes Rückkehr nach Muzot die Venus wunderbar zu sehen war (II, 482, 790). Das Gedicht richtet sich an den Abendstern, der früher als andere Sterne, noch bei Tageshelle, aufgeht und schon versinkt, wenn die anderen Gestirne erst erscheinen. Aber eben mit diesem vorzeitigen Untergang übertrifft er sie alle, bedeutet er mehr als die aufsteigenden und bleibenden Sterne, ist er Symbol einer letzten Wahrheit:

> Starker Stern, der nicht den Beistand braucht,
> den die Nacht den andern mag gewähren,
> die erst dunkeln muß, daß sie sich klären.
> Stern, der schon vollendet, untertaucht,

wenn Gestirne ihren Gang beginnen
durch die langsam aufgetane Nacht.
Großer Stern der Liebes Priesterinnen,
der, von eigenem Gefühl entfacht,

bis zuletzt verklärt und nie verkohlend,
niedersinkt, wohin die Sonne sank:
tausendfachen Aufgang überholend
mit dem reinen Untergang.

Décadence-Motivik bildet seit Baudelaire eine Konstante in der europäischen Literatur, auch im 20. Jahrhundert. Die Umwertung der Décadence-Dichtung, ihre Befreiung vom Odium der Minderwertigkeit, bleibt auch für den späten Rilke noch in Geltung, wenn er den Untergang preist. Auch Nietzsche hat die positive Bewertung der literarischen (und musikalischen) Décadence aufgenommen. Daß er sie aus der französischen Literatur übernahm, ist selbstverständlich; denn in Frankreich hatte sich ja die moderne Décadence-Dichtung zuerst konstituiert. Nietzsche hatte eine umfangreiche und genaue Kenntnis der zeitgenössischen französischen Literatur.[45] Er kannte das Werk Baudelaires, des „typischen Décadent" (II, 1091), „dieses in Frankreich aufs tiefste geschätzten und selbst geliebten Genies", und er orientierte sich an Baudelaires „unschätzbaren Psychologicis der Décadence". Er fand den Dichter der ‚Fleurs du mal' sehr „wagnerisch" (III, 1280) und sah seine Deutung Wagners als Musiker der Décadence bestätigt, als er 1888 in einer Ausgabe von Baudelaires nachgelassenen Werken Wagners Brief an Baudelaire fand, in dem der Komponist überschwenglich seinen Dank für Baudelaires 1861 veröffentlichten Aufsatz ausspricht, der besonders dem ‚Tannhäuser' galt.[46] Nietzsche kannte anscheinend weder diesen Aufsatz noch Baudelaires Brief an Wagner vom 17. Februar 1860, der Wagners Musik begeistert rühmt.

Wenn Nietzsche bemerkt, in Wagners Musik würde „der Teil (...) Herr über das Ganze", und das sei ein Zeichen der Décadence, so läßt sich vermuten, daß er hier einer Äußerung folgt, die Paul Bourget in seinem Essay über Baudelaire getan hat; Bourget bezeichnet es da als „Décadence des Stiles", wenn die Einheit eines Buches zu Gunsten der Selbständigkeit der Seite zerstört wird, die Seite zu Gunsten des Satzes usw.[47] Ganz ähnlich hat Nietzsche in der Schrift ‚Der Fall Wagner' die literarische Décadence dadurch charakterisiert, „daß das Leben nicht mehr im Ganzen wohnt". „Die Seite gewinnt Leben auf Unkosten des Ganzen (...)" (II, 917).

Wenn Nietzsche eine Bestimmung des dekadenten Stiles von Bourget übernahm, so waren für ihn doch auch andere Autoren für die Interpretation des Gesamtphänomens bedeutsam, vor allem wohl Baudelaire.[48] Er war immer zugleich Kritiker und Verteidiger der Décadence. In dem Brief an Carl Fuchs vom Winter 1884/85 schreibt er nach der Feststellung, daß in Wagners Musik der Teil über das Ganze Herr wird: „Das aber ist Décadence, ein Wort, das, wie sich unter uns von selbst versteht, nicht verwerfen, sondern nur bezeichnen soll.“ Schließlich heißt es: „ich meine, es gibt auch an der Décadence eine Unsumme des Anziehendsten, Wertvollsten, Neuesten, Verehrungswürdigsten (...)“ (III, 1226).

II. Motive der Décadence-Dichtung

1. Décadence und Krankheit

Die Literatur der Décadence hat, wie bereits erwähnt, nur selten den politischen, gesellschaftlichen oder geistigen, moralischen Niedergang einer geschichtlichen Epoche zu ihrem Thema gemacht, sondern den Verfall, auch wenn sie ihn als allgemeines Schicksal einer Spätzeit verstand, an der Verfassung, dem Verhalten und dem Geschick einzelner Menschen dargestellt. Es sind fast immer Menschen von geschwächter Vitalität, verminderter Lebensenergie, gebrochener Willenskraft, erschlafften Nerven. Es sind oft, wenn auch nicht immer, Söhne oder Enkel lebensstarker und erfolgreicher Vorfahren, die sowohl als Autoren wie als Gestalten dekadenter Dichtung hervortreten. Der im Fin de siècle geltende Begriff des Verfalls ist zumeist biologisch fundiert, wird als „biologischer Niedergang" verstanden, wie Thomas Mann sagte (XI, 554), als geschwächte Lebenskraft. Der deutsche Prototyp dieser Thematik findet sich in Thomas Manns Roman ‚Buddenbrooks', für den zunächst der Titel ‚Abwärts' vorgesehen war. In vielen Romanen der europäischen Literatur wird ein solcher „Verfall einer Familie" erzählt.

Für Österreich hat Heinz Politzer eine Zunahme der Degeneration alter Familien vermutet. Er schreibt: „Es fällt auf, daß, mit Ausnahme von ‚Anatol', die Schwierigen Schnitzlers dem Adel Alt-Österreichs entstammen; über sie alle schlägt die Dekadenz ihrer Klasse Schatten, ihnen allen steht der Schwund der Lebenskräfte, der Untergang, auf der Stirn geschrieben (...). Was Schnitzler mit ihnen trieb, war jedoch mehr als eine Psychologie des Individuellen. Der Fall dieser ‚Schwierigen' ist immer auch ein Fall der Gesellschaft, die sich in ihnen begriff, und das Bürgertum, zumal das jüdische, gab diesem Adel und Untergang um nichts nach."[1]

Für Frankreich hat den gleichen Vorgang Huysmans in ‚A rebours' beschrieben. Bei der Porträtierung von Des Esseintes' Vorfahren wird der Prozeß der Veränderung von den robusten frühen Typen der Adelsfamilien zu den späteren zarteren, biologisch entkräfteten verdeutlicht, und diese von der Medizin meist als Degeneration bezeichnete Entwicklung wird ohne weiteres Décadence genannt. „La Décadence de cette ancienne maison avait, sans nul doute, suivie régulièrement son cours, l'efféminantion des mâles était allée en s'accentuant ..."[2].

Thomas Mann spricht, wie erwähnt, vom „biologischen Niedergang" in den alten Familien; er bezeichnet das Interesse an der Décadence auch als Interesse am „Pathologischen".[3] Die Grenze zwischen labiler Schwäche und eindeutiger Krankheit ist bei den in der Literatur dargestellten Décadents nicht immer ganz scharf, und zuweilen geht die Labilität eindeutig in Krankheit über. So läßt Huysmans in ‚A rebours' den schwächlichen Des Esseintes zuletzt wirklich krank werden. Die Magenkrankheit, die zunächst auftritt, hängt zusammen mit einer schweren Neurose, und der Arzt nötigt Des Esseintes, seine auf Künstlichkeit gestellte Existenz außerhalb von Paris aufzugeben, weil nur in Paris eine Heilung möglich sei. Der Arzt erklärt ihm, „daß man nun die Neurose anpacken müsse, die (...) jahrelanger Pflege und Behandlung bedürfe". Das sei nur in Paris möglich. Der Arzt versichert ihm, „daß diese radikale Änderung der Lebensweise, die er forderte, in seinen Augen eine Frage von Leben oder Tod, von Gesundheit oder Wahnsinn sei, zu dem binnen kurzem eine Tuberkulose hinzukommen würde".[4]

Die Des Esseintes vorausgesagte Tuberkulose ist die Krankheit, die Gabriele Klöterjahn in Thomas Manns Erzählung ‚Tristan' befällt und die sie nicht besiegen kann. Denn sie ist in ihrer Vitalität geschwächt, sie repräsentiert „die abendliche Verklärung des Verfalls, der Auflösung und des Verlöschens. Ein altes Geschlecht, zu müde bereits und zu edel zur Tat und zum Leben, steht am Ende seiner Tage (...)" (VIII, 252). Der kleine Hanno in ‚Buddenbrooks' erliegt dem Typhus, aber nur, weil er zu schwach für wirksamen Widerstand gegen die Krankheit ist und, wie der Erzähler ausdrücklich versichert, nicht den Willen zum Überleben hat. Christian Buddenbrook wiederum, der Décadent, der nicht eigentlich krank ist, aber immer kränkelt, erleidet zuletzt eine geistige Störung und verbringt den Rest seines Lebens in einer Anstalt. Auch Claude Marehn, der dekadente Schwächling in Heinrich Manns Roman ‚Die Jagd nach Liebe', wird von schwerer Krankheit erfaßt, an den Rollstuhl gefesselt und stirbt in noch jungen Jahren. Violante in Heinrich Manns ‚Göttinnen' erkrankt nach ihrem wilden Leben tödlich an qualvollen Herzkrämpfen.

Ungefähr gleichzeitig mit dem gesteigerten literarischen Interesse für entkräftete, nervlich erschöpfte Menschen finden diese erhöhte Aufmerksamkeit in der Medizin. Die Degenerationserscheinungen werden bevorzugte Gegenstände wissenschaftlicher Erkenntnis. In Frankreich, wo die literarische Décadence begann, erschien auch die früheste gründliche wissenschaftliche Untersuchung der Degeneration: das 1857, im Erscheinungsjahr der ‚Fleurs du mal', publizierte Buch von Bénédict August Morel ‚Traité des dégénérescences physiques, intellectuelles et morales de l'espèce humaine et de ses causes qui produisent ces variétés maladives'. Morel kombinierte die Analyse der Degeneration, die im Deutschen als Entartung bezeichnet wurde, mit der Vererbungslehre und gab eine berühmt gewordene Definition der Entartung als krankhafter Abweichung vom Normaltyp. „Les dégénérations sont des déviations maladives d'un type primitif (später: primitif ou normal) de l'humanité héréditairement transmissibles."[5] Diese Schwächung sieht Morel teils von sozialen Zuständen verursacht oder als „dégradations originelles de la nature humaine"; sie ist das Resultat „d'une influence morbide, soit de l'ordre physique, soit de l'ordre moral ..."[6] Koppen hat gewiß recht, wenn er meint, das breite Interesse für solche medizinischen Einsichten sei in der zeitgenössischen Faszination durch den Verfall begründet. „Der Degenerationsbegriff und die ihm innewohnende Assoziation einer unerbittlichen Regression stellte ja gleichsam eine biologisch-medizinische Formel für die europäischen Dekadenzstimmungen jener Jahrzehnte dar."[7]

Wenn Morel die Degeneration als Krankheit ansieht, so gelten die Décadents in der allgemeinen Diskussion durchaus nicht immer als krank in klinischem Sinne. Die Nervenschwäche, unter der fast jeder Décadent leidet, wird häufig nur als neuropathische Störung betrachtet, die sich zeitweilig zu Krankheitszuständen steigert, aber nicht ständig als wirkliche Krankheit auftritt. Die Grenze zwischen degenerativen Schwächen und Krankheit in klinischem Sinne ist oft schwer festzulegen. Als Stefan George im Herbst 1892 erkrankte und Hofmannsthal ihn nach der Art seiner Krankheit fragte, antwortete er: „was soll ich Sie damit plagen? nervenschwäche woran jeder von uns ein wenig leidet."[8] In der Einschätzung der Nervenschwäche als eines neuen „mal de siècle" stimmen so verschiedene Dichter wie George und Zola völlig überein. Barbey d'Aurevilly spricht von der „névrose du siècle", als deren Opfer er Des Esseintes sieht. „Il est de l'hôpital Charcot."[9]

Hofmannsthal schreibt an seinen schwer neurotischen Freund Leopold von Andrian am 16. November 1907: „Daß Du krank bist, nervenkrank nämlich, ist eine Tatsache, die man zwar en bloc sich gefallen lassen muß, die einem aber immer aufs Neue wehtut, wenn man Dich unter einer neuen, unnötigen Qual leiden sieht."[10] Das Gefühl, krank zu sein, mischt sich bei Andrian mit dem Décadence-Bewußtsein des Untergangs. Schon am 10. Juli 1898 schrieb Andrian an Hofmannsthal: „Die *zweite* Hauptsache ist leider! ein allgemeines Gefühl von desillusionement, von zugrundgehen, von umsonst und zu wenig, der Gegensatz vom Gefühl der Jugend, und dieses Gefühl (...) hängt mit der Idee von der Krankheit zusammen."[11]

Die radikalen Gegner der Décadence nennen sie allerdings meist ohne Differenzierung eine Krankheit, so vor allem der als Mediziner ausgebildete Max Nordau in seinem Pamphlet ‚Entartung' von 1892. Nordau benutzt diese Erklärung als Schmähung und Herabsetzung, er denunziert die moderne Literatur als krank und deshalb als schädlich und verderblich. Auch Nietzsche hat in seiner scharfen Polemik gegen Wagner ‚Der

Fall Wagner' von der ihm sonst fern liegenden Bewertung der Décadence als Krankheit einen etwas fatalen Gebrauch gemacht, um die Diffamierung von Wagners Musik als einer kranken Kunst wie eine Waffe im Kampf gegen ihn zu benützen. „Wagners Kunst ist krank." Seine Helden und Heldinnen sind „eine Kranken-Galerie". „*Wagner est une névrose.*" (II, 913) Übrigens muß man sehen, daß Nietzsches Kampf gegen Wagner immer auch ein Kampf gegen sich selbst ist, von der Absicht geleitet, „Partei zu nehmen *gegen* alles Kranke an mir" (II, 903).

Die Genialität Wagners hat Nietzsche bei seinem Angriff auf ihn nicht geleugnet. Er berührt sich hier mit den Anschauungen des italienischen Psychiaters Cesare Lombroso, der schon 1864 mit seinem Buch ‚Genio e follia' Aufsehen erregte. Es wurde durch eine 1887 bei Reclam publizierte Übersetzung auch in Deutschland weit verbreitet. Lombroso hat in seinen späteren Schriften bei seiner Analyse des Genies nicht mehr geradezu von Irrsinn gesprochen, aber das Genie als „eine Form der degenerativen Neurose" bezeichnet.[12]

Bald aber wurde die undifferenzierte Gleichsetzung von Genie und Entartung als bedenkliche Vereinfachung empfunden. Offensichtlich verschärfte sich das Bewußtsein davon, daß mit der vitalen und nervlichen Schwächung eine Steigerung der geistigen und künstlerischen Fähigkeiten, der Sensibilität und Phantasie einherging. Valentin Magnan unterschied in seinen 1891 von Paul J. Möbius übersetzten ‚Psychiatrischen Vorlesungen' vier Arten von erblich Entarteten: Idioten, Blödsinnige, Schwachsinnige und Instabile. Diese vierte Klasse habe zwar auch intellektuelle und moralische Mängel, ihr fehle oft das innere Gleichgewicht, aber sie habe nicht selten glänzende Fähigkeiten zu geistiger und künstlerischer Produktivität. Magnan nennt daher diese vierte Klasse die höherstehenden oder intelligenten Entarteten, die „Dégénérés supérieurs". Paul J. Möbius stellt in seiner Einleitung fest, die Entarteten nähmen zwar zu, aber „sie gelten zum großen Teil nicht für krank und spielen gerade vermöge der ihnen eigenen Art eine große Rolle in der Gesellschaft".[13] Damit ist eine adäquate medizinische Einordnung der Décadents vollzogen. Die Formel der „dégénérés supérieurs" ist einleuchtend, sie bezeichnet zugleich das Defizit und die Begabung der angekränkelten, aber geistig leistungsfähigen Schwächlinge. Schon 1859 freilich hatte Jacques-Joseph Moreau in seinem Buch ‚La psychologie morbide' von der menschlichen Intelligenz bemerkt: „Les causes de sa décadence sont aussi celles de sa grandeur."[14] „Du bist zwar nicht krank", sagt in Gerhart Ouckama-Knoops Roman ‚Die Dekadenten' von 1898 der Psychiater Deroge zu dem „Helden", „aber auch kein normaler Mensch (...). Zwar gehörst du zu den Entarteten, aber Entartung ist nicht stets, noch für immer, ein Unglück. Du teilst dein Unglück mit einem Drittel der zivilisierten Menschheit (...). Du bist ein Degenerierter höherer Gattung."[15]

Damit verwendet der Romancier Ouckama-Knoop die griffige Formel Magnans.

Auch der führende Psychiater Oswald Bumke hat in seinem Buch ‚Über nervöse Entartung' (1911) gezögert, alle Décadents als im klinischen Sinne krank zu sehen. Bumke geht es besonders in der zweiten, in den letzten Abschnitten stark umgearbeiteten Auflage, die 1922 unter dem Titel ‚Kultur und Entartung' erschien, darum abzustreiten, daß die Zeit vor dem Ersten Weltkrieg als Zeit des Verfalls und des Niedergangs zu betrachten sei. Die häufig geäußerte Furcht vor Entartung beweise nicht, daß sie tatsächlich vorherrsche.[16] Bumke erklärt, daß es immer und überall einzelne Entartungserscheinungen gebe, sie seien aber für die Gesamtheit der Nation nicht bedrohlich.[17] Es gibt zu dieser relativen Toleranz freilich auch eine Gegenposition, die der Psychiater Hans Gross, der Vater des bekannten Psychoanalytikers Otto Gross, besonders rigoros vertritt. In seinem Aufsatz ‚Degenerierte und Deportation' von 1905 schreibt er, Degenerierte seien gefährlich, schädlich für den Staat und müßten in Strafkolonien deportiert werden.[18]

Bumke verweist auf die militärischen Leistungen im Ersten Weltkrieg, die gegen allgemeine Décadence sprächen. Er gibt zu, daß die Menschen reizsamer und nervöser geworden seien, aber das bedeute noch keinen Verfall. Daß Familien und Völker mit der Zeit notwendig entarten müssen, hält er für unbeweisbar,[19] und er bestreitet es ebenso wie die Ansicht des Psychiaters Kraepelin, daß die sich entwickelnde Zivilisation Ursache der Degeneration und der Zunahme von Nervenkrankheiten sei. Zwar ist Bumke – wie schon gesagt – der Ansicht, daß die Degeneration nicht nur klinisch zu behandelnde geistige Krankheiten verursache, sondern oft weniger schwere Störungen. Aber er scheint eher skeptisch gegenüber der Einsicht, daß neuropathische Störungen die geistigen, produktiven Fähigkeiten steigern, und polemisiert gegen Lombroso. So zitiert er denn auch ohne Zustimmung Kretzschmar, der in seinem Buch ‚Körperbau und Charakter' (1921) sagt, daß die Nervösen „die geniale Elite der Menschheit stellen".[20]

Wenn aber Emile Zola sein Zeitalter als krank bezeichnet, so meint er das nicht metaphorisch, vielmehr spricht er von einer körperlichen, physischen Erkrankung. „Le corps (...) est singulièrement en déchéance chez nous. Ce n'est plus l'âme qu'on exalte, ce sont les nerfs, la matière cérébrale." Zola führt diese Schwäche auf die extreme Entwicklung der Zivilisation, auf den „Fortschritt" zurück. „Nous sommes malades, cela est bien certain, malades de progrès."[21] Die Nerven, sagt Zola, seien auf Kosten des Körpers übermäßig entwickelt. „Cette victoire des nerfs sur le sang a décidé de nos mœurs, de notre littérature, de notre époque toute entière. (...) Etudiez notre littérature contemporaine, vous verrez en elle tous les effets de la névrose qui agite notre siècle."[22] Aber, und das ist höchst bedeutsam, Zola bejaht diese aus der Krankheit stammende Literatur. „Je l'aime, cette littérature, je la trouve vivante et humaine." Sie hat „d'étranges délices".[23] Zola äußert diese Ansichten in der Besprechung des Buches von Eugène Praz über „La santé de l'esprit et du corps par la Gymnastique", und er stimmt „sans réserve" der Forderung nach gymnastischer Stärkung des Körpers zu. Dennoch gefällt ihm die Krankheit der Epoche. „J'ai dit que cette époque de transitions me plaisait et que je goûtais une étrange joie à étudier nos fièvres."[24] In einer Rezension eines Romans der Brüder Goncourt, ‚Germinie Lacerteux' bekennt Zola seine Liebe zur Décadence noch viel entschiedener. „Mon goût, si l'on veut, est dépravé; j'aime les ragouts littéraires fortement épicés, les œuvres de décadence où une sorte de sensibilité maladive remplace la santé plantureuse des époques classiques. Je suis de mon âge."[25]

2. Die Identität von Leben und Sterben

„Blüht ein Baum, so blüht so gut der Tod in ihm wie das Leben, und der Acker ist voller Tod, der aus seinem liegenden Gesicht einen reichen Ausdruck des Lebens treibt, und die Tiere gehen geduldig von einem zum anderen – und überall um uns ist der Tod noch zu Haus und aus den Ritzen der Dinge sieht er uns zu (...)."[1] Mit diesen Sätzen formuliert Rilke – in einem Brief an Lotte Hepner vom 8. November 1915 – nicht nur die Allgegenwart des aus unserem Bewußtsein verdrängten Todes, sondern die einfache Wahrheit, daß der Vorgang des Lebens mit gleichem Recht als ständiges Sterben angesehen werden kann. Vom Augenblick seiner Geburt an ist der Mensch ein immerfort Sterbender; wenn er aufwächst, wächst er seinem Tode zu, und die Momente seiner voll entfalteten Lebenskraft, die als Ziel seines Daseins erscheinen mögen, sind in Wahrheit nur vorübergehende Phasen, Stationen auf dem unaufhaltsamen Wege zum Tode, der als das eigentliche Ziel am Ende steht. Die extremste Beschreibung dieser Gleichung von Leben und Sterben hat Rilke im ‚Malte Laurids Brigge' gegeben. Malte spricht in seinen Jugenderinnerungen vom Anblick der schwangeren Frauen: „Und was gab das den Frauen für eine wehmütige Schönheit, wenn sie schwanger waren und standen, und in ihrem großen Leib, auf welchem die schmalen Hände unwillkürlich liegen blieben, waren *zwei* Früchte: ein Kind und ein Tod. Kam das dichte, beinahe nahrhafte Lächeln in ihrem ganz ausgeräumten Gesicht nicht davon her, daß sie manchmal meinten, es wüchsen beide?" (VI, 721) Schon im Mutterleib wächst zusammen mit dem Leben der Tod, der also gleichzeitig mit dem Leben gezeugt wird.

Im 19. Jahrhundert hat zuerst Schopenhauer jene Gleichung deutlich formuliert. Im vierten Buch seines Hauptwerkes, ‚Die Welt als Wille und

Vorstellung' (§ 57), heißt es vom Menschen: „So ist sein Dasein, schon von der formellen Seite allein betrachtet, ein stetes Hinstürzen der Gegenwart in die tote Vergangenheit, ein stetes Sterben." „Sehn wir es nun aber auch von der physischen Seite an, so ist offenbar, daß das Leben unseres Leibes nur ein fortdauernd gehemmtes Sterben, ein immer aufgeschobener Tod ist (...). Jeder Atemzug wehrt den beständig eindringenden Tod ab (...). Zuletzt muß er siegen, denn ihm sind wir schon durch die Geburt anheimgefallen, und er spielt nur eine Weile mit seiner Beute, bis er sie verschlingt" (I, 400).

Daß Leben auch ein ständiges Sterben ist, ist ein unwiderlegliches Faktum. Es wird bereits in der manieristischen Dichtung formuliert, die ja der dekadenten in vielem verwandt ist. So heißt es bei Quevedo: „Ihr selbst seid euer Tod." Leben ist für ihn „lebend sterben", „morir viviendo".[2]

Zum Grundmotiv dekadenter Weltsicht wird diese Gleichung dann, wenn der Aspekt, unter dem das Lebewesen als ständig sterbendes gesehen wird, dominiert und bei jedem Blick auf das Leben im Bewußtsein bleibt. Bei einem intakten „Willen zum Leben" ist, wie Rilke in dem bereits zitierten Brief an Lotte Hepner sagt, der Tod „in seiner Wirklichkeit, uns nicht erlebbar, uns immerfort überwissend, und doch von uns nie recht zugegeben", er wurde „hinausverdrängt", wird „ein Äusseres, täglich Ferngehalteneres, das irgendwo im Leeren lauerte".[3] Ist aber die „Verneinung des Willens zum Leben" stark oder vorherrschend, wie es der von Nietzsche deshalb als „Philosoph der Décadence" bezeichnete Schopenhauer gefordert hat (II, 911), so bleibt der Tod ständig in das Leben eingefügt und bewußt. Tolstoi repräsentiert für Rilke ein „Lebensgefühl, das vom feinverteiltesten Tode so durchdrungen war, daß er überall mit enthalten schien, als ein eigentümliches Gewürz im starken Geschmack des Lebens". Auch und gerade in den Liebenden, die für Rilke ein besonders intensives Leben haben, ist der Tod stets wirksam: „denn sie sind voller Tod, indem sie voller Leben sind". Aus dieser Verschwisterung von Liebe und Tod entspringen Isoldes Liebestod bei Wagner und seine späteren Varianten, wie auch Ferdinand Hodlers grandiose Folge von grausam-genauen Zeichnungen seiner sterbenden Geliebten.

Schon des frühen Rilke vielberufenes Verlangen nach dem „eigenen Tod" meint diese Präsenz des Todes, der nicht von außen kommen soll, sondern als etwas, was dem Menschen in seinem Inneren zuwächst.[4] Ein anderes Bild für dieses Heranwachsen des Todes findet Richard Beer-Hofmann in dem Roman ‚Der Tod Georgs'. Paul, die Hauptfigur, stellt sich vor, daß sein Freund Georg ein Arzt besonderer Art werden könne. Er habe den in den Menschen wirkenden Tod unmittelbar erkannt: „an ihrem entstellten Leib erkannte er die Arbeit des Todes, der in ihnen kauernd saß und, lautlos hämmernd, von innen her ihren Leichnam sich formte, wie ein Bildner kunstvoll ein Gefäß von innen treibt".[5]

1891 beschreibt der sechzehnjährige Hofmannsthal eine Vision unter dem Titel ‚Bilder'. „Es war ein Bild des Lebens, reich und bewegt. (...) Auf der Treppe und auf den Dämmen war unabsehbares Getümmel ..." Die Beschreibung endet so: „Noch einmal zuckte die Sonne im letzten Glanze auf und ich sah ein Wort unter dem Bilde stehen. Dann stand ich in grauer Dämmerung, in meinen Augen aber flimmerte purpurn das Wort nach: Morituri." (PI, 40) Die in Lebensfülle heiter sich bewegenden Menschen sind in Wahrheit Sterbende, – so wird der Betrachter durch die wie in ein Emblem gesetzte Unterschrift belehrt.

Der junge Flaubert kombiniert mit dem Gedanken des in uns ständig wachsenden Todes den Todeswunsch, den der junge Mann im ‚November' von früh an hat. „Ich bin geboren mit dem Wunsch nach dem Tode." (44) Der Mensch liebt den Tod, sagt er. „Er weiht ihm alles, was er schafft, er ist aus ihm geboren und kehrt zu ihm zurück. Solange er lebt, denkt er nur an ihn, er trägt seinen Keim im Körper und den Wunsch danach im Herzen." (52 f.)

All diese Vorstellungen sind scharf zu unterscheiden von dem Memento mori-Motiv in der Literatur des Mittelalters und des Barock. Denn dort dienen diese Bilder von der Todesverfallenheit allen Lebens der Abwertung des vergänglichen Irdischen, der Hinwendung zum Ewigen im Jenseits, wo es den Tod nicht gibt. Für die Décadence-Dichtung besteht diese Gewißheit nicht, für sie ist das Ende, auf das der Mensch immerwährend zuschreitet, definitiv, der absolute Untergang. Einer mahnenden Erinnerung an den Tod bedarf die dekadente Gesinnung nicht. Harry Graf Kessler hat bei der Interpretation der Bilder Whistlers deren Wendung zum Hinfälligen, Vergehenden hervorgehoben. „Ihr Motto könnte der Vers von Poe sein: ‚nevermore, nevermore'", und ihre Schönheit sei „wie ein Herbst ohne Hoffnung auf Wiederkehr",[6] – eine genaue Formel für das spezifische Vergänglichkeitsbewußtsein der Décadence.

Momente einer freudigen Erfahrung von Aufstieg und Blüte bestehen nie für sich, sind nicht getrennt von Momenten der Besinnung auf den Tod, sondern beide Erfahrungen geschehen gleichzeitig, durchdringen sich, verflechten sich unlösbar im dekadenten Bewußtsein. Es gibt nur „das Leben, welches das Ja nicht vom Nein zu trennen weiß", wie es Nietzsche formuliert hat (III, 798). Der junge Flaubert schreibt: „Niemals habe ich ein Kind ansehen können, ohne zu denken, daß daraus einmal ein Greis wird, und nie eine Wiege, ohne mir zugleich ein Grab vorzustellen. Die Betrachtung einer nackten Frau ruft den Gedanken an ihr Skelett in mir hervor."[7]

Es gehört zur inneren Verfassung der Décadence, zwanghaft im blühenden Leben den Verfall zu sehen. In jeder Ordnung bereitet sich schon das Chaos vor, in das sie sich auflösen wird, die fallende Linie, der Weg zum Untergang. Dieser aber, so mahnt noch der ganz späte Rilke, darf nicht verdrängt und negiert, sondern muß im Bewußtsein festgehalten, bejaht und bewältigt werden.

In den „Sonnetten an Orpheus" (I, 759) heißt es:

Sei allem Abschied voran, als wäre er hinter
dir, wie der Winter, der eben geht . . .

Hier, unter Schwindenden, sei, im Reiche der Neige,
sei ein klingendes Glas, das sich im Klang schon zerschlug.

Sei – und wisse zugleich des Nicht-Seins Bedingung . . .

Es gibt freilich einige Dinge, die dem Vergehen, der Auflösung nicht ausgesetzt sind, wenigstens nicht für unsere Wahrnehmung. Die übermäßige Vorliebe für Edelsteine und Edelmetalle, die uns in der Dichtung der Décadence oft begegnet, hat ihre tiefste Begründung darin, daß Mineralien und Gold und Silber nicht sterben und verwesen, da sie ja kein organisches Leben haben. Der Unterschied zur normalen Freude an Gold und Edelsteinen zeigt sich in der Häufung, der Unmenge von kostbaren Mineralien, die die Kunst der Décadence bevorzugt. Bilder von Moreau präsentieren Salome als eine mit Schmuck überhäufte Figur. Ein literarisches Beispiel wäre die Beschreibung der Königin von Saba in Flauberts ‚Versuchung des heiligen Antonius'. Sie trägt ein „Kleid aus Goldbrokat, auf dem Gehänge von Perlen, Gagaten und Saphiren regelmäßig wiederkehren". Der eine Schuh ist „besät mit silbernen Sternen und mit einem zunehmenden Monde geschmückt, während der andere, weiße, eine goldene Sonne inmitten kleiner Goldtropfen zeigt". Die Ärmel sind mit Smaragden besetzt, die Finger mit Ringen beladen, zwei große gelbe Perlen beschweren die Ohren, eine Goldkette umwindet ihren Kopf, „dann windet sie sich wieder hinab, gleitet über die Schulter und endet auf ihrem Busen in einem Skorpion aus Brillanten, der seine Zunge zwischen ihre Brüste herabstreckt".[8] Der Körper, das vergängliche Fleisch wird umhüllt von den unverweslichen Mineralien und Metallen, die aber, als Kontrast, der körperlichen Hinfälligkeit noch einen Akzent verleihen.[9]

Die Erkenntnis, daß Leben auch Sterben ist, sein Gegenteil also, ist für das Décadence-Bewußtsein die Urerfahrung der Widersprüchlichkeit der Welt. Sie begründet gleichsam die Einsicht, daß Wahrheit immer nur im Widerspruch zu finden ist, daß jedes einzelne Seiende zugleich sein Gegenteil, Schmerz auch Lust, Verlust auch Gewinn, daß Schwäche auch Machtwillen in sich schließt. Gerade die Gegensätze, die einander strikt ausschließen, bestehen gleichzeitig im Menschen und seinen Verhaltensweisen. Lebensgier und Todesverlangen wirken miteinander, untrennbar, in *einer* Person.

Widersprüchlichkeit ist an und für sich gewiß kein Symptom von Décadence, sie wird es erst in einer bestimmten Überschärfung, als unlösbarer Zwiespalt. Der Widerspruch erscheint extrem sinnwidrig, als hartes Nebeneinander zweier unversöhnbarer Gegensätze. Baudelaire gesteht: „Als kleines Kind habe ich in meinem Herzen zwei gegensätzliche Gefühle gespürt: Abscheu vor dem Leben und Entzückung am Leben.“[10]

Die Verfestigung absoluter Widersprüchlichkeit wirkt destabilisierend auf den Lebenszustand; die in der bürgerlichen Ordnungswelt angestrebte Stabilität verfällt. Schon der ganz junge Hofmannsthal stieß auf die unauflösliche Härte solcher Widersprüchlichkeit, deren Erkenntnis er „der krankhaften Hellsichtigkeit des Neuropathen“ zuschreibt: „Denn sind Genuß und Qual nicht sinnlose Worte, wenn das heißeste, wahnsinnige Begehren zugleich wütender Haß, wollüstiger Zerstörungstrieb und die sublimste Pose der Eitelkeit die der ekelhaften Selbstzerfleischung ist?“ Hofmannsthal fügt hinzu: „Man erkennt solche Dinge, und man stirbt nicht daran.“ (P I, 9 f.)

3. Künstlichkeit und Naturfeindschaft

Richard Wagner notierte am 18. August 1865 in seinem Tagebuch: „Ich kann und muß nun in einer Art von Wolke leben. Wie ich einzig Kunstmensch bin, kann ich auch nur ein künstliches Leben führen.“ Am nächsten Tag formulierte er dieses Bedürfnis nach Künstlichkeit noch radikaler: „Ganz künstlich, wie ein tropisches Gewächs im Wintergarten, muß ich mich gegen die Atmosphäre der Wirklichkeit abschließen, es geht nicht anders.“[1] Man weiß, daß Wagner diese Verkünstlichung seiner Lebensweise mit allen Mitteln gesichert und sich durch übermäßig luxuriöse Ausstattung seiner Wohnung von der Wirklichkeit abgeschirmt hat. Dazu dienten auch die 24 seidenen Schlafröcke, die er in Wien in seinem dekorativ überladenen Hause abwechselnd trug, damit nur nicht einer durch ständigen Gebrauch etwa alltäglich und gewissermaßen natürlich würde. Für seine spätere Münchner Wohnung bezog er aus Wien für über zehntausend Gulden kostbare Stoffe, und für das Bayreuther Haus mußte die Freundin Judith Gautier in Paris enorme Mengen von erlesenen Seidenstoffen, von leidenschaftlich begehrten Duftwassern für das Bad, kostbaren Parfums usw. beschaffen.[2]

Der Verkünstlichung der Lebensweise entspricht die Vorliebe für das Phantasiespiel mit künstlichen, naturfernen Welten. Wenn Baudelaire die graue Öde der Wirklichkeit, „le triste monde engourdi“, verläßt und sich in ein Traumreich flüchtet, dann gerät er nicht in einen reichblühenden Garten, sondern in eine aus „Mauern von Metall“, „aus Marmor, Kristall und Juwelen“ gefügte artifizielle Welt, in der nicht Bäume, sondern Kolonnaden den Teich umgeben. An die Stelle des alten Paradieses, das immer als üppige und friedlich-harmonische Natur vorgestellt wurde, tritt in diesem ‚Rève parisien' (I, 101) eine Welt von Artefakten, und die „Paradis artificiels" (I, 377) eröffnen im Haschisch- oder Opiumrausch beglückende Reiche. Stefan George zeigt den Herrscher Algabal in dem künstlichen, aus Metallen und Mineralien von ihm erbauten „Unterreich", aus dem alles organische Leben der Pflanzen- und Tierwelt verbannt ist (I, 47):

Von kohle die stämme, von kohle die äste.

Einen künstlichen Garten ohne natürliche Gewächse hat auch die Herzogin von Assy in Heinrich Manns Roman ‚Die Göttinnen'. Er wird im zweiten Band (‚Minerva') dargestellt. Bei dem großen Fest im Palast der Herzogin beschreibt die Bildhauerin Properzia diesen unter der Terrasse liegenden Garten: „Dort ist der Rasen aus grünem, feuchtem Stein, die Bäume sind in bemaltes Holz geschnitten, pyramidenförmig oder rund. In dem gläsern klingenden, dunkelgrünen Laube funkeln kleine Früchte aus blutig-rotem Jaspis. Die Blüten sind aus Elfenbein und die Blumen aus Porphyr" (Göttinnen, 270). Properzia vergleicht die sterile unerfüllte Liebesbeziehung zwischen ihr und Maurice Mortoeil mit dem Kunstgebilde; alles in ihr sei gerade wie im künstlichen Garten (271).

Künstlichkeit bestimmt auch häufig die von der natürlichen Sprache sich entfernende Sprechweise der Décadence-Dichtung, die durch seltene oder veraltete Worte, durch syntaktische Besonderheiten und fremdartige Bilder und Symbole eine artistische Prägung erreicht. Als Beispiel kann eine Strophe aus dem Zyklus ‚Tage' im ‚Algabal' dienen (I, 49):

Junge stimmen · ferner hall.
Narden die verflüchtet irren
Durch der räuche strengen quall
Zu dem kuss der süssen mirren.

Das liebende Paar in Georges ‚Jahr der Seele' erlebt nie einen Frühling. Zwar gibt es hier wieder vegetatives Leben, aber es ist ausschließlich die gezähmte, kunstvoll hergerichtete Natur des Parks, in der immer die formende Menschenhand zu spüren ist und ein Wald höchstens als „Gartenwald" erscheinen kann, – ein für George bezeichnendes Wort (I, 133). Der Frühling fehlt hier als eine unerwünschte Jahreszeit, weil dann die Natur durch die Wiederkehr der Wachstumskräfte und den Blütenglanz ihre Lebenskraft und ihr Daseinsrecht besonders eindringlich zur Erscheinung bringt. Genau das verdrießt auch den Novellisten Adalbert, den Freund Tonio Krögers in Thomas Manns Erzählung. „‚Gott verdamme den Frühling', sagte er in seinem aggressiven Stil. ‚Er ist und bleibt die gräßlichste Jahreszeit. Können Sie einen vernünftigen Gedanken fassen, Kröger, (...) wenn (...) eine Menge von unzugehörigen Sensationen sie beunruhigt, die, sobald Sie sie prüfen, sich als triviales und gänzlich unbrauchbares Zeug entpuppen? Was mich betrifft, so gehe ich nun ins Café. Das ist neutrales, vom Wechsel der Jahreszeiten unberührtes Gebiet. (...).'" (VIII, 294) Auch diese Stelle ist bekannt. Bemerkenswert ist, daß George und Thomas Mann, die sich fern standen und einander wenig schätzten, im gemeinsamen Anteil an der Décadence ähnliche Abneigungen äußern.

Die Abwertung des Frühlings ist natürlich ein bewußter Bruch mit der Tradition, in der gerade der Frühling als die eigentlich poetische Jahreszeit galt. Aber seine Verachtung ist nur die Zuspitzung der dekadenten Naturfeindlichkeit überhaupt. Die in allen Bereichen wahrnehmbare Vorliebe für das Künstliche ist insofern ein Verfallssymptom, als sie eine strikte Abkehr von der Natur bedeutet, ihre Abwertung, Verachtung, ja Vernichtung. Jedes Lob der Künstlichkeit ist zugleich eine Äußerung der Naturfeindschaft, die Verleugnung des Naturhaft-Wachstümlichen. Das Lebendige liebt seinesgleichen, aber für den Décadent ist diese Verbundenheit mit der Lebenswelt der Natur, zu der er selbst gehört, gebrochen, er hat das Bewußtsein dieser Zugehörigkeit und jegliche Naivität verloren.

„Die Natur ist immer wertlos", schreibt Nietzsche in der ‚Fröhlichen Wissenschaft' (II, 177). Bei Flaubert, der oft als einer der ersten später entfaltete Momente der Décadence zur Sprache bringt, heißt es im ‚November': „Das Rauschen der Flüsse und der Anblick der Wälder waren mir lästig. Nichts schien mir dümmer als die Natur" (November 51). Übrigens gab es auch in der Verfallszeit der Spätantike eine ähnliche Entfernung von der Natur, wie Riegl und Schlosser gezeigt haben. „Diese Verneinung der Natur ist auf allen Gebieten der späten Antike fühlbar", schreibt Schlosser.[3] Théophile Gautier hat in seinem Aufsatz über Baudelaire dessen Vorliebe für das Artifizielle hervorgehoben. „Tout ce qui éloignait l'homme et surtout la femme de l'état de nature lui paraissait une invention heureuse."[4] Baudelaire hat das häufig ausgesprochen, zum Beispiel in dem großen Essay über Constantin Guys, ‚Le peintre de la vie moderne'. „Qui oserait assigner à l'art la fonction stérile d'imiter la nature?" (II, 717). Aber die Naturfeindschaft gilt nicht nur für die Kunst, sondern sie ist viel weitgreifender und prinzipieller. La nature „pousse l'homme à tuer son semblable (...)". „Passez en revue, analysez tout ce qui est naturel, toutes les actions et les désirs du pur homme naturel, vous ne trouverez rien que d'affreux" (II, 715). Die Verurteilung der Natur im Menschen dient zugleich zur Begründung für das Schminken und die Verwendung aller künstlichen Schönheitsmittel, mit denen die Frauen sich verschönern, um „magique et surnaturel" zu erscheinen, weit über ihre dürftige natürliche Schönheit hinaus. (II, 717)

Baudelaire rühmt an dem Maler Guys seine Liebe zur Großstadt, die ihn von der ländlichen Natur fernhält. „Il contemple les paysages de la grande ville, paysages de pierre caressés par la brume ou frappés par les soufflets du soleil" (II, 692). In dieser Landschaft der Großstadt ist auch Baudelaires Poesie angesiedelt, ebenso wie die Malerei des mit Baudelaire eng befreundeten Manet, der nur sehr selten Landschaften malt, sondern fast immer die Erscheinungen der Großstadtwelt, Kneipen, Straßen und Plätze, Kurtisanen und Tänzerinnen. Noch bei Rilke wird in der Nachfolge Baudelaires das Naturgedicht weitgehend ersetzt durch das Pariser Großstadt-Gedicht.

Die Natur hat auch ihre Symbolfähigkeit zum guten Teil eingebüßt. Als 1855 Fernand Desnoyers Baudelaire um Beiträge für seine Anthologie von Naturgedichten bat, schickte ihm der Dichter zwei, ‚Le crépuscule de matin' und ‚Le crépuscule de soir', und er begründete in einem Begleitbrief, warum er sich nicht ganz an die Bedingungen des Programms gehalten hatte und keine reinen Naturgedichte schicken konnte. Er ließ den programmatischen Brief in der Anthologie mit abdrucken: „Mein lieber Desnoyers, Sie bitten mich um Verse für Ihren kleinen Band, Verse über die *Natur*, nicht wahr? Über die Wälder, die großen Eichen, das Grüne, die Insekten – die Sonne vermutlich? Aber Sie wissen doch, daß ich außerstande bin, über die Vegetabilien in Rührung zu geraten, daß meine Seele dieser sonderbaren neuen Religion widerstrebt, die, wie mir scheint, jedem *geistigen* Menschen immer etwas *shocking* vorkommen wird. Ich werde niemals glauben, daß die *Seele der Götter in den Pflanzen wohnt*, und selbst wenn sie dort wohnen sollte, kümmerte mich das wenig, und ich würde meine eigene für ein sehr viel höheres Gut halten als jene der geheiligten Gemüse. Ich war sogar immer der Ansicht, daß die *Natur*, in ihrem Blühen, ihrem Sicherneuern etwas Trauriges, Hartes, Grausames an sich hat, fast etwas Schamloses.

Angesichts der Unmöglichkeit, Sie nach den genauen Bedingungen des Programms völlig zufriedenzustellen, schicke ich Ihnen zwei Gedichte, die ungefähr die Geisteshaltung der Träumereien vermitteln, die mich um die Stunden der Dämmerung überfallen. Am Grunde der Wälder, eingeschlossen unter jenen Wölbungen, die denen der Sakristeien und Kathedralen gleichen, denke ich an unsere erstaunlichen Städte, und die gewaltige Musik, die über den Wipfeln brandet, kommt mir wie die Übersetzung der menschlichen Klagen vor."[5]

In einem Bericht über den Salon von 1859 greift Baudelaire die Naturnachahmung in der Malerei besonders scharf an. „Le Crédo actuel des gens du monde", so sagt er, „est celui-ci: ‚Je crois à la nature et je ne crois qu'à la nature ... Je crois que l'art est et ne peut être que la reproduction exacte de la nature' (II, 617)." Dieser Doktrin widerspricht Baudelaire auf das heftigste. Für ihn entsteht Kunst nur durch „l'imagination", die

„la reine des facultés" ist und alles hervorbringt. „Je trouve inutile est fastidieux de représenter ce qui est, par ce que rien de ce qui est ne me satisfait. La nature est laide, et je préfère les monstres de ma fantaisie à la trivialité positive" (II, 620).

Oscar Wildes radikale Ablehnung der Natur ist bekannt; für Wilde ist, ebenso wie für den Maler Whistler, die Kunst der Natur weit überlegen, womit die viktorianische Wertung sich umkehrt. Negativ findet er „Nature's lack of design, curios condities, her extraordinary monotony, her absolutely unfinished condition"[6]. In oft überspitzten, provozierenden Formulierungen behauptet Wilde die Wesenlosigkeit der Natur. „For what is Nature?... she is our creation... Things are because we see them, and what we see and how we see it, depends on the art that influenced us..."[7] „Mit anderen Worten: Natur ist völlig auf vorgegebene Wahrnehmungs- und Deutungsmuster der Kunst angewiesen."[8] Daher darf Kunst nicht die Natur nachahmen, vielmehr ahmt die Natur die Kunst nach – das ist Wildes extreme Formulierung.

Auf die dekadente Naturfeindschaft gründet sich auch die Abneigung gegen die natürliche Fortpflanzung, die Geringschätzung der biologischen Funktion der Liebe. Baudelaire äußert das sehr deutlich, wenn er sagt: „La femme est *naturelle*, c'est-à-dire abominable" (I, 677). Er denkt hier ohne Zweifel an die im Vergleich zu dem auch zur Natur gehörigen Mann engere Zugehörigkeit der Frau zur Natur, die in ihrer biologischen Konstitution, ihrer Fähigkeit zum Gebären gegründet ist.

Flaubert hat wieder am frühesten eine radikale Ablehnung der Zeugungsfunktion formuliert: „Er glaubte ernstlich", so heißt es von dem jungen Mann im ‚November', „daß es weniger unrecht sei, einen Menschen zu töten, als ein Kind in die Welt zu setzen, dem ersteren nimmt man das Leben, nicht das ganze Leben (...). Aber seid ihr nicht, pflegte er zu sagen, dem letzteren für alle Tränen verantwortlich, die es von der Wiege bis zum Grabe vergießen wird? Ohne euch wäre es nicht geboren, und warum kommt es zur Welt? Weil es euch so gefällt, aber nicht ihm, das ist sicher" (November 172).

Der dekadente Autor Spinell in Thomas Manns Erzählung ‚Tristan', der zwar ironisiert wird, aber doch auch manche Wesenszüge Thomas Manns verkörpert, wirft dem robusten Kaufmann Klöterjahn vor, die Schwäche der zarten Gabriele verkannt, sie zur Mutterschaft gezwungen und damit in den Tod getrieben zu haben. In seinem empörten Brief heißt es: „Sie sahen sie, diese Todesschönheit: sahen sie an, um ihrer zu begehren. (...) Sie mußten besitzen, ausnützen, entweihen" (VIII, 253). „In der Tat, Sie lenken ihren verträumten Willen in die Irre, (...) machen sie zum Eheweibe, zur Hausfrau, machen sie zur Mutter. Sie erniedrigen die müde, scheue und in erhabener Unbrauchbarkeit blühende Schönheit des Todes in den Dienst des gemeinen Alltags und jenes blöden, ungefügen und verächtlichen Götzen, den man die Natur nennt (...)" (VIII, 254). Der Zusammenhang von totaler Naturfeindschaft und Ablehnung der Fortpflanzung bestätigt sich hier.

Paul Gontran in Maupassants Roman ‚Mont Oriol', ein leichtfertiger junger Mann, für den nur die Schönheit Wert hat, ein Dandy, der Baudelaire zitiert, reagiert äußerst hart und grausam, als seine Geliebte schwanger wird. „Seit er wußte, daß sie schwanger war, entfremdete er sich ihr und war unwillkürlich abgestoßen. Früher hatte er oft gesagt, eine Frau sei nicht mehr liebenswert, wenn sie die Funktion der Fortpflanzung erfülle (...). Im Frauenkörper betete er Venus an, deren heiliger Schoß ewig die reine Form der Unfruchtbarkeit bewahrt. Der Gedanke, daß ein Kleines geboren würde, eine Menschenlarve in diesem Körper sprieße, ihn beflecke und schon verunstalte, erweckte bei ihm eine fast unüberwindliche Abneigung. Durch Mutterschaft wurde die Frau tierisch. Sie war nicht mehr das bewunderte Traumgeschöpf, sondern Vieh, das sich vervielfältigte."[9]

Auch Peter Altenberg verwirft die Mutterschaft, die den Reiz der jungen Mädchen zerstört. In dem kurzen Prosastück ‚Hoffnung' in dem Zyklus ‚Ganz kleine Sachen' heißt es:[10]

> Was erhoffst Du Dir, Mädchen, noch?!?
> Da Du, geschlossene Blüte, alles Lebendige in Dir birgst?!?
> Bleibe verschlossenes Blühen, oh Mädchen – – –!
> Denn die gewöhnliche Tat des Seins
> mordet Dein göttliches Ungeschehnis.

Die Ablehnung der „Fortpflanzung", auch wo sie ästhetisch motiviert wird wie schon bei Maupassant, ist in der dekadenten Feindschaft gegen das Naturhafte, gegen Zeugen und Gebären begründet. Innerhalb desselben Zyklus sagt Altenberg: „Indem man die ‚Vestalin' im Bienenstock, welche bis dahin nur den ‚heiligsten Pflichten' der Selbstentäußerung gelebt hat, mit besonders nahrhaften Speisen aufpäppelt, ist man im Stande, sie dem wahren Beruf zu entfremden und sie zur Organisation einer empfangs- und befruchtungsfreudigen Königin (Sclavin) zu erhöhen (zu erniedrigen)?"

Die biologische Funktion ist „niedrig" gegenüber dem erotischen Lustspenden. Das wird sehr deutlich in einem weiteren Prosastück mit dem Titel ‚Der Zeichner Fidus':

„Künstler, Dichter, ahnet Ihr noch nicht, dass das ‚werdende Weib' Euch näher steht als das ‚gewordene'?!
Welche ‚niedere' Form zweckdienlicher Notwendigkeiten repräsentiert dann dieser dem Manne entgegen ächzende Leib?
In welcher Freiheit hingegen, losgelöst von Zwecke, ganz in Grazie und Zartheit sich bewegend, steht das Kind-Weib vor Dir, Künstler?!

Die traurigen Schwierigkeiten endgültigen Ereignisses sind noch in weite Ferne gerückt, und nahe gerückt ist Gottes Plan, der Seele eine unbeschwerte Hülle zu geben!
Diese Form prävalierender Göttlichkeit in dem dem Fortpflanzungs-Geschäfte so schnöde gewidmeten Kunstwerke ‚Frauenleib' hat der Zeichner Fidus zu seinem Hauptwerke gemacht."

Die gleiche Abwertung der Fruchtbarkeit und Fortpflanzung bezeugt das Prosastück ‚Japanischer Apfelbaum': „In Japan blühen die Apfelbäume so schön wie in keinem anderen Lande. Aber niemals bringen sie es zu Früchten! Die Blüten, welche ihre Kraft für die Früchte aufbewahren sollen, können nicht so schön werden als die Blüten, welche ihre ganze Kraft für sich selbst, für ihr Blühen verwenden dürfen!"

Der dekadente Hang zur Künstlichkeit manifestiert sich deutlich in der Vorliebe für das Treibhaus, für die Heide Eilert in ihrem Aufsatz ‚Im Treibhaus. Motive der europäischen Décadence in Theodor Fontanes Roman L'Adultera' und danach Roger Bauer in seinem Aufsatz ‚Treibhaus' eine Reihe von Beispielen beigebracht haben. Die hochgezüchteten exotischen Pflanzen und Blumen im Treibhaus, besonders die Orchideen, sind zwar Gewächse, verleugnen aber ihre Pflanzennatur und werden bewundert, weil sie wie künstliche Gebilde wirken, wie erfunden von einer bizarren Phantasie und hergestellt mit handwerklichem Raffinement. Daß sie in der freien Natur in Europa nicht zu finden sind, sondern hier nur in der zielbewußt erzeugten Wärme des Treibhauses, des „serre chaude", gedeihen, sichert ihnen den Charakter der Künstlichkeit und gibt dem Treibhaus selbst eine sinnlich-schwüle, die erotischen Regungen hochtreibende Atmosphäre.

Aus der fundamentalen Bedeutung der Künstlichkeit für die Décadence läßt sich auch die vieldeutige Figur des Dandy herleiten, dessen Attitude für die dekadenten Autoren ein Verhaltensmuster darstellt. Das Dandytum ist eine künstliche Aristokratie, die nicht auf Geburt und Herkunft beruht, sondern selbstgeschaffen ist, sozusagen im Treibhaus gezüchtet. Man denkt beim Stichwort „Dandy" zunächst an die überbetonte Eleganz der Kleidung, aber das ist ein äußerliches Merkmal. „Ces choses ne sont pour le parfait dandy qu'un symbole de la supériorité aristocratique de son esprit", so heißt es in Baudelaires Essay über den Dandy, der zu der großen Abhandlung über den Maler Constantin Guys, ‚Le Peintre de la vie moderne', gehört (II, 710). Erlesene, sorgsam abgestimmte Kleidung ist für den Dandy das Mittel, sich von der demokratisch nivellierten Menge schon äußerlich zu unterscheiden. Auf diese Unterscheidung kommt alles an, und sie wird erreicht durch den gesamten Habitus des Dandy, sein stilisiertes, von jedem natürlichen Gehaben abweichendes Verhalten, eine sehr bewußte Selbstinszenierung beim öffentlichen Auftreten. Barbey d'Aurevilly betont in seiner Schrift ‚Du dandysme et de George Brummel' (1844) besonders die Neigung des Dandy zu verblüffen, durch ungewohnte Ansichten, durch Ironie und Paradoxie, durch das „imprévu".[12] „Auslöser ästhetischer Stilisierung und Isolierung ist (...) ein elitäres und aristokratisches Bewußtsein."[13] Eine gewisse selbstgefällige Arroganz gehört zum Habitus des Dandy.

Für die Literaten der Décadence, die in Opposition zur herrschenden Gesellschaft stehen, sie verachten und sich tätiger Teilnahme an ihrer Arbeitswelt entziehen, und ebenso für dandyhaft lebende wohlhabende Müßiggänger gibt es keinen rechten sozialen Ort, und der Dandysmus ist der Versuch, einen solchen Ort zu schaffen. Die gespielte Aristokratie des Dandy will nicht eine echte vortäuschen. Ohne Geburtsadel, ohne Leistung und Verdienste in der bürgerlichen Arbeitswelt stellt der Dandy einen Anspruch auf Ansehen, den die Gesellschaft nur wegen seines stilisierten Gehabens erfüllen soll.

4. Welthaß und Willensschwäche

Wenn Baudelaire – das wurde erwähnt – die Ablehnung der künstlerischen Reproduktion dessen, was ist, damit begründet, daß ihn nichts von dem, was ist, befriedigt, so verweist das darauf, daß mit der bekämpften Natur nicht nur das wachstümliche Leben oder die Naturanlage des Menschen gemeint ist, sondern alles Seiende überhaupt. Dieser Sprachgebrauch Baudelaires wird bestätigt in einer Notiz im Tagebuch, die das Handeln verdammt. „Le commerce est, par son essence, satanique." Der Eintrag endet mit dem Satz: „Le commerce est *naturel, donc* il est infame" (I, 703).

Alles Natürliche, das heißt alles Gegebene, Vorhandene, Seiende ist niederträchtig, wertlos, hassenswert: Das ist entscheidend für das Weltverhältnis der Décadence. Die üblichen Namen für diese Haltung, Pessimismus oder Nihilismus, sind fragwürdig, unscharf, gemahnen an eine Vorgeschichte dieser Begriffe, die nicht genau ihren Sinn in der Décadence vorwegnehmen. Am besten sollte man wohl von Welthaß der Décadence sprechen, der, wie jeder Haß, die Möglichkeit in sich trägt, zuweilen in sein Gegenteil umzuschlagen. Wiederum findet sich, wie für alle Denkweisen der Décadence, seine wohl früheste Formulierung bei Flaubert, der, den „Weltschmerz" der Musset und Chateaubriand radikalisierend, den Anti-Helden des ‚November' sagen läßt: „Schnell kam mir ein unüberwindlicher Widerwille gegen alles Irdische (...). Für alles, was der anderen Lust ausmachte, hatte ich nur Mitleid, und sah nichts, was auch nur der Mühe eines Wunsches lohnte" (29). Was Flaubert hier ausspricht, ist wohl der Kern dessen, was er und fast alle Décadents „l'ennui" nannten. Die Übersetzung „Langeweile" trifft nur einen Aspekt dieses komplexen Begriffs, der vor allem Überdruß bezeichnet, Verödung, Gefühl der sinnlosen Existenz. Baudelaire hat in dem berühmten Widmungsgedicht der ‚Fleurs du mal' den Ennui einen gräßlichen Dämon genannt, der „im Gähnen die Welt verschlingt" (I, 5 f.). Was diesen Überdruß erzeugt, ist die als banal empfundene alltägliche Wirklichkeit, das Gleichmaß, die Wiederholung der Lebensmomente und Tätigkeiten. Sie kann natürlich auch den Gesunden ermüden und zeitweise mißmutig machen, aber für den Décadent ist sie schlechthin unerträglich, quälend und verhaßt. Das Leiden am Ennui ist begründet im Verfall der Fähigkeit, die Normalität des gegebenen Daseins zu bejahen und hinzunehmen. Schon Leopardi sieht die Ursache dieses heftigen und schmerzhaften Überdrusses in dem Verlust der Illusion über den Wert aller Wirklichkeiten, im Bewußtsein von der Nichtigkeit aller Dinge.[1]

Baudelaire läßt in dem Gedicht ‚Le voyage' die neugierigen Weltfahrer enttäuscht zurückkehren (I, 133).

> Amer savoir, celui qu'on tire du voyage!
> Le monde, monotone et petit, aujourd'hui,
> Hier, demain, toujours, nous fait voir notre image:
> Une oasis d'horreur dans un désert d'ennui!

Immer und überall also ist die Welt eine Oase des Grauens in einer Wüste der Langeweile, des Überdrusses. Flaubert hat auch später immer wieder seinen Haß auf die Wirklichkeit ausgesprochen, die er als völlig banal, abstoßend und nichtig empfand. Wenn Thomas Mann einen Décadent wie Spinell in der Erzählung ‚Tristan' schildert, so läßt er ihn in dem bereits zitierten Brief versichern: „Nehmen Sie das Geständnis, mein Herr, daß ich Sie hasse, Sie und Ihr Kind, wie ich das Leben selbst hasse, das gemeine, das lächerliche und dennoch triumphierende Leben, das Sie darstellen, den ewigen Gegensatz und Todfeind der Schönheit" (VIII, 254).

Arthur Schnitzler verrät in einer kleinen, leicht hingesetzten brieflichen Bemerkung die gleiche Opposition gegen die Realität. Er schreibt am 7. April 1893 in einem Brief an Olga Waissnix: „Einigen wir uns überhaupt dahin: mit dem Leben ist's nun einmal nichts. Es ist ordinär und hat keinen Stil."[2] Wie intensiv der Welthaß sich auf Schopenhauer beruft, dessen Werk gegen Ende des Jahrhunderts zu immer breiterer Wirkung gelangt, zeigt – als frühes Beispiel – das gewichtige Bekenntnis Richard Wagners. Er schreibt an Franz Liszt (16. 12. 1854): „Neben dem langsamen Vorrücken meiner Musik habe ich mich jetzt ausschließlich mit einem Menschen beschäftigt, der mir – wenn auch nur literarisch – wie ein Himmelsgeschenk in meine Einsamkeit gekommen ist. Es ist Arthur Schopenhauer, der größte Philosoph seit Kant (. . .). Sein Hauptgedanke, die endliche Verneinung des Willens zum Leben, ist von furchtbarem Ernste, aber einzig erlösend. Mir kam er natürlich nicht neu, und niemand kann ihn überhaupt denken, in dem er nicht bereits lebte. Aber zu dieser Klarheit erweckt hat mir ihn erst dieser Philosoph."[3] Mit der Versicherung, die Verneinung des Lebenswillens sei ihm „nicht neu", ist nicht gesagt, wie Hans Mayer meint, daß er schon von jeher Schopenhauerianer gewesen sei.[4] Vielmehr gesteht Wagner, daß er sich im Kampf mit dem Lebenswillen schon früher der Regungen der Verneinung bewußt gewesen sei. „Wenn ich auf die Stürme meines Herzens, den furchtbaren Krampf, mit dem es sich – wider Willen – an die Lebenshoffnung anklammerte, zurückdenke, ja, wenn sie noch jetzt oft zum Orkan anschwellen – so habe ich dagegen doch nun ein Quietiv gefunden, das mir endlich in wachen Nächten einzig zum Schlaf verhilft (...)." Gerade dieses Geständnis macht die von Schopenhauer endgültig befestigte Verneinung des Lebenswillens besonders glaubwürdig. Man darf sie nicht als gelegentliche vorübergehende Stimmung verstehen und damit ihre Bedeutung verkennen. Das „Quietiv", von dem Wagner spricht, ist „die herzliche und innige Sehnsucht nach dem Tod: volle Bewußtlosigkeit, gänzliches Nichtsein, Verschwinden aller Träume – einzigste endliche Erlösung".[5]

Die offensichtliche Wirkung von Schopenhauers Lehre auf Wagners Oper ‚Tristan und Isolde' hat Thomas Mann merkwürdigerweise bezweifelt (IX, 562). Hans Mayer hat Schopenhauers Wirkung hier ohne Zweifel genau erkannt. „Das Versinken in Bewußtlosigkeit, das die Vereinigung der Liebenden eben dadurch herbeiführt, daß die Einzelung aufhört, die Individualität, enthält viel von Schopenhauers Weltverneinung. Tristans und Isoldes Liebestod ist von gleicher Art wie die Götterdämmerung: Absage an den Weltwillen."[6]

Der junge Nietzsche, noch unter Schopenhauers Einfluß, spricht in der ‚Geburt der Tragödie' mit Emphase davon, daß der Mensch „überall nur das Entsetzliche oder Absurde des Seins" sehe, die Wirklichkeit „alles Furchtbaren, Bösen, Rätselhaften, Vernichtenden, Verhängnisvollen auf dem Grunde des Daseins" (I, 48). Das ist für Nietzsche „eine Erkenntnis, die, um auch nur ertragen zu werden, als Schutz- und Heilmittel die Kunst braucht", die Rettung durch den schönen Schein. In Nietzsches Konzeption ist es das Merkmal des Menschen in der Spätzeit, daß er „es nicht mehr wagt, sich dem furchtbaren Eisstrome des Daseins anzuvertrauen" (I, 102).

Den „dionysischen Menschen", den Nietzsche bekanntlich in seiner frühen Schrift konstruiert, vergleicht er mit Hamlet: „Beide haben einmal einen wahren Blick in das Wesen der Dinge getan, sie haben *erkannt* und es ekelt sie zu handeln, denn ihre Handlung kann nichts am ewigen Wesen der Dinge ändern (...). Die Erkenntnis tötet das Handeln, zum

Handeln gehört das Umschleiertsein durch die Illusion – das ist die Hamletlehre, (...) nicht das Reflektieren, nein! – die wahre Erkenntnis, der Einblick in die grauenhafte Wahrheit überwiegt jedes zum Handeln antreibende Motiv, (...) das Dasein wird (...) verneint" (I, 48).

Dieser Äußerung Nietzsches entspricht sehr genau das Bekenntnis des dekadenten Algabal in Georges Zyklus, wenn er sagt (I, 50):

> Nicht ohnmacht rät mir ab von eurem handeln,
> Ich habe euren handels wahn erfaßt.

Was Nietzsche hellsichtig aufdeckt, ist der innere Zusammenhang von Welthaß und Lähmung des Willens, Passivität, Verweigerung der Tätigkeit, ein Grundzug der Décadence. Es ist jedoch oft nicht leicht auszumachen, ob die Erkenntnis der „grauenhaften Wahrheit" des Seins den Willen lähmt oder ob umgekehrt eine konstitutionelle Schwäche des Willens, eine Unfähigkeit zu wollen, die Wirklichkeit als fürchterlich und hassenswert wahrnimmt. Harry Graf Kessler sieht, wenn er Henri Régnier als Typus des Décadent beschreibt, das Verhältnis von Ursache und Wirkung in diesem Zusammenhang umgekehrt wie Nietzsche. „Gesetzt nun, das Selbstgefühl wird schwächer, die Triebe büßten an ihrer Kraft ein, der Wille wird gebrochen und der Mensch sieht nichts mehr, das er des Begehrens für wert hielte"[7], dann würde der Pessimismus, der Welthaß dominant.

Doch gleichviel, ob der Welthaß die Passivität erzeugt oder die Willensschwäche die Weltverneinung: Die Entkräftung des Willens, ja der Verlust der Fähigkeit, überhaupt zu wollen, ist für die Décadence charakteristisch. Dieser Willensverlust ist durchaus ernst zu nehmen. In den Interpretationen von Texten der literarischen Décadence wird das Fehlen willentlicher Energie oft moralisch gedeutet und verurteilt, so als sei der versagende Décadent nur nicht bereit, seinen Willen einzusetzen, um dem Scheitern zu entgehen, als verfüge er über normale Willenskräfte. Damit wird die dekadente Struktur verkannt. „Ich kann nicht wollen", sagt der kleine Hanno in den ‚Buddenbrooks' (I, 743), und das ist etwas anderes, als wenn jemand bloß nicht will. Auch Christian, der unbrauchbare Taugenichts, sagt das dem Sinne nach, wenn sein Bruder Thomas meint, er solle sich doch etwas zusammennehmen, seinen Willen einsetzen. Er hat keinen Willen. „Arbeiten? Wenn ich es aber nicht kann? Wenn ich es nun aber auf die Dauer nicht kann? Herrgott im Himmel (...) Gott gibt dem einen Kraft und dem anderen nicht" (I, 579). Aber selbst Thomas, der seinen Willen übermäßig anzuspannen sucht, der Vernunft und Pflichtgefühl hat, vermag nicht, „des Arztes Verordnung zu befolgen. Seine Willenskraft (...) reicht nicht aus dazu" (I, 651). Der Ausfall des Willens beruht für die Sehweise der Décadence auf der Schwächung der psychischen Energien, die eine Komponente des gesamten Kräfteverlustes ist, die den Décadent kennzeichnet.

Henri-Frédéric Amiel sagt von sich: „Der Überdruß an meinem Leben und die Aufsaugung meiner individuellen Willenkraft durch das reine Bewußtsein der universellen Aktivität – darin liegt meine Schwäche, meine Neigung, mein Instinkt."[8] Hofmannsthal schreibt über Amiel, bei dem er „die verlorene Fähigkeit, (...) wollen zu können", feststellt, in seinem frühen Essay über ‚Das Tagebuch eines Willenkranken' (PI, 25).

Schon Baudelaire hat an markanter Stelle im Widmungsgedicht der ‚Fleurs du mal' die Zerstörung des Willens beklagt. Seine Auflösung wird vom Teufel vollzogen, der hier als „gelehrter Chemiker" erscheint (I, 5).

Et le riche métal de notre volonté
Est tout vaporisé par ce savant chimiste.

Paul Bourget sah in dem Roman ‚Madame Gervaisais' der Brüder Goncourt „une étude de cette maladie moderne qui est la faillite de la volonté".[9] Carassus sieht auch in d'Annunzios Roman ‚Il piacere' bei André „cette défaillance characteristique de la volonté".[10] Herman Bang erzählt in seinem Roman ‚Hoffnungslose Geschlechter' den Abstieg einer lebensstarken Familie und demonstriert an ihrem späten Nachfahren William Hög, einem schwächlichen, nervösen Décadent, die Willensschwäche. Hög forciert einmal seine ermüdeten Energien, um als Schauspieler akzeptiert zu werden, aber sein Mißerfolg stürzt ihn endgültig in Verzweiflung. Er weiß, „er würde weder Kraft noch Willen haben, denn es war vorbei". Mit dem angestrengten Versuch zum Erfolg hatte er „sich selbst betrogen, – sich betrogen und es gewußt", er läßt sich dann gehen und verkommt.[11]

5. Ästhetizismus

Ästhetizismus ist durchaus nicht immer ein Moment der Décadence. Es gibt zum Beispiel im Jugendstil einen Kult der Schönheit, etwa bei Peter Behrens und anderen Künstlern im Kreis des Darmstädter Hofes, die nicht zur Décadence gehören. Aber es läßt sich zeigen, daß seit Gautier viele Autoren der Décadence das, was die Literaturwissenschaft unter Ästhetizismus versteht, übernehmen. Allerdings ist die übliche Verwendung dieses Begriffs zu eng. Man versteht ihn meistens als einseitige und extreme Vorliebe für die Schönheit als den höchsten aller Werte, als das einzige wirklich Beglückende und Verehrungswürdige in einer fragwürdigen und immer häßlicher werdenden Welt. Man nennt in solchem Verständnis die Schönheit gern göttlich, und das verweist auf die Tendenz, die Schönheit als Gegenstand kultischer Verehrung an die Stelle Gottes zu setzen. Gleich hohe Bewertung erfährt die Kunst,[1] die Schönheit schafft. Der Künstler wird „ein großer schönheit-finder" genannt, „der mit dem, was er fürs heute entdeckt, auch alles frühere schöne erlöst".[2]

Aber es ist nicht immer nur die als Höchstwert erfahrene Schönheit, die eine ästhetizistische Haltung bestimmt. Schon der junge Goethe sagt 1771 im Aufsatz ‚Von deutscher Baukunst': „Die Kunst ist lange bildend, eh' sie schön ist, und doch so wahre große Kunst, ja oft wahrer und größer als die schöne selbst."[3]

Die Ausweitung des Ästhetischen nötigt zu einer Erweiterung des Begriffs Ästhetizismus, die Richard Wagner in einem Brief an Franz Liszt insofern vorbereitet hat, als er in einer offensichtlich von Schopenhauer inspirierten Überlegung den Begriff des Ästhetischen aus seiner Verengung befreit. Das Gehirn als Erkenntnisorgan, sagt er, „welches ursprünglich, und im normalen Falle, nur nach außen blickt, um dem Willen zum Leben die Befriedigung seiner Bedürfnisse herbei zu schaffen, gewinnt, im Falle abnorm starker Entwicklung, nun von außen so lebhafte und fesselnde Eindrücke, daß es für Zeiten von dem Dienste des Willens (...) sich loslöst und zu einer *willenlosen*, d.h. ästhetischen Anschauung der Außenwelt gelangt (...); die bei diesem Schauen notwendig angeregte Teilnahme an der Außenwelt wächst bei kräftigen Naturen bis zum andauernden Vergessen der eigenen, ursprünglichen, persönlichen Willenbedürfnisse, also – bis zur *Sympathie* mit den Dingen außen (...)."[4]

Schopenhauer, auf den diese Bemerkungen zurückgehen, beschreibt in seinem Hauptwerk „die ästhetische Betrachtungsweise" so: „Wenn aber äußerer Anlaß oder innere Stimmung uns plötzlich aus dem endlosen Strome des Wollens heraushebt, die Erkenntnis dem Sklavendienste des Willens entreißt, die Aufmerksamkeit nun nicht mehr auf die Motive des Willens gerichtet wird, sondern die Dinge frei von ihrer Beziehung auf den Willen auffaßt, also (...) ihnen ganz hingegeben, sofern sie bloß Vorstellungen, nicht sofern sie Motive sind: dann ist die auf jenem ersten Wege des Wollens immer gesuchte, aber immer entfliehende Ruhe mit einem Male eingetreten, und uns ist völlig wohl" (I, 262f.).

Die Welt gewinnt in dieser „ästhetischen Betrachtung" ein anderes Ansehen. Für den „im Sklavendienste des Willens" gefesselten Menschen gilt unausweichlich, „daß (...) das Ansich des Lebens, der Wille, das Dasein selbst, ein stetes Leiden und teils jämmerlich, teils schrecklich ist; dasselbe hingegen als Vorstellung allein, rein angeschaut oder durch die Kunst wiederholt, frei von Qual, ein bedeutsames Schauspiel gewährt" (I, 349).

Auch Schopenhauer spricht, wie Wagner, die Fähigkeit zu dieser „ästhetischen Anschauung" zunächst dem Künstler zu, aber hält sie doch auch bei dem „gewöhnlichen Menschen", wenngleich „durchaus nicht anhaltend", für möglich (I, 251). Die Décadence nun bevorzugt diesen ästhetischen Zustand, sie sucht ihn möglichst zum Dauerzustand zu machen, was natürlich nie völlig gelingen kann, da der Lebenstrieb zur Selbsterhaltung in jedem Menschen wirksam bleibt; auch im Künstler und seiner reinen Kontemplation objektiviert sich für Schopenhauer der

„Wille", der schlechthin alles Bestehende hervorbringt, so daß auch der Künstler „in stetem Leiden bleibt" (I, 349). Wie sich viele spätromantische Verhaltensweisen in der Décadence radikalisieren, vereinseitigen und ins Extrem bringen, so auch diese ästhetische Sehweise. Sie wird für das Bewußtsein der Décadence zur eigentlichen Existenzform; das gesamte Weltverhältnis, alle Wertvorstellungen orientieren sich an ihr. Indem Wagner sie sich aneignet, wird er auch damit zu einem Repräsentanten der Décadence.

Dieses durch Ausschaltung des Willens mögliche Verhalten reiner, passiver Kontemplation, nennt also Schopenhauer ästhetisch. Es ist nicht allein auf die Schönheit als einzigen Wert gerichtet, so sehr sie auch bewundert wird. Vielmehr betrachtet der Ästhetizismus die Welt nicht als Wirkungsfeld der Aktivität, des Planens und Handelns, sondern als Erscheinung, als Gegenstand bloßer Betrachtung, als „bedeutsames Schauspiel", wie Schopenhauer sagt. Die für die Décadence immer verächtliche Wirklichkeit wird in der willensfreien Anschauung ästhetisiert, und das bedeutet: neutralisiert. Hofmannsthal läßt im ‚Tod des Tizian' die Schüler des sterbenden Malers von der Terrasse seiner abgelegenen Villa aus auf die Stadt Venedig blicken, von der sie wissen, daß in ihr „die Häßlichkeit und die Gemeinheit" wohnt, die aber, aus der Ferne angeschaut, „gehüllt in Duft und goldene Abendglut", sich „in „Schönheit lockend" darbietet. Paris, einer der Schüler, spricht es aus, was alle von Tizian lernten (GLD, 260, 263 f.):

> Er hat uns aufgeweckt aus halber Nacht
> Und unsre Seelen licht und reich gemacht
> Und uns gewiesen, jedes Tages Fließen
> Und Fluten als ein Schauspiel zu genießen,
> Die Schönheit aller Formen zu verstehen
> Und unsrem eigenen Leben zuzusehen.

In der Erzählung ‚Der Bajazzo' (1897) hat Thomas Mann einen jungen Mann dargestellt, der sein durch eine kleine Rente gesichertes Leben als ein müßiger Genießer verbringt und jede Betätigung im „Dienst der Gesellschaft" verweigert, der sich mit Behagen „als ausgemacht unnützlichen Menschen fühlt (...)" (VIII, 117). Er verbringt seine Tage mit Lektüre, Theaterbesuch, Spazierengehen, als bloßer Zuschauer des Lebens, und er scheitert daran, von Lebensekel erfaßt, zumal er nur ein paar geringe dilettantische Fähigkeiten und keine wahre künstlerische Begabung besitzt. Thomas Mann ist keineswegs blind für die Gefahren der Décadence, er läßt in kritischer Perspektive diesen Bajazzo berichten, wie er in völliger innerer Leere verkommt.

Der Ästhetizismus formt sich auch im Verhalten des Flaneurs, das für die Décadence höchst charakteristisch ist. Der Flaneur, wie er in Baudelaire erscheint, schlendert durch die Straßen der Großstadt, beobachtet die Menge, die sich in diesen Straßen bewegt, aber, ganz anders als der Flaneur, meist Ziele hat, Zwecke verfolgt, von Aufgaben motiviert ist. Der Flaneur betrachtet die Auslagen in den Schaufenstern, ohne sie zu begehren und die Läden zu betreten – (sie waren im Paris des zweiten Kaiserreichs bis zehn Uhr abends geöffnet) –, er beobachtet die Straßenhändler, ohne etwas zu kaufen. Sein Wirklichkeitsbezug ist allein das Zuschauen, als „spectateur" oder „observateur", wie Baudelaire sagt. Er ist „dégagiert", wie Thomas Manns Bajazzo von sich selber sagt. Auch dieses Vergnügen des Flaneurs hat schon Flaubert beschrieben. Der junge Mann in ‚November' sagt: „Ich liebte es, mich im Strudel des Straßenlebens zu verlieren. Zuweilen verfiel ich auf dumme Zerstreuungen, wie etwa jeden Vorübergehenden starr anzublicken, um auf seinem Gesicht Laster oder hervorstechende Leidenschaften zu lesen. Alle die Köpfe glitten eilig an mir vorüber: Die einen lächelten oder pfiffen im Weitergehen, während der Wind ihr Haar zauste; (...) sie zogen schnell an mir vorüber, sie glitten einer nach dem anderen vorbei, wie Aushängeschilder, an denen man im Wagen vorüberfährt. (...) Und ich fragte mich, wohin alle diese Schritte steuerten, und warum alle diese Leute gingen (...). Die Menge drängte sich in die Eingänge der Theater. (...) Man lärmte in den Cafés, die Spiegel glänzten im Scheine der Gasflammen, die Messer klangen auf den Marmortischen (...)." Er betrachtet die Reichen, Glücklichen mit dem neidischen Blick des Armen, und hier ist schon Thomas Manns Vorliebe für die „Wonnen der Gewöhnlichkeit" vorweggenommen. „Ich beneidete sie um ihre banale Lust" (November 30ff.).

Entscheidend ist die Distanz, aus der der Flaneur die Umwelt betrachtet, der Mangel an menschlichem Anteil. Die Menschen erscheinen wie „Aushängeschilder", bloße Objekte der neugierigen Beobachtung. Sie werden im Blick des Flaneurs losgelöst von ihren Lebensbedingungen und führen, ohne es zu wissen und zu wollen, ein Schauspiel für ihn auf.

Flauberts von ihm nicht veröffentlichte Beschreibung des Flaneurs nimmt viele spätere vorweg. Natürlich schlenderten nicht nur Décadents durch die abendlichen Straßen, sondern auch arbeitsame Bürger, die sich zerstreuen wollten. Aber der Unterschied zum echten Flaneur, der übrigens auch am Tage flaniert, ist unverkennbar. Den Bürgern fehlt die Distanz zu den anderen Passanten, die sie als ihresgleichen, als solidarisch empfinden, und sie flanieren nur gelegentlich und kurzfristig, bleiben der Arbeitswelt verbunden, während der Décadent einen Bezug zur Realität fast nur als Flaneur hat und deshalb dieses Schlendern mit Leidenschaft betreibt. „Ein Rausch kommt über den, der lange ohne Ziel durch Straßen marschierte. Das Gehen gewinnt mit jedem Schritt wachsende Gewalt, immer geringer werden die Verführungen der Läden, der Bistros, der lächelnden Frauen, immer unwiderstehlicher der Magnetismus der nächsten Straßenecke."[5]

Baudelaire, ein passionierter Flaneur, sieht diesen auch im Dandy. „La foule est son domaine." Er fährt fort: „Pour le parfait flâneur, pour l'observateur passionné, c'est une immense jouissance que d'élire domicile dans le nombre, dans l'ondoyant, dans le mouvement, dans le fugitif et l'infini (...). Voir le monde, être au centre du monde et rester caché au monde, tels sont quelques-uns des moindres plaisirs de ces esprits indépendants ..." (II, 691 f.). Baudelaire denkt hier wohl an Poes berühmte Schilderung des Flaneurs in der Erzählung ‚Der Mann der Menge'. Doch es ist nur die halbe Wahrheit, wenn er meint, der Flaneur bleibe in der Menge verborgen. Gewiß ist der Beobachter „ein Fürst des Incognito" (II, 692), wie ihn Baudelaire nennt, aber auch er wird gesehen, ist Zuschauer und selbst eine Figur des großen Schauspiels für die anderen Passanten. Benjamin hat recht mit seinem Hinweis: „Dialektik der Flanerie: Einerseits der Mann, der sich von allem und allen angesehen fühlt, der Verdächtige schlechthin, andererseits der völlig Unauffindbare, Geborgene".[6] Heinrich Heine hat die Doppelrolle des Flaneurs früh erkannt. In der Beschreibung seiner ‚Reise von München nach Genua' berichtet er, wie in Verona auf der Piazza d'Erbe sich Häuser, Himmel und die wimmelnde Menge für ihn zu einem „Gemälde" zusammenschlossen. „Es ist aber eigen, wenn man in dem Gemälde, das man eben betrachtet hat, selbst steckt, und hie und da von den Figuren desselben angelächelt wird (...)."[7]

6. Sensibilität und Reizsucht

Die Schwächung der Energien für ein tätiges Dasein, der Verfall der vita activa in der Décadence, der die Anschauung der Dinge frei von ihrer Beziehung auf den Willen, also ohne Interesse, ermöglicht oder begünstigt, ist auch die Voraussetzung für die außerordentliche Steigerung der Sensibilität, der Empfänglichkeit für seltene künstlerische Werte und Nuancen, für Reize und Feinheiten. Man hat diese „übergroße Reizbarkeit der Sensibilität" (Nietzsche II, 117) immer für das Positive der Décadence gehalten, hat es betrachtet als Äquivalent für den Verlust der vitalen Kräfte, auch als die Rechtfertigung ihrer Bejahung. Das Sensorium des Décadent reagiert genau, wählerisch, intensiv auf alle Reize, die es treffen. Ein Beispiel gibt d'Annunzio in seinem Roman ‚Piacere'. Von Andrea Spirelli heißt es: „Von Anfang an ging er verschwenderisch mit sich selbst um; denn die große sensitive Kraft, mit der er ausgestattet war, ermüdete nie, seiner Verschwendungssucht neue Schätze zuzuführen.

Aber auf Kosten dieser Kraft wurde eine andere Kraft in ihm zerstört, die sittliche Kraft (...)." Er war ein Mensch „von sehr schwacher Willenskraft".[1] Damit hat Spirelli den Charakter eines Modells dekadenter Struktur: schwacher Wille, geringe Moralität, stärkste Sensitivität. „Die Empfindlichkeit seiner Nerven war so groß, daß die geringste Wahrnehmung, die er von den äußeren Dingen empfing, ihm wie eine tiefe Verwundung erschien." Er war „zugleich allen Stößen des ihn umgebenden Lebens ausgesetzt".[2]

Freilich ist diese latent immer vorhandene Sensibilität oft modifiziert oder reduziert durch die dekadente Ermüdung der Nerven, ihre Schwäche und Trägheit. Die vitale Schwächung, auf der die Verfeinerung beruht, bedroht auch, wo sie die Nerven angreift, diese Reaktionsfähigkeit selbst. Das hat Harry Graf Kessler sehr genau beobachtet und aufschließend analysiert. Er tat das an einer Stelle, wo man dergleichen kaum vermutet, nämlich in seinem Reisebuch ‚Notizen über Mexiko' von 1898.[3] Er fand bei der Einwohnerschaft, einer „Mischrasse", eine vom Tropenklima bewirkte körperliche Trägheit und zugleich „eine Schwächung des Willens und der Nervenempfindlichkeit". Er meinte damit nicht ein Schwinden der erhöhten Empfindungsfähigkeit, sondern die reduzierte Bereitschaft, auf gewohnte und normale Eindrücke zu reagieren. Er sagt von den Einwohnern: Ihr Sensorium von tropischer Trägheit antwortete nur auf extreme und außergewöhnliche Reize, d.h. auf „ungewöhnlich starke" wie auf „ungewöhnlich leise" Eindrücke. Obwohl die erhöhte Sensibilität bestehen bleibt, reagieren die ermüdeten, erschlafften Nerven nur auf grelle Farben und schrille Töne oder auf ihr Gegenteil, die Reize „der feinsten Schattierungen des Tones, der Farbe und des Lichts". Kessler sieht nun darin die „Zwillingserscheinungen der Décadence", die „beiden Pole der dekadenten Empfindlichkeit", auf die nur wirke, was „überleise oder überlaut" ist, und er findet diese scharfblickende Einsicht ebenso gültig für die Kunst des Fin de siècle, für die „Kulturdekadenten", wie er sagt.[4]

Mustert man daraufhin die Literatur der Décadence, so findet man Kesslers Beobachtung insofern bestätigt, als sich viele ihrer Texte dem einen oder anderen dieser extremen „Pole" zuordnen lassen. Die Autoren suchen entweder mit sehr leisen oder sehr lauten Klängen ihre Wirkungen, und sie scheinen bei ihren Lesern mit wenig Interesse für die mittleren Tonlagen, dagegen einem Bedürfnis nach jenen Extremen und Empfänglichkeit für sie zu rechnen. Es gibt da die träumerisch zarten Gedichte Hofmannsthals, der aber auch zuweilen das Heftige und Krasse wirksam einsetzt: das grausame Ende der ‚Frau im Fenster', den häßlichen Tod des Kaufmannssohnes im ‚Märchen der 672. Nacht' oder die erschreckend harte Bestrafung des Ungehorsams durch den Rittmeister am Ende der ‚Reitergeschichte', durch den einem „blitzähnlichen Schlag" vergleichbaren Pistolenschuß. Es gibt die äußerste Sensibilität in Rilkes

'Aufzeichnungen des Malte Laurids Brigge', die Hofmannsthal als „abstoßend morbid" empfand,[5] und die grellen, fast die Kolportage streifenden schockierenden Szenen in Wedekinds 'Lulu'-Tragödie. Beim jungen Thomas Mann finden sich die leisen Melancholien des 'Tonio Kröger' und der grotesk-übersteigerte, quälend-grausame Schluß in der Erzählung 'Luischen'. In Frankreich folgt auf die jede „Normalität" einer ausgeglichenen Gefühlslage verschmähenden, stets extremen Situationen und Emotionen in Baudelaires 'Fleurs du mal' die stille Traurigkeit der auf die Nuance bedachten Verse Verlaines und die diffizile, schwer deutbare Hermetik Mallarmés. In der Musik Richard Wagners wechselt das Leise, der differenziert-verhaltene Ausdruck mit dem allzu Lauten, übermäßig Volltönigen, was Hofmannsthal als „abstoßende, barbarische, fast tierische Sache" empfand, besonders bei der „Liebesbrüllerei ohne Grenzen".[6] Auch in der Malerei gibt es diese Polarität, etwa bei Fernand Khnopff. Das bekannte provozierende Bild 'Des caresses', die zärtliche Berührung der Frau mit Leopardenleib und des Jünglings, kontrastiert mit Bildern, die die äußerste Stille in verdämmernden, oft nur hingehauchten Landschaften vergegenwärtigen oder eine „verlassene Stadt" mit dem leeren Denkmalsockel und der schon eindringenden Meeresflut zu gespenstischer Gestalt erstehen lassen.

Wenn zur Décadence die besondere Empfänglichkeit für Reize aller Art gehört, so verbindet sich damit ein hochgesteigertes Bedürfnis nach ungewöhnlichen und seltenen Eindrücken, nach Überraschungen und Sensationen. Die Sucht nach immer neuen und stärkeren Reizen wird vordringlich; sie werden zu einer existentiellen Notwendigkeit; ohne sie verödet das Dasein zu trostlosem Ennui. Die Normalität des Lebens, das Gewohnte, Alltägliche ist dem Décadent völlig unerträglich. Andrea in Hofmannsthals frühem Spiel 'Gestern' kennt diese Erfahrung (GLD, 243, 225, 214f.).

> Was hold vertraut uns lieblich lang umgab ...
> Das ist Gewohnheit, und so ist's auch Lüge,
> Die lieblich fälscht die hold vertrauten Züge.

In Wahrheit, meint Andrea, wandeln wir uns „unaufhaltsam", und so ist es weise,

> Mit neuen Sinnen neue Lust zu spüren,
> Wenn ihren Reiz die alten doch verlieren.

Andrea sinnt nur darauf, wie er sich Tag für Tag neue Sensationen verschafft; einen besonders wilden Ritt, das „ekstatisch tiefe Stöhnen" einer Geige oder einen Kampf mit seinem Degen. Er ahnt im voraus, was ihn für Augenblicke befriedigen wird:

Ein neuer Rausch vielleicht, ein neu Genießen,
Vielleicht auch Qualen, die mir viel erschließen.

Die dekadente Sucht nach ständig vermehrten und immer stärkeren Reizen ist ein Indikator für Ermüdung der Nerven, Ermattung der vitalen Kräfte, die ohne Initiative sind, so daß jede Art von eigener Lebensregung herausgereizt und stimuliert werden muß. Doch die Sucht, sich ständig allen Reizen zu stellen, erzeugt eine Überreizung, die das Widerspiel der schlaffen, passiven inneren Verfassung ist. Oscar Wilde hat im ‚Dorian Gray' einen solchen Décadent geschildert, der keinem neuen Reiz widerstehen kann. „‚Ich habe nie nach Glück gesucht'", sagt er zur Herzogin von Monmouth. „‚Ich habe nach Lust gesucht.' – ‚Und sie gefunden, Mr. Gray?' – ‚Oft, zu oft.'" Lord Henry, der völlig amoralische Zyniker, verteidigt jeden Reiz, der Sensationen verspricht, auch die Lust zu Verbrechen, die er nur der Unterschicht zuordnet. „Ich kann mir denken, daß das Verbrechen für sie bedeutet, was die Kunst für uns ist, nämlich einfach eine Methode, sich außergewöhnliche Empfindungen zu verschaffen."[7]

Nietzsche, der hellsichtige Psychologe der Décadence, hat das Übermaß dieser Reizsucht erkannt und die geheime Lust am Untergang, die sich in ihr verbirgt. „Der Instinkt ist geschwächt. Was man zu scheuen hätte, das zieht an. Man setzt an die Lippen, was noch schneller in den Abgrund treibt (...). Den Erschöpften *lockt* das Schädliche (...)" (II, 912).

Die Sucht nach starken Reizen befriedigt sich am Seltenen, Erlesenen, Kostbaren, auch am Exotischen, an der fremdartigen Pracht ferner Länder, wofür Flauberts ‚Salammbô' das große Beispiel bietet. Des Esseintes in Huysmans ‚A rebours' ist der Reizsüchtige par excellence. Für die erschlafften Nerven, die ermüdeten Sinne sind immer stärkere Reizmittel zur Aufpeitschung nötig. Des Esseintes richtet sein Haus mit allem Raffinement ein, läßt eine Schildkröte durch die Räume laufen, deren Schild mit Gold und Edelsteinen besetzt ist. Altes kirchliches Gerät schmückt den Kamin, darunter „eine wundervolle Meßtafel". „Unter dem Glas ihres Rahmens waren drei Gedichte von Baudelaire auf einem authentischen Pergament mit herrlichen Meßbuchstaben und prächtigen Ausmalungen kopiert."[8]

Der stärkste, am heftigsten begehrte Reiz ist für den Décadent der Reiz des Neuen, Erstmaligen, nie Dagewesenen. Denn was neu und ungewöhnlich, unbekannt ist, durchbricht am kräftigsten die Eintönigkeit des Normalen, den Ennui. Das Neue wird zu einem höchsten Wert, nur weil es neu ist, unabhängig von seiner Qualität. Das was bereits gesehen, gefühlt, erkannt worden ist, verliert eben deshalb seinen Reiz und Wert. Dies wird in der Ästhetik der Décadence nicht dogmatisiert, aber in ihrer

Literatur als Erfahrung und Forderung immer wieder dargestellt. Der Décadent hat immer Angst vor der Trivialität.

In Heinrich Manns ‚Die Jagd nach Liebe' läßt der degenerierte, schwächliche Claude mit großem Aufwand ein Haus für seine Geliebte einrichten und die Ausstattung der Räume ganz auf ihre Gestalt abstimmen. „Und endlich führte er seine Geliebte in diese Halle, die er um sie her erträumt hatte. Sie war unten hell, mit hohem weißem Kamin, grauen Ledersitzen und lila Pfauengefiedern vor den Türen. In kupfernen Kübeln prunkten violette Blumen" (150).

Es ist bemerkenswert, daß das Verlangen nach Neuem nicht nur neue Genüsse, unbekannte Sensationen, nie benützte Formen der Kunst ersehnt, sondern z. B. bei Wotan in Richard Wagners ‚Walküre' auch moralischen und gesellschaftlichen Neuerungen gilt. In der ersten Szene des zweiten Aufzugs beklagt sich Wotans Gattin Fricka, daß er den Ehebruch und den Inzest Siegmunds und Sieglindes ungestraft dulde. Wotan aber rechtfertigt das, was bisher als Frevel galt, durch „der Minne Macht" und als etwas Ungewohntes, Neues, wenn er Fricka entgegnet:

> Stets Gewohntes
> nur magst du verstehen,
> doch was noch nie sich traf,
> danach trachtet mein Sinn.

Um des Neuen willen möchte Wotan Gesetz und Ordnung außer Kraft setzen, – ein anarchischer Impuls, den Wagner ihm zuteilt.[9]

Am Ende des langen Gedichtes ‚Le voyage', das die erste Ausgabe der ‚Fleurs du mal' abschloß, verkündet Baudelaire mit äußerster Emphase das Verlangen nach dem Neuen als einem absoluten Wert, mag es gut oder böse sein. Der Tod wird angerufen, der als „vieux capitaine" das Schiff zu unbekannten Ländern führen soll (I, 134).

> Verse-nous ton poison pour qu'il nous reconforte!
> Nous voulons, tant ce feu nous brûle le cerveau,
> Plonger au fond du gouffre, Enfer ou Ciel, qu'import?
> Au fond de l'Inconnu pour trouver du *nouveau*!

> Flöße dein Gift uns ein, daß neue Kraft uns quelle!
> Wir wollen – dieser Brand wird unser Hirn entzünden –
> Tief in den Abgrund tauchen, Himmel oder Hölle,
> Im Grund des Unbekannten etwas Neues finden.

7. Formen dekadenter Erotik

In der Literatur der Décadence sind erotische Motive so häufig und so dominierend, daß nach der Eigenart erotischer Erlebnisweise zu fragen ist. Eine ihrer Spielarten hat Arthur Schnitzler oft dargestellt: das flüchtige, etwas frivole, von Anfang an auf eine zeitlich begrenzte Episode abgestellte und häufig den Partner wechselnde Spiel, wie es etwa Anatol in der frühen Szenenfolge Schnitzlers betreibt. Wesentliches Kennzeichen dieses Verhaltens sind die Scheu vor jeglicher Bindung, die Verleugnung jeder Verpflichtung, der Vorbehalt und die gleichzeitige, gerade von Schnitzler durchschaute Illusion, daß in solchen erotischen Spielen Liebe zu erfahren sei. In einer der Anatol-Szenen, ‚Episode', zeigt Anatols Freund Max der gemeinsamen früheren Freundin Bianca das große Kuvert mit den gesammelten Liebesbriefen, zwischen denen sich auch eine gepreßte Blume befindet, die Anatol am Abend ihrer Liebesbegegnung trug. „Er hat sie aufbewahrt?", fragt Bianca, und Max antwortet: „Wie Sie sehen." – „Er hat mich also geliebt?" – „Heiß, unermeßlich, ewig – wie alle diese" (Dr I, 61). Die Ironie des Freundes Max entlarvt den Mangel an Substanz und echter Leidenschaft in Anatols Liebesbeziehungen.

Selbstverständlich gibt es Libertinage und unverbindliches erotisches Spiel auch außerhalb der Décadence in reichem Maße. Doch in der Décadence wird es zum Prinzip, und es wird völlig bedenkenlos gespielt, ohne Gewissensskrupel, ohne daß Moral hier noch zuständig wäre. Schon Wagners Wotan verteidigt in seinem Dialog mit Fricka das Geschwisterpaar, das sich um Gesetz und Sitte nicht kümmert:[1]

Was so Schlimmes
schuf das Paar,
das liebend einte der Lenz?
Der Minne Zauber
entzückte sie:
wer büßt mir der Minne Macht?

Die Naturmacht des Triebes wird das oberste Gesetz. Wenn Fricka fragt: „Wann ward es erlebt, daß leiblich Geschwister sich lieben?", so antwortet Wotan:

Heut – hast du's erlebt!
Erfahre so,
was von selbst sich fügt,
sei zuvor auch noch nie es geschehen.

„Von selbst" ergeben sich Ehebruch und Inzest, im Zwang des Triebes, den kein Moralgesetz einschränkt.

Sinnenliebe ist für den Décadent einer der stärksten Reize und Genüsse, von Baudelaire vielfach gerühmt in den ,Fleurs du mal', in denen die Wollust oft überschwenglich gepriesen wird als Königin: „Volupté, sois toujours ma reine." Der Vers stammt aus dem Gedicht ,La prière d'un païen' (I, 139). Ebenso hat der junge Flaubert in ,Novembre' die Liebeslust verherrlicht; er preist sie bei seiner ersten Liebeserfahrung mit der Kurtisane Marie (96). Baudelaire läßt freilich bei der Darstellung der körperlichen Liebe oft ein heftiges Bewußtsein der Sünde und Schuld spüren. Damit scheint ein Rest der verlorenen Gläubigkeit zurückbehalten, aber dieses Sündenbewußtsein dient im Grunde nur der Verschärfung der Lust, ihrer Steigerung; es wirkt wie eine starke Würze, auch als ein Zeichen für die Macht der Lust, der nicht zu widerstehen ist, auch wenn man sich ihrer Sündigkeit bewußt ist. Auch Verlaine kennt dieses Sündenbewußtsein, er kann obszöne Gedichte mit der Geste der Frömmigkeit verbinden. Und in den ,Journaux intimes' bekennt Baudelaire, die höchste Wollust liege in der Gewißheit, Böses zu tun. „Moi, je dis: la volupté unique et suprème de l'amour gît dans la certitude de faire le *mal*" (I, 652).

Ähnliche Erfahrungen macht der Jüngling in Flauberts ,November'. „Hinfort gab es für mich ein Wort, das mir schön erschien vor anderen Worten, das Wort: Sünde! Eine köstliche Süße umschwebt es unbestimmt, ein merkwürdiger Zauber umduftet es" (67). Auf der kontrastierenden Folie der christlichen Glaubenswelt gewinnen die dekadenten Erlebnisweisen schärfere Konturen, provozierende Wirkung, und darum werden sie wenigstens in deren literarischer Ausformung partiell festgehalten.

Der häufige Wechsel der Geliebten, den auch Schnitzler persönlich vollzog, hängt zusammen mit der bekannten Reizsüchtigkeit der Décadents. In einer späteren Szene des ,Anatol', im „Abschiedssouper", trennt sich Anatol von einer Geliebten, „weil sie ihn langweilt", wie er sagt. Er gesteht Max, daß er schon eine andere hat, aber wenn der Freund neugierig etwas über diese erfahren will, ihren „Typus", dann gibt Anatol darüber keine Auskunft. Nicht ihr Wesen, sondern nur *eines* scheint ihm wichtig: „etwas Neues – etwas Einziges!" (Dr.I, 69).

Weiterhin aber entspricht die flüchtige, Bindungen meidende Art des erotischen Spieles der dekadenten Entwertung der auf Dauer angelegten biologischen Funktion der Liebe in Zeugen und Gebären. Gewiß wird der Selbstzweck der Erotik keineswegs von der Décadence allein verteidigt, seine Anerkennung setzt sich vielmehr im späten 19. Jahrhundert mit der Lockerung der kirchlichen Bindungen in der bürgerlichen Welt durch. Werner Sombart unterscheidet zwar den erotischen Menschen von dem im engeren Sinne bürgerlichen; aber soziologisch gehören auch erotische Naturen im Sinne Sombarts häufig zum Bürgertum, und auch nach Sombart ist für den Erotiker die Liebe „der einzige dauernde Lebenswert". Sie darf nicht bloßes „Mittel" sein: „Nicht für den Genuß, nicht für die Erhaltung der Gattung. Die Mahnung: Seid fruchtbar – mehret euch! enthält die tiefste Versündigung gegen die Liebe."[2] Auch Sigmund Freud hat gezeigt, daß die Sexualität sich nicht in ihrer biologischen Funktion erschöpft. „Der Begriff der Sexualität – und damit der eines Sexualtriebes – mußte freilich erweitert werden, bis er vieles einschloß, was sich nicht der Fortpflanzungsfunktion einordnete, und darüber gab es Lärm genug in der strengen, vornehmen oder bloß heuchlerischen Welt."[3]

Die bereits aufgewiesene Gegnerschaft der Décadence gegen Fortpflanzung läßt die Emanzipation von der biologischen Funktion der Liebe, die Rechtfertigung ihres Eigenwertes besonders deutlich hervortreten. Sie bewirkt eine markante Aufwertung der Kurtisane. Auch das ist in gewissem Maße ein allgemeiner Vorgang, und daß Dumas in der ‚Dame aux camélias' die Kurtisane zur Hauptfigur eines Schauspiels macht, ist nicht der Décadence zuzurechnen.

Die spezifische Hochschätzung der Kurtisane in der Décadence ist mehrfach motiviert. Zunächst ist die Abweichung von der bürgerlichen Norm und Sitte, das Anrüchige und Lasterhafte im Umgang mit den Kurtisanen ein besonderer Reiz, weil es die von der Gesellschaft Verfemten, Abgedrängten sind, die zur Sphäre des Verfalls gehören. In Baudelaires Erzählung ‚La Fanfarlo' fragt die Frau von Cosmelly, die ihr Mann mit der Tänzerin Fanfarlo betrügt, erstaunt, warum er ihr, die ebenso schön ist, diese Kurtisane vorzieht. „Pourquoi donc les femmes prodigues de leurs corps (...) possèdent-elles plus d'adorateurs que nous autres, malheureuses martyres d'un amour unique? De quel charme si magique le vice auréole-t-il certaines créatures?" (I, 567). In der Tat, das Laster verleiht der Kokotte einen Heiligenschein für den Décadent, der überhaupt – und dem ordnet sich diese Vorliebe für die Kurtisane zu – ein hohes Interesse für die Ausgestoßenen und Verachteten hat. In Baudelaires Prosagedicht ‚Les veuves' (I, 292) heißt es, daß der Dichter und der Philosoph die Orte verabscheuen, wo die Reichen sich vergnügen. „Au contraire, ils se sentent irrésistiblement entraînés vers tout ce qui est faible, ruiné, contristé, orphelin" – angezogen also von allem, was schwach, zerstört, bekümmert, verwaist ist. In ähnlicher Weise bekundet der Schriftsteller Detlef in Thomas Manns Erzählung ‚Die Hungernden' (1903) seine Sympathie für die „Darbenden und Ausgeschlossenen". Er verläßt vorzeitig das elegante Tanzfest, auf dem er sich fremd fühlt, und trifft vor der Tür einen von Hunger und Kälte geplagten Armen, der sich in die Nähe des Festsaales drängt und den vornehmen Herrn voll Haß und Neid betrachtet. Das scheint Detlef „ein Irrtum" zu sein. „Wir sind ja Brüder (...). Daheim sind wir beide im Lande der Betrogenen, der Hungernden, Anklagenden und Verneinenden" (VIII, 270).

Das wichtigste Motiv für die dekadente Vorliebe für Kurtisanen ist doch wohl, daß die erotische Beziehung zu ihnen in aller Regel ohne Bindung, ohne Verantwortung und Verpflichtung bleibt. Jede Pflicht wird hier abgelöst durch das Geld, das man der Kurtisane zahlt. Selbst wenn sich eine zeitweilige Bindung an sie ergibt, kann diese ganz schnell und ohne Streit aufgelöst werden. In einem Prosagedicht Baudelaires, ‚Portrait de maitresses' (I, 345 f.), erzählt ein Mann seinen Zechgenossen, wie seine Maitresse ihn mit seinem Diener betrog und er die beiden ertappte. „Le soir je les congédiai tous les deux, en leur payant les arrétages de leurs gages." Mit der Zahlung des „rückständigen Lohnes" endet die Verbindung abrupt. Die Kurtisane wird behandelt wie der Diener.

Otto Weininger hat in seinem Buch ‚Geschlecht und Charakter' (1903) den Begriff Dirne sehr ausgeweitet, indem er alle Frauen, die nicht Mutterschaft anstreben, zu den Dirnen rechnet, auch die, denen es nur um Lustgewinn in der erotischen Beziehung geht. Denn er nimmt an, daß „die Eignung und der Hang zum Dirnentum ebenso wie die Anlage zur Mutterschaft in einem Weibe organisch, von der Geburt an vorhanden" ist. Die Dirne ist für Weininger ‚der Gegenpol zur Mutter', jede Frau aber gehört zu einem dieser beiden Typen. „Die Mutter steht ganz unter dem Gattungszweck, die Prostituierte steht außerhalb desselben." Das ist immerhin richtig gesehen. Wichtig aber ist Weiningers Einsicht, „daß im Naturganzen dem Koitus noch eine andere Rolle zugefallen ist außer der Fortpflanzung".[4] Das entspricht der Anschauung von Sombart, und mit dieser Anschauung wird die Aufwertung der Kurtisane möglich. Allerdings simplifiziert Weininger die Tatsachen zu stark, wenn er auch die auf bloßen Lustgewinn bedachten Frauen als Dirnen bezeichnet und die entscheidende Tatsache ihrer Bezahlung vernachlässigt. Das eigentliche Interesse der Kurtisane gilt dem Geld, das eine wichtige Rolle bei der Verleugnung der biologischen Funktion des Liebesaktes spielt. So wie hier Bindung und Verantwortung für die Frau aufgehoben und durch Geld ersetzt sind, so ist – und auch darin sieht der Décadent einen Vorteil – die Absicht der Zeugung und der Fortpflanzung ausgeschaltet. Das gewollte Ergebnis der Vereinigung mit einer Kurtisane ist nie ein Kind, sondern Lust auf seiten des Mannes, Geld auf seiten der Frau. Der Austausch von Lust und Geld macht diese Vereinigung zu einem in sich geschlossenen Vorgang, der einem anderen Daseinsbereich angehört als dem biologischen und an der Zeugungsfunktion genau vorbeiführt.

Walter Benjamin hat behauptet, daß das Geld nicht nur ein Kaufpreis ist, sondern eine Art Opfer, in dem sich die Scham des Mannes versteckt und beschwichtigt.[5] Benjamin sieht in der Praxis der Prostitution eine „sexuelle Revolte gegen die Liebe" und bemerkt, daß das deutlicher hervortrete, „wenn man die Prostitution (...) weniger als Gegensatz denn als Verfall der Liebe betrachtet".[6]

Der junge Mann in Flauberts ,November', der das Zeugen von Kindern rigoros ablehnt, hat seine Liebeserfahrung mit einer Kurtisane, er erlebt eine rauschhafte Befriedigung seines Verlangens, aber nach der Heimkehr fühlt er Enttäuschung. Doch er besucht die Kurtisane ein zweites Mal. Sie spricht ihm von Liebe. „Es waren die ersten Liebesworte, die ich in meinem Leben hörte. Woher sie auch kommen, unser Herz empfängt sie mit einem Beben des Glücks" (100). Es geht also nicht nur um die bloße Sinnenlust, die man meistens bei einer Dirne suchte. Ihre Liebesworte beglücken den Jüngling. Er sieht sie später nie wieder, doch er denkt mit Verlangen an sie, erzählt aber niemandem davon. „Wie kann man eine solche Frau lieben? würde man mich gefragt haben, und niemand hätte mich hierin verstanden" (153). Länger dauernde Verbindungen mit Kurtisanen werden häufiger. Ihre Struktur bleibt die gleiche, durch Bezahlung bestimmt. Aber trotz der Bezahlung wird die Kurtisane geliebt, und das bestätigt ihre Aufwertung, ihre Nobilitierung. Baudelaire lebte lange mit einer Kurtisane, der Mulattin Jeanne Duval, zusammen, die in seinen erotischen Gedichten erscheint. Er kannte sie seit 1842, wollte sie oft verlassen und kehrte immer wieder zu ihr zurück, blieb noch in den sechziger Jahren mit ihr verbunden, als sie „durch Krankheit verwüstet" war, wie Baudelaire 1860 schreibt.[7]

Daß Jeanne Duval, deren Großmutter Prostituierte in Nantes gewesen war, zeitweilig Schauspielerin in einem kleinen Theater war, widerspricht nicht der Tatsache, daß sie gleichzeitig als Kurtisane lebte. Die Grenze zwischen der kleinen Schauspielerin und der Kurtisane war im späten 19. Jahrhundert fließend; die Doppelrolle von Zolas Nana war in der Wirklichkeit überaus häufig.[8] Für Baudelaire bedeutete Jeanne Duval Sinnenglück und Qual zugleich, die Mischung von Faszination und Ekel bestimmte sein Verhältnis zu ihr. Eben diese Mischung war ihm notwendig, ein Zeichen des Verfalls eindeutig positiver, unbedingt bejahter Liebesbeziehungen. „L'amour, c'est le goût de la prostitution. Il n'est même pas de plaisir noble qui ne puisse être ramené à la prostitution" (I, 649). Madame Sabatier, die Baudelaire lange als Idol bewunderte und umwarb und nach fünf Jahren schließlich eroberte, war keine bürgerliche Existenz, sondern wurde von einem reichen Bankierssohn ausgehalten, der auch ihren berühmten Salon finanzierte.

Auch Zola, der besonders in seiner Frühzeit der Décadence nahestand, hat mit 21 Jahren mit einem Straßenmädchen namens Berthe in einem vergammelten Hotel in der Rue Soufflot zusammengelebt. Vier Jahre später hat er in seinem ersten, nachweislich autobiographischen Roman, ,La confession de Claude', das Zusammenleben mit ihr geschildert.[9] Claude berichtet seine Pariser Erlebnisse in Briefen an seine in der Provinz zurückgebliebenen Freunde. Er klagt über den Verlust seiner idealistischen Hoffnungen, seiner Illusionen. Er findet die Straßendirne Lau-

Ekel u. Anziehungskraft

rence, die das gleiche schäbige Hotel wie er bewohnt, zunächst häßlich, verblüht und abstoßend, läßt sich aber doch mit ihr ein. „Ein unerklärlicher Reiz ging von den früh verwelkten Zügen aus“, schreibt Claude. Er erliegt diesem Reiz des Verfalls, bald erfaßt ihn eine leidenschaftliche Liebe für die verkommene Laurence, mit der er in einem Zimmer lebt. „Ich träumte von Reinheit und Keuschheit und liebe – eine Dirne.“ Er verbringt eine Woche „in einer schmerzlichen Ekstase“. „Mich verlangte nach noch tieferer Erniedrigung (...)“. „Es liegt eine krankhafte Freude darin, sich bewußt im Schlamm zu wälzen (...). Ich liebe Laurence, wie sie ist, ich liebe ihre Verdorbenheit und Häßlichkeit (...).“[10] Laurence gibt sich Claude rein mechanisch hin, seine Liebesbeteuerungen und sein Verlangen nach ihrer Liebe versteht sie nicht. Dennoch kann er sich nicht von ihr lösen. Erst als sie ihn betrügt, kann er sich mit großer Anstrengung von ihr trennen und in die Heimatstadt zurückkehren.

Wenn Zola diese Laurence so abstoßend zeichnet, so läßt sich fragen, ob man hier von einer Aufwertung der Kurtisane sprechen kann. Man kann es insofern, als sie nicht nur flüchtigen Genuß vermittelt, sondern echte Leidenschaft und unbedingte Liebe erwecken kann. Die Tendenz zur Erhöhung der käuflichen Frau erscheint auch in Oscar Wildes französisch geschriebenem Spiel ‚La sainte courtisane‘. Da sucht eine prunkvoll geschmückte Kurtisane einen Eremiten zu verführen, der sie zunächst abwehrt und sie auf das Kruzifix vor seiner Höhle verweist. Als er aber später wieder aus dieser Höhle heraustritt, hat ihr großer Reiz auf ihn gewirkt, er möchte ihr nach Alexandria folgen. Sie aber hat sich im gleichen Augenblick zu Christus bekehrt, zur Liebe zu ihm, verflucht ihre Schönheit und weist nun das Verlangen des Eremiten ab.[11]

Das Motiv greift natürlich auch in die deutsche Literatur über. Der dekadente Christian in Thomas Manns ‚Buddenbrooks‘ mißachtet die moralischen Prinzipien der Familie und hält sich an käufliche Frauen, etwa an „eine Statistin vom Sommertheater“ (I, 314) oder an die von Senator Gieseke „mit schwerem Gelde“ unterhaltene Kurtisane in der Villa Quisisana (I, 444). Schließlich lebt er mit der Kokotte Aline Puvogel in Hamburg, die er zuletzt zum Entsetzen der Familie heiratet, eine Frau, die ihn ausbeutet und in einer Heilanstalt unterbringen läßt.

In Heinrich Manns Roman ‚Die Jagd nach Liebe‘ läßt sich Claude Marehn, der die Schauspielerin Ute hoffnungslos liebt und nie von ihr erhört wird, mit käuflichen Frauen ein wie der heruntergekommenen Gräfin Zank oder der Sängerin und Gelegenheitsdirne Nelly, die ihn auf der Straße anspricht; ihr richtet er eine Wohnung ein. Später fesselt ihn eine heftige Leidenschaft an die Schauspielerin Franchini, die zugleich als Kurtisane lebt und in der Stadt Düren, an deren Provinztheater sie spielt, sich jedem gibt, der Geld oder ein Geschenk für sie hat, so auch Claude. Als er sie in Florenz später wieder trifft, in einer Aufführung von Puccinis Oper ‚Manon Lescaut', finden beide ein Liebesglück rauschhafter Sinnlichkeit. Aber wenn auch Gilda Franchini diesen Claude heftig liebt, hat sie doch zugleich einen anderen Liebhaber und verlangt von Claude teure Kleider und luxuriösen Lebensstil. Mit dem Geld, das ein reicher alter Anbeter der Franchini gibt, spielt Claude in einem Spielclub. „Denn wenn er es verdoppelte, verfünffachte, dann liebte ihn Gilda. Sie liebte ihn kaum, wenn er arm war" (413). Das Geld gehört zu diesem erotischen Spiel. Gelegentlich traktiert auch Gilda ihn von dem Geld, das ihre anderen Liebhaber ihr gegeben haben. „Claude zog überraschende Schauer aus dem Bewußtsein, eine Dirne zu lieben, und von ihr bezahlt zu sein" (429).

Heinrich Mann hat Motive von Abbé Prévosts ‚Manon Lescaut' aufgenommen, sein Liebespaar identifiziert sich zuweilen mit Des Grieux und Manon. Baudelaire hat Prévost gerühmt und spricht vom „l'éternel roman de Manon Lescaut" (I, 550).

Frank Wedekind, der im ersten Akt seines Fragment gebliebenen Dramas ‚Das Sonnenspektrum' ein freundliches Bild eines Freudenhauses beschreibt, zeichnet in der Erzählung ‚Bei den Hallen' ein gegenüber früherer Zeit stark verändertes Verhältnis zu den Kurtisanen. Der Erzähler berichtet, wie er nachts in einem Café in Paris zwei Straßendirnen trifft, mit denen er in einem vertrauten, freundschaftlichen Verhältnis steht. Die eine liest gerade mit literarischem Interesse einen Roman von Zola und spricht mit dem Erzähler darüber. Mit der anderen geht er in ihre Wohnung, aber die sexuelle Vereinigung ist keineswegs sein einziges Interesse. Die beiden plaudern über die Freundinnen der Kurtisane, gehen dann im Morgendämmern zu den Hallen, sitzen in verschiedenen bekannten Lokalen, auch „Au chien qui fume", essen Austern, unterhalten sich über Napoleon. Das Mädchen kennt auch Maupassants ‚La maison Tellier' und ‚La fille Elisa', Edmond de Goncourts Dirnenroman. Der Erzähler genießt die Harmonie der guten freundschaftlichen Nähe. „Wir werden allmählich ein Herz und eine Seele", schreibt er, „ich fühle mich unsagbar wohl."[12]

Zur Nobilitierung der Kurtisane hat die Malerei sehr viel beigetragen. Schon Constantin Guys oder später Jean-Louis Forain und andere Maler und Zeichner unterscheiden sich in ihren Darstellungen der Kurtisanen von der Sittensatire eines Hogarth und seiner Nachfolger im 18. Jahrhundert. Jetzt erscheint die Kurtisane als elegant-reizvolle Figur und Repräsentantin der „vie moderne", z. B. in Guys' Farbzeichnung ‚Theaterausgang'. Die Schauspielerinnen werden beim Verlassen des Theaters von sechs Herren in Zylinder, die sich an der Tür drängen, erwartet, was auf ihren zweiten Beruf als Kurtisanen hindeutet.[13]

Am meisten aber hat Manet, der Freund Baudelaires, zur Aufwertung der Kurtisane beigetragen. Während die Zeichnung, die Baudelaire selbst von seiner Geliebten Jeanne Duval fertigte, deren Vulgarität nicht verschweigt, malt sie Manet durchaus als große Dame, in einem weit sich ausbreitenden weißen Kleid auf dem Sofa sitzend, – fast könnte man sagen: thronend, wie die Frau auf Cézannes Bild ‚L'Eternel Féminin'.[14]

Manet hat häufig Kurtisanen gemalt, und immer werden sie erhöht, fast glorifiziert. Das gilt auch von der berühmten Olympia, die nach dem kompositionellen Vorbild von Tizians ‚Venus von Urbino' gemalt ist, als ein Gegenstück zu ihr. Was das Publikum an dieser Olympia so heftig empörte, war nicht ihre Nacktheit, – die wurde bei mythologischen Figuren ohne weiteres akzeptiert –, sondern die Tatsache, daß eine in Paris bekannte Kurtisane, Victorine Meurent, in der Pose der Göttin erschien, mit der Katze als Symbol des weiblichen Geschlechts und der schwarzen Dienerin, die ihr den Blumenstrauß reicht, die Ankündigung des nächsten Liebhabers. Olympia ist anziehend, blickt aber kühl, selbstsicher, nicht anlockend: eine Frau, die weiß, welchen Preis sie wert ist. Aber Manet hat sie nicht im geringsten kritisch oder abschätzig dargestellt, wie er auch Nana (auf dem Bild in der Kunsthalle Hamburg), die er bei der Toilette in Anwesenheit ihres Liebhabers, also in einem Moment ihres Kurtisanenlebens dargestellt, aber nicht bloßgestellt hat, nicht diffamiert, sondern unbefangen akzeptiert. Eben deshalb wurde das Bild von der Jury des Salons abgelehnt.

Der eleganten Kurtisane Léontine Massin, die in der Theaterfassung von Zolas ‚Nana' die Hauptrolle spielte, sieht man auf Manets Bild nicht an, daß sie zur Halbwelt gehört, und das gleiche gilt von der von Manet porträtierten Louise Valtesse de la Bigne, die ein von Zola genau studiertes Vorbild der Nana war. Es gibt viele weitere Kurtisanenporträts von Manet. „Manets Bildnisse wandeln in der Frau der siebziger Jahre den Prototyp der Kokotte ab." Aber es trifft sehr genau zu, wenn Werner Hofmann feststellt: „Oft schwanken wir bei der Frage, ob das Modell eine respektable Dame der Gesellschaft oder eine Kokotte gewesen sein mag."[15] Der Unterschied wird verwischt, die Kurtisane erscheint als respektable Person. Manet steht Baudelaire und der Décadence darin nahe, daß er den Erscheinungen und Figuren der „vie moderne", auch wenn sie im Vergleich mit den bedeutenden Gegenständen der klassischen Bildtradition banal und vom großstädtischen Verfall gezeichnet sind, durch große und reiche malerische Kunst Glanz und Bedeutung gibt, wie Baudelaire mit seiner exquisiten Dichtung.

8. Die Femme fatale und ihre Mythisierung

Die erotische Motivik der Décadence enthält, besonders im Fin de siècle, auch recht häufig die Andeutung oder Darstellung sexueller Perversionen, was bei der dekadenten Reizsucht, der Suche nach dem Abseitigen, Unnormalen, Exzentrischen nicht überrascht. Mario Praz hat in seinem bekannten Buch diese Motivik, die am häufigsten in der oft schon trivialisierten Décadenceliteratur zweiten Ranges, der ‚Bas-Décadence', sich findet, ausführlich untersucht und in aller Breite und Vielfalt dargestellt. So mag es hier genügen, auf Praz zu verweisen.

Daß aber auch Dichter von Rang eine solche Motivik aufnehmen, zeigen schon Darstellungen sexueller Perversionen bei Baudelaire oder Swinburne. George Moore, der englische Autor der Décadence, schreibt in seiner selbstbiographischen ‚Confession d'un jeune Anglais' (1880): „Je suis efféminé, maladif, pervers, mais avant tout pervers."[1]

Aufmerksamkeit verlangt die Figur der Femme fatale, die zum Bereich des von der Norm abweichenden erotischen Verhaltens gehört. Auch dieser Typus der grausamen Frau, die die Männer beherrscht und ihnen Unheil und Verderben bringt, ist keine Erfindung der Décadence, sondern hat, wie so viele ihrer Erscheinungen, eine lange Vorgeschichte. „Im Mythos und in der Literatur hat es den Typus der Femme fatale immer gegeben", sagt Mario Praz.[2] Doch bei den Autoren der Décadence in der zweiten Hälfte des 19. Jahrhunderts nimmt das Interesse an der grausam-verderblichen Frau ständig zu, wird intensiver, und ihre Darstellungen in vielen Varianten häufen sich.

Dieses gesteigerte Interesse hat seinen Grund darin, daß die Femme fatale zugleich Wunschbild und Schreckbild wird, in eigentümlicher Durchdringung, so daß für den Décadent gerade das Schreckbild zum Wunschbild wird. Indem die technische Zivilisation sich mehr und mehr stabilisiert und die Lebensformen bestimmt, wird die bürgerliche Arbeitswelt immer entschiedener nach Normen geregelt. Beides zwingt die Menschen in eine zunehmende Ferne von der Natur, entfremdet sie dem elementaren Dasein. Sie werden domestiziert, leben, zumal in den Großstädten, eine denaturierte Existenz. Nur in der Sinnenliebe ist allenfalls noch Naturhaftigkeit, unmittelbare Lebendigkeit zu erfahren, und die Frau – das wird immer wieder hervorgehoben – hat, anders als die Männer, Natur in sich bewahrt, etwas Elementares, Irrationales. „Es ist eben eine Naturgewalt, die Frau", sagt der Arzt Matthacker in Heinrich Manns Roman ‚Die Jagd nach Liebe'. „Wir haben sie nicht zu beurteilen, nur hinzunehmen und zu verehren, weil's die Natur ist. (...) Ja, der knöchernste Philister hat manchmal in seiner Jugend einen Moment gehabt, wo aus der Frau ein Abgrund ihn anschauerte (...)" (253).

Die „Naturgewalt der Frau" wird verehrt und zugleich dämonisiert. Was die Zivilisation bewirkt, ist nicht nur die Entfernung von der Natur, sondern ihre immer zunehmende Unterwerfung, ihre totale Nutzbarmachung, so wie nie zuvor in der Menschheitsgeschichte. In der Femme fatale aber ist die Natur noch mächtig, nicht beherrschbar, sondern überlegen, verderblich, vernichtend. Auch darum ist für die fortschrittsfeindliche Décadence die Femme fatale ein besonders beliebtes Thema; in ihrer Darstellung kommt ein Lebensbereich in den Blick, in dem die Natur nicht unterworfen ist, sondern mächtig bleibt.

Otto Weininger hat in seinem höchst erfolgreichen Buch ‚Geschlecht und Charakter' die Frau als seelenloses, völlig amoralisches Wesen, das „nur Materie ist" beschrieben. Für Weininger ist die Frau „die Sexualität selbst", und „die Frauen stehen in der Natur als ein Teil derselben".[3] Die Frau steht dem Tier näher als der Mann, aber Weininger will sie doch eben noch als Mensch gelten lassen. Frank Wedekind ist einige Jahre vorher, im Prolog zum ‚Erdgeist', weiter gegangen. Er läßt die Frau im grellen Licht einer Zirkus-Szene als Tier vorführen. Der Tierbändiger verhöhnt das bürgerliche Theater, das der zivilisatorischen Domestizierung gemäß ist:

> Was seht ihr in den Lust- und Trauerspielen?
> Haustiere, die so wohlgesittet fühlen.

Reißerisch verkündet er:

> Das wahre Tier, das wilde, schöne Tier,
> Das – meine Damen! – sehn Sie nur bei mir.

Das zielt schon, auch wenn der Prologsprecher zunächst Tiger, Bären und Affen nennt, auf Lulu, die von einem Helfer hereingetragen und als „Schlange" angesprochen wird – Sinnbild der Femme fatale:

> Sie ward geschaffen, Unheil anzustiften,
> Zu locken, zu verführen, zu vergiften,
> Zu morden, ohne daß es einer spürt.[4]

Das also ist „Die Urgestalt des Weibes". Das herkömmliche Bild der Frau als eines sanften, zarten, gefühlvollen und unschuldigen Wesens wird hier brutal widerlegt.

Daß die Frau als amoralisches, grausames Naturwesen für die Décadence anziehend sein kann, scheint deren Naturfeindschaft zu widersprechen. Doch die willentliche Ablehnung der Natur bedeutet noch nicht, daß man sich ihrer Gewalt wirklich entziehen könnte, und Baudelaire, der die Frau wegen ihrer Naturnähe als „abscheulich" verurteilte, vermochte am wenigsten, auf die Schmerzlust, die lasterhafte und verderbliche Frauen ihm bereiteten, zu verzichten. „Oh mon cher Belzébuth, je t'adore", so endet das Gedicht ‚Le possédé' (I, 37). Die geschmähte wilde Naturmacht rächt sich, das Verdrängte kehrt zurück, die Femme fatale wird glorifiziert, bewundert, begehrt, ja sie entsteht vielleicht überhaupt nur als Geschöpf männlicher Wünsche und Vorstellungen, eine Schöpfung aus Angst und Begierde. In den repräsentativen Gestalten der

Femme fatale, in Salome, der Sphinx usw., sieht Werner Hofmann „das Verhängnisvolle und Ausweglose, das die Faszination dieser erotischen Wunschfiguren begleitet. Zwar sind sie Schöpfungen der männlichen Phantasie, zugleich aber Sinnbilder einer unterworfenen Männlichkeit, die im Eros die Qual, in der Wollust die Grausamkeit, im Weib die kaltblütige Beherrscherin sucht."[5] Das Verhalten der Femme fatale antwortet auf verborgene männliche Wünsche und scheint weitgehend als unbewußte Anpassung an diese Wünsche zu entstehen. Die übermächtige Weiblichkeit ist gerade für den schwachen Mann, den Décadent, von besonderer Anziehungskraft, als Naturmacht, über die er selbst nicht mehr verfügt. Auch das oft hervorgehobene „Rätselhafte", Unberechenbare des weiblichen Wesens, ein willkommener Wert in einer immer stärker berechenbar werdenden Umwelt, gehört zu dieser Anziehungskraft der Frau. Aber das Verhältnis zu ihr ist tief zwiespältig, in sich widersprüchlich. Denn das Verlangen nach der starken, überlegenen Frau ist durchsetzt mit Angst, der Angst, von ihr überwältigt, verschlungen, vernichtet zu werden. In solche Angst aber mischt sich wiederum ein heimliches Bedürfnis nach Unterwerfung, Qual, Zerstörung, ein Bedürfnis, das auch die extremen Ausprägungen weiblicher Stärke, ihre Grausamkeit und Zerstörungslust bejaht.

Des Esseintes in Huysmans' ‚A rebours' läßt sich mit der besonders kraftvollen amerikanischen Akrobatin Miß Urania ein, aus „Bewunderung der brutalen Kraft", wird aber von ihr enttäuscht; denn sie bleibt bei der Liebe zurückhaltend und „zeigte keine jener athletischen Roheiten, die er ersehnte und zugleich fürchtete".[6]

Heinrich Heine, der sich in manchen Regungen der Décadence nähert, hat schon 1831 seine Neigung zur grausamen Frau bekannt. In seinem Bericht über den Pariser Salon von 1831 bespricht er auch das Bild von Horace Vernet ‚Judith und Holofernes', eine völlig säkularisierte, erotisierte Szene. Judith richtet sich im Bett des schlafenden Holofernes auf und zieht das krumme Schwert, um Holofernes zu töten. Heine sagt in seiner Beschreibung: „Ihr Kopf ist wunderbar anmutig und unheimlich liebenswürdig (...). Das Gesicht ist etwas beschattet, und süße Wildheit, düstere Holdseligkeit und sentimentaler Grimm rieselt durch die edlen Züge der tödlichen Schönen. Besonders in ihrem Auge funkelt süße Grausamkeit (...)." Den Holofernes sendet der Tod „durch seinen schönsten Engel in die weiße Nacht der ewigen Vernichtung". Dann aber fügt Heine, die Grausamkeit bewundernd, hinzu: „Welch ein beneidenswertes Ende! Wenn ich einst sterben soll, ihr Götter, laßt mich sterben wie Holofernes!"[7]

Acht Jahre später, in der Vorrede zur dritten Auflage des ‚Buchs der Lieder' schildert Heine eine Liebesbegegnung mit einer Sphinx, dem Sinnbild der grausamen Frau in einem Gedicht.[8] Im Traum kommt er wandernd zu einem verlassenen Schloß.

Dort vor dem Tor lag eine Sphinx,
Ein Zwitter von Schrecken und Lüsten,
Der Leib und die Tatzen wie ein Löw,
Ein Weib an Haupt und Brüsten (...)

Die Nachtigall sie sang so süß,
Ich konnt nicht widerstehen –
Und als ich küßte das holde Gesicht,
Da war's um mich geschehen.

Lebendig ward das Marmorbild,
Der Stein begann zu ächzen –
Sie trank meiner Küsse lodernde Glut
Mit Dürsten und mit Lechzen

Sie trank mir fast den Odem aus –
Und endlich, wollustheischend,
Umschlang sie mich, meinen armen Leib
Mit Löwentatzen zerfleischend.

Entzückende Marter und wonniges Weh!
Der Schmerz wie die Lust unermeßlich!
Derweilen des Mundes Kuß mich beglückt,
Verwunden die Tatzen mich gräßlich.

Die Nachtigall sang: ‚O schöne Sphinx!'
O Liebe, was soll es bedeuten,
Daß du vermischest mit Todesqual
All deine – Seligkeiten?

O schöne Sphinx! O löse mir
Das Rätsel, das wunderbare!
Ich hab darüber nachgedacht
Schon manche tausend Jahre.

So lange schon gibt es für Heine die Schmerzlust. Sie ist, wie schon bemerkt, nicht spezifisch dekadent, aber für die geschwächte Psyche des Décadent besonders intensiv erlebbar, besonders schlecht abzuwehren. Heines Gedicht inspirierte Gustave Moreau zu seinem Bild ‚Ödipus und die Sphinx' von 1864.

Eine der wirksamsten frühen Darstellungen der typischen Femme fatale gab 1945 Prosper Mérimée in seiner Novelle ‚Carmen'. Er schuf hier eine Figur, die durch Bizets 1873 uraufgeführte Oper weltweit berühmt wurde. Das Libretto stammt von den wirkungssicheren Librettisten Meilhac und Halévy. Die Zigeunerin Carmen, von wilder erotischer Kraft, verführt den, der ihr ausweicht, und verläßt den, der sie festhalten will. Carmen macht den soldatisch tapferen, aber willensschwachen Don

José zum Deserteur, Schmuggler und Verbrecher. Denn, so bekennt er, ihr gegenüber „war ich so schwach, daß ich allen ihren Launen gehorchte". Verlogen und amoralisch, ist sich diese Carmen ihrer Gewissenlosigkeit durchaus bewußt. „Ich habe dir ja gesagt, ich würde dir Unglück bringen", sagt sie zu Don José.[9]

Als Zigeunerin ist Carmen freilich eine Außenseiterin, die der Sphäre bürgerlicher Moral nicht zugehört, ein fremdes Naturwesen. In der späteren erzählenden und dramatischen Dichtung erscheint jedoch die Femme fatale auch in der bürgerlichen Lebenswelt, verführerisch und amoralisch wie Carmen, skrupellos ihre erotische Macht ausspielend, auf die sie stolz ist, auch und gerade, wenn sie den Männern Verderben bringt. Die Gräfin Reventlow fühlte sich zuweilen selbst als Femme fatale, und ein solches Bekenntnis ist kaum von Selbst-Stilisierung zu unterscheiden. Am 16. Oktober 1905 notiert sie in ihrem Tagebuch den willkommenen Besuch ihres geliebten Freundes Onsky, den sie aber am ersten Abend allein läßt. „Cruel énigme – das Zeichen, unter dem mein ganzes Leben steht. (...). Wenn ich das eine halten möchte, braust tausend anderes über mich her (...). Wenn ich liebe, ist es immer ein Unglück für alle beide, immer, immer, unweigerlich."[10] Das klingt fast wie ein Zitat aus Mérimées ‚Carmen'.

In Turgenjews Erzählung ‚Frühlingsfluten' (1871) verliebt sich der russische Adlige Sanin in Frankfurt in ein ungewöhnlich schönes Mädchen und verlobt sich mit ihr. Aber diese gefühlsstarke Bindung vermag ihn nicht davor zu bewahren, daß er der Verführung einer Femme fatale erliegt. Da Sanin sein Gut in Rußland verkaufen möchte, trifft er seinen Schulfreund Polosow in der Hoffnung, daß dessen reiche Frau das Gut kaufen würde. Er besucht in Wiesbaden den Freund und seine Frau Marja Nikolajewna, die ihn sofort mit heftiger Koketterie zu erobern sucht, ohne Rücksicht auf ihren Mann, den sie völlig beherrscht. Daß Sanin verlobt ist, reizt sie um so mehr, sie zerstört diese Verlobung.

Sanin bemerkt genau ihre Gefährlichkeit. „Wenn sie die Augen aber in ihrer ganzen Größe öffnete, so blickte etwas Unheilvolles, etwas Drohendes durch ihren hellen, kalten Glanz hindurch." Aber das schreckt ihn nicht ab, sondern schlägt ihn in Bann, er hat „weder Macht noch Kraft", sie abzuweisen, genausowenig wie Don José. Eines Abends sitzt Sanin mit ihr in ihrer Loge im Theater, wo man ‚Figaros Hochzeit' gibt. Aber Marja interessiert die Oper kaum, sie sitzt meist im Nebenraum, umgarnt Sanin, der eine „schöne Schlange" in ihr sieht, und läßt sich schließlich von ihm ihre Lorgnette geben, um seine Hand mit beiden Händen zu umschließen. „Er saß neben ihr, unwillkürlich die Wärme und den Duft ihres üppigen Körpers einatmend (...)."[11]

Die Szene war vermutlich für Thomas Mann die Anregung zu einer sehr ähnlichen Szene in der frühen Erzählung ‚Der kleine Herr Friedemann'. Der unglückliche, verwachsene Herr Friedemann sitzt in der Opernloge neben der schönen Frau von Rinnlingen, die ebenfalls rotblond und üppig ist, wie Turgenjews Marja. Den Vorwand für eine von der weiblichen Verführungsstrategie gewünschte Berührung bildet hier nicht das Lorgnon, sondern der Fächer, den sich Frau von Rinnlingen „entgleiten ließ" und nach dem sie sich gleichzeitig mit Herrn Friedemann bückte. „Ihre Köpfe waren ganz dicht beieinander gewesen, und er hatte einen Augenblick den warmen Duft ihrer Brust atmen müssen" (VII, 89).

In der Liebesstunde in einer Parkhütte erlebt Marja ihren Triumph. Sanin verläßt seine Verlobte, ist „in Leibeigenschaft gefallen". Von Marja heißt es: „Der Habicht, wenn er einen gefangenen Vogel in seinen Krallen hält, hat solche Augen."[12] Sanin geht mit Marja nach Paris, erleidet die „Qualen eines Sklaven", bis Marja ihn verläßt.

In Thomas Manns Novelle richtet Frau von Rinnlingen mit kalter Grausamkeit den armen Herrn Friedemann zugrunde, indem sie ihn anlockt und dann von sich stößt. Friedemann durchschaut genau das böse Spiel, aber er kann sich nicht dagegen wehren. „Aber wozu noch kämpfen und sich quälen? Mochte alles seinen Lauf nehmen! Mochte er seinen Weg weitergehen, (...) gehorsam der überstarken, peinigend süßen Macht, der man nicht zu entgehen vermag" (VII, 99).

In Thomas Manns Erzählung ‚Luischen' erscheint eine besonders bösartige Femme fatale, die ihren Mann, den Rechtsanwalt Jakoby öffentlich blamiert und bei einem Fest dem Gespött der Gäste preisgibt, so daß er tot zusammenbricht. In den ‚Buddenbrooks' erweist sich schließlich auch Christians Freundin aus der Halbwelt, die er geheiratet hat, als Femme fatale, die Christian „mithilfe eines Arztes" in einer Anstalt unterbringen und dort gegen seinen Willen festhalten läßt, wie es die Frau in Strindbergs Drama ‚Der Vater' mit ihrem Ehemann macht.

Eine sanftere Variante der Femme fatale findet sich schon in Jens Peter Jacobsens Roman ‚Niels Lyhne' von 1880. Frau Boye fesselt den jungen Niels für ein Jahr lang an sich. Sie wünscht sich, so übermäßig schön zu sein, „daß alle, die mich sähen, von einer unauslöschlichen, schmerzlichen Liebe ergriffen und wie mit einem Zauber geschlagen würden (...)." Sie schließt eine Freundschaft mit Niels „aus der Lust eines Weibes, in romantischer Unerreichbarkeit begehrt zu werden",[13] erwidert aber seine Liebe nicht und heiratet plötzlich einen angesehenen Bürger.

In allen diesen Beispielen gehören die Frauen zur Wirklichkeit der bürgerlichen Gesellschaft und haben nichts Übermenschlich-Dämonisches. Doch besteht im 19. Jahrhundert eine starke Tendenz zur Mythisierung der Femme fatale, die damit ihrer bürgerlichen Existenz z. T. entrückt und zur Verkörperung eines dämonisch-übermenschlichen Wesens erhöht wird. In das zeitgenössische Bild von ihr geht oft etwas von der herkömmlichen, in der kirchlichen Tradition befestigten Abwertung und Verdächtigung des weiblichen Geschlechtes ein; als Schuldige am Sündenfall, als „Instrumentum diaboli" wurde die Frau häufig genug von der Kirchenlehre verdammt, als Verkörperung des Urbösen. Die Décadence benutzt diese höchst fragwürdige Tradition, um die Wehrlosigkeit gegenüber weiblicher Verführung zu rechtfertigen, ein Alibi dafür zu erwerben, daß der schwache Mann gerade den grausamen, boshaften Frauen erliegt. Wenngleich der schwache Mann heimlich wünscht, von einer starken Frau geliebt zu werden, so möchte er doch wiederum sich nicht gern einem nur menschlichen Wesen unterwerfen, sondern lieber einer übermenschlichen Macht, einem Teufel oder einer Göttin. So sagt Don José zu Carmen: „Du bist der Teufel", und sie antwortet: „Ja."[14] Mit dieser stolzen Antwort will sie sagen: Wenn du mich schon für den Teufel hältst, dann will ich es auch sein. Zum Erzähler sagt Don José: „Wenn es Hexen gibt, war dieses Mädchen eine." Für Werner Hofmann sind alle mythischen Gestalten der Femme fatale „Verwandlungen ein und desselben Archetyps, Töchter der hetärischen Aphrodite des Mythos", die Bachofen als „asiatische Aphrodite" beschrieben hat in ihrer Lust an der „Knechtung des Mannes".[15] Nietzsche hat bemerkt, daß man Wagners mythische Figuren leicht „ins Bürgerliche" übersetzen kann und daß dann die Wagnerschen Heroinen „samt und sonders, sobald man nur erst den heroischen Balg abgestreift hat, zum Verwechseln Madame Bovary ähnlich sehen! – wie man umgekehrt auch begreift, daß es Flaubert *freistand,* seine Heldin ins Skandinavische oder Karthagische zu übersetzen und sie dann, mythologisiert, Wagner als Textbuch anzubieten" (II, 922).

Ansätze zur Mythisierung gibt es auch in Erzählungen, in denen die Femme fatale nur eine Frau wie andere ist. In Turgenjews ‚Frühlingsfluten' heißt es von Marja, die mit Sanin ausreitet: „Es war nicht mehr eine Amazone (...), so sprengt ein junger, weiblicher Zentaur daher, – halb Tier, halb Gott."[16] Sogar in Thomas Manns Novelle ‚Der kleine Herr Friedemann' wird, sehr versteckt und indirekt, eine (im weitesten Sinne) mythische Parallele ins Spiel gebracht. Nicht zufällig gibt man im Theater, als Frau von Rinnlingen ihr grausames Spiel mit Friedemann treibt, Wagners ‚Lohengrin'. Zwar macht Thomas Mann, der nur das Geschehen im ersten Akt der Oper ganz knapp mitteilt, keinerlei Andeutung über einen Sinnbezug zwischen dem erzählten Vorgang und der Oper. Aber Kenner der Oper können bemerken, daß der grausamen Frau in der Loge die grausame, zerstörerische Ortrud auf der Bühne entspricht. Ortrud ist keine im strengen Sinn mythische Figur, aber sie gehört zum Personenkreis der Lohengrinsage, ist eine „wilde Seherin" und in Zauberkünsten „tief erfahren", als Sagengestalt eine Symbolfigur für das Böse. Wagner hat das in einem Brief an Franz Liszt (30. 1. 1852) dargelegt. Sie ist

„grauenhaft", hat nur „die entsetzlich wahnsinnige Liebe des Ahnenstolzes, die sich nur als Haß gegen alles Lebende (...) äußern kann", ist „furchtbar großartig" in ihrer Zerstörungswut.[17] Ortruds Bösartigkeit bestätigt sich zwar nicht durch erotische Verführung eines Mannes, sondern dadurch, daß sie ihrem Gatten Telramund durch Lügen Haß gegen Elsa einpflanzt, aber eine erotische Komponente schwingt auch bei dieser Aktion mit, wenn die Regiebemerkung in der Anfangsszene des zweiten Aufzuges vorschreibt: „Während des Folgenden nähert sich Friedrich, wie unheimlich von ihr angezogen, Ortrud immer mehr und neigt sein Ohr aufmerksam zu ihr herab."[18] Bei Beginn des zweiten Aufzugs heißt es von Friedemann in der Loge, er fühlte, „daß Frau von Rinnlingens Augen auf ihm ruhten, und ohne es zu wollen, erhob er den Kopf nach ihr" (VII, 89). Für den Leser, der Lohengrin kennt, wird Ortrud geistig präsent, sie bildet den Hintergrund, als symbolkräftige Sagengestalt, die das urtümlich Böse, Zerstörende verkörpert, von dem auch in der Gesellschaftsdame Gerda von Rinnlingen etwas wirksam ist.

In den großen, gewichtigen Gestaltungen der Femme fatale in der Décadence-Literatur erscheint sie mythisiert, als überwirkliche Verkörperung erotischer Macht. Ein frühes Beispiel kann man in Wagners ‚Tannhäuser' von 1845 sehen, wo Venus Tannhäuser umstrickt und ihn von seiner Bestimmung zu Kampf und Streit losreißt wie Carmen den Don José vom Soldatentum. Aber als eine wirkliche Vergöttlichung der unheilbringenden Verführerin kann diese Venus kaum gelten, eher handelt es sich um eine Trivialisierung der großen Liebesgöttin zur verschwenderischen Lustspenderin. Bedeutender ist die Figur Kundrys im ‚Parzival' (1882). Obwohl sie unter Menschen wie eine Frau erscheint, ist sie ein dämonisches Wesen, das seit Urzeiten lebt und keine Erlösung findet, seit sie über das Leiden Christi lachte. Im Dienste des Zauberers Klingsor hat sie Amfortas verführt, dem Klingsor die heilige Lanze entwindet und ihm damit die unheilbare Wunde beibringt. Klingsor setzt sie wieder als Verderberin Parzivals ein, und wenn er sie aus „dem Abgrund" heraufruft, wird ihre mythische Wesenheit deutlich:[19]

Dein Meister ruft dich Namenlose,
Urteufelin, Höllenrose!
Herodias warst du, und was noch?
Gundryggia dort, Kundry hier.

Sie nimmt jeweils den Namen der grausamen Frau an, in der sich ihr Wesen manifestiert. Sie kann nur erlöst werden, wenn einer ihr widersteht. Aber das geschah ihr bisher nie, auch bei Amfortas nicht.

Schwach auch er! – Schwach – alle!
Meinem Fluche mit mir
Alle verfallen!

Sie handelt in tiefem Zwiespalt, sie muß, um erlöst zu werden, wünschen, daß ihr Parzival widersteht, aber ihrer Natur nach muß sie mit höchstem Einsatz ihrer Verführungskünste doch versuchen, ihn zur Liebe zu gewinnen, auch wenn sie „ewig dann verdammt" ist. Da Parzival standhaft bleibt, kann sie erlöst werden, kann sie am Schluß die Taufe empfangen.

In Wedekinds ‚Lulu'-Tragödie (1892–93), in der eine extrem verderbliche Femme fatale eine ganze Reihe von Männern zugrunde richtet, ist diese Lulu ein ähnliches Doppelwesen wie Kundry, einerseits eine Frau, die als Mensch unter Menschen lebt, zugleich aber ein Weib unbekannter Herkunft, eine mythische Figur, die in die Frau hineinprojiziert wird. Lulu gilt als Tochter des alten Strolchs und Trunkenbolds Schigolch, aber der leugnet das strikt. Auf die Frage, wie ihr Vater denn heiße, antwortet er: „Sie hat nie einen gehabt." Lulu bestätigt das: „Ja, gewiß, ich bin ein Wunderkind." Ihr Name wechselt, wie der Name Kundrys, die als „namenlos" bezeichnet wird. Der Maler Schwarz nennt sie Eva. Alwa Schön sagt: „Ich nannte sie Mignon. – Schwarz: Ich meinte, sie hieße Nelly. – Schön: So nannte sie Doktor Goll. – Schwarz: Ich nannte sie Eva ... – Schön: Wie sie eigentlich hieß, weiß ich nicht."[20] Die Namenlosigkeit macht Lulu als wirkliche Person nicht identifizierbar. Sie ist das Ewig-Weibliche. Schigolch nennt sie Lulu, aber das weist sie zurück. „Ich heiße seit Menschengedenken nicht mehr Lulu. Schigolch: Eine andere Benennungsweise? – Lulu: Lulu klingt mir ganz vorsintflutlich. – Schigolch: Kinder, Kinder! – Lulu: Ich heiße jetzt – Schigolch: Als bliebe das Prinzip nicht immer das gleiche! – Lulu: Du meinst? Schigolch: Wie heißt es jetzt? – Lulu: Eva – Schigolch: Gehupft wie gesprungen! – Lulu: Ich höre darauf." Auf Schigolchs Frage, was sie jetzt sei, antwortet sie: „Ein Tier." Ihre Herkunft ist dunkel, sie hat keinen Vater, sie stammt also wohl von der Urmutter. Sie verkörpert unter jedem Namen „das Prinzip", das ewig zerstörerische Urwesen.[21]

Das ist der Versuch einer Mythisierung ohne Anlehnung an bestimmte mythische Figuren. Auch der Name Lulu, aus der Wiederholung einer kurzen Silbe bestehend, ist als naiver Urlaut anzusehen, ähnlich wie der Name Nana bei Zola, dessen Roman auf Wedekind sicherlich entscheidend gewirkt hat. Denn Zola gibt hier die Darstellung einer verderblichen weiblichen Natur, der unwiderstehlichen, unheilbringenden Anziehungskraft des Geschlechts. Zola, dessen Werk man in das Klischee eines eng verstandenen „Naturalismus" zwingen wollte, wird längst anders gesehen. Schon Flaubert erkannte in ‚Nana' eine mythische Dimension, eine Reminiszenz an die babylonische Hure.[22] Thomas Mann schrieb 1933 in der Abhandlung ‚Leiden und Größe Richard Wagners' über die Verwandtschaft Zolas mit Richard Wagner, sie sei begründet in einem „Naturalismus, der sich ins Symbolische steigert und ins Mythische wächst; denn wer wollte in Zolas Epik den Symbolismus und mythischen Hang verkennen, der seine Figuren ins Überwirkliche hebt? Ist jene Astarte des zweiten Kaiserreichs, Nana genannt, nicht ein Symbol und ein Mythus? Woher hat sie ihren Namen? Er ist ein Urlaut, ein frühes, sinnliches Lallen der Menschheit: Nana, das war ein Beiname der babylonischen Ischtar. Hat Zola das gewußt? Aber desto merkwürdiger und kennzeichnender, wenn er es nicht gewußt hat" (IX, 325). Schon die Häufung, das Überdimensionale ihrer verderblichen Wirkungen steigert Nana ins Überreale. Zola legt einem Journalisten seine Beschreibung Nanas in den Mund: „Mit ihr stieg die Fäulnis, die man im Volk gären sieht, wieder nach oben und brachte die Aristokratie zum Faulen. Sie wurde zur Naturgewalt, zu einem Gärungsstoff der Zerstörung, ohne es selbst zu wollen, und verdarb und zerrüttete Paris zwischen ihren schneeigen Schenkeln (...)."[23]

Nana wird zum Mythos, zur Vollstreckerin einer Naturgewalt. Muffat „dachte an das Ungeheuer der heiligen Schrift". Er betrachtete ihren Körper. „Es war das goldene Tier, unbewußt wie eine Kraft, deren Geruch allein die Welt verdarb."[24] Gegen das Ende des Romans wächst Nana zu einer visionären Gestalt:

„Inmitten der angehäuften Schätze ihres Hauses blieb sie allein aufrecht stehen mit einem Heer von Männern, die zu ihren Füßen niedergestürzt waren. Gleich jenen antiken Ungeheuern, deren gefürchteter Bereich mit Gebeinen bedeckt war, setzte sie die Füße auf Schädel; und Katastrophen umgaben sie: der wilde Flammentod Vandeuvres', die Schwermut Foucarmonts, der in den Meeren Chinas umherirrte, der völlige Bankrott Steiners, der gezwungen war, als ehrbarer Mensch zu leben, der befriedigte Schwachsinn La Faloises, der tragische Zusammenbruch Muffats und der weiße Leichnam Georges, an dem Philippe, der gestern aus dem Gefängnis gekommen war, Wache hielt. Ihr Zerstörungs- und Todeswerk war vollbracht; die vom Unrat der Vorstädte aufgeflogene Fliege, die den Gärungsstoff der gesellschaftlichen Fäulnis mit sich führte, hatte alle diese Männer durch ihre bloße Berührung vergiftet (...). Und während ihr Geschlecht in einem Glorienschein emporstieg und gleich einer aufgehenden Sonne, die die Stätte eines Blutbades bescheint, über seinen hingestreuten Opfern strahlte, bewahrte sie, stets gutmütig, ihre Ahnungslosigkeit eines prächtigen Tieres, das nichts von dem weiß, was sie angerichtet hat."[25]

Mit Wedekinds und Zolas Figuren der zum Mythos werdenden Femme fatale ist der völlige Verfall einer Moralität im erotischen Verhältnis der Geschlechter, der Verlust hingebender Liebeserfüllung vergegenwärtigt. In Heinrich Manns Romantrilogie ‚Göttinnen' wird, merkwürdig genug, die Madonna auf einem Bild von Giovanni Bellini zur Femme fatale umgedeutet. In dem Gesellschaftskreis, den die Herzogin von Assy in Venedig um sich versammelt, kommt ein Gespräch über Bellinis Madonnen auf. Herr von Mortoeil erklärt, daß jede von ihnen ein Frauenschicksal widerspiegele. Der Maler Jacobus Halm fügt hinzu, daß Mortoeil noch einen Frauentypus vergessen habe: „Die Madonna Verderberin. Ich sah unlängst das Gemälde auf dem Lande in seiner armseligen Kirche, verwahrlost und vergessen. Sie thront über Engeln, und sie ist eine schöne, starke, wilde Herzlose, stolz auf die Herrschaft ihres Leibes über die Sinne der Männer und aus schweren Lidern verächtlich hinunterblinzelnd auf den Heiligen, der zu ihren Füßen bettelt" (429).

Das ist also Nana als Madonna, auch hier erhöht, vergöttlicht. „Ein kleiner verkommener Priester", so berichtet Jacobus weiter, hätte ihm von dieser „grausamen Madonna" erzählt. „Das ist eine Schinderin. Noch nie hat sie eine Bitte erhört. Im Gegenteil, sie macht das Vieh krank und die Leute elend. Dabei bezaubert sie das Volk, daß es immer wieder zu ihr kommt" (429).

Jacobus erzählt das – ein Beispiel für die mythisierende Darstellung bei der Femme fatale – nicht von ungefähr, sondern richtet heimlich seine Worte an die von ihm geliebte Herzogin, die er als „grausame Madonna" erkannt hat. „Jacobus richtete sich beim Sprechen hoch auf, kreuzte die Arme und suchte in hellem Aufruhr den Blick der Herzogin. ‚Die unnütze Verderberin bist du.' Er ließ es nicht laut werden, aber sie hörte es" (430).

Heinrich Heine hat auf Judith, auf die Sphinx als erotische Wunschbilder hingewiesen, aber noch auf eine dritte Figuration. In ‚Atta Troll' erzählt er, wie er im Hause der Hexe Uraka in der Johannisnacht durch das Fenster die wilde Jagd vorüberreiten sieht, mit vielen bekannten Toten als Gespenstern. Unter diesen ritt auch, neben Diana und der Fee Abunde, Herodias, „die des Täufers Haupt begehrt hat". Sie hat dieses Haupt auf der Schüssel bei sich und küßt es. Heine mischt burleske Motive in die ernsten, läßt Herodias mit dem toten Haupt Ball spielen. Doch wenn sie ihn „kokett zugleich und schmachtend" anblickt, erbebt sein Herz, und noch am nächsten Morgen denkt er sehnsüchtig an sie, möchte neben ihr reiten. „Denn ich liebe dich am meisten."[26]

Von Salome spricht er nicht. Vielleicht ist sie für ihn nur Werkzeug der grausamen Mutter Herodias. Auch in Mallarmés ‚Herodiade' von 1869 erscheint Salome nicht. Herodias ist hier die Tochter des Herodes, nicht seine Frau, wie in der biblischen Erzählung, von der Mallarmé stark abweicht. Entwürfe, die die einzige von ihm veröffentlichte Szene ergänzen, lassen erkennen, daß sie verlangen sollte, ihr den abgeschlagenen Kopf des Johannes zu bringen. Doch der Tanz und andere Motive aus dem Bericht der Evangelisten fehlen. Der Name Salome wird bei Markus und Matthäus nicht genannt, er erscheint erst Anfang des fünften Jahrhunderts bei Isidor von Pelusium.[27]

Übrigens plante auch Hofmannsthal 1907 ein Salome-Spiel für die Tänzerin Ruth St.-Denis, deren Tanz den Höhepunkt bilden sollte. Einige Notizen dazu finden sich im Nachlaß Hofmannsthals. Im Unterschied von Wildes Drama sollte Herodias die Rolle der grausamen Femme fatale spielen. Salome sollte nur die suggestive Weisung der Mutter ausführen, in einer durch ihre Tänze – an eine Folge von Tänzen war gedacht – bewirkten Ekstase, „wie in einer Trance", „fast unbewußt" das Haupt des Täufers fordern, – so gibt Harry Graf Keßler die Konzeption der Ruth St.-Denis wieder. Salome hat hier keine eigenen sadistischen Impulse. In der zunächst vorgesehenen Szene im Palast vor dem Tanz sollte (wie Ruth St.-Denis dem Verfasser erzählte) Salome in ihrem Zimmer sich als unschuldig-harmloses junges Mädchen präsentieren.[28]

Anders als Mallarmé verfährt Flauberts Erzählung ‚Hérodias' von 1877, die zwar noch den Namen der Frau des Herodes als Titel benutzt, aber im letzten Teil ihre Tochter Salomé in den Mittelpunkt rückt, mit ihrem wirbelnden Tanz, der Herodes überwältigt. Daß Hérodias ihr befiehlt, den Kopf des Jochanaan zu verlangen, muß man aus einer Andeutung erraten. Aber Salomé bleibt Werkzeug der Mutter, eine grausame Genugtuung hat ihr Flaubert nicht zugeschrieben. Doch schon kurz vorher hat Gustave Moreau, alte Bildthemen aufgreifend und abwandelnd, Salomé zum Symbol der perversen Kräfte, zur Symbolfigur der Grausamkeit gemacht. Salomé „wird zum Urbild der Femme fatale".[29] Schon die Präraffaeliten hatten die grausame, verderbliche Frau dargestellt, so Rossetti in seiner ‚Lilith', und Rossettis eigener Kommentar schildert sie als verlogene, verschlagene Frau, die alle Männer in ihre Netze lockt. Auf einem der Bilder Moreaus tanzt Salomé mit funkelndem Schmuck überladen vor Herodes, auf dem anderen zeigt sie, nackt, auf das blutige Haupt des Jochanaan.

Wie begierig die Décadence diese Gestalt aufnahm, zeigt sich in Huysmans' ‚A rebours'. Des Esseintes wird als Besitzer und Bewunderer der beiden Salomébilder Moreaus geschildert. Die Evangelisten, sagt Huysmans, sprechen nicht „von den berauschenden Reizen oder der hinreißenden Verderbtheit der Tänzerin". Sie „wurde gleichsam die symbolische Gottheit der unzerstörbaren Wollust, die Göttin der unsterblichen Hysterie (...), das (...) Tier, das gleich der antiken Helena alles vergiftet, was ihr nahekommt, was sie sieht, was sie berührt". Von dem zweiten Bild heißt es: „In der gefühllosen Statue ohne Mitleid, im unschuldig-gefährlichen Idol, hatte sich die verkörperte Erotik, der Schrecken des Menschen ans Licht gekämpft, (...) die Kurtisane, die das Grauen hypnotisiert und versteinert hatte. Jetzt war sie wirklich Hetäre; sie gehorchte ihrem flammenden, grausamen weiblichen Temperament (...)."[30]

Angeregt von Moreaus Bildern und Huysmans Beschreibung schrieb

Oscar Wilde 1891 seine dramatische Dichtung ‚Salome'. Hier ist nun, im Gegensatz zu dem Bericht der Evangelisten (Matthäus 14, 1–11, Markus 6, 14–28) Salome endgültig die Grausame, die den asketischen Propheten begehrt, ähnlich wie in Flauberts ‚Saint Antoine' die Königin von Saba gerade von der Keuschheit des Antonius gereizt wird. Salome verlangt von Herodes den Kopf des Propheten. Herodias lobt nur diesen Wunsch, weil sie Jochanaan, der sie beschimpft hat, haßt, aber sie stiftet Salome nicht dazu an. „Ich achte nicht auf die Stimme meiner Mutter. Zu meiner eigenen Lust will ich den Kopf des Jochanaan in einer Silberschüssel haben." In Salomes Ansprache an das abgeschlagene Haupt steigern sich Hohn und perverses Verlangen bis zum Grausigen.[31]

Richard Strauß hat aus Wildes Salome eine Oper geschaffen, und Salome wurde in Malerei und Literatur zu einer zentralen Symbolfigur für die Femme fatale. Gomerz Carille berichtet über seine Gespräche mit Oscar Wilde. „Denn von einer unwissenden Salome, die ein bloßes Werkzeug ist, will ich nichts wissen, nein, nein, Salome weiß. Auf dem Bilde des Leonardo zeigen ihre Lippen die schrankenlose Grausamkeit ihres Herzens." Das Gespräch fand vor der Niederschrift des Dramas statt. Manchmal sah Wilde Salome auch jungfräulich, keusch, aber diese Vorstellung machte „wieder sinnlichen Bildern Platz, grausamen Inkarnationen ruchloser Schönheit, mythischen Gesichten der Allmacht des Weibes".[32]

Frank Wedekind berichtet in einem Rückblick auf sein Werk 1911 von einer Aufführung des ‚Erdgeist' in Berlin 1903 bis 1904, deren Erfolg „nur der Darstellung zu danken" war. Er habe die Hauptfiguren sich ganz anders vorgestellt. „Selbstverständlichkeit, Ursprünglichkeit, Kindlichkeit hatten mir bei der Zeichnung der weiblichen Hauptfigur als maßgebende Begriffe vorgeschwebt. Aus geistiger Robustheit, aus unbeugsamer Energie und Rücksichtslosigkeit habe ich mir einen Weltmann konstruiert (...)." Wedekinds Äußerungen über seine Dramen sind zuweilen nicht ganz glaubwürdig, auch hier nicht.

Interessant aber ist sein Eindruck von der Aufführung. „Und was hatte ich vor Augen? Lulu war raffiniert. Doktor Schön war dekadent. Die Mode von 1904: Lulu war Salome."[33]

9. Die Affinität der Décadence zur Gewalt

Man könnte die Vorliebe für die Femme fatale als besondere Ausprägung einer allgemeinen Neigung und Verhaltensweise der Décadence verstehen, ihrer Affinität zu Gewalt und gesteigert-kraftvollem Gebaren. Auch diesen Wesenszug hat Nietzsche erkannt und beschrieben. Im ‚Ecce homo' heißt es: „Ich kenne die Lust am *Vernichten* in einem Grade, der meiner Kraft zu vernichten gemäß ist“ (II, 1153). Der immer kränkliche, von extremem Kopfschmerz geplagte Nietzsche, der nur in der Höhenluft des Engadin existieren kann, bewundert die brutale Kraft, die gewissenlose Gewalttätigkeit. Die Menschen, die in ihrer staatlichen Gemeinschaft friedlich zusammenleben, sind nach außen hin „nicht viel besser als losgelassene Raubtiere“, sind „frohlockende Ungeheuer“ (...). „Auf dem Grunde aller dieser vornehmen Rassen ist das Raubtier, die prachtvolle nach Beute und Sieg lüstern schweifende *blonde Bestie* nicht zu verkennen (...). Die vornehmen Rassen sind es, welche den Begriff ‚Barbar‘ auf all den Spuren hinterlassen haben, wo sie gegangen sind“ (II, 786).

Es ist bezeichnend für die Décadence-Verfassung Nietzsches, daß er an den frühen, lebenskräftigen Zeiten gerade ihre raubtierhafte Lust an der Zerstörung rühmt, ihr „Anrecht auf Grausamkeit“, „das Leiden-Machen“ als Genuß (II, 806f.). Nietzsche liebt die Vorstellung, daß „Grausamkeit die große Festfreude der älteren Menschheit ausmacht“ (II, 807) und „daß alle großen Menschen Verbrecher waren, (...) daß das Verbrechen zur Größe gehört“ (III, 531).

Auch jener Schwache, der seine Schwäche bejaht, ihre Vorzüge rühmt, seine „Sympathie mit dem Abgrund“ (Thomas Mann) bekennt, auch dieser Décadent wird zuweilen überwältigt von der Bewunderung für rohe Kraft, Härte, Grausamkeit, für alles, was ihm fehlt, wozu er sich aber manchmal fähig fühlt. Der Schwache gibt sich gelegentlich gern gewalttätig, spielt gern den Starken. Das widerspricht nicht der dekadenten Verfassung, es bestätigt sie vielmehr. Auch die Härte gegen sich selbst, die eiserne Disziplinierung, wie sie etwa der im Grunde gebrochene Senator Thomas Buddenbrook oder der Schriftsteller Aschenbach im ‚Tod in Venedig‘ praktizieren, gehört in diesen Bereich des dekadenten Verhaltens, den Thomas Mann als „Heroismus der Schwäche“ charakterisiert hat. Aber es ist immer ein angestrengter Heroismus, und das verrät, daß er nicht aus echter Kraft und einer frei verfügbaren Lebensfülle kommt, sondern erzwungen, dem eigenen Mangel an Stärke abgetrotzt ist. Eine Überbetonung der Grausamkeit und Zerstörungslust, wie sie Nietzsche preist, ein Überschuß an Kraftgebärden, etwas Überlautes, eine allzu demonstrativ sich gebende Attitude von Gewalt zeigt die Herkunft dieses Machtanspruchs aus der Schwäche, die verleugnet werden soll, aber nur übertönt wird und im Grunde durchaus erhalten bleibt.

Schon Novalis hat erkannt: „Es gibt eine Energie aus Kränklichkeit und Schwäche, die gewaltsamer wirkt als die wahre – aber leider mit noch tieferer Schwäche aufhört.“[1] Thomas Mann hat den Unterschied zwischen natürlich-gesunder und dekadenter Aktivität genau verdeutlicht in der Darstellung des Senators Thomas Buddenbrook in der Zeit, als „alle seine Kräfte abnahmen und seine Willenskraft erlahmte“ (I, 614). „Sein

Tätigkeitstrieb aber, (...) seine Aktivität, die stets etwas gründlich anderes gewesen war als die natürliche und durable Arbeitslust seiner Väter: etwas Künstliches nämlich, ein Drang seiner Nerven, ein Betäubungsmittel im Grunde (...), sie hatte überhandgenommen und wurde zur Marter" (I, 612).

Der junge Décadent in Flauberts ‚November' bekennt: „Ich hätte Kaiser sein mögen wegen der absoluten Gewalt, wegen der Menge der Sklaven, wegen der vor Begeisterung zitternden Armeen" (45). Er wurde, sagt er, „grausamer als die Tiger". „Warum erwachte ich nicht beim Schein brennender Städte? Ich hätte das Krachen der Gebeine hören mögen, die in der Glut prasseln. Ich hätte die von Leichen erfüllten Flüsse überschreiten, über die Nacken der Völker hinjagen und sie mit den vier Hufen meines Rosses zerstampfen mögen. Ich hätte Dschingis-Khan, Tamerlan, Nero sein und die Welt mit dem Runzeln meiner Brauen erschrecken mögen" (50). Das Forcierte, Übersteigerte dieser Wunschvorstellungen gewalttätiger Macht ist gerade bei Flaubert sehr deutlich. Er hat auch in seinem Aufsatz ‚Rome et les Césars' von 1839 das Rom der Verfallszeit und besonders Nero mit Bewunderung geschildert.[2] „Néron ne revient – ne jamais, ses orgies titaniques, aux flambeaux humains, sont-elles bien finies?"[3] Die blutrünstige Grausamkeit Neros wird nicht verworfen, sondern als Äußerung seiner Größe gerühmt. Das Ende des alten Rom ist „le règne du crime, c'est son apagé, sa gloire, il est monté sur le trône, il s'y étalle à l'aise, en souverain." – „ Le crime est une volupté comme les autres." Flaubert erwähnt auch Heliogabal als „le dernier de cette famille".[4] Stefan George hat in seinem Zyklus ‚Algabal' die aus der Schwäche hervorgehende Grausamkeit des Priesterkönigs dargestellt.

Flaubert, der auch in den ‚Mémoires d'un fou' (1838) und in der Erstfassung der ‚Education sentimentale' (1838) Nero bewundernd erwähnt, hat ihn allerdings nicht, wie Roger Bauer bemerkt, als „den größten Dichter, den es jemals gab", bezeichnet;[5] vielmehr sagt das der Satan in Flauberts ‚Totentanz', wo Nero die Schar der aus den Gräbern gestiegenen Toten anführt. Satan sagt: „Horch, der an der Spitze ist Nero, der geliebte Sohn meines Herzens, der größte Dichter, den die Erde je besaß."[6]

Ein Beispiel dafür, – eines von vielen –, wie Schwäche plötzlich in Gewalttätigkeit umschlägt, findet sich am Ende von Rodenbachs Roman ‚Das tote Brügge'. Der schwache, gänzlich passive, schwermütig leidende Hugo Viane wird plötzlich, als seine Geliebte Jeanne ihn tückisch aufs äußerste reizt, in eine zerstörende Aktion getrieben. „Ein Schwindel lief ihm durch den Kopf, eine plötzliche Tollwut, und seine Finger krallten sich zusammen; er mußte etwas fassen und würgen, mußte Blumen zerdrücken; er fühlte die Wollust eines Schraubstocks in seinen Händen." So erdrosselt er die Geliebte mit der Haarflechte seiner verstorbenen Frau.[7]

Ein weiteres Beispiel bietet die unerwartete Aktion, die Thomas Mann in seiner Erzählung ‚Mario und der Zauberer' am Schluß schildert. Der kraftlos-zarte, verträumte, unterwürfige Mario, den der Zauberkünstler Cipolla öffentlich tief gedemütigt hat, stürzt von der Bühne, dreht sich unten um und erschießt seinen Peiniger. Die Herzogin von Assy in Heinrich Manns ‚Göttinnen' gehört zu den Schwachen, die sich aus dekadenter Lebensgier ein Übermaß an Kraft und vitaler Stärke zusprechen. Aber wenngleich sie Züge von Herrschsucht und Grausamkeit zeigt, so ist bei ihr doch weniger der Umschlag von Décadence zu Gewaltsamkeit und Brutalität wahrzunehmen, sondern eine rauschhafte Übersteigerung erotischer Abenteuer und wilder Exzesse, denen ihre Vitalität nicht gewachsen ist. Darin ist ein dekadenter Trieb zur Selbstzerstörung wirksam.

In Heinrich Manns frühen Romanen finden sich viele Figuren, die das Überwechseln von Schwäche zur Gebärde der Gewalt verkörpern. Heinrich Mann hat diesen Wechsel oft kritisch gesehen. In dem Roman ‚Zwischen den Rassen' sagt Arnold Acton: „Kein Mensch kann verächtlicher sein, als solch ein Schwacher, der den Geist und die Menschlichkeit, für die er ausgestattet und zu denen er verpflichtet wäre, verleugnet und sich zu den Starken und Rohen schlägt" (214).

Hanno König hat den häufigen Umschlag von Schwäche zu forcierter Kraft im Frühwerk Heinrich Manns ausführlich analysiert.[8] Herr von Siebelind, der selbst zu den Schwachen gehört, die sich stark wähnen, durchschaut das, so scharfsinnig er ist, nicht bei sich selbst, wohl aber bei vielen anderen, auch bei dem geschwächten, auf ein Stützkorsett angewiesenen, aber mit Ehrgeiz und Machtbedürfnis ausgestatteten Knaben Nino, zu dem er sagt: „Aber so steht es mit dir: ein ausschweifender Wille, Begierden, die die Welt umarmen, in einem unzulänglichen Körper. *Und so sind sie alle.* Alle sind so, die heute dem Leben recht geben und seiner Gewalt!" (Göttinnen, 433). Siebelind sieht die Machtgier der Schwachen als allgemeine Zeiterscheinung, Zeitkrankheit an, und Äußerungen Heinrich Manns bestätigen, daß das seine eigene Ansicht war. „Wer sind deine Brüder, Nino? Ein Monarch voll zehrender Sucht, Länder zu zerstampfen und Meere zu peitschen: er reibt sich im tiefen Frieden seine skrofulösen Gliedmaßen, die leicht kalt werden. Der Soldatensänger des neuen Imperiums: Blut, Lorbeer, Tropensonne glühen und rauschen, wo er die Leier schlägt, und entfesselte Raubtierschreie, er aber ist ein Männchen, das die Hitze im weiten Kaiserreiche seiner Ideen nicht aushält. Der großartige Dichter der großartigen Rasse: er preist auch unermüdlich die Schönheit an, die große, lebenstrotzende Schönheit, die auf seinem Bette liegt; – aber seine Väter haben sie gezeugt, und seine Kunst ist ein einziger Inzest ... Und der erhabene Philosoph, die Vollendung von Jahrtausenden: er lebt dreiundzwanzig und eine halbe Stunde seiner Gesundheit, um in den letzten dreißig Minuten einen Hymnus niederzuschreiben – an das Leben ..." (Göttinnen 433 f.).

Daß Siebelind mit seinen Beispielfiguren ganz bestimmte Personen der Zeitgeschichte meint, ist fraglich, obwohl natürlich bei dem Philosophen karikierte Züge von Nietzsche, beim Monarchen Eigenheiten Wilhelms II. erkennbar sind. Wichtig aber ist Hanno Königs Erkenntnis von der Schlüsselfunktion der „Lebensschwäche" für das gesamte Frühwerk Heinrich Manns. „Solche Lebensschwäche galt den damals Lebenden als Dekadenz. Das Werk Heinrich Manns kann als vielseitige, radikale Ausbreitung der Dekadenzsituation (...) verstanden werden. In den ‚Göttinnen' ordnen sich viele Figuren der Dekadenz zu, auch die Herzogin, die sich selbst als späte Erbin starker Vorfahren empfindet."[9] „Bin ich nicht die letzte, zerbrechliche Tochter von Vätern, die zu stark waren? Die Väter, haben sie mir nicht längst alles vorweggenommen, ähnlich vergessenen Träumen, die schöner waren als alles, was wir ausrichten möchten?" (Göttinnen, 324).

Eine erstaunlich große Zahl von Autoren, die zur Décadence gehören, bestätigt deren Affinität zur Gewaltsamkeit in ihrem persönlichen Verhalten. Maurice Barrès, der 1883 nach Paris kam, begann seinen Weg als Décadent, mit der Kleidung und dem Gehaben des Dandy, zeigte sich sensibel für den Verfall Venedigs in seinem Roman ‚La mort de Venice'. Plötzlich vollzog er eine Wendung, trat in die Partei des Generals Boulanger ein und wurde mit siebenundzwanzig Jahren 1889 Abgeordneter. Später vertrat er einen harten Aktionismus, einen extremen, gegen Deutschland aggressiven, überhitzten Nationalismus, der sich besonders auf Lothringen konzentrierte. Damit reckte er sich auf, suchte sich aus der Ohnmacht der Décadence zu erheben. Thomas Mann, durch Nietzsche hellhörig gemacht, hat das genau erkannt. Er schreibt in den ‚Betrachtungen eines Unpolitischen': „Es ist klar, daß Barrès' Nationalismus und Katholizismus, sein Ergreifen und Propagieren der Revanche-Idee als eines *exzitierenden* Mittels nichts anderes bedeutete als den Versuch zur Überwindung der Décadence" (XII, 201). Den „Versuch", schreibt Mann wohlweislich, er könnte auch schreiben: den mißlungenen Versuch. Der aktionistische Nationalist Barrès bleibt Décadent. Ein kritischer Betrachter wie Henri Clouard, der vieles an Barrès bewundert, kommt doch zu einer überwiegend negativen Bilanz. „Les contraires l'attirent", wie jeden Décadent. Er wäre gern Jean Jaurès gewesen, gestand er selbst. Seine Opposition gegen die monarchistischen wie gegen die demokratischen Ideen „n'a apporté rien de positif, rien qu'une velléité césarienne".[10] Das ist verräterisch, enthüllt Barrès als den Schwachen, der Cäsar sein möchte. Clouard nennt ihn „conservateur inutile, conservateur impuissant"; er erwähnt als eine bezeichnende Einzelheit, daß er Antigone zu denjenigen rechnet, die die Stadt in Gefahr bringen, und er stimmt der Lösung Kreons zu, als einer „solution (...) trop brutale à un problème élevé"[11] – eine typische Brutalität der Schwäche. Thomas Mann hat in einem Aufsatz von 1923, ‚Der autonome Rheinstaat des Herrn Barrès' sehr scharf mit seinem Revanchismus und versteckten Annexions-Verlangen abgerechnet (XII, 624).

Ein weiteres Beispiel für den Impuls zur gewaltsamen Aktion ist d'Annunzio, der im Ersten Weltkrieg 1917 über Wien flog und Flugblätter abwarf, 1919 aber, unter Bruch des Waffenstillstandsabkommens, mit einer Truppe Soldaten die Stadt Fiume besetzte und während sechzehn Monaten als Kommandant beherrschte. Wenn er später das Kanonenboot, das ihn nach Fiume brachte, und auch das Flugzeug, in dem er das feindliche Land überflog, in seinem Palast, dem „Imperiale", wie Museumsstücke aufbewahrte, zur Erinnerung an jene verwegenen Aktionen, so verrät auch das das Zuviel, das demonstrative Übermaß, das die Verfallsformen der Gewalt, die Kraftproben der im Grunde Schwachen von den aus Kraft- und Machtfülle stammenden Taten unterscheidet.

Daß Gottfried Benn, wenn auch nur für kurze Frist, dem Nationalsozialismus huldigte, weist zurück auf eine heimliche Schwäche, die zu verstehen ist bei einem Dichter, dessen Anfänge in der Tradition Baudelaires stehen und von Nietzsche und dem frühen Heinrich Mann bestimmt sind und der damit Anteil an der Décadence hat.

Auch Rilke hat den Faschismus mit seiner Gewalttätigkeit begrüßt und Mussolini gelobt, in Briefen an Aurelia Gallarati-Scotti in Mailand. Wenn diese antwortet, daß sie Mussolini ablehnt, weil ihr die Freiheit unverzichtbar ist, so erwidert Rilke: „Krankt die Welt nicht an Freiheit (...)?"[12]

In Heinrich Manns Erzählung ‚Pippo Spano' (1903) wird der erfolgreiche Autor Mario Malvolto als ein Dichter geschildert, der sich selbst als Décadent begreift, als Opfer seiner „neurasthenischen Überreiztheiten", ein Mann von „schmächtiger Gestalt". Er braucht seine Gefühle, „um sie den Leuten vorzuspielen". „Ich fühle den melancholischen Stolz auf ein Werk, das nicht die Kraft schuf, sondern nur der Wille zu ihr; auf ein Leben ohne wahre Stärke, das nur sehnsüchtiger Drang in die Höhe reckt (...)" (Novellen, 292). Er sagt von den Frauen: „Und ich bete sie an, weil ich die Kraft anbete." Die größte Verkörperung der Kraft sieht er in dem Condottiere Pippo Spano, dessen Porträt in seinem Arbeitszimmer hängt, in seinem Hause in Settignano bei Florenz, wo übrigens d'Annunzio 1897 bis 1910 in einer prächtigen Villa wohnte. Pippo Spano ist der Gegentyp zu Malvolto, kräftig, kampflustig, „gewalttätig". Malvolto spricht mit diesem Porträt, als wäre es der bewunderte Condottiere selbst. Dein Gesicht, sagt er, „blickt zurückgeworfen über die Schulter, mit aufgerissenen Augen, wach und furchtbar. Wenn man länger hinsieht, lächelt es.

Das Übermaß von grausamer Selbstsicherheit bringt dieses Lächeln hervor, das sich nicht nachweisen läßt, das man nur ahnt, das tief verwirrt, in Grauen stürzt, fesselt, dem man sich widersetzt und das man schließlich verehrt" (Novellen, 296). Er spürt den Rausch eines starken Lebens in diesem Krieger. „Siehst du, nach solchem Rausche schmachte nun ich! Ich bin zu zerbrechlich dafür und zu nüchtern; darum erdichte ich Menschen, die anders sind. Darum stehst du hier, als mein Gewissen, als mein Zwang zur Größe." Der Condottiere soll ihm „Überdruß machen" an der mäßigen Lust des „unzulänglichen Spätgeborenen". „Nichts will ich wissen von mir, dem Schwachen (...)."

1930 schrieb Walter Benjamin in einer Rezension der Sammelschrift ‚Krieg und Krieger', die Ernst Jünger herausgegeben hatte: „Diese neue Kriegstheorie, der ihre Herkunft aus der rabiatesten Dekadenz an die Stirn geschrieben steht, ist nichts anderes als eine hemmungslose Übertragung der These des L'art-pour-l'art auf den Krieg."[13] Benjamin bezieht sich dabei vor allem auf die Beiträge von Schramms und Günthers, aber seine Kennzeichnung gilt ebenso für Ernst Jünger, besonders für den Jünger der Kriegsbücher aus den zwanziger Jahren. Bei Jüngers früher Erzählung ‚Sturm'[14], die in Fortsetzungen im ‚Hannoverschen Kurier' 1923 erschien und erst 1960 wieder auftauchte (Neudruck Stuttgart 1978) konnte Karl Heinz Bohrer feststellen, daß darin „die stilistische, motiv-historische und ideologische Bindung an die Décadence als entscheidende Bindung der Anfänge nachweisbar wird".[15] In ‚Sturm' berichtet Jünger, wie im Grabenkrieg in den Kampfpausen drei junge Offiziere – der eine, Leutnant Sturm, ist er selbst – sich zu literarischen Gesprächen zusammenfinden. „Gemeinsam war ihnen eine Urwüchsigkeit, die sich in ganz seltsamer Weise mit einer gewissen Dekadenz verwob."[16] Sturm erwähnt den Einfluß Baudelaires auf seine frühen Schriften, er bezieht sich auf Huysmans, Oscar Wilde usw. Er hat Zoologie in Heidelberg studiert und ist plötzlich, aus momentaner Geistesverwirrung in die Armee eingetreten. Er fragt sich wiederholt nach den Motiven, die ihn, „den Menschen der Bücher und der Kaffeehäuser, den Geistigen mit dem nervösen Gesicht", „zur Armee getrieben" hätten. Er weiß es nicht genau. „Was stand dahinter? Das Vaterland? Gewiß auch." Er hat Anteil am kollektiven Rausch von 1914 gehabt. Aber das bleibt für ihn sekundär, schwindet, als er Soldat wird. „Doch erst, nachdem sein Geist von der Idee des Vaterlandes abstrahierte, ahnte er die treibende Kraft in ihrer vollen Wucht." Diese treibende Kraft ist das Verlangen des passiven Décadent nach Aktion und Kampf. Der Krieg ist dafür nur die Auslösung, die Gelegenheit. Der Kampf als solcher, unabhängig von seinen Ursachen und Zielen, ist das entscheidende Erlebnis des Soldaten Jünger, also ein L'art-pour-l'art des Krieges, La-guerre-pour-la-guerre. „Diesem Leben unter den Mündungen der Kanonen entstrahlte ein starker, beständiger

Duft", und in der Gesprächsrunde der drei Offiziere, „dieser kleinen Kulturinsel", entstand zuweilen „das Gefühl einer gänzlichen Zwecklosigkeit".[17]

Der Drang, aus einer passivistischen Existenz in Aktionismus überzuwechseln, läßt sich bei Ernst Jünger besonders genau wahrnehmen. Sturm liest den Kameraden den Anfang einer Erzählung vor, die Beschreibung eines „späten Stadtmenschen", er heißt Tronck, – in dem wiederum Jünger selbst zu erkennen ist –, als Flaneur durch die Straßen schlendernd, als Dandy, „der in der eleganten Erscheinung seine Aufgabe sieht". Seine erlesene Kleidung, die handgenähten Schuhe usw. werden genau beschrieben, ebenso sein blasses, feines Gesicht. Die Vorlesung geht in das Gespräch mit den Kameraden über, in weitere Reflexionen über das Kriegserlebnis. „Hinter welchen Fahnen man steht, ist letzten Sinnes gleich (...)", womit wiederum der Selbstwert des Krieges formuliert ist. Wichtig ist nur die Gewißheit, daß „in uns der große Rhythmus des Lebens schwingt". Der Krieg wird als Naturereignis verstanden, und ganz im Sinne der Décadence wird die grausame, zerstörende Natur ebenso bejaht wie die blühende. „Gewiß, diese Zerstörung war keine Ausnahme im großen kosmischen Schwung. Krieg war wie Sturm, Hagel und Blitz, er stampfte ins Leben, achtlos wohin."[18] In der genauen Beschreibung des Grauens, das die zerstörenden Kräfte bewirken, der ungeheuren Schrecken der Materialschlacht, knüpft Jünger an alte Grundmotive der Décadence an, die schon bei Poe, Baudelaire usw. die Reizwerte des Grauens bewußt gemacht hatten.

Die Gleichgültigkeit der Kriegszwecke wird drastisch verdeutlicht, wenn Sturm von einem gesinnungsverwandten Offizier sagt: „Sturm drängte sich die Frage auf, was aus diesem Menschen geworden wäre, wenn der Krieg nicht ausgebrochen wäre. Er würde sich einen gemacht haben, ganz einfach. Er würde nach Afrika oder nach China gezogen (...) sein." Die wiederum als Selbstporträt zu verstehende Hauptfigur einer weiteren Erzählung, die Sturm den Kameraden vorliest, bekräftigt noch einmal die Ablösung des Kriegserlebnisses von nationalen Zielen. „Auch mußte ich gestehen, daß alle nationalen und heroischen Ideale, die mir bisher die treibenden Kräfte schienen, im Leidenschaftlichen verzischt waren wie Wassertropfen auf glühenden Eisenplatten."[19]

Der Décadent kann, in die Armee eingefügt, nicht jederzeit aus der Tatenlust zur Passivität zurückfinden. Für Jünger bleibt der innere Zwang bestehen, immer wieder das Entsetzliche, Grauenhafte, das blutige Gemetzel zu beschreiben. „Wer kann das ermessen? Nur ein Dichter, ein Poète maudit in der wollüstigen Hölle seiner Träume." Wird hier Verlaines Formel für die Dichter der Décadence aufgenommen, so erscheint auch die von Flaubert bekannte Begeisterung für die blutrünstigen Despoten der Geschichte. „Sie handelten, wie es ihrem Wesen entsprach. Töten war ihre Moral (...) Man kann Genuß an ihnen empfinden wie an bunten Raubtieren (...).“[20]

Der „Tod für eine Überzeugung“ wird von Jünger „als das höchste Vollbringen gepriesen“, aber eigentümlich abstrakt verstanden. „Dabei ist die Sache nichts und die Überzeugung alles.“[21] Rolf Geissler hat dahinter die „Todessucht“ der Décadence erkannt, „den Willen zur Selbstaufgabe im Tode“.[22] Es ergibt sich bei Jünger eine Verbindung zweier dekadenter Grundmotive: der Neigung zu gewaltsamen Aktionen und der Sehnsucht nach dem Tode. In Jüngers Bericht über die ‚Grabenkämpfe 1918‘, als der Krieg sich dem trüben Ende nähert, heißt es am Schluß: „Aber ein höchstes Gesetz erfüllt, wer in einsamer Nacht und auf verlorenem Posten fällt. Ihrer wird man gedenken, wo immer man die Bitterkeit des Untergangs liebt (...).“[23]

10. Reiz und Qual des Grauens

Zu den von der Décadence bevorzugten Reizen gehört das Grauen, der Schrecken, als Nervensensation genossen. Natürlich ist die Lust am Grauenhaften sehr alt und nicht erst in der Décadence entstanden. Aber sie nimmt die schrecken- und schaudererregenden Motive, das Unheimliche und Entsetzliche besonders gern auf in ihr Arsenal der Nervenreize. Auf ihr beruht viel von der Wirkung Edgar Allan Poes, der suggestiv mit seinen Geschichten Angst und Schrecken erzeugt.[1] Sein Bewunderer Baudelaire hat oft in seinen Gedichten das Grauen beschworen. Eine Schreckensvision erscheint in dem Gedicht ‚De profundis clamavi‘ (I, 32), Das Herz fällt in einen dunklen Abgrund:

> C’est un univers morne à l’horizon plombé,
> Où nagent dans la nuit l’horreur et le blasphème;
>
> Un soleil sans chaleur plane au-dessus six mois,
> Et les six autres mois la nuit couvre la terre;
> C’est un pays plus nu que la terre polaire;
> – Ni bêtes, ni ruisseaux, ni verdure, ni bois.
>
> Or il n’est pas d’horreur au monde qui surpasse
> La froide cruauté de ce soleil de glace
> Et cette immense nuit semblable au vieux Chaos (...).

Der Schwache fühlt sich stark, wenn er das Grauenhafte erträgt und genießt, denn (I, 96):

> Les charmes de l’horreur n’enivrent que les forts.

Der Vers gehört zu dem Gedicht ‚Dance macabre‘, das, angeregt von einer Statuette des Bildhauers Ernest Christophe, das Skelett einer einst schönen Frau im Ballsaal beschreibt.

Berühmt wurde Barbey d'Aurevilly durch seine „romans de terreur" und die unheimlichen, Schauer auslösenden Novellen in der Sammlung ‚Les diaboliques' (1874). Hofmannsthal läßt den verwöhnten, lebensschwachen jungen Kaufmannssohn in eine Zone des Grauens geraten und darin umkommen. Er gelangt, als er von seinem Landhaus aus die Stadt besucht, in ein entlegenes, ärmliches Wohnviertel, kommt da zu einem Garten mit Treibhäusern, die er besichtigt. Durch die Glasscheibe des zweiten Treibhauses erblickt er ein kleines Mädchen, das ihn „böse ansah", und er erschrickt „mit einer unangenehmen Empfindung des Grauens im Nacken und einem leisen Zusammenschnüren in der Kehle und tiefer in der Brust" (E 20). Denn das Kind gleicht einem Mädchen, das in seinem Hause als Dienerin tätig ist und das er kühl und abweisend behandelte, und schon ihr und seinen Dienern gegenüber empfand er Angst, eine „rätselhafte Beklemmung", ihr Leben fühlte er „wie das Grauen und die tödliche Bitterkeit eines furchtbaren (...) Traumes" (E 12). Das kleine Mädchen im fremden Treibhaus flößt ihm Entsetzen ein. „Er war so erfüllt mit Grauen, daß er einen Stich in den Schläfen und in der Kehle empfing." Voller Angst verläßt er das Glashaus, gelangt verwirrt zu Wohnhäusern der Soldaten, die in einem Hof die Pferde pflegen, und nähert sich einem besonders häßlichen Pferde, das ihm seinen Huf in die Lende schlägt. Man bringt ihn in ein Zimmer, er fühlt „erstickende Todesangst" und „starb mit verzerrten Zügen" (E 28).

In Hofmannsthals Erzählung wird besonders deutlich, daß die dekadente Vorliebe für das Grauen weit mehr bedeutet als einen bloßen Nervenreiz, daß es tiefere Seelenschichten berührt; das gilt auch für Baudelaires „charme de l'horreur". Für den Kaufmannssohn ist das Grauen eine Erschütterung, ein Vorzeichen seines elenden Todes. Grauen und Entsetzen stellen die gewohnte Wirklichkeit und ihre Ordnung in Frage, nicht nur die üppige, ästhetisch sterilisierte Welt des Kaufmannssohnes, sondern jede intakt scheinende Umwelt, jede Sicherheit und Stabilität. So mächtig auch das Erschrecken über das Grauenhafte, die Qual der Angst sein mag, das Entsetzen bestätigt zugleich auch eine versteckte, dem Bewußtsein sich verweigernde Ahnung von der Instabilität der Wirklichkeit, von ihrer Nichtigkeit, den verborgen in ihr wirkenden zerstörenden Mächten. Diese Bedeutung hat auch das Grauen, das die Bergmannsfrau in Hofmannsthals weniger bekanntem fragmentarischen ‚Märchen von der verschleierten Frau' (1906) plötzlich anfällt, ohne sichtbare Ursache. Die Bergmannsfrau steht am Fenster ihres Wohnzimmers, in dem ihre kleine Tochter spielt, und: „Plötzlich aber mußte sie zurücktreten und sich mit beiden Händen an der Tischkante festhalten." Sie sieht nur das Gewohnte, was sie täglich sieht, aber dieses, „der kleine, wohlbekannte

Abgrund vor dem Fenster (...) verursachte ihr Schwindel" (E 76). Sie hält das zunächst für einen kleinen, durch ihre Schwangerschaft verursachten Moment der Schwäche. „Als sie aber die Tür hinter sich zuschloß, (...) befiel sie ein neues Gefühl von noch viel heftigerer Bangigkeit: ihr war, als hätte sie, da sie die Tür zudrückte, den Deckel über einem Sarge zugedrückt; als wäre mit dem hellen Zimmer das ganze Glück ihres Lebens für immer hinter ihr versunken"(E 77).

In Kubins Roman ‚Die andere Seite' häufen sich die Erfahrungen des Grauens, je näher der Untergang des Traumreiches heranrückt. „Herr, du zeigst deine Macht nur noch im Schrecken, so dachte ich (...)", sagt der Erzähler. Einmal tastet er sich durch die labyrinthischen Räume im Souterrain einer Meierei. Voll „tödlicher Angst" hört er ein dröhnendes Geräusch sich nähern, „wie ein Galopp". Er fühlt sich „verfolgt", er stürzt zu Boden. „Da tobte es auch schon heran – ein kalter Wind erfaßte mich – ich erblickte ein weißes, abgemagertes Pferd (...) Die große Mähre war fast verhungert und schleuderte mit verzweifelter Kraft ihre riesigen Hufe. Den knochigen Schädel weit vorgestreckt, die Ohren rückwärts angelegt, so jagte dieses Tier an mir vorbei. Sein trübes, glanzloses Auge traf mich – es war blind."[2] Ein Nervenschock lähmt ihn, bis er sich vom schrecklichen Anblick des gespenstischen Pferdes erholt hat. Es ist eine Erfahrung von Angst und Schrecken, die das Ende des Traumreichs, Tod und Untergang ankündigt, so wie es auch fast das ganze zeichnerische Werk Kubins tut. Das Grauen verdüstert die Welt dieser Zeichnungen. Alle Dinge sehen aus, als ständen sie kurz vor der Auflösung. „Der Zustand der Häuser, Dörfer und Städte ist ruinenhaft; sie strömen fast durchweg die Stimmung gefährlicher, verlassener oder verrufener Orte aus", so interpretiert Ernst Jünger dieses graphische Werk.[3] „Endlich aber sind die Dinge zweideutig geworden; sie rufen beim ersten Anblick die Frage hervor, inwiefern ihnen noch zu trauen ist." Jünger versteht die Symbolik Kubins als „Todessymbolik". Alles Grauenhafte verweist auf den Untergang.

In dem, was Grauen, Erschrecken und Schauder hervorruft, ist immer eine Bedrohung enthalten, die Angst auslöst; die Hinfälligkeit der gewohnten Wirklichkeit kündigt sich an, ihre leicht vergessene und plötzlich erkennbare ständige Nähe zu Verfall und Untergang, zu Vernichtung, Auflösung und Tod. Wenn Grauen zum Reiz wird, so deshalb, weil es diese Ahnung der Todverfallenheit bestätigt, weil es den Schleier scheinbarer Beständigkeit der Dinge zerreißt, im Erschrecken die Wahrheit preisgibt. Das Grauen berührt aber die Zone des „Todes- und Destruktionstriebes", bemerkt Bohrer.[4] „Die zivilisatorische Neigung, den Tod aus der Lebensrechnung auszuschließen, wie es Sigmund Freud formuliert, wird im Augenblick des Grauenhaften plötzlich schockartig aufgehoben, der ausgesperrte Todestrieb dringt explosiv ins Bewußtsein, und diese Freilegung eines unterdrückten Triebes mischt Lust in das Erschrecken."[5]

Wie Mario Praz gezeigt hat, ist das Grauen als Quelle der Lust lange vor der Décadence entdeckt, aber von ihren Autoren vielfach abgewandelt, differenziert und nuanciert worden.[6] Ernst Jüngers „Erlebnis des Grauens im Kriege" ist, wie Bohrer mit Recht sagt, „die letzte Steigerung" der oft in der Décadence zum Ausdruck gebrachten Lust am Grauen.[7] In dem Kriegsroman ‚In Stahlgewittern' heißt es: „Das Grausige gehörte ja auch zu dem, was uns so unwiderstehlich in den Krieg hinausgezogen hatte. Eine lange Zeit der Ordnung und des Gesetzes, wie sie unsere Generation hinter sich hatte, bringt einen wahren Heißhunger nach dem Außergewöhnlichen hervor, der noch durch die Literatur gesteigert wird."[8] Jüngers Beschreibung des Entsetzlichen, der Berge zerfetzter Leichen usw. findet so ihre Rechtfertigung. „Alle Geheimnisse des Grabes lagen offen in einer Scheußlichkeit, vor der die tollsten Träume verblichen. Haare fielen in Büscheln von Schädeln wie fahles Laub von herbstlichen Bäumen. Manche zergingen in grünliches Fischfleisch, das nachts durch zerrissene Uniformen glänzte (...). Anderen floß das Fleisch als rotbraune Gelatine von den Knochen."[9] Das Urbild solcher Schilderung gräßlicher Verwesung ist unverkennbar Baudelaires ‚Une charogne'. Die von Jünger oft ausgesprochene Lust am Grauen zur Anschauung zu bringen, war nur möglich durch seinen Verzicht auf das patriotische Pathos, auf politisch-vaterländische Sinngebung des Krieges. Jüngers Verfahren „isoliert das Schreckgeschehen", wie Bohrer sagt, „zweifellos aus dem Kontext des Krieges selbst und seiner politischen und historischen Hintergründe."[10]

Eine Erfahrung, die Rilkes Malte in Paris erschreckt, steht der Schrekkenswelt Kubins nicht sehr fern. „Die Existenz des Entsetzlichen in jedem Bestandteil der Luft. Du atmest es ein mit Durchsichtigem; in dir aber schlägt es sich nieder, wird hart, nimmt spitze, geometrische Formen an. Zwischen den Organen; denn alles, was sich an Qual und Grauen begeben hat (...), ist von einer zähen Unvergänglichkeit (...)" (VI, 776). Die Menschen möchten vieles davon vergessen dürfen, glauben „Beruhigung" zu finden. „Aber, ach, auf welcher Kante hält sich diese Sicherheit. Nur eine geringste Wendung, und schon wieder steht der Blick über Bekanntes und Freundliches hinaus, und der eben noch so tröstliche Kontur wird deutlicher als ein Rand von Grauen"(VI, 776).

11. Lebensferne und Isolierung

Ein Grundzug im dekadenten Verhalten zur Realität ist die Abneigung und Unfähigkeit, sich der Lebenswirklichkeit einzufügen, an ihr aktiv teilzuhaben und mitfühlend oder einfühlend Anteil zu nehmen, sich der Existenz der Mitmenschen verbunden zu fühlen. Diese „Lebensferne", die am genauesten in Hofmannsthals frühem dramatischen Spiel ‚Der Tor und der Tod' dargestellt wird, erscheint in vielen Gestalten der literarischen Décadence. Schon der junge Mann in Flauberts ‚November' fragt sich: „Habe ich geliebt? Habe ich gehaßt? (...)Ich zweifle daran. Ich lebte abseits von allem regen und tätigen Leben, still für mich, ohne Sinn für Ruhm, Vergnügen, Wissen und Geld." (8) Abgetrennt von dem, was er selbst unter „Leben" verstand, wurde er, wie Baudelaire und viele andere, zum Zuschauer, zum Flaneur. „Ich liebte es, mich im Strudel des Straßenlebens zu verlieren." (30) Er ist ein bloßer Beobachter, als solcher so traurig, „daß man sich noch trauriger machen möchte". (32) Die Brüder Goncourt haben später diesen Typus des Zuschauers und seine Trauer beschrieben: „Tous les observateurs sont tristes. C'est tout simple: Ils voient vivre les autres et eux-mêmes. Ils ne sont pas des acteurs dans la vie, mais des témoins. De tout, ils ne prennent rien de ce qui grise. Leur état normal est la sérénité mélancolique."[1]

In Gautiers Roman ‚Mademoiselle de Maupin' schreibt der dekadente junge Mann, Albert, für einen Freund einen Bericht seines Lebens nieder. Es heißt da: „Nie hat jemand wohl mehr als ich gewünscht, am Leben der anderen teilzunehmen, sich anderen Wesenheiten anzugleichen, nie ist es jemandem weniger gelungen, als mir. Es ist ein Mangel wirklicher Hinneigung zu irgend etwas Bestimmtem (...). Der Anblick einer Frau oder eines Mannes dringt mir nicht tiefer in die Seele als eine phantastische Traumerscheinung." – „Nie habe ich mich im Tiefsten davon zu überzeugen vermocht, daß die Menschen tatsächlich mit mir verwandt seien." – „Ich bin wie ein Tropfen Öl im Glas Wasser (...), das ist die Überschrift meines Lebens." Weiter heißt es: „Es ist mir nicht gelungen, meinem Hirn die Vorstellung eines anderen menschlichen Geschöpfs, meiner Seele das Gefühl für ein anderes Wesen, meinem Körper den Schmerz oder die Freude eines anderen einzugießen. Ich bin in mir selbst gefangen, jedes befreiende Eindringen ist unmöglich."[2]

Eckart von Sydow hat diesen Zustand des Décadent treffend beschrieben, als „angstvolle oder mißtrauische Getrenntheit von seinen Mitmenschen". „Er stellt sich abseits, macht sich zum Einsiedler. Er spürt nicht den Strom der Gemeinschaft oder er merkt ihn zwar, kann sich aber nicht in ihn hineinstellen, wiewohl er es gern möchte."[3]

Hofmannsthal hat Jacobsens Niels Lyhne selbst seinem Claudio wie einem Bruder zugeordnet, indem er in seinen Aufsatz ‚Die Menschen in Ibsens Dramen' von 1893, im Entstehungsjahr von ‚Der Tor und der Tod', aus Jacobsens Roman die entscheidende Stelle zitiert, die die Lebensferne des Niels verdeutlicht. „Das Leben ein Gedicht! Aber nicht so, daß man immer herumging und an sich selbst dichtete, statt es zu leben.

Wie war das inhaltlos, leer, leer, leer: dieses Jagdmachen auf sich selbst, seine eigene Spur listig beobachtend, ... dieses Zum-Spaß-sich-Hineinwerfen in den Strom des Lebens und Gleich-wieder-Dasitzen und Sich-selbst-Auffischen in der einen oder der anderen kuriosen Vermummung! Wenn es nur über einen kommen wollte – Leben, Liebe, Leidenschaft, so daß man nicht mehr dichten konnte, sondern daß es dichtete mit einem" (PI, 101).

Im Roman heißt es dann freilich, daß Niels auch Angst hatte vor der großen Leidenschaft und Lebensfülle, nach der er sich sehnte. Er bemüht sich, aus seiner Abtrennung von der Lebenswirklichkeit herauszufinden, er versucht, eine Dichtung zu vollenden, aber er gibt das immer vorzeitig auf. Er läßt sich auf eine große Leidenschaft zu Fennimore ein, muß sie aber aufgeben, und er heiratet und bekommt einen Sohn. Aber auch das kann ihn nicht richtig einwurzeln ins Leben, zumal Frau und Kind bald sterben. Er hat „keine Heimat auf Erden". Es wäre ganz verfehlt, Niels' Versagen als Schuld zu verstehen. Was Jacobsen zeichnet, ist ein Décadent, gelähmt durch Schwäche, die er nicht einfach abtun kann. „Es mußte ein Fehler an ihm sein, sagte er sich, ein unheilbares Gebrechen mußte im innersten Marke seines Wesens stecken (...)."[4]

Eine interessante Variation des Themas Lebensferne gibt Henry James in seiner Erzählung ‚The beast in the jungle' von 1903. John Marcher, die Hauptfigur, begründet seine Lebensverweigerung damit, daß er ein entscheidendes Ereignis, eine besondere, nur ihm bestimmte Schicksalswendung erwartet, die ihm nach seiner festen Überzeugung bevorsteht. Was es sein wird, weiß er nicht, vielleicht, so vermutet er, „etwas Ungeheuerliches und Schreckliches".[5] Er verbringt sein Dasein nur in dieser Erwartung, läßt sich nirgends auf das Leben ein und versäumt es. Er läßt auch die Beziehung zu einer Frau verkümmern, die ihn liebt. Er läßt wirkliche Liebe zu ihr nicht aufkommen und befreundet sich nur mit ihr, während sie mit ihm auf das außerordentliche Ereignis wartet. Als aber diese May Bantram tödlich erkrankt, sagt sie ihm, die schlimme, ihm bisher verborgene und als Offenbarung erwartete Bestimmung, zu der er ausersehen ist, sei eben die, sein Leben zu versäumen, überhaupt nicht in ein wirkliches Leben einzutreten. John Marcher versteht das zunächst nicht, nimmt die Leere seines Daseins nicht wahr. Erst nach dem Tode seiner Freundin, an ihrem Grab wird ihm seine Lebensferne bewußt. Erst der „Garten des Todes" schenkte ihm das Fleckchen Erde, auf dem er „wahrhaft zu leben vermochte".[6] Er sieht auf dem Gesicht eines Mannes, der ein benachbartes Grab besucht, „tiefsten Gram, der von einer verwundeten Leidenschaft zeugt", und er beneidet ihn deshalb. „Jäh wie ein Schlag traf ihn die Erkenntnis", daß er solchen Schmerz nie gefühlt hatte. „Keine Leidenschaft hatte ihn je aufgerührt, denn sie sah, wie er nun wußte, anders aus." Das Schicksal, auf dessen Eingriff er immer gewartet hatte, „hatte ihn jetzt mit aller Macht getroffen (...). Er war der Mann seiner Zeit gewesen, jener Mann also, dem nichts auf der Welt widerfahren sollte." „Der Ausweg, die Rettung" wäre gewesen, seine Freundin zu lieben; dann erst hätte er gelebt. Erst nach ihrem Tode (wie Claudio angesichts seines eigenen Todes), „nun endlich, wenn auch verspätet, verspürte er den wahren Geschmack des Lebens".[7]

Daß, wie Ralph-Rainer Wuthenow meint, das versäumte Leben ein „durch eigene Schuld vergiftetes Leben" sei und John Marcher zuletzt den „Schuldzusammenhang, in den er sich gebracht hat, enthüllt",[8] ist im Text nicht mit einem leisesten Wort angedeutet und widerspricht der klaren Feststellung des Erzählers, das Vorbeigehen am Leben sei „das Schicksal, zu dem er auserlesen gewesen".[9] Gegen eine so unwiderrufliche Bestimmung wäre jede Gegenwehr vergeblich gewesen.

Die unüberwindbare Ferne vom Leben, die Unfähigkeit, sich ihm zu überlassen, bedeutet zugleich oft Einsamkeit, Trennung von den Mitmenschen, Isolierung. Der Lebensbericht des jungen Mannes in Flauberts ‚November' bricht ab, als er „eben in die Welt eintreten" sollte, aber der Herausgeber seiner Aufzeichnungen berichtet, daß er das keineswegs tat: „Aber ganz im Gegenteil gibt er sich einer erhabenen Einsamkeit hin, die unfruchtbar bleibt" (167). Der spätere Flaubert hat in der Isolierung ein allgemeines Schicksal der Zeit gesehen, in der jeder auf sich selbst, auf sein Einzeldasein, zurückgeworfen wird. Am 9. Februar 1851 schreibt er aus Patras an seine Mutter: „Von einem Mann zum anderen, von einer Frau zur anderen, von einem Herzen zum anderen, welche Abgründe! Die Entfernung zwischen den Kontinenten ist nichts dagegen."[10]

Rilkes Malte Laurids Brigge ist in seinen Pariser Jahren immer völlig allein und scheint das ganz selbstverständlich zu finden. Einmal berichtet er von einem gewissen Interesse an seinem Nachbarn, dem Bewohner des Zimmers neben dem seinen. Die Geräusche aus dem Nachbarzimmer stören und beschäftigen ihn, aber nur ganz flüchtig, aus Neugier. Bald heißt es: „Ich habe meinen Nachbar fast schon vergessen. Ich sehe wohl, daß es keine richtige Teilnahme war, was ich für ihn hatte" (VI, 875). Der Zimmernachbar im Großstadthotel ist nicht mehr das, was ein Nachbar in früheren Zeiten, in ländlichen Lebensverhältnissen war. In den europäischen Großstädten im späteren 19. Jahrhundert ist die innere Verbundenheit der miteinander lebenden Menschen verfallen, Beziehungslosigkeit ist dominant. Die sensiblen Autoren der Décadence nehmen es leidend wahr, als bedrückende Isolierung, die der Lebensferne gemäß ist, aber oft doch auch gewollte Abschließung bedeutet. Rilke läßt seinen Malte darunter leiden. Der berichtet, wie ihn zuweilen die Todesfurcht erfaßte und daß er in einem solchen Augenblick nicht mehr allein sein wollte und durch das Fenster blickte. „Ich bildete mir ein, dort draußen könnte noch etwas sein, was zu mir gehörte (...). Aber kaum hatte ich hingesehen, so wünschte ich, das Fenster wäre verrammelt gewesen, zu wie die Wand. Denn nun wußte ich, daß es dort hinaus immer gleich teilnahmslos weiterging, daß auch draußen nichts als meine Einsamkeit war. Die Einsamkeit, die ich über mich gebracht hatte und zu deren Größe mein Herz in keinem Verhältnis mehr stand" (VI, 861).

Edouard Manet hat auf vielen seiner Bilder die Beziehungslosigkeit der vereinzelten Menschen gemalt. Er wird, sagt Werner Hofmann, „zum Maler des Modernen Lebens und seiner Schauplätze", und zwar „aus der Sicht der Flaneure und Flaneusen". Der Flaneur „ in seiner exemplarischen Verkörperung" ist Manets Freund Baudelaire. Die Menschen auf seinen Bildern wirken passiv, „sie lassen keinen Handlungsimpuls erkennen", so wenig wie die Figuren der literarischen Décadence, und sie wirken isoliert, in sich selbst zurückgezogen. So demonstrieren sie den „Zerfall zwischenmenschlicher Beziehungen".[11] Das wird besonders deutlich bei Darstellungen von Paaren oder Gruppen wie ‚Im Boot', ‚Nana', ‚Der Balkon' usw. Die Bildkomposition schafft einen Scheinzusammenhang, und dieser läßt gerade – besonders beim ‚Frühstück im Atelier' – die innere Beziehungslosigkeit deutlich hervortreten. Der relativ fest gefügte Bildbau spannt sich über die Fläche des Gemäldes und ersetzt das zerrissene Beziehungsnetz zwischen den Figuren. Die Personen blicken aneinander vorbei, bleiben sich fremd, existieren vereinzelt, in einem Schwebezustand, in dem man auch „Lebensferne" spüren kann. Sie sitzen oder stehen nahe nebeneinander, aber keine innere Nähe verbindet sie, Abgründe trennen sie, wie es Flaubert von den Menschen seiner Umwelt sagte: „Die Entfernung zwischen den Kontinenten ist nichts dagegen."

12. Gaukler als Symbolfiguren

Für die Décadence erfahren Akrobaten und Gaukler eine erhöhte Wertschätzung, ein gesteigertes Interesse. Dieses Interesse, wenn es ihren Künsten gilt, hat Hofmannsthal aus der Sprachkrise, aus dem Zweifel an der Ausdruckskraft der Worte und ihrem Verfall erklärt. „Die Leute sind nämlich müde, reden zu hören. Sie haben einen tiefen Ekel vor den Worten: Denn die Worte haben sich vor die Dinge gestellt." So schreibt er 1895, also sechs Jahre vor dem berühmten Chandos-Brief. „So ist eine verzweifelte Liebe zu allen Künsten erwacht, die schweigend ausgeübt werden: die Musik, das Tanzen und alle Künste der Akrobaten und Gaukler" (PI, 265). Später hat Hofmannsthal in der Komödie ‚Der Schwierige' den Grafen Bühl sein Entzücken am Auftritt des Clowns Furlani schildern lassen (Akt II, 1). Graf Bühl bewundert diesen Clown, er ist „eine wahre Rekreation" für ihn. Der Furlani „spielt seine Rolle", in der er „allen helfen möchte und dabei alles in die größte Konfusion bringt". Er macht alles absichtslos und übertrifft damit die anderen Artisten. Aber auch diesen gilt Bühls Bewunderung: „alle diese Sachen sind ja schwer: die Tricks von den Equilibristen und Jongleurs und alles – zu allem gehört ja ein fabelhaft angespannter Wille und direkt Geist" (LII, 220–22).

Eine ähnlich hohe Einschätzung der Artisten läßt Thomas Mann seinen Felix Krull aussprechen. Krull rühmt den Zirkus Stoudebecker, dessen Darbietungen „dem Besten gleichkamen oder es übertrafen, was je auf diesem Felde eines kühnen und hochdisziplinierten Haut-gout angeboten worden war. Welch ein Angriff auf die Sinne, die Nerven, die Wollust in der Tat (...)" (VII, 455).

Krull hat damit den außerordentlichen Reiz der zirzensischen Artistik für den Décadent exakt formuliert. Er tut sich auf seinen höchst verfeinerten Sinn, seine nervöse Sensibilität viel zugute und äußert scharf seine Verachtung für den primitiven Genuß, den die Menge, der „Schaupöbel", bei den Künsten der Artisten findet, die Befriedigung äußerlicher Sensationsgier, die auch sein Begleiter Stanko „in schlaffem, blödem Genießen" der Vorführungen an den Tag legt. Wenn Krull berichtet, daß sein Begleiter über die Späße der Clowns „so herzlich lachte", so fügt er hinzu: „Ich aber tat es in nachdenklichster Hingezogenheit." Er nimmt diese Clowns genauso ernst wie Hofmannsthals Graf Bühl den Furlani, erwähnt übrigens auch, wie dieser, die Spaßmacher mit „dem vergeblichen Helfenwollen" (VII, 457).

Krull berichtet das ganze Zirkusprogramm, am ausführlichsten dessen Glanznummer, den außergewöhnlich gewagten Trapez-Akt der Artistin Andromache, die Krull „anbetete" und mit höchster Begeisterung pries. Doch er fragt sich zugleich: „Was für Menschen, diese Artisten! Sind es denn welche?", – und er verneint das, er kann nicht annehmen, daß es „vorstellungsweise irgendwie im Bürgerlichen und Natürlichen unterzubringende Personen" sind (VII, 457). Auch für Andromache gilt das: „Sie sich als Gattin und Mutter vorzustellen, war einfach läppisch." In dieser Reflexion Krulls aber wird die Artistin zur Symbolfigur. Er schloß sich aus, so schreibt er, vom „Gären und Gieren" der Menge, „kühl wie einer, der sich vom Bau, vom Fach fühlt. Nicht vom zirzensischen Fach (...) konnte ich mich fühlen, aber vom Fache im Allgemeineren, vom Fach der Wirkung, der Menschenbeglückung und -bezauberung" (VII, 463). Felix Krull, damals noch Kellner in dem großen Pariser Hotel, das aber für ihn nur eine Station auf dem Wege zum perfekten Hochstapler ist, fühlte sich eben als solcher auch als Artist, als Außenseiter, der, wie die Gaukler, „auf bürgerliche Daseinsweise verzichten muß als Preis der Abenteurerexistenz" (VII, 463).

Hinter dieser Zuordnung zum „Fach" der Artisten ist Thomas Manns

Zuordnung des Künstlers zu diesem „Fach" zu erkennen, seine bekannte Klage, daß dem Künstler das Leben entfremdet ist, daß er sein bürgerliches Menschsein opfern muß um seines Werkes willen. Von Andromache heißt es, „daß dieser strenge Körper das, was andere der Liebe geben, an seine abenteuerliche Kunstleistung verausgabt". Das gleiche sagt der Erzähler in der Novelle ‚Die Hungernden' vom Künstler: „du darfst nicht leben, du sollst schaffen; du darfst nicht lieben, du sollst wissen" (VIII, 267). Was Krull von den Gauklern sagt, erinnert bis in den Wortlaut an Tonio Krögers Klagen über den vom Künstler geforderten Lebensverzicht. Auch der Künstler ist kein Mensch, „sondern etwas Fremdes, Befremdendes, anderes (...)" (VIII, 298, 296). Er hat „das Menschliche darzustellen, ohne am Menschlichen teilzuhaben". Tonio gesteht, er habe bisher nur „unter Dämonen, Kobolden, tiefen Unholden und erkenntnisstummen Gespenstern, das heißt: unter Literaten Freunde gehabt" (VIII, 303). Krull bezeichnet die Artisten fast genauso: Die Clowns sind ihm „ausgefallene (...) Unholde der Lächerlichkeit, (...) kobolzende Zwitter aus Mensch und närrischer Kunst" (VII 458).

Der Artist, der kein Mensch sein darf, ist also für Thomas Mann ein Gleichnis des Künstlers. Diese Gleichung weist auf Baudelaire zurück, auf das Prosagedicht ‚Der alte Gaukler' im ‚Spleen de Paris'. Der Erzähler schlendert an einem Festtag über den Jahrmarkt, sieht die Schausteller und Artisten und trifft „am äußersten Ende der Budenreihe" auf einen alten, gebrechlichen Gaukler, „die Ruine eines Menschen", „in komische Lumpen" gehüllt. Er weinte nicht, bettelte nicht. „Er hatte verzichtet, er hatte abgedankt." Der Erzähler, von der Menge abgedrängt, sagt sich auf dem Heimweg: „Ich habe das Bild des gealterten Schriftstellers gesehen, der die Generation, deren glänzender Unterhalter er war, überlebt hat; das Bild des alten Dichters ohne Freund, ohne Familie, ohne Kinder, durch sein Elend und die öffentliche Undankbarkeit erniedrigt, in einer Hütte, da die vergeßliche Welt nicht mehr eintreten mag."[1] Baudelaire setzt den Gaukler unmittelbar mit dem Dichter gleich; das Elend seines Alters verstärkt nur sein Außenseiter-Schicksal. In dem Gedicht ‚La muse vénale' nennt er seine hungernde Muse, das heißt die dichterische Kraft in ihm „einen nüchternen Gaukler" (‚Saltimbanque à jeun') (I, 15).

Die Vorliebe für die Künste der Gaukler und Zirkusleute ist keineswegs auf die Autoren der Décadence beschränkt, sondern ist um die Jahrhundertwende weit verbreitet, besonders auch bei den Malern.[2] Aber sie ist in der Décadence stark ausgeprägt und gesteigert. Sie ist auch als wirkliche Passion bei den Malern und Autoren vielfach bezeugt. Picasso und zahlreiche Maler und Literaten besuchten ständig den alten (heute abgerissenen) Zirkus Medrano auf Montmartre. Frank Wedekinds Begeisterung für den Zirkus ist bekannt. Rilke, durch die Pariser Straßen flanierend, blieb gern bei den Gauklern und Artisten stehen, die sich öffentlich produzierten. Dichterische Reflexe dieser Neigung sind zwei 1907/08 entstandene Gedichte in den ‚Neuen Gedichten': ‚Schlangenbeschwörung' und ‚Gruppe'. Darin ist erstmals der Akrobat Père Rollin als Gewichteschwinger beschrieben. ‚Schlangenbeschwörung' bringt das Vorgehen des Beschwörers mit dem gleichen artistischen Raffinement ins Wort, das der pfeifende Inder aufbietet.

In einem Brief vom 14. Juli 1907 an Dora Heidrich-Herxheimer beschreibt dann Rilke genau und einfühlsam, wie er „eben" eine Vorführung der Truppe Rollins vor dem Luxembourg, „nach dem Pantheon zu", gesehen hat. Rilke hat die kleine Gauklertruppe schon früher beobachtet: „Derselbe Teppich liegt da, dieselben abgelegten Mäntel, dicke Wintermäntel, sind über einen Stuhl gehäuft (...). Das ist alles wie vor einem Jahr."[3] Aber der gealterte Père Rollin, der „die schweren Gewichte schwenkte", ‚arbeitet' nicht mehr und sagt kein Wort. Er ist aufs Trommeln gesetzt (...). Er trommelt viel zu oft, dann pfeift ihm sein Schwiegersohn, und er hört auf (...)." Die Trommel wird in bestimmten Momenten der Vorführung als begleitender Effekt eingesetzt. Der Alte, noch ganz rüstig, sträubt sich dagegen, auf die ärmliche Aufgabe des Trommlers reduziert zu sein.

Sein Schwiegersohn „arbeitet gut" als Akrobat, aber „die alles in der Hand hat, und *wie,* das ist seine Tochter". „Die Gewichte sind verkauft worden, die sind nicht mehr Mode (...)." Der kleine Sohn der Eheleute arbeitet mit und setzt sich zwischendurch auf den Stuhl mit den Mänteln. Was Rilke an der Truppe fasziniert, sind nicht nur die Künste, sondern die Personen der Gaukler, an deren Lebenssituation und Schicksal er Anteil nimmt. Auch für ihn werden sie Symbolfiguren. Aber es sind nicht die großen, weltberühmten Artisten der bekannten Zirkusunternehmen, sondern die armen Straßenakrobaten, denen sich Rilke zuwendet. Und sie repräsentieren für ihn nicht den Dichter und Künstler, sondern den Menschen schlechthin, den Menschen der Zeit. Die Entfremdung, Verlorenheit, Vereinzelung seiner Existenz, die Rilke im zwei Jahre später erschienenen ‚Malte Laurids Brigge' dargestellt hat, erscheint in den Randfiguren und Außenseitern deutlicher als in den Gestalten der angepaßten Bürgerwelt. Das wird in jenem Brief nur leise angedeutet, besonders in der Beschreibung der Figur des alten Trommlers. Aber Rilke hat vierzehn Jahre später, in der fünften der ‚Duineser Elegien', diese Symbolik dichterisch entfaltet. Er schreibt nach der Niederschrift dieser Elegie an Lou Andreas-Salomé (19. II. 1922)[4]: „Und so sind also auch die Saltimbanques da, die mich eigentlich schon seit der allerersten Pariser Zeit so unbedingt angingen und mir immer seither aufgegeben waren", – aufgegeben zur erschließenden Gestaltung ihrer Symbolfunktion. Darauf ist zurückzukommen.

In Heinrich Manns Roman ‚Die Jagd nach Liebe' (1903) treffen die

Protagonisten Claude und Ute auf eine Truppe von Gauklern, als sie sich für ein paar Wochen in Walchensee zu einem Landaufenthalt zurückgezogen haben. „Am Ende des Sees, dort wo die Landstraße ihn verließ, stand seit drei Tagen ein grüner Wagen, und die Seiltänzer, bis ans Kinn eingeknöpft in die entfärbten Anzüge arbeitsloser Proletarier, lungerten davor, mit den Händen in den Hosentaschen, und glotzten. Zwei halbwüchsige Mädchen stiegen heraus, einen kleinen fahlblonden Knoten oben auf dem unbedeckten Haar, mit langen Zügen im Gesicht, und dürr unter gelben, hängenden Mänteln" (247).

Das sind Gaukler von der Art, wie Picasso sie im ersten Jahrzehnt des Jahrhunderts oft gemalt hat: arm und dürftig, melancholisch blickend, verhärmt, mit dem Aussehen, als ob sie fröstelten. Am folgenden Sonntag kommen Freunde von Claude und Ute aus München zu Besuch, und ihr Reisegefährt rammt fast den grünen Wagen. Panier, der reiche Häusermakler, schreit die Gaukler als hochmütiger, empörter Bürger sofort an: „Wollt ihr machen, Volk, daß ihr aus'm Wege kommt! Wir schicken euch die Polizei auf'n Hals" (258). Das Mißtrauen, die Verachtung der Bürger macht sofort deutlich, daß die Seiltänzer Ausgestoßene sind, die nicht zur Gesellschaft zählen. Als Claude sie fragt, warum sie keine Vorstellung geben, sagt ihm einer: „Der Bürgermeister hat es uns verboten" (259). Übrigens sind diese Gaukler, wie bei Rilke, eine Familie; der Vater der beiden jungen Leute und wohl auch der Mädchen ist der Führer der Truppe. Später kommt der grüne Wagen vor das Gasthaus gefahren, in dessen Veranda Bauern und Touristen als Sonntagsgäste sitzen. Die Bauern blicken mißtrauisch auf die „Landstreicher", die Münchner Gäste zeigen „überlegene Mienen". Aber der Alte spannt das Seil auf, die beiden Artisten „in schmutzig-rosa Trikots" treten als „Spaßmacher" auf, während der Alte eine Drehorgel bedient, schreiten sie auf dem Seil. „Inzwischen breitete der Alte einen Teppich auf die Straße", und die beiden Mädchen tanzten darauf, mit entfärbten Haaren und „fahlrosigen Lippen", von den Strapazen der Landstraßen „welk gemacht, bevor sie geblüht hatten" (263 f.). Dann sammeln sie in der Veranda Geld in ihren Teller. Panier ruft ihnen unwillig zu, sie sollten arbeiten. Er möchte sie in die normale bürgerliche Arbeitswelt einordnen. Daß sie sich ihr entziehen, macht sie für die Schauspielerin Ute, für die Künstlerin, liebenswert.

Mit der Ablehnung der Gaukler durch die Bürger und Bauern kennzeichnet Heinrich Mann ihren sozialen Status, aber auch ihren menschlichen Wert. Ute sagt mit Bezug auf die beiden Mädchen: „Glauben Sie selbst, Herr Panier, vielleicht 'ne wertvollere Existenz zu sein, als diese beiden? Sie würden sich irren" (263). Nur Claude und Ute, beide ausgeprägte Décadents, nehmen sich der Gaukler an. Ute solidarisiert sich mit ihnen als Schauspielerin. Sie dreht, statt der erkrankten Mutter, den Leierkasten, damit die Mädchen tanzen können. Aber es geht hier nicht um das Gleichnis von Artistenkünsten und großer Kunst, sondern um den menschlichen Wert der Gaukler, der sie als Verwandte der Künstler bestätigt. Auf dem Seil wie auf der Bühne, sagt Ute, geht man „einen vornehmeren Schritt als hier zu ebener Erde", und man darf „nichts Niedriges fühlen". – „Wir selbst sehen uns zu. Darum sind wir besser als ihr." „Und vor allem *leben* wir. Ihr seid höchstens am Leben. Ihr spart Seele, wie ihr Geld spart (...) Wer von euch ist denn Mensch? Himmel, meint ihr vielleicht, daß die da – daß die mit euch tauschen würden?" (264)

Die Gaukler, in all ihrem Elend, in der Misere ihrer Existenz, sind in der Sicht der Décadents die wahren Menschen. Sie haben, wie die Gauklerfiguren Picassos, Ernst und Würde, sind frei von seelischer Verarmung und Banalität.

Die Erhöhung der Gaukler zu Symbolfiguren der wahren Menschlichkeit hat zur Voraussetzung, daß das Bürgertum zwar seine Machtpositionen noch bewahrt hat, daß aber die fraglose, unbezweifelte Geltung seiner Werte und Normen in Verfall geraten ist im Urteil der Décadence und daß daher Außenseiter die wahre menschliche Existenz eher repräsentieren als die Angepaßten und in das bürgerliche Dasein Integrierten, also etwa Kaufleute, Richter usw., die ein Defizit an Freiheit und Würde, an Aufrichtigkeit und Redlichkeit aufweisen und ein banales Leben führen, ohne es selbst zu bemerken. Bekanntlich hat Flaubert das Bürgertum mit tiefem Haß angesehen. „Die besondere Form des Zeithasses Flauberts ist sein Haß auf den Bourgeois."[5] Das Bürgertum galt ihm als niedrig und banal, opportunistisch und gewinnsüchtig. Thomas Mann zeigt in manchen Figuren, die in gewissem Maße Sprachrohre seiner selbst sind, einen ähnlichen Bürgerhaß wie Flaubert. Der Schriftsteller Spinell in der Erzählung ‚Tristan' äußert seine Verachtung der Bürgerwelt, „all dies dumpfe, unwissende und erkenntnislose Leben und Handeln", und er nennt den Bürger „ein amusisches, normal funktionierendes Geschöpf, skrupellos und zuversichtlich, stark und dumm" (VIII, 256). Tonio Kröger wiederum verließ die heimische Bürgerwelt „und war voller Spott für das plumpe und niedrige Dasein, das ihn so lange in seiner Mitte gehalten hatte" (VIII, 289). Seine heimliche Sehnsucht nach den „Wonnen der Gewöhnlichkeit" hebt ihre Verachtung nicht auf.

Daß der Gaukler gleichzeitig zur Symbolfigur des Künstlers werden kann, hat zur Voraussetzung den Verfall des idealistischen Hochbildes vom Künstlertum, an dessen Demontage Thomas Mann großen Anteil hat. Tonio Kröger sagt: „Sehen Sie, Lisaweta, ich hege auf dem Grunde meiner Seele – ins Geistige übertragen – gegen den Typus des Künstlers den ganzen *Verdacht*, den jeder meiner ehrenfesten Vorfahren droben in der engen Stadt irgendeinem Gaukler und abenteuerndem Artisten entgegengebracht hat, der in sein Haus gekommen wäre" (VIII, 298). Daß

Tonio hier Thomas Manns eigene Ansicht ausspricht, geht aus dessen Aufsatz ‚Im Spiegel' hervor, den er 1907 aufgrund einer Umfrage der Zeitschrift ‚Das literarische Echo' schrieb. Es heißt da: „Diejenigen, die meine Schriften durchblättert haben, werden sich erinnern, daß ich der Lebensform des Künstlers, des Dichters stets mit dem äußersten Mißtrauen gegenüberstand (...). Ein Dichter ist, kurz gesagt, ein auf allen Gebieten ernsthafter Tätigkeit unbedingt unbrauchbarer, einzig auf Allotria bedachter, dem Staate nicht nur nicht nützlicher, sondern sogar aufsässig gesinnter Kumpan, (...), ein in jedem Betracht anrüchiger Scharlatan" (XII, 336). Die Ironie dieser Sätze ist unverkennbar, aber es bleibt bemerkenswert, daß hier die Frage nach dem Wesen des Dichters keine pathetische und ehrfürchtige, sondern eine ironische Antwort enthält. „Die Literatur", läßt Thomas Mann Tonio Kröger sagen, „ist überhaupt kein Beruf, sondern ein Fluch (...)" (VIII, 297). Er fühlte sich also als „Poète maudit", nach der Formel Verlaines, und sogar der junge Stefan George nannte sich so.

Hofmannsthal hat nicht die scharfe Selbstironie Thomas Manns, aber er setzt sich von dem tradierten Bild des Dichters ab. In seiner Rede ‚Der Dichter und diese Zeit' von 1907 benutzt er eine Geschichte aus den Gesta Romanorum, die von Alexius erzählt, der lange Jahre im heiligen Land verweilte, dann in sein Haus zurückkehrte und dort einen Platz als Bettler unter der Treppe zugewiesen bekam. Dieser Alexius wird für Hofmannsthal zur Symbolfigur des Dichters. „Seltsam wohnt er im Haus der Zeit, unter der Stiege, wo alle an ihm vorüber müssen und keiner ihn achtet." Weiter heißt es: „Er ist der Zuseher, nein, der versteckte Genosse, der lautlose Bruder aller Dinge, und das Wechseln seiner Farbe ist eine innige Qual; denn er leidet an allen Dingen, und indem er an ihnen leidet, genießt er sie" (P II, 243 f.). Als „anrüchig", wie Thomas Mann, sieht Hofmannsthal den Dichter nicht, aber immerhin nennt er die dichterischen Bücher „ein höchst zweideutiges, entschlüpfendes, gefährliches, magisches Element des Lebens" (P II, 254). Der Dichter und seine Leser „gleichen beide nicht mehr denselben Figuren aus irgendwelcher vergangenen Epoche". Das ermöglicht es, den Dichter im Gaukler symbolisiert zu sehen.

Als Symbolfigur für den eigentlichen Menschen, deren Konzeption die Abwertung der Bürgerwelt zur Voraussetzung hat, wird der Gaukler am überzeugendsten von Rilke in der fünften Duineser Elegie dargestellt. Schon die vielzitierten Anfangsverse besagen, daß die Gaukler, die „Fahrenden", die menschliche Existenz in ihrer Flüchtigkeit deutlicher erkennbar machen als die anderen Menschen; und das bedeutet auch, daß sich die Fahrenden schneller auf den Untergang zubewegen.

> Wer aber *sind* sie, sag mir, die Fahrenden, diese ein wenig
> Flüchtigern noch als wir selbst (...) (I, 701)

Mit der Frage, wer diese Fahrenden sind, wird klar, daß die Elegie sie nicht einfach als für Zuschauer arbeitende Akrobaten oder als malerische, fremdartige Nomaden versteht. So mögen sie erscheinen, aber sie sind in Wirklichkeit etwas anderes, Vollstrecker eines unbekannten, mühsamen Auftrags, mit dem sie sich abquälen und wozu sie ein „*wem, wem* zu Liebe niemals zufriedener Wille" nötigt. Das weist über ihr bloßes Artistenmetier hinaus, macht sie zu Verkörperungen des Menschseins. Jacob Steiner hat sicherlich recht, wenn er bestreitet, daß Rilkes Gaukler „Repräsentanten des Künstlers" sind, und erklärt, „daß sie für die Menschen überhaupt stehen".[6] Es wird „nach ihrem Sein gefragt, und das meint, in der Verschärfung, nach unserem Sein und dem Sinn unseres Daseins (...). Wir, als die eigentlich Erfragten, haben uns in der Mühsal und der Vergeblichkeit dieses Artisten-Lebens zu erkennen."[7] So begreift Else Buddeberg die Gaukler als Symbolfiguren. Daß ihre Darstellung auf Rilkes Pariser Erfahrung von 1907 zurückgeht, ist leicht zu erkennen. Picassos großes Bild der Saltimbanques, das Rilke im Hause von Herta König in München, wo er 1915 vier Monate wohnte, täglich sah, war keine „Vorlage" für die Elegie, aber inspirierend. Die Truppe des Père Rollin erscheint hier wieder: der Alte, „der nur noch trommelt", der kraftvolle junge Akrobat, der Knabe und die Tochter. Auch der Teppich ist da, auf dem die Artisten nach ihren Sprüngen wieder landen.

> auf dem versehrten, von ihrem ewigen
> Aufsprung dünneren Teppich, diesem verlorenen
> Teppich im Weltall (I, 701).

Schon damit sind die Gaukler aus der Alltagswirklichkeit entrückt und in eine kosmisch-totale Seinsordnung gestellt. Während im Brief von 1907 der starke Akrobat als „gerne" arbeitend geschildert wird, produziert er sich in der Elegie mit „Unlust", die durch sein Lächeln nur verdeckt wird, einer „leicht scheinlächelnden Unlust". Diese Abweichung ist bedeutsam für die Umdeutung jener Pariser Erfahrung, infolge deren nun die Straßenartisten die große Mühe der menschlichen Existenz und ihre Vergeblichkeit vorführen, – eine Vergeblichkeit, die in der bürgerlichen Arbeitswelt durch scheinbare Erfolge und Nützlichkeiten verdeckt wird, bei den Artisten aber offen zutage tritt. Bei unendlich mühsamem Erlernen ihrer Künste bleibt das Können lange ungenügend, ein „Zuwenig", das aber plötzlich in völliges Können „umspringt". Doch dieses Können ist das „leere Zuviel" (I, 709), leer, weil aus diesem Können nichts Bleibendes hervorgeht, weil es nur in schnell wechselnden Sprüngen und dem Aufbau kunstvoller, gleich wieder aufgelöster Figuren besteht. Aber, so wird schon vorher versichert, es bleibt „dennoch, blindlings, das Lächeln", das die Schmerzen der akrobatischen Leistung überspielt und für das Leiden an ihrer Vergeblichkeit ein kostbares „Heilkraut" ist, ein

Lächeln, das sich den am Gelingen der Kunststücke sich freuenden Zuschauern zuwendet und mit ihrer Sinnleere versöhnt. Die Gaukler vermitteln also eine Wahrheit, die, wie es in der vierten Elegie heißt, die in ihren Geschäften befangenen Menschen erst am Ende ihres Lebens erkennen (I, 699):

Sieh, die Sterbenden,
sollten sie nicht vermuten, wie voll Vorwand
das alles ist, was wir hier leisten. Alles
ist nicht es selbst.

13. Das Wissen um Verlorenes

Für die Haltung vieler Autoren der Décadence und dekadenter Figuren in der Dichtung ist ein Wissen um Verlorenes kennzeichnend, ein melancholisches Bewußtsein, das sie in der Bejahung, im Akzeptieren der Décadence bestärkt. Denn es ist nicht so, daß die Décadence, wie es zuweilen scheinen mag, die Werte der Gesundheit, Lebenskraft, Tatkraft etwa völlig verachtet. Nur läßt sie sich nicht täuschen über ihren unwiderruflichen Verlust. Sofern Décadence als Epochenschicksal erfahren wird, ist sie beherrscht von dem Wissen, daß die starken Zeiten ungebrochener Tatenfreude und unangefochtener Gläubigkeit vergangen, ihre Werte für die eigene Zeit verloren sind. Doch wer den Verfall wahrnimmt, weiß, *was* verfällt, und er sieht in allem Welkenden auch das einst Blühende mit, was nun verwelkt.

Das braucht nicht ausgesprochen zu werden, es schwingt wortlos in aller Darstellung des Verfalls mit. Das Gegenbild ist komplementär, es entsteht von selbst, so wie das Sehen im Auge, das Rotes anschaut, ein Grün erzeugt. Das herbstliche gelbrote Laub der Bäume ist auch an sich selbst reizvoll, aber es erinnert zugleich an die sommerlich grünen Blätter.

Wenn Stefan George im ‚Algabal' das verfallende römische Kaiserreich zeichnet, so wird das nur dann ganz verstanden, wenn man in der Darstellung des reizvoll-farbigen Verfalls das unausgesprochene Rühmen der wahrhaft großen früheren Herrscher mithört.

Das Wissen um Verlorenes macht empfänglich für den Reiz des Verfallenden. In Ferdinand von Saars Erzählung ‚Requiem der Liebe' (1896) trifft der Komponist Leo Bruhfeld seine lange von ihm getrennte, inzwischen gealterte Jugendgeliebte Paula wieder. Als er ihr im „Stellwagen" gegenübersitzt, der aus der Villenvorstadt in die Innenstadt fährt, erkennt er deutlich die starken Spuren des Alters an ihr. „Und wie fahl, wie verwittert war dies Gesicht! Er nahm deutlich alle Schäden wahr, die Zeit und gewiß auch Krankheit darin hervorgebracht (...).“[1] Der Verlust der jugendlichen Schönheit Paulas wird genau registriert. „Die Züge hatten eine scharfe Deutlichkeit angenommen, die Wangen zeigten sich eingesunken, und mißfarbige Ringe lagen um die großen, lang und weit geschlitzten Augen.“ Daß dieses Gesicht aber noch in seiner Verfallenheit als „unsäglich schön“ empfunden wird, liegt daran, daß seine Züge von geschwundener einstiger Schönheit zeugen, daß im Verfallenen noch wahrzunehmen ist, was verfällt und „im Verfall sich fast noch verlockender erweist, als in der Blüte“.[2] Zum Zauber der unmittelbar in die Augen fallenden Schönheit tritt der für den Décadent unwiderstehliche Reiz des Vergehens, der Verfärbung und Verwitterung. Die Schönheit wirkt am intensivsten als schwindende Schönheit, in dem Moment, wo sie bereits verloren ist.

Hofmannsthals Gedicht ‚Weltgeheimnis‘ ist offensichtlich aus dem Wissen von etwas Verlorenem entstanden. Verloren ist eine tiefe Einsicht, ein angemessenes Begreifen des Weltwesens, das, „Weltgeheimnis“ benannt, in frühen Zeiten allen Menschen eigen war. Jetzt ist dieses Wissen verborgen, in die Tiefe des Unbewußten abgesunken. Das meint wohl das Bild des Brunnens (GLD, 16):

> Der tiefe Brunnen weiß es wohl,
> Einst waren alle tief und stumm,
> Und alle wußten drum.

Aber die verlorene Einsicht hat noch eine Art von gespenstischem Nachleben in den alten Formeln, den „Zauberworten“, die, verständnislos „nachgelallt“, „von Mund zu Mund gehen“. Das verlorene Wissen kommt zwar nicht, wie die verfallene Schönheit der Frau, erst im nachhinein zu seiner vollen Geltung, aber auch dieses Wissen ist immerhin nicht gänzlich verloren, ist für einzelne noch immer erreichbar; „ein Mann“ nämlich „begriff es und verlor es dann“, und in den Küssen einer geliebten Frau kann ein Mann es wieder spüren; auch die Worte unserer Sprache enthalten es noch, freilich unerkannt und unverstanden. Das Bewußtsein des Verlustes dominiert.

Venedig, die in der Décadence immer wieder beschriebene Stadt des Verfalls, hat Rilke in den ‚Aufzeichnungen des Malte Laurids Brigge‘ und in einigen Gedichten vergegenwärtigt. Malte verwirft das „weiche, opiatische Venedig“ der ausländischen Touristen, die nur die malerischen Überreste der Stadt genießen wollen und sich „der lohnenden Ohnmacht der Gondeln“ überlassen, „ohne die Existenz Venedigs im geringsten zu bewältigen“ (VI, 932). Sie können das nicht, weil sie nicht wissen, *was*, welche Art der Existenz untergegangen und verloren ist. Erst wenn diese Ausländer abgereist sind, „verschwindet“ das falsche Venedig, „und eines Morgens ist das andere da, das wirkliche, wache, (...) das mitten im

Nichts auf versenkten Wäldern gewollte, erzwungene und endlich so durch und durch vorhandene Venedig" (VI, 932). Malte weiß von diesem einstigen Venedig, und es erneuert sich für seine Imagination angesichts der verfallenen Stadt.

Ähnliches erfährt Rilke im Dom von Venedig 1908. ‚In diesem Innern', so heißt es in dem Gedicht ‚San Marco', (I, 610) „ward dieses Staates Dunkelheit gehalten, und heimlich aufgehäuft, als Gleichgewicht

des Lichtes, das in allen seinen Dingen
sich so vermehrte, daß sie fast vergingen –
und plötzlich zweifelst du: vergehn sie nicht?

Das Verlorene ist für den, der es kennt, doch noch erhalten, in der Auflösung noch wahrnehmbar. In dem Sonett ‚Spätherbst in Venedig' (I, 609) ersteht das machtvolle, kämpfende, gefährliche Venedig der Frühzeit:

Aber vom Grund aus alten Waldskeletten
steigt Willen auf als sollte über Nacht

der General des Meeres die Galeeren
verdoppeln in dem wachen Arsenal,
um schon die nächste Morgenluft zu teeren

mit einer Flotte, welche ruderschlagend
sich drängt und jäh, mit allen Flaggen tagend,
den großen Wind hat, strahlend und fatal.

In Brügge, der anderen Stadt des Verfalls, erlebt Rilke die gleiche Wiederkehr des Verlorenen. Sie wird auf ähnliche Weise in die Gegenwart geholt in den Spiegelungen ihrer Gassen und Gärten in den Kanälen (I, 534):

darin, je mehr sich rings die Dinge mildern,
die eingehängte Welt von Spiegelbildern
so wirklich wird wie diese Dinge nie.

Verging nicht diese Stadt? Nun siehst du, wie
(nach einem unbegreiflichen Gesetz)
sie wach und deutlich wird im Umgestellten,
als wäre dort das Leben nicht so selten;
dort hängen jetzt die Gärten groß und gelten,
dort dreht sich plötzlich hinter schnell erhellten
Fenstern der Tanz in den Estaminets.

Georg Rodenbach, der Freund Mallarmés, hat in seinem Roman ‚Bruges – la morte' (1892) eine ähnliche Erfahrung beschrieben, in der Hugo Viane, die Hauptfigur des Romans, als Witwer in ständiger trauernder Verbundenheit seiner verstorbenen Frau gedenkend, plötzlich ein Ebenbild von ihr wiederfindet. Damit entsteht für ihn Brügges verlorene Lebendigkeit neu. „Die Stadt der vergangenen Tage, das tote Brügge, dessen Witwer er sich gefühlt hatte, umgürtete ihn kaum noch mit einem Wall von Wehmut; er ging getrost durch ihre Stille, als wäre auch sie aus ihrem Grabe auferstanden und stände da wie eine neue Stadt, der alten gleich." In der erstorbenen Stadt wird ihre einstige, jetzt verlorene Lebendigkeit wieder spürbar. Rodenbach formuliert das Prinzip dieser Komplementärwirkung: „Glück und Gesundheit werden durch ihr Gegenteil fühlbar."

14. Die Rede vom Zeitalter der Décadence

„Die Welt geht ihrem Untergang entgegen. Der einzige Grund für ihren weiteren Bestand ist ihr tatsächliches Vorhandensein. Wie schwach ist dieser Grund im Vergleich zu all denen, die das Gegenteil ankündigen, insbesondere zu diesem: was hat die Welt in Zukunft noch unter dem Himmel zu schaffen? – Denn, gesetzt selbst sie würde in ihrer materiellen Existenz fortdauern, wäre dies noch eine Existenz, die dieses Namens und des historischen Wörterbuchs würdig wäre? Ich will nicht behaupten, (...) daß wir vielleicht auf die Stufe der Wilden zurücksinken und, das Gewehr in der Hand, durch die überwucherten Trümmer unserer Zivilisation unserer Nahrung nachgehen werden. Nein; – denn ein solches Schicksal, solche Abenteuer setzen immer noch eine gewisse vitale Energie, einen Nachhall der Urzeit voraus. Als neues Beispiel und neuerliches Opfer der unerbittlichen Gesetze der Moral werden wir an dem zugrunde gehen, von dem wir uns Leben versprachen." Baudelaire nennt als Beispiele die Mechanisierung, Amerikanisierung, geistige Verkümmerung. Der allgemeine Verfall wird „deutlich werden durch die Erniedrigung des menschlichen Herzens", durch die alles beherrschende Gier nach Gold.[1]

Flaubert hat sich ganz ähnlich wie Baudelaire in dieser Bemerkung seiner ‚Journaux intimes' geäußert. „Die Menschheit hat sich in ein großes Schwungrad gespannt, es surren die Maschinen, und das Gold rollt. Mit beiden Händen fängt es die Menschheit auf und ruft: Dies soll unser Gott sein. Und sie verzehrt ihren eigenen Gott. *Denn alles ist zu Ende. Nehmt Abschied, Abschied!*"[2] Flaubert hat sein Leben lang bekanntlich seine Zeitwelt gehaßt und verachtet, den Untergang aller Werte in ihr gesehen, sie als Jahrhundert des Niedergangs verstanden.

Viele Repräsentanten der Décadence sehen es ähnlich.[3] Dennoch ist die Décadence als Zeitsituation nicht der eigentliche Gegenstand ihrer literarischen Darstellung, dringt vielmehr relativ selten und mehr am Rande in diese ein. Hauptsächlich wird Décadence in dieser Zeit an Individuen beschrieben, oder an Familien, nicht an Zeitzuständen. Während aber der allgemeine Verfall, die dekadente Zeitsituation negativ gewertet, beklagt und verurteilt werden, erfahren die Verfallsmomente, die bei den Personen geschildert werden, mindestens teilweise eine positive Wertung, viele werden bejaht. Motive wie Todessehnsucht, überfeinerte Sensibilität, Reizbedürfnis, Naturfeindschaft, Passivität werden vorwiegend zustimmend dargestellt, und sie werden meistens nicht auf die Zeitsituation bezogen und als Zeichen für die allgemeine Décadence verstanden, sondern für sich genommen, wenn auch die Gesamtsituation zuweilen leise mitschwingt, ohne thematisch zu werden. Es gibt Ausnahmen, aber sie sind nicht häufig. Anderseits wird, auch wenn die Zeichen des Niedergangs verurteilt werden, doch der Untergang selbst oft bejaht. Die hier getroffene Unterscheidung zwischen der Auffassung der Décadence als Signatur des Zeitalters und der Bewertung persönlicher Verfallsmomente bleibt allerdings notwendigerweise schematisch, weil grundsätzlich das Décadence-Phänomen immer und überall widersprüchlich und ambivalent ist. Aber die Unterschiede sind doch vorhanden, auch wenn sie bisher nicht erkannt wurden, was viel zu der Verwirrung beigetragen hat, die vom Décadence-Begriff ausging. Die komplizierte Struktur der „Décadence" läßt sich nicht vereinfachen, so wünschenswert das für ihre wissenschaftliche Analyse wäre. Sie verweigert sich der Erkenntnis, solange zum Beispiel nicht verstanden wird, daß etwa Richard Wagner gleichzeitig Repräsentant, Kritiker und Darsteller der Décadence war. Das gilt auch für die Brüder Mann, den jungen George, Hofmannsthal, Schnitzler und andere. Daß André Banuls die Frage stellen kann, ob die Décadence überhaupt existierte, ist nur möglich, weil er die Bezeichnung „au fond insaisissable" findet.[4] Sobald man literarische Décadence klar bestimmt als Darstellung von Verfall und Untergang, ist ihre Existenz unbestreitbar. Solche aus oft bezeugtem leidenschaftlichen Interesse für alle Erscheinungen des Verfalls stammenden Darstellungen gibt es in großer Fülle, und in ihnen ist die Wirklichkeit der literarischen Décadence greifbar, so evident, daß die Frage, ob sie existiert, sinnlos wird.

Da Thomas Mann seinen Roman ‚Buddenbrooks' als „Verfall einer Familie" benannt hat, kann Banuls hier die Décadence-Thematik kaum leugnen, aber er betont emphatisch, es handle sich nur um den Verfall „*einer* Familie" („du déclin *d'une* famille"). Banuls scheint sagen zu wollen, der Verfall nur einer Familie berechtige nicht, von Décadence zu sprechen (wie viele Familien wären dazu nötig?). Doch das ist nicht einzusehen. Niemand hat behauptet, daß jede Familie mit Notwendigkeit degenerieren müsse. Doch es kommt, wie jeder weiß, häufig vor, und Thomas Mann gibt ein Beispiel dafür, ebenso wie Huysmans oder Hermann Bang und viele andere Romanciers den Untergang jeweils einer Familie erzählen. Werke mit Themen dieser Art werden seit Baudelaire von Nietzsche und vielen seiner Zeitgenossen, Autoren und Kritikern décadent genannt. Nichts spricht dagegen, das auch heute zu tun.

Thomas Mann hat selbst den kleinen Hanno ausdrücklich als Décadent bezeichnet, ohne jede Ironie. Banuls zitiert diese Äußerung nicht, aber er stellt sie in Frage, wenn er mit Bezug auf Hanno sagt: „Faut-il (...) parler de décadence parce que l'auteur fait mourir son héros?“[5] Das wäre natürlich unsinnig, und das tut auch niemand. Aber die Art, wie Mann Hanno sterben läßt, ist ein exemplarischer Fall von Décadence. Den Typhus, an dem Hanno erkrankt ist, könnte er überleben, wenn er in seinen Fieberträumen „die Stimme“ des Lebens bereitwillig „vernehmen“ würde. „Aber zuckt er zusammen vor Furcht und Abneigung“ beim Klange dieser Stimme, wehrt er sie ab, „dann wird er sterben“ (I, 754). So verhält sich Hanno, ihm ist die Krankheit eine Gelegenheit, dem gefürchteten Leben zu entkommen, seiner Schwäche, seinem Todeswunsch nachzugeben, und *darum*, wegen dieser „Verneinung des Willens zum Leben“, ist er ein Décadent, und Thomas Mann hat ihn mit vollem Recht so genannt. An einer Familie oder einem Menschen läßt sich – und darum ging es den Autoren der Décadence – der Untergang oder das durch persönliche Schwäche motivierte Verhalten darstellen; an dem einen Marquis Des Esseintes die Zerrüttung, an dem einen Claudio das Verfehlen des Lebens, an einer Marie Grubbe die Selbstzerstörung. Das Wort Décadence, früher für den Untergang des römischen Imperiums gebraucht, wird im 19. Jahrhundert auf den Verfall einzelner Menschen angewendet. Es gibt kein Argument für das Verbot dieser Verwendung.

Der Zweifel an der Realität der Décadence ist freilich berechtigt, wenn man dieses Wort als Bezeichnung eines allgemeinen, politischen, gesellschaftlichen, moralischen Niedergangs versteht. Daß einzelne, keineswegs zur literarischen Décadence gehörende Propheten des Unheils die Situation einer Krise, in der sich Frankreich im späten 19. Jahrhundert befand, als Décadence deuteten, beweist nicht, daß wirklich ein allgemeiner Verfall eingetreten war, sondern vieles spricht dafür, daß das Wort mißbraucht wurde. Der begründete Zweifel an einer wirklichen Décadence des politischen Gemeinwesens, in der die Nation vom Untergang bedroht wäre, läßt sich aber nicht auf die literarische Décadence übertragen, die ein unbestreitbares Faktum ist.

Ernst Robert Curtius hat schon 1921 in seinem Aufsatz ‚Entstehung und Wandlung des Dekadenzproblems in Frankreich‘ sein Mißtrauen gegen die allgemeine Décadence-Diagnose geäußert. Er geht nur sehr kurz und am Rande auf die literarische Décadence ein und behandelt die Décadence, sofern das Wort „den politischen Verfall einer Nation bezeichnet“.[6] Er sieht jedoch, daß der Dekadenzbegriff eine „zweite Bedeutung“ erlebt, „die ästhetische“. Er meint damit die zum Beispiel von Nisard vertretene Abwertung der von der klassischen Ästhetik als künstlerisch minderwertig eingeschätzten Literatur. Als dritten Inhalt des Begriffs erklärt Curtius den „sittlichen Niedergang".

Die „Vorstellung einer gesetzmäßigen Verknüpftheit von politischem, künstlerischem und sittlichem Verfall im Völkerleben" nennt jedoch Curtius „ein bequemes Denkschema", seine Voraussetzungen „willkürlich und irrig". In der „Opposition des zweiten Kaiserreichs" erwuchsen Unheilpropheten, die den „nationalen Niedergang" verkündeten. Nach der Niederlage von 1870 verbreitete sich die „Dekadenzstimmung", aber jeder ihrer Verkünder beurteilte und motivierte den Verfall von seinem eigenen, einseitigen Standpunkt aus, machte bald den Verlust des katholischen Glaubens oder gerade sein Fortbestehen, die Genußsucht und lokkere Sitten oder maßlose Gewinnsucht verantwortlich. Curtius nennt Louis Veuillot, Prévost-Paradol, Raoul Frary, Eduard Drumont, Edmond Demoulins, Léon Bozagette und andere, er hätte auch als einen der frühesten Claude-Marie Raudot mit seinem Buch ‚La décadence de la France' von 1850 nennen können.

Es ist schwer zu ermitteln, wieweit die Depression nach der Niederlage von 1871 wirklich bei nennenswert vielen Menschen das Gefühl eines totalen Niedergangs der Nation erweckt haben mag. Man könnte hier eher noch stärker zweifeln als Curtius, der am Schluß erklärt, der Historiker „wird allen Dekadenzdiagnosen sehr skeptisch gegenüberstehen, da die geschichtliche Betrachtung lehrt, in wie weitgehendem Maße sie von falschen geschichtlichen Parallelen einerseits und von der subjektiven Stellungnahme des Betrachters, von seinen Willenszielen, seinen Leidenschaften, seiner Denkweise andererseits abhängig sind".[7]

Erst aufgrund der Unterschiede zwischen zeitgeschichtlichem und individuellem Verfall ist zu verstehen, daß zum Beispiel Baudelaire, obwohl er die einzelnen Verfallsmomente nicht abwertet und die Berechtigung zu ihrer literarischen Darstellung verteidigt, doch gelegentlich gleichzeitig das Wort Décadence im alten, negativen Sinne gebraucht. So sagt er zum Beispiel: „Le dandysme est le dernier éclat de l'héroisme dans les décadences" (II, 711), oder: „La suprématie simultanée de la musique et de l'industrie – signe de décadence" (II, 603).

Während in der Regel die an einzelnen Personen dargestellte Décadence nicht mit dem allgemeinen Niedergang des Zeitalters in Verbindung gebracht wird, hat das Zola gelegentlich dennoch getan, z. B. in dem Roman ‚La curée'. Hier wird das zweite Kaiserreich als Periode des tiefsten Verfalls, der hemmungslosen Geldgier und Gewinnsucht, der völligen moralischen Auflösung breit und mit vielen Details von geschäftlichen Spekulationen und Betrügereien geschildert. Die als „Blutschande" bezeichnete Leidenschaft der Renée Saccard für ihren Stiefsohn Maxime wird als Symptom der allgemeinen Korruption verstanden. „In der toll gewordenen Welt, in der sie lebten, war ihre Schuld herangewachsen wie auf einem mit schädlichen Säften getränkten Düngerhaufen; sie hatte sich mit ungewöhnlichem Raffinement entwickelt, unter Bedingungen, die jeder Ausschweifung besonders günstig waren." Aber dieser Zusammenhang gilt nur für die geschäftliche Korruption und jene verkommene Liebesbeziehung. Daß Maxime ein willensschwacher, weichlicher „dekadenter Lüstling" geworden war, wird nicht der Verfallsepoche zugerechnet, sondern, wie so häufig, als Verfall einer Familie erklärt. „Das Geschlecht der Rougons hatte sich in ihm verfeinert, war weichlich und lasterhaft geworden (...). Diese Familie lebte zu schnell, sie erlosch schon in diesem zerbrechlichen Geschöpf, bei dem sich das Geschlecht offenbar nicht zu entscheiden vermochte und in dem nicht mehr, wie bei Saccard, ein eiserner, auf Gewinn und Genuß gerichteter Wille vorhanden war, sondern nur Feigheit, die erworbenen Reichtum aufzehrte."[8] Bei Maxime bedeutet also Décadence eine Schwächung der Vitalität, der Lebensenergie, der dann moralisches Versagen folgt, während in Zolas Zeitbild der moralische Verfall überwiegt.

Biologisch, nicht moralisch fundiert ist auch der Décadencebegriff des Grafen Gobineau; er sucht in dem ‚Essai sur l'inégalité des races humaines' (1853–55) die Décadence aus einer Mischung hoher und minderwertiger Rassen herzuleiten. Gobineau, nur fünf Jahre älter als Baudelaire, ist fasziniert vom Untergang der Kulturen. „La chute des civilisations est le plus frappant et en même temps le plus obscur de tous les phénomènes de l'histoire."[9] Geschichte ist für ihn „eine sich immer wiederholende Geschichte des Verfalls und des Untergangs". Das ist eine Übertragung der dekadenten Vorstellung vom Leben als einem ständigen Sterben auf die Geschichte. Die gesamte Menschheit, sagt Gobineau, werde ein Ende haben, ihr Verfall habe schon begonnen. Der dilettantische Versuch, den Verfall der Nationalkulturen aus der Vermischung der Rassen zu erklären, hat bekanntlich auf Richard Wagner und seinen Kreis gewirkt.

Wagner hat die zeitgenössische Wirklichkeit als Zeit des schlimmsten Verfalls angesehen, korrumpiert durch Geldherrschaft, moralische Verderbnis und geistige Unfruchtbarkeit. Das wird bestätigt durch viele Äußerungen Wagners, die Cosima in ihren Tagebüchern aufgezeichnet hat. Wagner stellt eine „unglaubliche Décadence" in seiner Zeitwelt fest, in der die Zivilisation dem Untergang zutreibt. Auch in seinem Werk finden sich Reflexe dieses allgemeinen Verfalls, er möchte „einen Weltuntergang in jeder Note" beschwören.[10] In seinen revolutionären Jahren hatte Wagner die Vernichtung der verdorbenen Zeitwelt als Voraussetzung einer besseren, gerechteren Weltordnung verstanden. Der spätere Wagner jedoch erwartet den endgültigen Untergang der Welt, ähnlich wie Baudelaire, der Wagners Werk bewunderte. Den Untergang der Götter im ‚Ring des Nibelungen' will Wagner als Weltuntergang verstanden wissen, wie aus einem schon früher zitierten Brief an Franz Liszt hervorgeht.

Die Formulierung dieser Äußerung Wagners scheint es nahezulegen, in dieser „Phantasie vom Weltbrande" mit C. G. Jung „nichts als eine mythologische Projektion eines eigenen individuellen Willens zum Tode" zu sehen.[11] Petriconi hat darauf aufmerksam gemacht, daß schon im ‚Rheingold', am Anfang des Ring-Zyklus, auf das Ende verwiesen wird, wenn Loge von den in die neue Burg einziehenden Göttern sagt: „Ihrem Ende eilen sie zu, / die so stark im Bestehen sich wähnen." In der Musik, so deutet es Petriconi, wird das „aufsteigende Schöpfungs-Motiv"[12] des Anfangs (sonst auch Motiv des Werdens genannt) schon zu den Unheil voraussagenden Worten Erdas in der Umkehrung hörbar gemacht, die am Ende der ‚Götterdämmerung' dann den Untergang bezeichnet.

Seit den achtziger Jahren des 19. Jahrhunderts wird die weitgehend von der Décadence, von Müdigkeit und willensschwacher Passivität gekennzeichnete Stimmungslage der Zeit mit dem Kennwort „Fin de siècle" bezeichnet. Die Formel verblaßt ziemlich schnell zum Modewort, wird aber auch angereichert durch den Anklang an die ehrwürdige lateinische Wendung „Finis saeculi", die auf Augustin zurückgeht und das Ende der Weltzeit überhaupt bezeichnet. Von daher erhält die Formel „Fin de siècle" eine gewisse Aura, einen Beiklang von Weltuntergang, der den Ausdruckswert des Modewortes pathetisch erhöht.

Die Formel „ Fin de siècle" erfaßt die Décadence als überindividuelle Zeitsituation, und als solche wird sie auch in Frankreich seit den siebziger Jahren als sich weiterverbreitendes Lebensgefühl verzeichnet, von Beobachtern wie Renan, Jules Lemaître, Bourget. 1876 erschienen von Ernest Renan die ‚Dialogues philosophiques' (geschrieben schon 1871). Einer der Philosophen beklagt „les temps tristes" und sagt: „Vingt fois par jour, nous nous demandons s'il vaut la peine de vivre pour assister à la ruine de tous ce que nous avons aimé (...). Le monde va vers ses fins avec un instinct sûr."[13] Weltuntergang also auch hier. Jules Lemaître erklärt in einem Aufsatz in der ‚Revue bleue' von 1885, der Pessimismus herrsche „sur la volonté, sur le caractère, sur toute la vie".[14] Lemaître sieht eine Ursache für die allgemeine Stimmung der Entmutigung wiederum in der Niederlage von 1870, macht aber – sicherlich mit Recht – nicht diese allein dafür verantwortlich, sondern begreift die Depression als Wirkung einer Literatur, die sich seit dreißig Jahren darin gefällt, „une vie morose, une conception fataliste de la vie humaine" zu schildern. Ternois sagt zusammenfassend über die Zeitstimmung: „L'époque était malade, le savait et se plaisait à le savoir. "[15] Daß die Niederlage von 1870, wie sie im Auf und Ab jeder Nationalgeschichte vorkommt, zunächst Depression und ein Ohnmachtsgefühl erzeugte, ist verständlich, hat aber mit Décadence im Grunde nichts zu tun. Es ist die Frage, wie weit ein, wie immer motiviertes, Décadencebewußtsein überhaupt über die Kreise der Pariser Intellektuellen hinaus wirksam werden konnte.

In Deutschland, wo der Auftrieb der Gründerjahre und die Machtentfaltung des neu gegründeten Nationalstaates ein Vorherrschen der optimistischen Stimmung, des Fortschrittsglaubens, des Kraftbewußtseins erzeugte, waren die pessimistischen Stimmen, die einen allgemeinen Kulturverfall beklagten, seltener. Doch es gab sie auch hier: Nietzsche vor allem ist zu nennen, Autoren wie Lagarde usw. Georg Steinhausen hat in seinem Aufsatz ‚Verfallsstimmung im kaiserlichen Deutschland' einige aufgeführt.[16] Doch fehlt da eine der wichtigsten, nämlich der – später durch sein Buch ‚Gemeinschaft und Gesellschaft' berühmt gewordene – Soziologe Ferdinand Tönnies. Er hat sich in einer frühen Schrift 1897 mit Nietzsche auseinandergesetzt[17] und spricht hier von der „immer sichtbarer werdenden Zerrüttung der modernen Kultur", die einem „Prozeß der Zersetzung" ausgesetzt sei. „Daß aber die alten Ordnungen des Lebens (...) in ungeheuer beschleunigtem Tempo im jetzt zu Ende gehenden Jahrhundert in Zersetzung begriffen sind", das, meint er, sei „hinlänglich deutlich".[18] Tönnies sieht den Verfall nicht so sehr in der Willensschwäche der Individuen begründet, sondern vornehmlich in der Auflösung der Ordnungen, die aber durch individuelle Schwäche bedingt ist und sie auch ihrerseits erzeugt und steigert. „Es ist nicht leicht, jung zu sein in einer alten, satten, regulierten Kultur, die euch vorzeitig vernünftig und altklug macht" – so redet Tönnies die Jugend an. Ähnlich wie die französischen Zeitkritiker sieht er die lähmende Wirkung der „Kulturmüdigkeit" als Zeichen „einer kranken und alternden Kultur". – „So hängt sich an alle Tendenzen der Verbesserung und des Fortschritts heute der lähmende Gedanke des Verfalls".[19]

Ein spezifisches Spätzeitbewußtsein hatte auch Wilhelm Dilthey in den neunziger Jahren. In einem Brief Diltheys vom 10. 3. 1892 an Yorck von Wartenburg heißt es: „Unsere Zeit hat etwas von dem Ende einer Epoche. Ein Zeichen dafür ist das Schwinden der elementaren Freude an der historischen Gegebenheit. Das Gefühl der Vergänglichkeit durchschauert wieder einmal die alte Welt."[20] Am 25. Dezember 1896 lädt Dilthey den Freund zu einem Besuch in Berlin ein. „Sehen müssen Sie. Ein paar Tage in das uferlose und formlose Meer dieser Gegenwart eintauchen. Ein Ding dergleichen seit der Renaissance nicht da war, so formlos, so chaotisch, so in den letzten Tiefen des Menschlichen bewegt, fin du siècle mit Zukunft unfaßlich gemischt."[21] Dilthey sieht viele Zeichen des Verfalls. So schreibt er im Mai 1897: „(...) starke Staatsgefühle, wie die Zeitalter von Stein und Bismarck sie hatten, sind überall in der Abnahme begriffen, (...) die meisten sind infiziert von der zersetzenden Persönlichkeitsphilosophie und sehen die politische Welt als ein Schauspiel an. So angesehen kann es ja nichts Unterhaltenderes geben, als diese Auflösung einer politisch gesellschaftlichen Ordnung (...)."[22]

Daß in Österreich Hugo von Hofmannsthal das gebrochene Lebensgefühl der Generation der Spätgeborenen, der er sich selbst zugehörig weiß, exakt beschrieben hat, darauf wurde schon verwiesen. Er beruft sich gelegentlich auf Paul Bourget als Interpreten seiner Situation; er hätte auch, wenn er von seinem „gelähmten Willen" spricht, auf Bourgets Einsicht verweisen können, der die Willensschwäche, „l'affaiblissement de la volonté", als „la maladie du siècle" bezeichnet hat.[23]

Es ist bedeutsam, daß Hofmannsthal sich hier selbst zur Décadence bekennt, von der ihn manche Interpreten abheben möchten. Mit dem „Wir" bezieht er immer sich selbst ein, auch in dem aufschlußreichen Bekenntnis: „Wir haben gleichsam keine Wurzeln im Leben und streichen, hellsichtige und doch tagblinde Schatten, zwischen den Kindern des Lebens umher" (PI, 171). Damit schreibt er sich jene Lebensferne zu, die er gleichzeitig in dem Spiel ‚Der Tor und der Tod' dargestellt hat. Es ist also zu wenig, wenn Alewyn sagt, Claudio sei „eine Möglichkeit seines Dichters", etwas, „was der Dichter nur möglich, teils und gelegentlich ist".[24] Solche Vorbehalte weist sein eigenes Bekenntnis nicht auf: „Wir haben gleichsam keine Wurzeln im Leben (...)."

Freilich ist es Hofmannsthal bewußt, daß er nicht für sämtliche Altersgenossen sprechen kann, sondern nur für „ein paar tausend Menschen, in den großen europäischen Städten verstreut", die „das Bewußtsein" ihrer Generation sind und sich „als Menschen von heute" fühlen (PI, 172). Die damit nahegelegte Frage, welche gesellschaftliche Schicht von der literarischen Darstellung der Décadence betroffen wird, ist leicht zu beantworten. Es ist das Bürgertum, vornehmlich in seiner oberen, wohlhabenden Schicht, weiterhin der Adel, besonders wo er der politischen Entmachtung anheimzufallen beginnt. Zugleich stammen auch die Autoren vorwiegend aus der höheren Bürgerwelt und aus meist schon verbürgerlichten Adelsfamilien. Doch wendet sich in der Décadence das Bürgertum gegen sich selbst, seine Lebensweise und Denkungsart. Denn es handelt sich meist um die Söhne und Enkel der arbeitsam-tatkräftigen, erfolgreichen und besitzenden Bürger, um die Erben, die zu müde, zu schwach, zu unlustig sind, um das zielstrebige Erwerbsleben ihrer Väter fortzusetzen. Sie verachten die Normalität des bürgerlichen Daseins, bewegen sich in der Rolle von Außenseitern und fühlen sich innerlich getrennt vom Bürgertum, auch dann, wenn sie wie zum Beispiel Thomas Mann erhebliche Reste von dem Lebensgefühl und der Anschauungsweise ihrer Herkunftswelt beibehalten und äußerlich viel von den geordneten Lebensformen der Bourgeoisie bewahren.

Was die Autoren betrifft, so ist ihre soziale Herkunft aus der bürgerlichen Oberschicht, z.B. bei Thomas und Heinrich Mann, bei Flaubert und Baudelaire und ebenso auch bei George und Hofmannsthal, festzustellen. Wenn die Autoren und Künstler kein so großes Erbe hatten, um davon ständig leben zu können, so erwarben viele von ihnen Ansehen,

Ruhm und Geld bei bürgerlichen Interessenten und Käufern, paradoxerweise für Werke, die die Werte der Bürgerwelt verleugneten, ihre strebsame Tüchtigkeit und ihren Erfolg verachteten, ihre Moral in Zweifel zogen, Abstieg und Verfall thematisierten. Das läßt vermuten, daß nicht eingestandene Wünsche, heimliche Bedürfnisse bei den bürgerlichen Lesern bestanden, ihre Wirklichkeit, für deren Erhaltung sie arbeitsam und wachsam eintraten, doch in der Literatur in Frage gestellt zu sehen, ihren Fortschrittsglauben negiert zu finden und eine Gegenwelt mit humaner Orientierung, aber negativer Perspektive wahrzunehmen und vielleicht eine dunkle Ahnung von der Unsicherheit und Bedrohtheit ihrer eigenen Lebenswelt bestätigt zu finden, was sehr begreiflich ist angesichts einer Welt, die mit ahnungsloser Zuversicht, unbemerkt und unaufhaltsam der fürchterlichsten Katastrophe von Krieg und Zerstörung zutrieb.

Hofmannsthal hat auch seine Vorliebe für die spätantike Verfallszeit formuliert. „In einem gewissen, halbreifen Alter voll Sehnsucht und Raffiniertheit hat unser aller Phantasie sich einmal an dem Rom der Verfallszeit wollüstig festgesogen (...)" (PI, 239). Es ist das Bild einer „graziösen Epoche", in der „die Spätgeborenen" die „ererbten Schätze" der großen Vergangenheit genießen. „So ähnlich mit uns selber kamen sie uns vor, wie sie da vor sich hinlebten, nicht ganz wahr und doch sehr geistreich und sehr schön, von einer morbiden Narcissus-Schönheit, allem Gleichnishaften zugetan und in einer etwas manierierten Skepsis (...)" (PI, 239). Hofmannsthal zählt die Schönheiten auf, von denen die Spätlinge fasziniert sind, von jeder Schönheit, sagt er, „nur nicht der einen, großen, unsäglichen des Daseins; denn die ist schwachen Geschlechtern verborgen". Hofmannsthals Bekenntnis zur römischen Verfallszeit stimmt gut mit Mallarmés Äußerung über seine Vorliebe für „la poésie agonisante des derniers moments de Rome"[25] überein.

Das Gefühl der Verwandtschaft der eigenen Epoche mit der spätrömischen Verfallszeit ist sehr intensiv, aber ob in der Tat eine solche Verwandtschaft bestand, scheint doch zweifelhaft. Die geschichtliche Situation und ihre Voraussetzungen sind schließlich ganz verschieden. Keines der großen europäischen Staatswesen außer Österreich war vom Untergang bedroht, und auch die unstabil werdende österreich-ungarische Monarchie, deren Ende manche voraussahen, läßt sich mit dem römischen Weltreich kaum vergleichen. Es gab um 1900 weder barbarische Eroberer noch Gladiatorenkämpfe, weder Christenverfolgung noch Mitraskult. Die Verwandtschaft mit der römischen Verfallszeit reduziert sich auf das Bewußtsein, einer „Spätzeit" anzugehören, wie es Hofmannsthal oft ausgesprochen hat, einer „gealterten" Kultur, – so nannte es Tönnies. Spätzeit und Alter, diese in Analogie zur menschlichen Lebensspanne gewonnenen Metaphern werden auf das Zeitalter übertragen, und im Sinne dieser Analogie wird Alter als Schwäche und greisenhafte

Ermüdung verstanden. Aber diese Auffassung übersieht, daß Kultur kein Zustand, sondern ein Prozeß ist, dessen stetige Verwandlung sich keineswegs auf Begriffe wie Jugend und Alter bringen, sich mindestens nicht auf sie beschränken läßt. Im Unterschied zum Alter eines Menschen fehlt es an eindeutigen Merkmalen des „Alters“ einer Kultur, ihrer „Spätzeit“. Die Zeit um 1900 wurde von vielen Menschen ganz anders, als Aufbruch und Neubeginn verstanden, und es ist die Frage, ob etwa Eisenbahn, Automobil, Motorschiff, Luftschiff, Flugzeug und elektrische Beleuchtung Zeichen einer gealterten, müden Kultur sind. Es wäre zu fragen, von welchem Standard aus das Absinken, die Décadence der Lebenskraft und der Kultur wahrgenommen wurden. Als Zeit lebensvoller, tatenfroher Kraftentfaltung und zugleich kultureller „Blüte“ galten die Renaissance und das von ihr errichtete Bild des vorsokratischen Griechenlands und des antiken Roms bis zur Regierung des Augustus, weiterhin das von der Romantik verklärte Bild des Mittelalters. Doch das sind geschichtliche Bildkonstruktionen, durch die Bedingungen der Sehweise einer historischen Situation bestimmt.

Die technische Zivilisation gerät fast in die Doppelperspektive der Prostitution: Sie wurde gleichzeitig gebraucht und verachtet, als Lebenserleichterung genossen und als Seelenverarmung geschmäht. Seit die Eisenbahn ausgebaut war, reiste niemand mehr mit der Postkutsche, aber viele Eisenbahnfahrer sahen in der Lokomotive ein drachenartiges Ungetüm, in Gleisen und Tunnels eine Zerstörung der Landschaft. Das Bewußtsein, in einer Spätzeit zu leben, beruht also, genaugenommen, auf einer Interpretation der Zeitsituation, die nicht alle Mitlebenden teilen und für die objektive Begründungen schwer auszumachen sind.

Die Frage jedoch, warum gerade im 19. Jahrhundert dieses Spätzeitbewußtsein zustande kommt und literarische Décadence in relativ breiter Entfaltung auftritt, erlaubt nur spekulative Antworten, Vermutungen, Thesen. Eine These scheint sich anzubieten zum Verstehen der Ursachen für die Herausbildung von Bewußtsein und Verfassung der Décadence: die Überforderung des auf sich selbst gestellten Individuums, seit die haltgebenden und entlastenden Bindungen durch die Kirche und die festgefügten Sozialordnungen sich lockern und auflösen, die Orientierung an vorgezeichneten Denkwegen unsicher wird. Die Emanzipation des Wissens vom Glauben durch die Aufklärung setzt Kräfte des Einzelmenschen frei, isoliert ihn aber zugleich. Selbstbestimmung des Individuums ist zugleich Befreiung und Anspruch, Chance und Verlust, Einbuße an stützender Gemeinsamkeit. Schon Friedrich Schlegel ist an der „freischwebenden Intelligenz“ als Existenzform gescheitert und hat seine Zuflucht als Konvertit in der Kirche gesucht.[26] Auch nicht wenige Décadents sind später diesen Weg gegangen.

Der einzelne sah sich überfordert durch Verlust der Bindungen und absoluten Gewißheiten und Werte, angewiesen auf die „Sphäre des Relativen", wie Hegel sagte. Georg Simmel hat den Verlust des Absoluten als „Mangel an Definitivem im Zentrum der Seele" bezeichnet.[27] Vielleicht ist mit der „Spätzeit", als die von der Décadence die eigene Gegenwart empfunden wird, die Zeit *nach* den Epochen der festgefügten Lebensformen, der engen Glaubensbindungen und der dichter umspannenden sozialen Strukturen gemeint, eine Zeit aber, für die dieses Nachher nicht notwendig greisenhafte Entkräftung, lähmende Ermüdung, nervenschwache Verfeinerung bedeuten muß. Unzweifelhaft ist nur die Wirklichkeit solcher Erscheinungen und das gesteigerte literarische Interesse für sie, aber fraglich bleibt, ob ein allgemeiner Niedergang stattgefunden hat. Ein Zusammenhang des „Mangels an Definitivem im Zentrum der Seele" mit dem literarischen Interesse an Verfall und Untergang und der „Verneinung des Willens zum Leben" ist nicht beweisbar und nicht mit unbedingter Überzeugungskraft zu begründen, aber als Möglichkeit der Erwägung wert.

Auch Thomas Mann hielt sich bei seiner Darstellung der Décadence an Einzelpersonen, auch bei den „Buddenbrooks", und es wurde ihm erst viel später bewußt, daß er mit dem Roman ein Zeitschicksal, eine überindividuelle Verfallserscheinung getroffen hatte. In seinem Vortrag ‚Meine Zeit', in dem er 1950 auf den ein halbes Jahrhundert früher geschriebenen Roman zurückblickt, sagt er: „Ich hatte persönlich-familiäre Erfahrungen zum Roman stilisiert, mit der Empfindung zwar, daß etwas ‚Literarisches', das heißt Geistiges, das heißt Allgemeingültiges daran sei, aber doch ohne eigentliches Bewußtsein davon, daß ich, indem ich die Auflösung eines Bürgerhauses erzählte, von mehr Auflösung und Endzeit, einer weit größeren kulturell-sozialgeschichtlichen Zäsur gekündet hatte" (IX, 313). Er denkt daran, daß „die Weltgeschichte selbst, mit ihrer groben, blutigen Hand, das Ende, die Wende, die große Zäsur markierte". In derselben Rede sagt er, das Schlagwort „Fin de siècle" sei eine „Formel für das Gefühl des Endes, das Ende eines Zeitalters, des bürgerlichen" (XI, 310).

Die nur selten unternommene breite Darstellung des Unterganges eines ganzen Staatswesens gab Alfred Kubin 1909 in seinem Roman ‚Die andere Seite'. Ausgesetzt wird dieser Auflösung ein Traumreich mit der Hauptstadt Perle, in der Nähe von Samarkand gelegen. Der Erzähler mit seiner Frau wird vom Gründer und Regenten des Traumreichs, Claus Patera, dahin eingeladen.[28] Obwohl dort manches absonderlich ist, nimmt sich die Stadt Perle doch ähnlich aus wie eine kleine Stadt in Deutschland. Alles scheint zunächst intakt,[29] aber es ist ein Reich der Décadence. Sein Gründer haßt jeden Fortschritt und errichtet „eine Freistätte der mit der modernen Kultur Unzufriedenen, versammelt dort die Nervenkranken, die Menschen von übertrieben feiner Empfindlichkeit und Neurastheniker aller Art", also eine dekadente Bewohnerschaft.[30] Fast die Hälfte des Romans beschreibt den „Verfall" des Reiches. Zuerst werden alle Bewohner von Schlaf überwältigt, der als „Seuche" auftritt. Wenn sie wieder erwacht sind, werden sie von Tieren bedrängt, von Wölfen, Bären, einem Leoparden, dann von Unmengen von Käfern, Insekten usw. Die äußere Zerstörung geht weiter. „Das Unheimlichste war ein rätselhafter Prozeß (...). Die Zerbröckelung. – Sie ergriff alles. Die Bauten aus so verschiedenem Material, die in Jahren zusammengebrachten Gegenstände, all das (...) war der Vernichtung geweiht. Gleichzeitig traten in allen Mauern Sprünge auf, wurde das Holz morsch, rostete alles Eisen, trübte sich das Glas, zerfielen die Stoffe." Das Merkwürdigste ist: „Kostbare Kunstschätze verfielen der inneren Zerstörung, ohne daß sich ein zureichender Grund dafür angeben ließ."[31] Der Untergang des Traumreichs ist kein Strafgericht wegen Sittenverfall oder Üppigkeit, irgendwelcher Mißwirtschaft oder sonstiger Schuld, sondern mit der bloßen Existenz des Reiches ist er gegeben, wie das Leben dem Tode verfallen ist. Auch in Kubins zeichnerischem Werk erscheint in allen Gegenständen die unheimliche Nähe ihres Verfalls. Er zeichnet Häuser, Straßen, Wege, die ins Nichts zu führen scheinen, Figuren, die, meistens klein gestrichelt, fast wie Insekten aussehen, aber er zeichnet mit alledem in Wahrheit Nichtigkeit, Vergehen, Zerstörung, obwohl alles noch intakt zu sein scheint.

In dem Roman erwächst dem Herrscher Patera ein Gegenspieler in dem Amerikaner Hercules Bill. Entsetzliche Bilder der Zerstörung häufen sich: einstürzende Häuser, wüste Orgien, Leichenberge. Ernst Jünger hat in seinem frühen Essay ‚Die Staubdämonen' gezeigt, wie sich in der Kunst Kubins „der Einbruch der zerstörenden Mächte in den überkommenen Raum (...) widerspiegelt", und er hat vermutet, daß sich hier „der Untergang des alten Österreich" in einer verfremdeten Darstellung abzeichnet.[32] Das ist möglich (Kubin war ein in Leitmeritz in Böhmen geborener Österreicher), obwohl sichere Anhaltspunkte dafür fehlen.

Eine konkrete Darstellung des Untergangs der österreichischen Monarchie findet sich aber in Joseph Roths Roman ‚Radetzkymarsch'. Untergang, Auflösung ist das Thema dieses großen Romans von 1932, der die Einsicht bestätigt, daß die literarische Décadence nicht an eine bestimmte Zeit gebunden ist. Roths Absicht war es, den Untergang des alten Österreich darzustellen, eines Staatswesens also, nicht einer Familie, wie es die Intention Thomas Manns war. Aber auch Roth schildert, wie die früheren Romane der Décadence, eine solche Endphase nicht an politischen und gesellschaftlichen Vorgängen oder Zuständen, in denen der Prozeß der Auflösung sich motiviert und vollzieht, sondern an einzelnen Individuen, deren Abstieg und Untergang den Verfall des Ganzen repräsentiert. Als gegenständlichen Motivkomplex für ein solches Vorhaben hatte die literarische Décadence den Verfall einer Familie benutzt und vielfach abgewandelt, etwa in Hermann Bangs ‚Die Vaterlandslosen', in Zolas Zyklus der Familie Rougon-Maquart, in Eduard von Keyserlings Roman ‚Abendliche Häuser' und in vielen anderen Erzählwerken. Genau diese Décadence-Tradition nimmt Roth auf, indem er den Verfall der Familie von Trotta in der Folge dreier Generationen erzählt. Ihr plötzlicher Aufstieg beginnt damit, daß der Leutnant Joseph Trotta, der Sohn eines slowenischen Wachtmeisters der Gendarmerie von bäuerlicher Herkunft, dem Kaiser Franz Joseph, der in der Schlacht von Solferino 1859 in der vordersten Front stand, das Leben rettete, indem er ihn zu Boden riß und eine auf ihn gerichtete Kugel mit seiner Schulter abfing. Er erfuhr dann die kaiserliche Gnade, wurde zum Hauptmann befördert und später geadelt. Das ist also der rasche Aufstieg der Familie, bei dem sich Trotta seinem schlichten Vater entfremdet. Freilich wird er, so heißt es, bald vertrieben „aus dem Paradies der einfachen Gläubigkeit an Kaiser und Tugend, Wahrheit und Recht".[33] Er findet in einem Schullesebuch eine grob verfälschte, mit erlogenen Zügen einer Heldenlegende ausstaffierte Darstellung seiner Rettungstat von Solferino. Trotta ist empört über diese Lügen, aber seine Beschwerde hat keinen Erfolg, alle finden die patriotische Legendenbildung gerechtfertigt, auch der Kaiser nimmt sie leicht, wenn er sie schließlich auch entfernen läßt. Da erwacht der erste Zweifel an Recht und Ordnung in Trotta, er verläßt die Armee, verwaltet sein kleines Gut, das ihm durch Heirat zugefallen ist.

Schon sein Sohn Franz ist auch vital geschwächt. Er macht zwar als Jurist schnell Karriere, wird angesehener Bezirkshauptmann mit einem prächtigen Hause, Diener und Köchin. Aber er ist eigentümlich leblos, freudlos, und um das Leben zu bewältigen, muß er sich in das Korsett einer öden Erstarrung, einer fatalen Pedanterie und Strenge zwängen, dem Senator Buddenbrook nicht ganz unähnlich. Sein Sohn Carl-Joseph aber ist ein völliger Schwächling, hilflos, allzu weit entfernt von dem lebenskräftigen bäuerischen Urgroßvater. Was ein Aufstieg zu sein scheint, ist also eigentlich ein Abstieg der Familie. Als Offizier sitzt Carl-Joseph das Vorbild des Helden von Solferino ständig drohend im Nakken. Er hat das Bild des Großvaters nicht vergessen, wie sein Vater meint, aber er sagt: „Ich bin nicht stark genug für dieses Bild." In der Grenzgarnison, wo er stationiert ist, befürchtet man Unruhen. „Er wußte jetzt, daß er zu schwach war, etwas gegen Unruhen zu unternehmen."[34]

Diese dem Untergang sich nähernde Familie Trotta steht stellvertretend für den Untergang Österreichs. Anders als Thomas Mann, der in ‚Buddenbrooks' keine symbolische Bedeutung seiner Figuren für die Zeitsituation andeutet, sondern sie erst Jahrzehnte später selbst in ihnen entdeckt, macht es Roth im Roman deutlich, daß die Trottas den Verfall Österreichs repräsentieren. Geschichtlich relevante Vorgänge, die den

Verfall des Staatswesens bereits offenkundig machen oder ankündigen und die es ja in der historischen Realität vielfach gab, werden nicht dargestellt, mit Ausnahme eines Aufruhrs streikender Arbeiter in der Garnisonsstadt. Aber bei dessen Beschreibung steht das Versagen des Leutnants Trotta im Vordergrund, symbolisch für das Versagen der Staatsmacht. Die Masse des Volkes ist ahnungslos, glaubt an die Macht des in den überall aufgehängten Porträts ständig anwesenden Kaisers Franz Joseph. Roth läßt sehr bewußt die Fassade der Monarchie zunächst noch als einigermaßen intakt erscheinen. Er beschreibt die große festliche Fronleichnamsprozession mit dem Kaiser in dem von acht Schimmeln gezogenen Wagen. „Nein, die Welt ging nicht unter, wie Chojnicki gesagt hatte, man sah mit eigenen Augen, wie sie lebte. Über die breite Ringstraße zogen die Bewohner dieser Stadt, fröhliche Untertanen der apostolischen Majestät (...)."[35] Die Voraussicht einer kommenden Katastrophe geben Bemerkungen des Erzählers und einzelner Beobachter, denen die Verfallssymptome bewußt geworden sind. Besonders der reiche polnische Grundbesitzer Chojnicki findet den Eindruck fortbestehender Ordnung trügerisch, sieht alles auf das Ende zutreiben. „Wörtlich genommen", sagt er, besteht die Monarchie noch. „Aber sie zerfällt bei lebendigem Leibe. Sie zerfällt, sie ist schon verfallen." Roth läßt Chojnicki seine Skepsis radikal formulieren. „Wir leben nicht mehr." Ebenso steigert Roth die Bezeichnung der Katastrophe, die manche voraussehen: „Man sah nur den Untergang der Welt."[36] Diese Vorhersage des „Weltuntergangs" wird ständig leitmotivisch wiederholt.

Die Bedeutung der Trottas als Repräsentanten des Untergangs Österreichs wird verstärkt durch ihre nahe Beziehung zum Kaiser Franz Joseph, dem der Bezirkshauptmann sehr ähnlich sieht. Nur der Kaiser hält den Vielvölkerstaat noch gerade zusammen, aber er ist ein schwacher Greis, senil, „gedankenlos". Carl-Joseph fällt 1916 im Krieg, im gleichen Jahr stirbt der Kaiser, kurz nach ihm der Bezirkshauptmann. Dieser überlegt: „Der Sohn war tot. Und auch der Kaiser starb (...). Der Kaiser kann die Trottas nicht überleben (...)."[37]

Der Verfall der Familie Trotta hat keinen ursächlichen Zusammenhang mit dem Untergang der Monarchie. Gerade darum kann er dessen Symbol werden. Roth schreibt im Vorwort zum Vorabdruck des Romans über die Trottas: „An ihrem Aufstieg, an ihrem Untergang glaube ich den Willen jener unheimlichen Macht erkennen zu dürfen, die am Schicksal eines Geschlechts das einer historischen Gewalt deutet."[38] In demselben Vorwort bekennt Roth seine auch sonst vielfach bezeugte Liebe zum alten Österreich. „Ich habe es geliebt, dieses Vaterland (...)." Gleichwohl war er, in seiner Partnerschaft mit der Décadence, fasziniert von seinem Verfall, und darum sah er in der Auflösung Österreichs den „Weltuntergang", mit dem er rechnen mochte wie Baudelaire oder Richard Wagner. Wenn der Bezirkshauptmann durch den Grenzbezirk fährt, in dem die Garnison des Sohnes liegt, heißt es: „Man sah nur den Untergang der Welt.“ Der Vater Carl-Joseph denkt, sein Sohn war „vielleicht, weil er jünger war, dem Untergang der Welt näher“.[39] Der Verfall der Trottas symbolisiert den Untergang der Monarchie und dieser den Weltuntergang. Die gleiche Denkstruktur, die Ausweitung einer begrenzten zu einer universalen Katastrophe findet sich schon in Oscar Wildes Roman ‚Das Bildnis des Dorian Gray.[40] Zu einer zeitkritischen Äußerung der Lady Narborough bemerkt Lord Henry: „‚Fin de Siècle.‘ ‚Fin du globe‘, antwortete die Gastgeberin. – ‚Ich wollte, es wäre Fin du globe‘, sagte Dorian und seufzte.“

Schon ganz am Anfang von Roths Roman hat der erste Leutnant Trotta, als er bei Solferino den Kaiser in Gefahr sieht, eine Ahnung von dem Zusammenbruch. „Die Angst vor der unausdenkbaren, der grenzenlosen Katastrophe, die ihn selbst, das Regiment, die Armee, den Staat, die ganze Welt vernichten würde, jagte glühende Fröste durch seinen Körper.“[41]

15. Die Abkehr von der Décadence

Im Vorwort zu seiner Schrift ‚Der Fall Wagner‘ schreibt Nietzsche: „Ich bin so gut wie Wagner das Kind dieser Zeit, will sagen ein Décadent: nur daß ich das begriff, nur daß ich mich dagegen wehrte. Der Philosoph in mir wehrte sich dagegen (...).“ Dazu, so sagt er, „war mir eine Selbstdisziplin vonnöten – Partei zu nehmen gegen alles Kranke an mir, eingerechnet Wagner, eingerechnet Schopenhauer (...)“ (II, 904). Solche Versuche zur Disziplinierung sind kennzeichnend für viele Décadents, deren zeitweilige Vorliebe für Gewaltsamkeit sich damit gleichsam gegen sie selbst richtet. Doch daß Nietzsche sich gegen die eigene Décadence „wehrte“ und Partei nahm, bedeutet keineswegs, daß er damit seine Décadence zu „überwinden“, von ihr freizukommen meinte. Nietzsche wußte, daß das unmöglich ist, er hat es des öfteren ausgesprochen. Partei zu nehmen gegen die eigene Décadence hieß für ihn nur, sie zu kompensieren durch das Gegengewicht des Selbsterhaltungstriebes, der ja auch im Décadent weiter wirksam bleibt, auch dann, wenn die „Verneinung des Willens zum Leben“ in ihm dominant wird. Nietzsche suchte seine Décadence in Balance zu halten durch den Abwehr-Impuls, aber nicht sich von ihr zu befreien. Er beteuert noch in dem gleichen kurzen Vorwort, daß er gegen die Krankheit, die Wagner bedeutet, nicht „undankbar sein möchte“, daß Wagner „unentbehrlich ist – dem Philosophen“. – „Aber wo fände er für das Labyrinth der modernen Seele einen eingeweihteren Führer, einen beredteren Seelenkündiger als Wagner?“ (II, 904). Nietzsches Verhältnis zu ihm bleibt auch in der Spätzeit ambivalent, genau wie sein Verhältnis zur Décadence überhaupt. „Gesundheit und Krankheit sind nichts wesentlich Verschiedenes (...). Tatsächlich gibt es zwischen diesen beiden Arten des Daseins nur Gradunterschiede" (III, 781). Beide aber sind notwendig. „Und was mein langes Siechtum angeht, verdanke ich ihm nicht unsäglich viel mehr als meiner Gesundheit?" (II, 1059) Mögen in Nietzsches Äußerungen noch so viele Widersprüche zu finden sein, sein ambivalentes Verhältnis zur Décadence ist unwiderlegbar und eindeutig. „Ich habe für die Zeichen von Aufgang und Niedergang eine feinere Witterung als je ein Mensch gehabt hat, ich bin der Lehrer par excellence hierfür – ich kenne beides, ich bin beides" (II, 1070).

Unwiderleglich und besonders wichtig ist Nietzsches Erkenntnis, daß man Décadence nicht überwinden kann. In der ‚Götzendämmerung' heißt es: „Es ist ein Selbstbetrug seitens der Philosophen und Moralisten, damit schon aus der Décadence herauszutreten, daß sie gegen dieselbe Krieg machen. Das Heraustreten steht außerhalb ihrer Kraft: was sie als Mittel, als Rettung wählen, ist selbst nur wieder ein Ausdruck der Décadence – sie verändern deren Ausdruck, sie schaffen sie selbst nicht weg" (II, 955). In der Tat, das Bedürfnis, sich von der Décadence zu befreien, ist eines ihrer Symptome, es gehört zum Décadent wie seine Reizsucht, seine Willensschwäche oder seine Passivität. Die von Nietzsche erwähnten „Moralisten" pflegen die Décadence falsch einzuschätzen, indem sie annehmen, ihr durch moralische Anstrengung entgehen zu können. Sie halten Décadence für ein moralisches Phänomen, was ein Irrtum ist. Nietzsche also sucht nicht „Wege, um sie zu überwinden".[1]

Die bedeutendste, man möchte fast sagen die klassische Darstellung der Unmöglichkeit, die Décadence zu „überwinden", hat Thomas Mann im ‚Tod in Venedig' gegeben. Er beschreibt die Entwicklung Aschenbachs, der zunächst Décadence-Motive gestaltet, besonders den „Heroismus der Schwäche", etwa „die elegante Selbstbeherrschung, die bis zum letzten Augenblick eine innere Unterhöhlung, den biologischen Verfall vor den Augen der Welt verbirgt" (VIII, 453). Damit ist zum Beispiel auch das Verhalten des Senators Thomas Buddenbrook umschrieben, der mit äußerster Anspannung versucht, „seine Hinfälligkeit mit allen Mitteln zu verstecken" und nur noch „künstlich, bewußt, gezwungen" lebt, in einer „anstrengenden und aufreibenden Schauspielerei" (I, 614). Später hatte Aschenbach einen „Aufstieg zur Würde" vollzogen durch den Entschluß, „das Wissen zu leugnen, es abzulehnen, (...) sofern es den Willen, die Tat, das Gefühl und selbst die Leidenschaft im geringsten zu lähmen, zu entmutigen, zu entwürdigen geeignet ist." Durch diese „Abkehr von allem moralischen Zweifelsinn, von jeder Sympathie mit dem Abgrund", also von der Décadence, erreichte er eine „Meisterlichkeit", die die Aufnahme „ausgewählter Seiten von ihm" in die Schulbücher sicherte (VIII, 455).

Doch das alles hält nicht stand. Von der Leidenschaft für den Knaben Tadzio überwältigt, erscheint Aschenbach wieder als der willensschwache, nervenschwache, todessüchtige Décadent. Er sitzt am Rand eines Brunnens und spricht mit Phaidros, hinter dessen aus Platons Dialog bekannter Figur Tadzio steht, und er bekennt seine Schwäche, gesteht, daß Eros die Dichter immer beherrscht. „Siehst du nun wohl, daß wir Dichter nicht weise und würdig sein können? Daß wir notwendig in die Irre gehen, notwendig liederlich und Abenteurer des Gefühls bleiben? Die Meisterhaltung unseres Stils ist Lüge und Narrentum (...). Denn wie sollte wohl der zum Erzieher taugen, den eine unverbesserliche und natürliche Richtung zum Abgrunde eingeboren ist? Wir möchten ihn wohl verleugnen und Würde gewinnen, aber wie wir uns wenden mögen, er zieht uns an. So sagen wir etwa der auflösenden Erkenntnis ab, denn die Erkenntnis, Phaidros, hat keine Würde und Strenge, (...) sie hat Sympathie mit dem Abgrund, sie *ist* der Abgrund." Form und neue Strenge, die der Dichter jetzt sucht, sind keine Rettung, sie „führen zum Abgrund, zum Abgrund auch sie" (VIII, 522).

Daß der Versuch, die Décadence zu überwinden, vergeblich bleiben muß, ist ganz im Sinne Nietzsches gedacht. Diese Haltung Aschenbachs entspricht genau Thomas Manns persönlichem Bekenntnis, das er 1913, zwei Jahre nach der Niederschrift des ‚Tod in Venedig', in einem Brief vom 8. November an den Bruder Heinrich formuliert: „Ich bin oft gemütskrank und zerquält (...). Aber das Innere: die immerdrückende Erschöpfung, Skrupel, Müdigkeit, Zweifel, eine Wundheit und Schwäche, daß mich jeder Angriff bis auf den Grund erschüttert; (...) eine wachsende Sympathie mit dem Tode, mir tief eingeboren: mein ganzes Interesse galt immer dem Verfall, und das ist es wohl eigentlich, was mich hindert, mich für den Fortschritt zu interessieren."[2]

Ein Beispiel für den Versuch, die Schwäche zu überwinden, findet sich in Hermann Bangs Roman ‚Hoffnungslose Geschlechter' (1880). William Hög wird als vital schwacher, nervöser, müder Nachkomme starker und erfolgreicher Vorfahren geschildert. Aber einmal rafft er sich auf zu dem Entschluß, Schauspieler zu werden, bereitet sich vor, wird aber beim Vorsprechen abgelehnt. Bang schreibt: „Und er selbst war gewesen wie die andern, schlaff, voller Träumerei ohne Inhalt, energielos wie die andern. Aber als dann dies gekommen war, war er stark geworden. Stark? Nein, das nicht – aber er hatte gekämpft, sich gemüht, es zu werden, hatte es sein *wollen* (...). Jetzt, jetzt war es vorbei."[3]

Daß der Heroismus der Schwäche trotz harter Aktivität die Schwäche nicht aufhebt, wurde schon am Beispiel von Maurice Barrès gezeigt. Am besten gelang es wohl Zola, der Décadence, die unverkennbar ein Wesenszug seiner komplexen Natur war, einen Glauben an den Fortschritt, eine Absage an den müden Pessimismus, ein Vertrauen in die Wissenschaft entgegenzusetzen. Daß er ein starkes Bedürfnis nach literarischen Schilderungen des Verfalls hatte, wurde schon gezeigt. In dem Roman ‚La curée' wird, wie bereits erwähnt, die schwüle Treibhausatmosphäre im großbürgerlichen Hause des korrupten Geschäftsmannes Saccard und die Leidenschaft seiner Frau für seinen weichlichen Stiefsohn Maxime dargestellt. Zolas Roman widerlegt die Meinung, ein als naturalistisch eingeordneter Roman könne nicht zur Décadence gehören. Das Neue an Zola ist nicht die genaue, mit der Fülle von Details ausgestattete Beschreibung der Realität – die gab es auch bei Flaubert –, sondern die darstellerische Zuwendung zum Häßlichen, Niedrigen, Abstoßenden innerhalb der Realität. Das entspricht einem Satz von Jean Lorrain: „L'ignoble me plait, c'est le sublime d'en bas."[4] Das umgekehrte Erlesene, das Sublime von unten hat als Abweichung von der Norm für die Décadence den gleichen Reiz wie das Kostbar-Erhabene.

Zolas Darstellung der Korruption im Hause Saccard ist gewiß kritisch, aber zugleich wird auch Zolas Faszination von diesem dekadenten Treiben deutlich, so daß er „den Leser an den Tafeln der Lust und der Perversionen mitgenießen läßt" und die Absicht, diese verdorbene Welt „zu analysieren und zu durchleuchten", zuweilen fast als Vorwand erscheinen kann. Für andere Romane gilt ähnliches. „Die Fabulierlust wirft die moralisierende Kulturkritik über den Haufen."[5]

Hofmannsthal suchte nach 1900 seine Zuflucht in der Tradition, lehnte sich auch als Dichter an die literarische Überlieferung an, etwa an das alte Spiel von ‚Everyman', an Otway, an Calderón. Aber das brachte Einbußen an dichterischer Qualität mit sich. Doch wenn er dann in der Komödie ‚Der Schwierige' die gebrochene Figur des Grafen Bühl und seine im Verfall befindliche gesellschaftliche Umwelt darstellt, gelingt ihm wieder ein Werk ersten Ranges.

Nicht selten wird, besonders von französischen Autoren, die Absage an die Décadence mit einer Rückwendung zur katholischen Kirche vollzogen, z. B. von Huysmans, Paul Bourget und manchen anderen. Auch das hat seine Fragwürdigkeit, wie schon Kurt Martens, ein Freund Thomas Manns, in seinem von diesem hoch eingeschätzten ‚Roman aus der Décadence' von 1898 gezeigt hat. Der Ich-Erzähler Just, ein typischer Décadent, bindungsscheu, passiv, blasiert, ein Leser Schopenhauers, der „aus dem Willen heraus in die Welt der Vorstellung" flüchten und „das fruchtlose Wühlen in der eigenen Kraftlosigkeit" beenden möchte, erwägt – er ist protestantischer Herkunft – einen Übertritt zur katholischen Kirche. Er brauche dazu nur, sagt er, „seinen kraftlosen Willen zum Glauben zu zwingen". Er ist nicht – und dieser Eindruck ergibt sich auch oft bei den wirklichen Konvertiten – von den christlichen Heilswahrheiten wahrhaft ergriffen, sondern verlockt durch die Hoffnung auf einen festen Halt, eine Gewißheit, die die geistigen Nöte eines desorientierten

Menschen beseitigen könnte.[6] Er versteht seine Wendung zur Kirche als „Sehnsucht nach der religiösen Knechtschaft“, die gehorchen will, auch wenn sie von der Kirchenlehre nicht überzeugt ist. Martens hat die Konversion Justs kritisch dargestellt. Nachdem er den Übertritt vollzogen hat, ist er bald enttäuscht und erkennt, daß seine Hoffnung, mit der Annahme des katholischen Glaubens seien alle Probleme wie von selbst gelöst, eine Illusion war. „Nicht die geringste Änderung ging in seinem Innenleben vor.“[7] Schließlich verläßt er die Kirche wieder.

Barrès hat außer der Wendung zu forcierter nationalistischer Aktivität zugleich auch eine Rückkehr zur Kirche vollzogen, aber beide Versuche zur Abkehr von der Décadence hat Koenraad W. Swart in seinem Buch ‚The Sense of Decadence in Nineteenth-Century-France‘ als fragwürdig beurteilt, ebenso ähnliche Bemühungen bei Huysmans, Verlaine, Oscar Wilde, d'Annunzio usw., die „sooner or later renounced their nihilistic ideas and embraced Catholicism or a secular creed like nationalism. But this conversion, even if sincere, was seldom complete and traces of their original decadent individualism can still be detected in the later political and religious views of these writers.“[8] In der Tat, Spuren ihrer ursprünglichen Décadence finden sich häufig bei diesen Autoren. Für Swart ist der interessanteste Fall Barrès, der auch nach seiner Abkehr unter dem Einfluß der Décadence bleibt. Er war, sagt Swart, im Anfang seiner Laufbahn ein „literary dandy“, ein Anarchist, der sein kostbares Ich pflegte, das durch die Vulgarität der Gesellschaft bedroht war, ein Bewunderer Wagners und Schopenhauers. Aber er war unzufrieden mit seiner egoistisch orientierten Existenz, so wurde er Nationalist. „Barrès became a nationalist without being really converted just as he became a supporter of the Catholic Church without renouncing his scepticism (...). Barrès' nationalism betrayed its origin in a decadent mentality. It sprang from a sense of weakness, not from a sense of strength.“[9] Hier ist präzis formuliert, daß Barrès' Nationalismus aus einer Schwäche und nicht aus einer Stärke kam.

Edouard Rod, ein aus der Schweiz stammender Romancier, zeichnete in seinem Roman ‚La course à la mort‘ (1885) das Bild eines müden jungen Décadent, der im Tagebuch von sich sagt: „Je demeure, épuisé, impuissant, incertain, dégoûté de tout ce que j'ai.“[10] Auch in Rods späterem Roman ‚Le sens de la vie‘ (1889) ersehnt ein schwächlicher Décadent in der Leere seines Daseins die Kirche. Das entsprach einer um 1890 einsetzenden Bewegung zum Neu-Katholizismus, die ihre Voraussetzungen zum Teil in der Décadence hat. Der junge Mann betritt eines Tages die Kirche Saint Sulpice zur Zeit der Messe. Er wendet sich zu Gott, betet wie ein Kind ein Vaterunser, wenn auch noch „bloß mit den Lippen“, und zwingt sich durch eine Willensanspannung zum Glauben. Er dankt Gott für die „heiligen Illusionen“.[11] Diese Darstellung des Protestanten

Rod wirkt wie ein Nachklang zu der berühmten „Bekehrung" von Paul Claudel, der, ungläubig aufgewachsen, ein Bewunderer des Poète maudit Rimbaud, in der Weihnachtsmesse am 25. Dezember 1886 in Notre-Dame plötzlich vom Glauben ergriffen wurde. Gerade die genaue Datierung dieser Bekehrung und ihre öffentliche Mitteilung macht sie ein wenig fragwürdig und legt die Frage nahe, ob nicht auch hier ein entschiedener Wille zum Glauben beteiligt war. Der oft forcierte, theatralische Katholizismus der Dramen Claudels könnte das bestätigen. Übrigens blieb Claudel, der seit 1891 publizierte, lange Jahre völlig unbeachtet. Rémy de Gourmont schrieb 1898, Claudels Name sei fast unbekannt.[12] Das blieb weiter so bis 1911.

Bei der am Ende des Jahrhunderts häufig werdenden Wendung zum Neo-Katholizismus ist die genuin christlich-religiöse Motivation oft nicht zu erkennen, das verzweifelte Bedürfnis nach etwas Absolutem scheint maßgeblich. Dieses positive Bedürfnis, schreibt Edouard Rod 1891, bewirkt, daß manche, die „vielleicht nicht an die katholischen Dogmen glauben" und „nicht zur Kirche gehen", sich doch unterwerfen. „Ils font de leur mieux plonger l'orgueil de l'esprit, quelques-uns même, à force de volonté, parviennent à se donner l'illusion de la foi."[13]

Mit besonders scharfsinniger Skepsis äußert sich Anatole France über die neo-katholischen Impulse. Der Glaube an die Wissenschaft, sagt er, wird von der jungen Generation nicht akzeptiert. Aber welche Religion könnte ihnen Zuflucht bieten? „Ils ne croient pas, mais ils voudraient croire (...) Ces esprits, dans leur frêle nouveauté, se plaisent à croire qu'ils croient."[14] Der Unterschied der Haltung dieser Rückkehrer zur Kirche von ursprünglicher, naiver Gläubigeit, in die man selbstverständlich hineinwächst, ist hier klar bezeichnet. Die Neo-Katholiken, sagt France, sind Neophyten, „qui dans leur désir de croire croient ce qu'ils ne croient pas".[15] Auch geht es den bekehrten Schriftstellern darum, andere glauben zu machen, daß sie glauben.

Die Neo-Katholiken wollen erzwingen, was man nicht erzwingen kann, und sofern sie aus der Décadence kommen, ist ihrem Glauben diese Herkunft anzumerken, sie bestätigen Nietzsches Erkenntnis von der Lage der Décadents: „Das Heraustreten steht außerhalb ihrer Kraft. Was sie als Mittel, als Rettung wählen, ist selbst nur wieder ein Ausdruck der Décadence."

Die Nachzeichnung charakteristischer Gesinnungen, geistig-seelischer Verfassungen, Verhaltensweisen der Décadence, soweit sie als literarische Motive greifbar werden, mag abgeschlossen sein mit dem Hinweis, daß diese Momente sich in der Romantik schon vorbereiten, daß viele von ihnen da schon im Keim zu erkennen sind. Darauf war hier nicht einzugehen. Man darf freilich die Unterschiede nicht übersehen, die etwa darin erkennbar sind, daß sich die Romantiker an Fichte und nicht an Schopenhauer philosophisch orientieren, daß Shakespeare und nicht Poe ein großer inspirierender Dichter für sie ist und daß die Bedeutung der Natur als Gefühlserlebnis wie als Symbolwelt für sie in Geltung bleibt.

Eudo C. Mason hat an einigen Beispielen verdeutlicht, wen er zu den Autoren der Décadence zählt: Baudelaire, Nietzsche, Verlaine, Huysmans und Oscar Wilde „haben das eine gemeinsam, daß sie alle *dekadent* sind".[16] Diese Namen stehen stellvertretend für viele andere, die hier behandelte Autoren bezeichnen. Mason fragt jedoch anschließend: „Wie steht es aber um die Romantiker?", und er antwortet: „Sie bilden (...) nicht nur den Abschluß der großen Blütezeit deutscher Dichtung, sondern auch den Anfang der europäischen Dekadenz, sofern man diese nicht schon mit Werther, als dem ersten Dekadenten, anfangen lassen will. Durch die französische Romantik, die bald in die französische Dekadenz übergeht, vermittelt, breitet sich die Dekadenz über ganz Europa aus (...). Aber die Keime – und etwas mehr als bloß die Keime – dieser Entwicklung sind schon in der deutschen Romantik zu finden, mit E. T. A. Hoffmann als auffälligstem Beispiel."[17] Damit ist die Verwirklichung der literarischen Décadence als geschichtlicher Vorgang exakt beschrieben.

Zweiter Teil

1. Ein Vorspiel: Die Gauklerin Bettine in Goethes ‚Ventianischen Epigrammen'

Es wäre völlig verfehlt, dieses Kapitel so zu verstehen, als sollte Goethe hier, wenn auch zögernd, der Décadence-Dichtung zugeordnet werden. Das wäre eine Unterstellung, die unbedingt abzuwehren ist. Goethes Werk als Ganzes steht der Décadence fern, und nur ein bestimmter Zyklus von Epigrammen weist in mancher Beziehung auf eine künftige Décadence-Dichtung schon voraus. Nietzsche hat eine bestimmte Unterscheidung festgelegt: „In Hinsicht auf Artisten jeder Art bediene ich mich jetzt dieser Hauptunterscheidung: Ist hier der *Haß* gegen das Leben oder der *Überfluß* an Leben schöpferisch geworden? In Goethe z. B. wurde der *Überfluß* schöpferisch, in Flaubert der *HASS*" (II, 1048).

Man könnte bei Goethes Epigrammen allenfalls von Prä-Décadence sprechen, wenn man darunter verstünde, daß die Epigramme sowohl zeitlich der Kulmination der Décadence im späten 19. Jahrhundert vorausliegen und zugleich *noch* nicht Décadence-Dichtung sind. Das gilt für die Verse auf die kleine Artistin Bettine, die ihre Künste auf der Straße vorführt und Goethe damit fesselt. Mit der Feststellung, „Gaukler und Dichter sind gar nahe verwandt" (Epigramm 47), ist Goethe auf dem Wege zu der Anschauung, daß der Gaukler als Symbolfigur des Dichters gelten könne. Das aber ist eine Anschauung, die die Dichtung der Décadence vertritt. Seine Verse deuten voraus auf das Verhalten Gustave Flauberts, der fünfzig Jahre später in seiner autobiographischen Erzählung ‚November' berichtet, wie er fasziniert stehenbleibt „vor dem Zelt der Gaukler", gefesselt von dem schon für Goethe wirksamen Reiz der Artistin. „Ach, und wie habe ich die Seiltänzerin geliebt, mit ihren langen Ohrgehängen, die um ihren Kopf baumelten, mit ihrer Kette aus dicken Steinen, die auf ihre Brust schlug. Mit welch unruhiger Gier schaute ich sie an, wenn sie bis an die zwischen Bäumen hängenden Laternen sprang (...)." (November 10) In einem Brief vom 8. August 1846 schreibt Flaubert: „Was man auch davon halten mag, im Innersten meiner Natur steckt der Gaukler."

Was Goethe von der Décadence trennt, ist schon die liebende Verbundenheit mit der daheimgebliebenen Geliebten, die in den Epigrammen immer wieder als schmerzlich vermißte Freundin angesprochen wird. Auch die aufrichtige Verehrung und Zuneigung für den Herzog Carl

August von Weimar ist in diesem Sinne zu erwähnen. Was aber vorausdeutet, ist nicht nur die Neigung für die arme Gauklerin, sondern z. B. auch die überraschend heftige Menschenverachtung. Das klassische Menschenbild ist gewiß nicht für immer aufgegeben, aber es scheint gewissermaßen suspendiert, wenn es heißt: (73)[1]

> Wundern kann es mich nicht, daß Menschen die Hunde so lieben:
> Denn ein erbärmlicher Schuft ist, wie der Mensch, so der Hund.

Das ist nicht mehr weit von Flauberts bitterem Menschenhaß entfernt. Der junge Flaubert schreibt z. B. in den ‚Erinnerungen eines Narren‘: „Der Mensch mit seinem Genius und seiner Kunst steht nicht viel höher als ein erbärmlicher Affe."[2] Goethes Menschenverachtung wird bestätigt durch das 11. Epigramm. Es verspottet die Pfaffen, die es darauf anlegen, daß die Menschen plappern „morgen wie heut". Wie gering der Verfasser von den Menschen denkt, zeigt er damit, daß er die in den Epigrammen besonders scharf angegriffene christlich-kirchliche Glaubenswelt der Torheit der Menschen ganz angemessen findet. Beim Anblick des Pilgrims muß er fast weinen über die menschliche Dummheit (6):

> O wie beseliget uns Menschen ein falscher Begriff!

Besonders wichtig aber ist die Entschlossenheit, mit der Goethe vom Kanon würdiger, sozusagen klassischer Gegenstände für die Dichtung abweicht. Daß er die armselige kleine Gauklerin in vielen Epigrammen besingt, ist nicht etwas momentan Unbedachtes, das ihm gelegentlich unterläuft, sondern eine sehr bewußt und gewollt geübte dichterische Praxis. Er sieht den Einwand voraus, den die Freunde und Leser daheim gegen solche bei ihm ungewohnten Motive vorbringen werden (47):

> „Welch ein Wahnsinn ergriff dich Müßigen? Hältst du nicht inne?
> Wird dies Mädchen ein Buch? Stimme was Klügeres an!"

Die Leser, die so sprechen werden, weist Goethe ab, zuerst ironisch, dann trotzig:

> Wartet, ich singe die Könige bald, die Großen der Erde,
> Wenn ich ihr Handwerk einst besser begreife wie jetzt.
> Doch Bettinen sing ich indes: denn Gaukler und Dichter
> Sind gar nahe verwandt, suchen und finden sich gern.

Unklassisch wie das Motiv der Artistin ist in den Epigrammen vor allem das der Kurtisanen auf den Straßen der großen Stadt, die Goethe schon als Flaneur durchstreift, gefesselt von der Volksmenge und den spezifischen Erscheinungen des städtischen Straßenlebens, wie später Baudelaire oder Rilke in Paris. Venedig ist für Goethe noch nicht die Stadt des

Untergangs, als die sie von der literarischen Décadence erfahren wird, hat aber noch etwas von der alten Aura der Stadt der dunklen Abenteuer und der verbotenen Liebe, als die Venedig bis ins 18. Jahrhundert galt. Von den Straßendirnen, sagt Goethe, hätte er „längst schon“ gern gesprochen; er nennt sie Lacerten, weil sie „so zierlich und schnell fahren dahin und daher“ und plötzlich verschwinden. (67) Goethes Sympathie für „die zierlichen Mädchen“ ist offenkundig. Sie sind beweglich und verschwinden schnell von der Piazza (68):

> Wenn du aber die Winkel nicht scheust, die Gäßchen und Treppchen,
> Folg ihr, wie sie dich lockt, in die Spelunke hinein!

Die folgenden Epigramme lassen keinen Zweifel, daß Goethe einer Lacerte in die Spelunke gefolgt ist. Noch einmal läßt Goethe die Leser sprechen, deren Einwände er voraussieht (75):

> „Hast du nicht gute Gesellschaft gesehn? Es zeigt uns dein Büchlein
> Fast nur Gaukler und Volk, ja was noch niedriger ist.“

Goethe aber erwidert, daß diese Personen für den Dichter interessanter sind, und erklärt mit scharfem Spott:

> Gute Gesellschaft hab ich gesehn: man nennt sie die gute,
> Wenn sie zum kleinsten Gedicht keine Gelegenheit gibt.

Damit, daß Goethe die privilegierten Schichten von Adel und gehobenem Bürgertum offenbar als langweilig, fade und blaß empfindet, nimmt er Wertungen der späteren Décadence vorweg.

Daß Goethe das Mißfallen der Leser an seinem dichterischen Lob der Gauklerin voraussah, gründet sich auf Erfahrung. Er hatte schon in dem Roman ‚Wilhelm Meisters theatralische Sendung‘ eine ausführliche, später in ‚Wilhelm Meisters Lehrjahre‘ übernommene Beschreibung der Vorführungen eingefügt, die „eine große Gesellschaft Seiltänzer, Springer und Gaukler“ gab.[3] Es war eine viel ansehnlichere Truppe, als die bescheidene Truppe Bettines, sie hatte ein großes, mit Teppichen geschmücktes Spielgerüst auf dem Marktplatz errichtet; es gab einen „Entrepreneur“, einen Spaßmacher usw. Durch das weitgespannte Theaterinteresse Wilhelm Meisters war die Einführung der Gauklertruppe in den Roman gerechtfertigt. Dennoch schrieb Christian Garve in seiner Rezension des Romans, es sei schwer begreiflich, „daß ein Mann von solchem Geist das Leben von Gauklern habe beschreiben können“.[4]

Goethes kritische Verachtung des gegenwärtigen Gesamtzustandes der Welt ist erstaunlich scharf formuliert in einem allerdings nicht von ihm veröffentlichten Epigramm:[5]

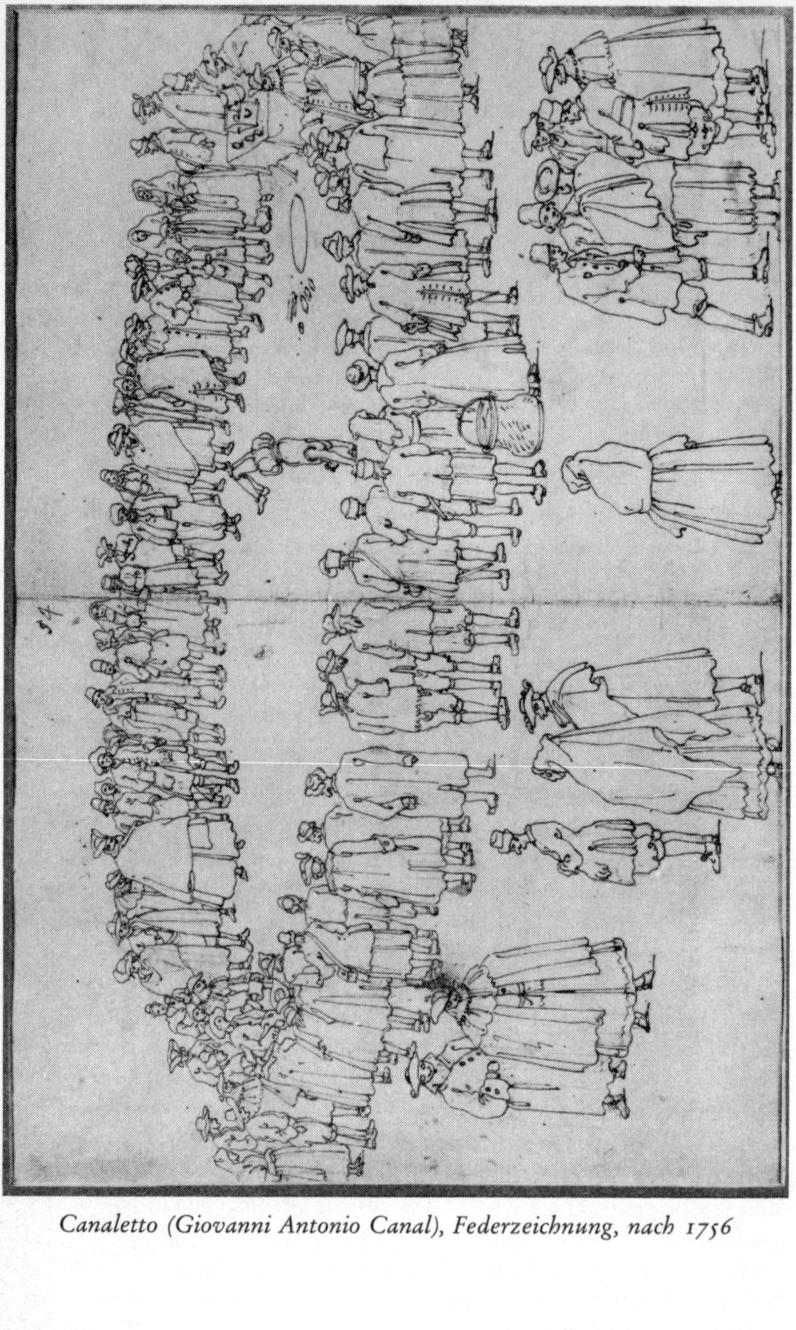

Canaletto (Giovanni Antonio Canal), Federzeichnung, nach 1756

Dich betrügt der Staatsmann, der Pfaffe, der Lehrer der Sitten,
Und dies Kleeblatt wie tief betet der Pöbel es an.
Leider läßt sich noch kaum was rechtes denken und sagen,
Das nicht grimmig den Staat, Götter und Sitten verletzt.

Eine so tiefe Skepsis, die zu dem üblichen Goethebild nicht paßt,[6] rückt den Dichter in eine gewisse Nähe zur dekadenten Wirklichkeitsverachtung. Von diesem bitteren Ton, von Aggressivität oder Spott sind die Epigramme auf Bettine fast ganz frei. Der kleine Zyklus von zwölf der Gauklerin geltenden, verschieden langen Epigrammen, in dem Eingang und Abschluß deutlich akzentuiert sind, ließe sich beinahe auch als *ein* Gedicht lesen, von der Art der ‚Römischen Elegien‘.

36

Müde war ich geworden, nur immer Gemälde zu sehen,
Herrliche Schätze der Kunst, wie sie Venedig bewahrt.
Denn auch dieser Genuß verlangt Erholung und Muße;
Nach lebendigem Reiz suchte mein schmachtender Blick.
Gauklerin! Da ersah ich in dir zu den Bübchen das Urbild,
Wie sie Johannes Bellin reizend mit Flügeln gemalt,
Wie sie Paul Veronese mit Bechern dem Bräutigam sendet,
Dessen Gäste, getäuscht, Wasser genießen für Wein.

37

Wie von der künstlichsten Hand geschnitzt das liebe Figürchen,
Weich und ohne Gebein, wie die Molluska nur schwimmt!
Alles ist Glied, und alles Gelenk, und alles gefällig,
Alles nach Maßen gebaut, alles nach Willkür bewegt.
Menschen hab ich gekannt und Tiere, so Vögel als Fische,
Manches besondre Gewürm, Wunder der großen Natur:
Und doch staun ich dich an, Bettine, liebliches Wunder,
Die du alles zugleich bist, und ein Engel dazu.

38

Kehre nicht, liebliches Kind, die Beinchen hinauf zu dem Himmel!
Jupiter sieht dich, der Schalk, und Ganymed ist besorgt.

39

Wende die Füßchen zum Himmel nur ohne Sorge! Wir strecken
Arme betend empor; aber nicht schuldlos wie du.

40

Seitwärts neigt sich dein Hälschen. Ist das ein Wunder? Es träget
Oft dich Ganze, du bist leicht, nur dem Hälschen zu schwer.
Mir ist sie gar nicht zuwider, die schiefe Stellung des Köpfchens:
Unter schönerer Last beugte kein Nacken sich je.

41

So verwirret mit dumpf-willkürlich verwebten Gestalten,
Höllisch und trübe gesinnt, Breughel den schwankenden Blick;
So zerrüttet auch Dürer mit apokalyptischen Bildern,
Menschen und Grillen zugleich, unser gesundes Gehirn;
So erreget ein Dichter, von Sphinxen, Sirenen, Centauren
Singend, mit Macht Neugier in dem verwunderten Ohr;
So beweget ein Traum den Sorglichen, wenn er zu greifen,
Vorwärts glaubet zu gehn, alles veränderlich schwebt:
So verwirrt uns Bettine, die holden Glieder verwechselnd,
Doch erfreut sie uns gleich, wenn sie die Sohlen betritt.

42

Gern überschreit' ich die Grenze, mit breiter Kreide gezogen,
Macht sie Bottegha, das Kind, drängt sie mich artig zurück.

43

„Ach! Mit diesen Seelen, was macht er? Jesus Maria!
Bündelchen Wäsche sind das, wie man zum Brunnen sie trägt.
Wahrlich, sie fällt! Ich halt' es nicht aus! Komm, gehn wir!
Wie zierlich!
Sieh nur, wie steht sie, wie leicht! Alles mit Lächeln und Lust!"
Altes Weib, du bewunderst mit Recht Bettinen! Du scheinst mir
Jünger zu werden und schön, da dich mein Liebling erfreut.

44

Alles seh ich so gerne von dir; doch seh ich am liebsten,
Wenn der Vater behend über dich selber dich wirft,
Du dich im Schwung überschlägst und, nach dem tödlichen Sprunge,
Wieder stehest und läufst, eben ob nichts wär geschehn.

45

Schon entrunzelt sich jedes Gesicht: die Furchen der Mühe,
Sorgen und Armut fliehn, Glückliche glaubt man zu sehen.
Dir erweicht sich der Schiffer und klopft dir die Wange; der Säckel
Tut sich dir kärglich zwar, aber er tut sich doch auf,

Und der Bewohner Venedigs entfaltet den Mantel und reicht dir,
Eben als flehtest du laut bei den Mirakeln Antons,
Bei des Herrn fünf Wunden, dem Herzen der seligsten Jungfrau,
Bei der feurigen Qual, welche die Seelen durchfegt,
Jeder kleine Knabe, der Schiffer, der Höke, der Bettler
Drängt sich, und freut sich bei dir, daß er ein Kind ist, wie du.

46

Dichten ist ein lustig Metier! Nur find' ich es teuer:
Wie dies Büchlein mir wächst, gehn die Zechinen mir fort.

47

„Welch ein Wahnsinn ergriff dich Müßigen? Hältst du nicht inne?
Wird dies Mädchen ein Buch? Stimme was Klügeres an!"
Wartet, ich singe die Könige bald, die Großen der Erde,
Wenn ich ihr Handwerk einst besser begreife wie jetzt.
Doch Bettinen sing ich indes: denn Gaukler und Dichter
Sind gar nahe verwandt, suchen und finden sich gern.

„Gauckler, 5 Soldi" – das notierte unter dem Datum des 21. März Goethes Diener Götze in dem Ausgabenheft, das er, zugleich mit einem Tagebuch, als Reisebegleiter Goethes 1790 in Venedig führte. Der Eintrag ist eine sehr flüchtige, dennoch dokumentierende Spur für eine Begegnung, die sich literarisch in den ‚Venetianischen Epigrammen' reich entfaltet hat. Die kleine Folge von zwölf Epigrammen, die Bettine gelten, sind bisher kaum beachtet und in ihrem besonderen Reiz und Wert nicht wahrgenommen worden.

Die Vernachlässigung dieser Epigramme, die einen geschlossenen Teilzyklus in der Gesamtfolge bilden, mag damit zusammenhängen, daß die ‚Venetianischen Epigramme' insgesamt im Urteil der Goethe-Forschung nicht hoch im Kurs stehen. Man fand die Sammlung als einzigen dichterischen Ertrag des Aufenthaltes in der Stadt Venedig (31. März bis 22. Mai 1790) unbeträchtlich, vermißte wohl ein spezifisch lyrisches Echo und sah die Sammlung „zum großen Teil nur ganz als Nebenwerk, ja als rein spielerische Arabeske" an, „weitgehend ein Werk des Unmuts".[7] Emil Staiger, der die übliche Deutung der Epigramme als Äußerungen des Unmuts wiederholt und sie abwertend „nicht viel mehr" als einen „Zeitvertreib" für den heutigen Leser nennt, formuliert die Enttäuschung: „Keine Lieder an die ferne Geliebte und keine Hyperionsgesänge entwinden sich der beklommenen Brust."[8]

Der Eingang des Zyklus vergegenwärtigt eine ähnliche innere Situation Goethes wie die erste der ‚Römischen Elegien': „Noch betracht' ich Kirch' und Palast, Ruinen und Säulen", heißt es dort, doch bald ist das vorbei. In Venedig ist Goethe auf „Erholung und Muße" bedacht, die ihn vom Überdruß am Besichtigen der Gemälde erlösen sollen. Dafür gibt es auch in Goethes Briefen einen Reflex. Am 4. Mai 1790 schreibt er rückblickend an Caroline Herder: „An Gemälden habe ich mich fast krank gesehen, und wirklich eine Woche pausieren müssen."[9] Einem Brief an Knebel legt Goethe eine Abschrift von den meisten der Bettine geltenden Epigramme bei. Das Tagebuch Götzes verzeichnet vom 19. bis 26. April keine Besichtigungen von Gemälden und vermerkt häufig: „spazierengegangen". Goethe durchstreift also die Plätze und Gassen von Venedig und bleibt stehen bei der kleinen Gauklertruppe, in der ihn besonders das noch halb kindliche Mädchen Bettine anzieht. Sie arbeitet, so ist anzunehmen, auf der Riva degli Schiavoni. Das läßt sich aus einigen Bruchstücken von weiteren, nicht vollendeten Epigrammen über Bettine erschließen. In einem dieser Fragmente ist vom „Gestade" die Rede, an dem der Schiffer die Segel trocknet, von den Masten, die sich drängen und den Hintergrund bilden an der Stelle, wo sich „alles das Volck" um die kleine Bettine drängt; auch heißt es, daß sie „auf den Ellenbogen bald ... am Strande" geht.[10]

Es gab viele solcher Truppen in Venedig. Friedrich Leopold von Stolberg berichtet 1792 in seiner Reisebeschreibung: „Der Markusplatz und der neue große Kai am Meere werden besucht von Marktschreiern, Luftspringern, Gauklern und Leuten, die herzbrechende Liedlein mit lebhafter Gestikulation vorsingen. Es behauptete jemand, daß die Regierung solche Leute heimlich besolde, um das Volk bei guter Laune zu halten."[11]

Neben solchen bescheidenen Straßenartisten gab es, besonders im Karneval und an Festtagen, großartige kunstvolle Darbietungen waghalsiger Seiltänzer und Akrobaten. Die graphische Sammlung im Civico Museo Correr in Venedig besitzt viele Blätter, auf denen solche Gauklertruppen dargestellt sind.[12] Aber auch eine ganz ähnliche Szene, wie sie Goethe beschreibt, findet sich auf einer Federzeichnung von Canaletto, die auf die Jahre nach 1756 datiert wird. Eine junge Artistin produziert sich auf der Straße, indem sie auf Händen geht, umringt von einem großen Kreis dichtgedrängter Zuschauer.[13]

Daß Bettine mit den „Bübchen" auf italienischen Bildern gleichgesetzt wird (36), verweist auf jene Zweideutigkeit des Geschlechts, die an Mignon erinnert, die Gauklerin in ‚Wilhelm Meisters theatralischer Sendung'. Deren Geschlechtscharakter ist nicht eindeutig. In einem nicht in Druck gegebenen Epigramm[14] verrät Goethe freimütig den erotischen Reiz, den eine fiktive Zweigeschlechtlichkeit hat.

Beim Epigramm Nr. 37 spürt man, wie stark es Goethe reizte, die behende Beweglichkeit und Geschmeidigkeit Bettines ins Wort zu bringen, in jenes sprachliche Medium zu transportieren, das, wie Epigramm Nr. 29 versichert, ihn zwingt, „in dem schlechtesten Stoff" zu arbeiten.

Vieles hab ich versucht, gezeichnet, in Kupfer gestochen,
Öl gemalt, in Ton hab' ich auch manches gedruckt,
Unbeständig jedoch, und nichts gelernt noch geleistet;
Nur ein einzig Talent bracht' ich der Meisterschaft nah:
Deutsch zu schreiben. Und so verderb ich unglücklicher Dichter
In dem schlechtesten Stoff leider nun Leben und Kunst.

Die Tiefe dieser unerwarteten Sprachskepsis greift – abgesehen von ihrem besonderen Bezug auf das Deutsche – voraus und ist nicht mehr weit von Hofmannsthals Lord Chandos entfernt. Der quälende Gedanke wird noch einmal aufgenommen im Epigramm Nr. 76, in dem Goethe fragt, „Was mit mir das Schicksal gewollt?“ und antwortet:

Einen Dichter zu bilden, die Absicht wär' ihm gelungen,
Hätte die Sprache sich nicht unüberwindlich gezeigt.

Überraschend ist die Freundlichkeit, mit der der sonst gegen Entstellungen und Verzerrungen der menschlichen Gestalt empfindliche Goethe den etwas schiefen Hals Bettines als „déformation professionelle“ rechtfertigt und ohne Mißfallen betrachtet (Nr. 40). In dieser Apologie wird wiederum eine von Bettines akrobatischen Vorführungen erkennbar, bei der sie am Kopf hängt; der Hals muß das Gewicht des Körpers tragen. Seine Deformation ergibt gleichsam das Stichwort für das nächste Epigramm, das wieder das Kunst-Motiv einblendet, erweitert um die literarische Kunst. Verwirrende Abweichung von der Norm naturhafter Bildung oder Bewegung ist das tertium comparationis zwischen Bettine und einer bestimmten Art der Malerei. Ausgangspunkt ist, wie immer, eine Beobachtung. Bettine vertauscht die Funktion der Gliedmaßen, indem sie auf den Ellenbogen geht. Über dieses Kunststück informiert ein nicht vollendetes Epigramm, wo es heißt:[15]

Fuß und Haupt sind eins, denn stehst du (?) neben (?) derselben
Gehst auf den Ellenbogen bald ... am Strande (?)

Goethe hat dieses Kunststück in einen bedeutsamen Zusammenhang mit gewissen Kunstwerken gestellt, nämlich mit manieristischen Bildern, die ebenfalls auf Verwirrung ausgehen. Bettines Vertauschen ihrer Gliedmaßen ruft die Assoziation von – in ursprünglichem Sinne – grotesken Motiven der Malerei hervor, die Verbindung des organisch nicht Zusammengehörigen, etwa Tier- und Menschenformen, wie die „dumpf-willkürlich verwebten Gestalten“ des Höllen-Breughel. Auch Dürers Holzschnitte zur Apokalypse (1498) werden erwähnt. Heinrich Wölfflin[16] nennt sie „trübe und schwer“ und spricht vom „Monströsen“ des Themas, bei dem die Visionen des schreckenvollen Untergangs und der Verwüstung zu gestalten waren. Goethe denkt vielleicht an die Pferde mit

Löwenköpfen und Skorpionenschwänzen auf dem Blatt ‚Die Engel vom Euphrat' oder an den Drachen mit sieben Köpfen. Man erkennt Goethes durch seinen klassizistischen Geschmack bestimmte Abneigung gegen diese naturfernen Phantasien, die er in der Dichtung noch eher akzeptiert, wenn sie von Sphinxen oder Zentauren spricht. Auch der Traum setzt auf ähnliche Weise in Verwirrung, indem er die Dinge sich ständig verändern, die Formen ineinander übergehen läßt und die greifbare Nähe in die Entfernung rückt. Aber wenigstens als vorübergehenden Eindruck hat Goethe hier doch den Reiz solcher Verzerrungen geschätzt, wie Bettines schiefen Kopf und ihre Verrenkungen, und er ist damit schon auf dem Wege, die klassische Kunstvorstellung nicht völlig absolut zu setzen, auch wenn er sich nicht so weit von ihr distanziert wie Baudelaire, für den alle Schönheit bizarr ist und der den Gaukler mit den Hexen im ‚Macbeth' sagen läßt: „Le beau est horrible, l'horrible est le beau" (II, 227). Später, im Walpurgisnachttraum des Faust I, hat Goethe selbst ein monströses Mischwesen à la Breughel erscheinen lassen:[17]

> Spinnenform und Krötenbauch
> und Flügelchen dem Wichtchen!

Auf das bedeutende, mit Kunstanschauung befrachtete Epigramm 41 folgt ein ganz kurzes, das nur die Situation der Gaukler auf der Riva verdeutlicht und, sehr diskret, neuerlich das erotische Thema anklingen läßt. Das Distichon läßt, ebenso wie z. B. Nr. 44, erkennen, daß Goethe sich mehrmals als Zuschauer einfand. Er bemerkte, daß Bettine jene Zuschauer, die den als Absperrung gemeinten Kreidekreis übertraten, zurückdrängte, und er liebte diese Berührung durch das reizvolle Mädchen, – darum ging er gern über den Kreidestrich. Das Distichon benennt dieses Platzschaffen für die Vorführung mit einem bei den Gauklern üblichen Ausdruck „far bottega".

Daß auch die Gefährlichkeit der Kunststücke, nicht nur die grotesken Verrenkungen der Gauklerin zuweilen Beklemmung erzeugen, verdeutlicht das Epigramm Nr. 43. Zum ersten Mal ist hier ein anderer Gaukler, offensichtlich der Vater Bettines und Prinzipal der Truppe, einbezogen, der Bettine und andere Kinder „wie Bündelchen Wäsche" herumschleudert und Goethe damit ängstigt. Der rasche Wechsel von nervöser Spannung zu plötzlicher Lösung, wie er schon im Epigramm Nr. 41 dargestellt wurde, wiederholt sich hier. Sehr kunstvoll ist der Höhepunkt der Erregung und ihre Auflösung in *einer* Verszeile untergebracht: „Wahrlich, sie fällt! Ich halt' es nicht aus! Komm gehn wir! Wie zierlich!" Der Leser wird einbezogen, wird selbst fast zum Zuschauer, der aufatmet, wenn das gewagte Spiel elegant glückt. Der Reflex im Publikum, das bald noch umfassender in den Blick gerückt wird, wird gezeigt an der Alten, die vor Freude über Bettines Anmut sich verjüngt und verschönt.

Goethe ist unermüdlich im Beschreiben immer neuer Kunststücke seines „Lieblings“. Im nächsten Epigramm (Nr. 44) wird nochmals der Vater gezeigt, der Bettine über sich selbst wirft, so daß sie sich im Salto mortale, dem „tödlichen Sprunge“, überschlägt. Das Nachzeichnen dieses Saltos und des gelassenen, nonchalanten Weiterlaufens nachher, „eben ob nichts wär' geschehen“, hat wieder ein Höchstmaß an Anschaulichkeit.

Es scheint Goethes Absicht gewesen zu sein, das ganze Programm Bettines, alles was sie konnte und zeigte, in diesen Epigrammen festzuhalten. In Goethes Nachlaß finden sich vier bruchstückhafte Ansätze zu Epigrammen, die weitere Kunststücke beschreiben.[18] Eines wurde schon erwähnt, ein anderes schildert die Umgebung, den Hintergrund der Gauklerspiele:

> Masten stehen gedrängt an Masten, es trocknet die Segel
> In dem Sonnenschein ruhig der Schiffer am Gestadt der Stadt.
> Deine Paläste zeigen sich hier, du edles Venedig
> ... Wie drängt sich
> Alles das Volck ...
> Die fremde Kl ...
> Alles verschwindet dem Blicke Bettine wenn du kleine
> Tische und Leuchter besteigst ...

Ein weiteres Epigramm wollte das Motiv der Gefährlichkeit wieder aufnehmen.

> Was ist oben was unten an dir was vorne was hinten?
> Voller Gefahr scheint jede Bewegung Sorge
> Und so zierlich du's machst wünscht die Gefahr man erneut.

In der veröffentlichten Folge wird die Darstellung der Gauklerszene abgeschlossen durch ein Epigramm (Nr. 45), das die scharf beobachtete Reaktion der Zuschauer wiedergibt. Das Volk von Venedig erscheint, auch die Bettler, die christliche Wunder und Vorstellungen für „weltliche“ Interessen mißbrauchen, – eine neue Variante des antichristlichen Themas. Die Wirkung der Gauklerin aber besteht nicht vorwiegend in Sensation und Nervenkitzel; was Bettine hervorruft, ist vielmehr Beglükkung. Das zweckfreie Spiel der Körperkräfte und anmutiger Geschicklichkeit, der frei eingesetzte Wagemut: das entlastet das Bewußtsein der Zuschauer von den Bedrängnissen der „Mühe, Sorgen und Armut“, man „freut sich“ bei Bettine, „Glückliche glaubt man zu sehen“.

Emil Staiger verkennt, wie groß Goethes Entzücken, wie intensiv sein Interesse an den Gauklern war, wenn er bei ihm nur „ein spärliches Vergnügen an den gelenkigen Gliedern Bettinas“ vermutet.[19] Er nahm als Künstler diese Vorführungen durchaus ernst und hat später ausdrücklich dem jungen Künstler den Rat gegeben, die Gaukler zu studieren. „Ferner, wenn sich Seiltänzer und Kunstreiter einfinden, versäume er nicht, auf diese genau zu achten. Das Übertriebene, Falsche, Handwerksmäßige lehne er ab; aber er lerne auffassen, welcher unendlichen Zierlichkeit der menschliche Körper fähig ist.“[20]

Daß Goethe, wie schon hervorgehoben wurde, von den Lesern eine Abmahnung von den gehäuften Versen auf die unbedeutende kleine Gauklerin erwartet, ist um so begreiflicher, wenn man bedenkt, daß erheblich mehr Epigramme als die zwölf gedruckten entstanden waren. Sechs Epigramme obszöner Art wurden vom Druck ausgeschlossen. Nimmt man die vier unvollendeten hinzu, so wird die Reihe der gedruckten fast verdoppelt. In den beiden letzten Versen des Zyklus steht dessen Pointe, die Überzeugung von der nahen Verwandtschaft von Gaukler und Dichter. Sie sind verwandt im Metier, in der Unentbehrlichkeit des Könnens, das Goethe im Angriff auf die Pfuscher im Epigramm 33 heraushebt. Der Deutsche, sagt er hier, lerne alle Künste redlich, aber

> Eine Kunst nur treibt er, und will sie nicht lernen, die Dichtkunst.
> Darum pfuscht er auch so! Freunde, wir haben's erlebt.

Aber auch als Außenseiter fühlt sich Goethe mit den Gauklern offenbar verwandt. Als Favorit des Weimarer Herzogs gut versorgt – die Epigramme 34 a und b rühmen es dankbar –, in Amt und Würden, seßhaft und durchaus kein „Fahrender“, weiß sich Goethe zugleich doch nicht so fest eingefügt in die gesellschaftliche Ordnung wie irgendein anderer Hofbeamter, sondern als Dichter im Grunde losgelöst und am Rande dieser Gesellschaft, wie die Gaukler auch. Die Geringschätzung der „guten Gesellschaft“, die im schon erwähnten Epigramm 75 als uninteressant und langweilig beurteilt wird, zeigt Goethes innere Freiheit von den konventionellen höfischen Zwängen, denen er äußerlich durchaus Rechnung trug. Im Grunde ist er in seiner Haltung den solchen Zwängen nicht mehr unterworfenen Dichtern des 19. Jahrhunderts, wie Baudelaire oder Flaubert, Heine oder Büchner, schon ziemlich nahe. Soziale Randfiguren, zu denen Goethe in gewissem Sinne eben doch gehörte, auch und vielleicht gerade solche in der Maske des geadelten Hofmannes und Ministers, suchen und finden gern andere Außenseiter.

Die Venetianischen Epigramme sind weitgehend als die Äußerungen eines Außenseiters zu verstehen, als den Goethe sich in Venedig fühlen konnte, ehe die Weimarer Herzoginmutter dort eingetroffen war, die er in Venedig zu treffen und von dort heimzubegleiten hatte.

Wenn das Ausgabenbuch vermerkt, daß Goethe den Gauklern 5 Soldi gab, so ist das gewiß nicht viel für die so nachhaltig bewunderte Bettine. Aber vielleicht wollte Goethe nicht mehr geben als die Umstehenden boten, der Schiffer, der Höke, die Alte. Er fühlte sich nicht als der soignierte Fremde, der Minister, der eine unterhaltsame Gauklerin gönnerhaft belohnt, sondern er fühlte sich solidarisch mit ihr, „gar nahe verwandt". Daß er eine Reihe von Epigrammen in die gedruckte Ausgabe nicht aufnahm, bestätigt das Zwiespältige seiner Position. Beim Dichten der anstößigen Verse tat er sich keinen Zwang an, bei der Veröffentlichung mußte er auf seine Weimarer Stellung Rücksicht nehmen. Es handelt sich um einige scharf antiklerikale und blasphemische, um überdeutlich sexuell pointierte oder obszöne Epigramme, die die Verwalter des Goetheschen Nachlasses in der Handschrift unlesbar zu machen versuchten.

Die Rückbindung der Epigramme an eine bedeutende Tradition, an die römische Poesie, ist klar erkennbar. Doch es gilt, sie zugleich als Vorwegnahme späterer dichterischer Motive zu sehen, die sich in ihnen ankündigen. Die Frage, aus welchem Antrieb, in welcher Haltung diese Epigramme entstanden, ist durch den Hinweis darauf, daß sie unbedenkliche Äußerungen eines sich hier als Außenseiter verstehenden Autors sind, nicht vollständig beantwortet. Gerade vom Bettine-Zyklus läßt sich die Verhaltensweise, in der die Epigramme zustande kamen, ablesen. Es ist die Haltung des Beobachters, der die Wirklichkeit wie ein Schauspiel betrachtet, teils bejahend, teils ablehnend, neugierig, reflektierend, kritisch, aber ohne sich persönlich bei einer der Erscheinungen dieser Realität zu engagieren. Er bleibt der kritische Betrachter, der Distanz wahrt und sich freihält, sich nicht einläßt, nicht verstrickt in die wahrgenommenen Vorgänge, keine persönliche Beziehung aufnimmt zu den beobachteten Menschen. Das bedeutet nicht, daß er zuweilen nicht auch mit Emotionen reagierte. Aber es sind Emotionen, wie sie ein Schauspiel erregt. Das aber ist die Haltung des Flaneurs, die sich im 19. Jahrhundert konstituiert und bedeutsam wird, vor allem bei den Autoren der Décadence. Selber ohne Beschäftigung, genießt der Flaneur als Zuschauer das Leben in den Straßen, in denen die Menschen im Interesse des Erwerbs, der Tätigkeit, der Geschäfte unterwegs sind, und sie alle werden zu Figuranten des großen Schauspiels.[21]

Goethe sah sich in den siebziger Jahren selbst als den „Wanderer". 1790, in der Großstadt Venedig – sie hatte 160000 Einwohner, Weimar 6000 – wandelte sich der Wanderer in seine urbane Gestalt, in den Flaneur. Natürlich haben immer schon fremde Besucher die italienischen Städte schaulustig durchstreift. Goethe tat das bereits auf seiner ersten Italienreise. Zu Rom hatte er freilich ein anderes Verhältnis, als es der durch die Straßen Schlendernde gewinnt; es war bestimmt durch die Aufgabe, die Welt des Altertums und der Kunst sich anzueignen. Aber in Venedig bewegte er sich schon 1786 bisweilen flanierend, und er hörte auf der gleichen Riva degli Schiavoni, wo ihn später Bettine fesselte, ein paar Erzählern und Rednern zu. Noch lebhafter als Spaziergänger zeigte sich

Goethe in Neapel, wo für ihn auch schon das im 19. Jahrhundert überaus wichtige Erlebnis der anonymen Menschenmenge bedeutsam wird. „Hier wissen die Menschen gar nichts voneinander, sie merken kaum, daß sie nebeneinander hin und her laufen (...)", so heißt es unter dem Datum des 17. März 1787 in der ‚Italienischen Reise'. „Zwischen einer so unzählbaren und rastlos bewegten Menge durchzugehen, ist gar merkwürdig und heilsam. Wie alles durcheinander strömt und doch jeder einzelne Weg und Ziel findet. In so großer Gesellschaft und Bewegung fühl' ich mich erst recht still und einsam (...)."[22] Auch Poes „Mann in der Menge" sieht in den Menschenmassen, die er beobachtet, viele, die gestikulierten, „so als ob sie sich gerade in der unzähligen Menge, von der sie umgeben waren, allein vorgekommen wären".[23]

Am 19. März berichtet Goethe aus Neapel: „Man darf nur auf der Straße wandeln und Augen haben, man sieht die unnachahmlichsten Bilder. Am Molo, einer Hauptlärmecke der Stadt, sah ich gestern einen Pulcinell, der sich auf einem Brettergerüste mit einem kleinen Affen stritt, drüber einen Balkon, auf dem ein recht artiges Mädchen ihre Reize feilbot."[24] Die Stelle ist von hohem Interesse. Der Spaßmacher auf der Bretterbühne gibt ein Schauspiel, aber das Mädchen auf dem Balkon darüber wird dem Pulcinell gleichgeordnet, mit ihm zu *einem* Bild zusammengesehen. Denn für den Flaneur ist alles Schauspiel, nicht nur die Vorführung des professionellen Komödianten. Der benützt für seinen Auftritt sozusagen eine Bühne auf der Bühne, denn die gesamte Wirklichkeit wird dem schlendernden Beobachter zur Bühne. Goethe selbst verwendet hier nicht diese Metapher, sondern sieht die geschilderte Szene, zu der auch noch ein Wunderdoktor gehört, als Bild, wie „von Gerhard Dow gemalt". Auch damit ist die Realität in ein Objekt der Betrachtung verwandelt, wird als solches fixiert.

Goethe ist in Venedig der passionierte Beobachter einer Welt, die ihre Existenz als Schauspiel aufführt. Neu aber ist, daß sich dieses früher nur im Reisebericht gespiegelte Wirklichkeitsverhältnis jetzt in Dichtung umsetzt. Für Goethe ist zum Beispiel nicht nur die Darbietung der Gaukler Schauobjekt, sondern ebenso sind es die Zuschauer (vgl. Nr. 43 und 45). Indem die Passanten der Gauklerin Bettine zuschauen, spielen sie für Goethe, werden Mitspieler im Schauspiel der Welt und als solche genauso anschaulich und intensiv in den Epigrammen vergegenwärtigt wie Bettine selbst. Dank Goethes großer Bewunderung und herzlicher Sympathie für die Gauklerin scheint es zuweilen so, als würde doch ein persönliches Verhältnis zu ihr aufkommen. Aber solche vermutbaren Impulse werden abgefangen, die Zuschauerrolle wird strikt eingehalten. Daß Goethes erotisches Interesse mitklingt und in den ungedruckten Epigrammen dominiert, dient gerade der Distanzierung von Bettines Person. Denn nicht als solche erscheint darin Bettine, sondern nur als unpersönliches, sexuelles

Schau- und Reizobjekt. Diese Entpersönlichung bestimmt auch die anderen erotischen Epigramme; sie gelten immer nur den käuflichen Mädchen, die wie Lacerten durch Venedigs Gassen huschen.

„Man darf nur auf der Straße wandeln und Augen haben“,[25] dann sieht man vielerlei, was Gegenstand der Dichtung werden kann. So fand Baudelaire viele seiner Motive buchstäblich auf der Straße, und fünfzig Jahre nach dem Erscheinen der ‚Fleurs du mal‘ wiederholt sich diese Art des dichterischen Verhaltens bei Rilke, der Paris durchstreift. Was den dichterischen Gestaltungswillen erweckt, ist nicht mehr nur das Bedeutende und Wertvolle, sind nicht nur die „Großen der Erde“, nicht die Erscheinungen der Natur, sondern mit gleichem Recht das Geringe, die unscheinbaren Gegenstände und Vorgänge: bei Baudelaire etwa alte verhutzelte Frauen, ein Lumpensammler, die in der Menge vorübergehende fremde Frau, die eines der herrlichsten Gedichte des Jahrhunderts inspiriert hat (‚A une passante‘), und bei Rilke der Bettler, der Blinde, das Kinderkarussell, ein paar anonyme Menschen auf einem Balkon in Neapel, wie schon Goethe ihn sah.

Die ‚Venetianischen Epigramme‘ von 1790 sind ein erstaunlich frühes Vorspiel der mit Baudelaire vollstimmig einsetzenden modernen Dichtung. Die Gauklerin und ihr Vater, die einzelnen Zuschauer aus dem Volke, die Kurtisanen, ein Pilger, Priester, die schreiende Menge, Bettlerinnen, aber auch ein Tabakladen, eine Gondel auf dem Kanal werden Anlaß zu Versen.

Werner Hofmann bemerkt: „Die Metapher der Großstadt ist das endlose, ausweglose und undurchschaubare Labyrinth.“[26] Das erfährt schon Goethe in Venedig: Ich „warf mich ohne Begleiter, nur die Himmelsgegenden merkend, ins Labyrinth der Stadt (...)“.[27] Hier beginnt dann die Rolle der „Großen der Erde“ und der Mitglieder der „guten Gesellschaft“ als bevorzugtes Personal der Dichtung sich aufzulösen: eine Entwicklung, in deren Spätphase etwa Emile Zola feststellt: „Der erste Mensch, der vorübergeht, reicht zum Helden aus.“[28] Goethe macht sich in den Epigrammen souverän frei von der klassischen Beschränkung auf würdige Gegenstände der Dichtung, ohne aber diese Freiheit schon zum Prinzip zu erklären. Das geschieht erst im 19. Jahrhundert. Besonders entschieden hat Rilke die Forderung vertreten, daß ausnahmslos alles Wirkliche darstellenswert sei. „Sowenig eine Auswahl zugelassen ist, ebensowenig ist eine Abwendung von irgendwelcher Existenz dem Schaffenden erlaubt.“[29] Hofmannsthal sieht das ganz ähnlich. Unter dem Eindruck von Erzählungen „eines dänischen Schriftstellers“, dessen Namen er nicht nennt, der „sich weidete an einer unbeschreiblichen, unfaßlichen Traurigkeit“, indem er erzählt, wie ein Löwenbändiger seine Tiere mit Gift tötet, berichtet er von sonderbaren Motiven in der zeitgenössischen Literatur. „Es sind noch andere ähnliche Dinge in dem gleichen

Buch (...). Diese Erzählungen sind wie seltsame, konzentrierte Destillate, gewonnen aus den Giften, die der Körper der Gesellschaft in sich absondert (...). Aber der Liebhaber aller Dinge, der Liebhaber aller Schmerzen muß diese Dinge pflücken wie Blumen, er kann nicht anders, es ist stärker als er. Das Sterben der vergifteten Tiere, der sonderbare gierige Hunger des Kellners, ihn locken sie, wie einen anderen die Taten des Achilles gelockt haben und die Fahrten und Leiden des vielerfahrenen Odysseus. An welchem menschlichen Tun könnte der Dichter auf die Dauer stumpf und ungerührt vorübergehen? (...)" (P II, 379 f.).

2. Verödung und Sinnverlust der bürgerlichen Existenz. Flauberts ‚Madame Bovary'

Daß neben den Dichtungen deutscher Autoren auch das Werk eines französischen Romanciers als Beispiel literarischer Décadence interpretiert wird, rechtfertigt sich dadurch, daß Flaubert, zusammen mit Baudelaire, am Beginn der europäischen Décadencedichtung steht und auf die deutsche Romandichtung um 1900 entscheidend gewirkt hat. Allerdings sind die Décadence-Motive in der ‚Madame Bovary' nicht ganz so offenkundig und leicht erkennbar wie in den erst 1910 veröffentlichten Jugendwerken Flauberts.

Der Roman ‚Madame Bovary' kann nur verstanden werden, wenn man ihn im Zusammenhang mit dem Jugendwerk ‚November', als eine Art freilich breiter entfalteter Variation dieses Werkes, begreift und Flauberts bekanntes Wort „Madame Bovary, c'est moi" völlig ernst nimmt. Sie ist, ins Weibliche transponiert und verfremdet, genauso er selbst wie der junge Mann in ‚November'. Aber worin besteht diese Identität mit der von außen gesehen doch völlig andersartigen Figur der Landarztfrau? Es ist die innere Verfassung der Décadence, die beiden gemeinsam ist.

Maxime du Camp erzählt in seinen ‚Souvenirs littéraires' (1888), daß er und Flauberts Freund Louis Bouilhet 1849 von Flaubert gebeten wurden, sich dessen Dichtung ‚Die Versuchung des heiligen Antonius' vorlesen zu lassen und daß beide das Werk für völlig verfehlt erklärten. Daraufhin habe Bouilhet dem Dichter nahe gelegt, einen trivialen Stoff aus der bürgerlichen Welt dieser Zeit zu einem Roman zu verarbeiten, und ihn auf eine in der Presse vielfach behandelte Begebenheit verwiesen, die in dem Dorf Ry, östlich von Rouen, vorgefallen war. Dort hatte der Arzt Eugène Delamare, ein Schüler von Flauberts Vater, eine Bauerntochter, Delphine, geheiratet, von der er eine Tochter bekam. Mit sechsundzwanzig Jahren war sie 1846 gestorben, nachdem sie, wie Gerüchte besagten, mehrere Liebhaber gehabt und hohe Schulden gemacht hatte. Ihr Mann starb ein Jahr später. Du Camp berichtet noch einige Einzelheiten, die mit Flauberts Roman übereinstimmen, aber nicht in den im Umlauf befindlichen Gerüchten auftauchten. Hans-Martin Gauger folgt in seiner Interpretation des Romans allzu gutgläubig dem fast vierzehn Jahre später geschriebenen Bericht von du Camp.[1] Er hält auch fest an dessen Behauptung, daß Bouilhet sofort nach Flauberts Vorlesung auf diese Geschichte hinwies, und er berücksichtigt nicht die sorgsame Untersuchung von Claudine Gothof-Mersch,[2] die zeigt, daß Flaubert höchstwahrscheinlich erst 1851 den Hinweis auf die Geschichte der Frau Delamare bekommen haben kann.[3] Er übernahm dann einiges davon in seinen Roman, einige von (wenigen) Fakten und Gerüchten, die nicht verbürgt waren. Man kann also nicht sagen, daß die von Flaubert erzählte Geschichte sich wirklich ereignet hätte, wie Gauger behauptet.[4]

Übrigens war es nicht das erste Mal, daß Flaubert eine reale oder als real ausgegebene Begebenheit aus seiner Umwelt als Stoff für eine Erzählung verwendete. Seine frühe Erzählung ‚Passion et Vertu‘ von 1837 beruht höchstwahrscheinlich stofflich auf einem Bericht in der ‚Gazette des Tribunaux‘. Nach dem heutigen Stand der französischen Forschung hat Flaubert nur das grobe Schema der Handlung aus der Geschichte der Delphine Delamare übernommen. Auf Tausenden von Seiten mit Entwürfen und Notizen zu dem Roman findet sich keine einzige Erwähnung der Delamare oder des Dorfes Ry, wo Flaubert übrigens auch während der Entstehung des Romans nie gewesen ist. Wenn früher behauptet wurde, alle Personen und Vorgänge des Romans seien der Wirklichkeit nachgezeichnet, so ist diese Ansicht längst widerlegt. Claudine Gothof-Mersch hat festgestellt, daß Flaubert in der „Affaire Delamare“ nur das Erzählungs-Schema gefunden hat, „le schème narratif et le cadre général de Madame Bovary“, „un schème fort mince“, wie es später heißt.[5] Claudine Gothof-Mersch stellt bündig fest: „L'affaire Delamare elle-même fût, pour Flaubert, le thème qui allait lui permettre de développer ses idées propres.“[6]

Wenn Flaubert diesen Stoff aufgriff, so gewiß nicht wegen der trivialen Geschichte selbst, sondern weil er in ihr die Möglichkeit erkannte, sie als Rahmen zu benutzen, in dessen Bildfläche er sein eigenes Weltverhältnis hineinzeichnen konnte. Er konnte es in Emma Bovary, ihrer Umwelt, ihrem Schicksal verstecken und gleichzeitig auch verdeutlichen für den genauen Leser. Das Geniale dieses Einfalls besteht darin, daß der Haß auf die bürgerliche Lebensform der Zeit, die strikte Ablehnung der bürgerlichen Normenwelt nicht, wie es sonst, etwa bei Gautier oder Chateaubriand und schon bei der Darstellung des spätromantischen „Weltschmerzes“, üblich war, von einem der intellektuellen, reflektierenden, skeptischen Bürgersöhne geäußert wird, sondern von einer Bauerntochter. Emma hat zwar „eine feine Erziehung“ („une belle éducation“) in der Klosterschule der Ursulinen bekommen, aber sie hat dort nicht eine geistige Selbständigkeit gewonnen, die ihr eine innere Loslösung von ihrer Umwelt ermöglicht hätte. Sie hat die Frömmigkeit, von der sie anfangs im Kloster erfüllt war, schließlich eingebüßt, und durch die reichliche Lektüre von Romanen hat sie sich in eine Phantasiewelt der großen Gefühle, wilden Leidenschaften und bunten Abenteuer in einer üppigen, glänzenden Adelswelt verloren. Aber es wäre falsch, sie mit ihrem Schicksal einfach als Opfer solcher in eine romantische Scheinwelt entrückender Lektüre zu verstehen. Entscheidend ist ihre innere Verfassung, ihr völlig gebrochenes Verhältnis zur Wirklichkeit, das unaufhebbare Ungenügen an der Lebensrealität, zu der sie nach Herkunft und gesellschaftlicher Situation bestimmt ist. Dieses Ungenügen wird durch die Romanlektüre genährt und schärfer bewußt gemacht, aber nicht verursacht. Schon gegen Ende ihrer Schulzeit heißt es: „Sie erholte sich ein bißchen von einer Poesie, die sie lange aus purer Gewohnheit gelesen und geliebt hatte (. . .)“ (Insel 59).

Zum väterlichen Pachthof heimgekehrt, ist sie überzeugt, „daß sie alle Illusionen verloren habe, daß es nichts mehr auf der Welt gäbe, was ihr Hirn oder Herz rühren könne“ (Insel 60). Dennoch erhofft sie zunächst von ihrer Verheiratung mit dem brav-mittelmäßigen, gutmütigen Landarzt Bovary die oft erträumte überschwengliche Liebesleidenschaft, ist aber schnell enttäuscht von der Banalität dieses Gatten. Doch der Erzähler läßt keinen Zweifel daran bestehen, daß diese Ehe und Existenzweise der Bauerntochter gemäß und die in ihrer Umwelt gewohnte Normalität sei. In der ersten Fassung des Romans fragt der Erzähler: „Und dann, worüber hätte sie sich denn zu beklagen gehabt? Was mangelte ihr denn?“ (Sander, 68) Am Maßstab der Normalität gemessen, fehlt ihr nichts. Freilich ist Bovary völlig amusisch, aber hat sie Anspruch auf einen musischen Gatten, nur weil sie ein bißchen zeichnet und Klavier spielt, beides durchaus dilettantisch? Ein wirkliches Zeichentalent hat sie nicht und „ebenso wenig besaß sie eine ausgesprochene musikalische Begabung“ (Sander, 70). Jedoch „verstand sie sich gut auf die Führung ihres Haushalts“, hat also die normale Anlage der bürgerlichen Hausfrau. Der freilich nur durchschnittlich befähigte, in seinem Gehaben primitive, aber recht tüchtige und redliche, in seiner ländlichen Umwelt angesehene Arzt paßt im Grunde durchaus zu ihr, bedeutet für die gesellschaftlich wenig geschätzte Pächterstochter einen sozialen Aufstieg. „Die in der Gegend wohnenden Damen wollten sich nicht dazu herablassen, einer Pächterstochter Besuche abzustatten“, heißt es in der Urfassung (Sander, 66). Dennoch fragt sie sich in der ersten Zeit ihrer Ehe immer wieder: „Mein Gott, warum habe ich eigentlich geheiratet?“ (Insel, 66). Worin Emma Bovary vom Typus der Bürgersfrau abweicht, das ist allein ihr Protest gegen die Normalität, ihre Weigerung, sich ihr anzupassen. Mit dieser Weigerung hat Flaubert das Wesen der Emma Bovary gekennzeichnet. Ihre Unfähigkeit zur Anpassung an die bürgerlichen Normen verrät jenes tief verstörte Wirklichkeitsverhältnis, das Flaubert selbst zu eigen war. Sein Haß gilt nicht nur der gesellschaftlichen Wirklichkeit der Bürgerwelt, sondern für ihn bestand, wie Hugo Friedrich gezeigt hat, „eine wesensmäßige Trivialität und Fremdartigkeit alles Seienden"[7]. Was man seinen Realismus nennt, entspringt nicht wie „das Sachinteresse" Balzacs „der Freude an der Vielheit des Gegebenen", sondern „aus einem Menschen- und Dinghaß".[8] Flaubert will mit seiner Dichtung nichts verändern, sondern nur die Realität erkennbar und durch exakte Darstellung bewußt machen. „Die Kunst wird zu einer Art Rache an der Niedrigkeit des Daseins." Das ist die Haltung Flauberts „gegenüber dem als völlig entwertet empfundenen Dasein".[9] „Es ist ein trostloses, gelähmtes und lähmendes Weltgefühl", beherrscht vom „Ekel an allem Wirklichen überhaupt, da dieses ausschließlich als sinnleere Alltäglichkeit erfahren wird."[10] Flaubert entwirft die Welt „vom Fatum des Geschehens aus, vor dem der Wollende keine Bedeutung mehr hat". Frédéric Moreau in der ‚Education sentimentale' „besitzt keinen großen Willen", wie noch die Figuren Stendhals, sein Leben mündet in „willenlose Trägheit" ein, also in dekadente Passivität.

Flauberts Entwertung aller Wirklichkeit und, damit verbunden, das Verlöschen des Lebenswillens als Form des Verfalls wird zum bestimmenden Element der inneren Verfassung Emma Bovarys. Sie bekundet dieses Weltverhältnis freilich nicht argumentierend und reflektierend, sondern in ihrem Verhalten, ihren emotionalen Reaktionen, ihrem Schicksal. Sie erfährt die Wirklichkeit – und das entspricht genau der Sehweise Flauberts – immer nur als Widerstand, niemals als einen Lebensraum, der *auch* Befriedigung und Erfüllung möglich macht. Das anfängliche flüchtige Glück in ihren beiden Liebesaffairen widerspricht dem nicht; denn es erweist sich allzu schnell als trügerisch und nichtig.

Es ist der stärkste Ausdruck von Flauberts Haß auf alle Wirklichkeit, daß hier nicht ein blasierter junger Mann mit kritischem Bewußtsein diese radikale Entwertung der Wirklichkeit erfährt und die Angleichung an die bürgerlichen Normen verweigert, sondern eine Bauerntochter, aufgewachsen in einem provinziellen Milieu, in dem die strikte Bindung an die Normalität am intensivsten ist. Nicht ein außenstehender, kritischer Beobachter, sondern eine Frau, die selbst der von Flaubert verachteten spießigen Bourgeoisie angehört, wird hier aufsässig und findet die Normalität unerträglich. Emma Bovary hat denselben Abscheu vor der Banalität der Wirklichkeit wie etwa Théophile Gautier. Schon in der Anfangszeit ihrer Ehe, noch bevor sie ihre Tochter bekommt, verschafft sie sich Bücher und Zeitschriften, die es ihr ermöglichen, das glänzende gesellschaftliche und künstlerische Leben in Paris im Geiste mitzuleben. Sie benutzt einen Plan der Stadt, um in der Phantasie durch die Pariser

Straßen zu flanieren. Doch sie scheint schon zu ahnen, daß auch ein üppiges Pariser Dasein sie zuletzt nicht befriedigen würde. Flaubert läßt den Erzähler ihren Zustand so beschreiben: „Der Wunsch zu sterben und die Sehnsucht nach Paris beherrschte sie in der gleichen Minute" (Insel, 87). „Elle souhaitait à la fois mourir et habiter Paris." Das ist kein Entweder-Oder, sondern Sowohl-als-Auch, ein Widerspruch zweier einander ausschließender Wünsche. Auf eine Bauerntochter von kaum zwanzig Jahren und Landarztfrau bezogen, ist dieser Satz erstaunlich. Er ist so unwahrscheinlich, daß Hans-Martin Gauger in seiner Interpretation des Romans ihn durchaus mißversteht als einen der „trostlos-humorigen" Sätze des Romans.[11] Doch er ist nicht „humorig", sondern völlig ernst zu nehmen als Ausdruck eines dekadenten, widersprüchlichen Zugleich von Lebensgier und Todesverlangen. Thomas Mann zeigt ein solches widersprüchliches Zugleich in der Musik. In dem raffiniert ausgewerteten „Stück Melodie", das Hanno erfunden hat, „lag (...) etwas zynisch Verzweifeltes, etwas wie Wille zu Wonne und Untergang" (I, 750). In Paris wohnen und sterben, das ist Wonne und Untergang. Der junge Mann in ‚November' hat eine ähnliche zwiespältige Regung, als er, sich dem Tode nahe fühlend, von Paris aus sein heimatliches Dorf besucht. Er läßt sich am Meeresstrand nieder, denkt an Selbstmord, aber „es tritt ein Rückschlag ein". „Seine vergangenen Tage in Paris erschienen ihm anziehend und voll Zukunft. Und doch riefen ihn die Stimmen des Abgrundes" (191). Paris und Sterben, auch hier schon werden sie verbunden. Der zitierte Satz ist bedeutsam, weil Flaubert mit ihm zeigt, wie frühzeitig schon in der gesunden Bauerntochter, der im Rahmen dessen, was sie in ihrer sozialen Situation erwarten kann, eigentlich nichts abgeht, der Todeswunsch sich regt. Er scheint Emmas ganzes weiteres Leben zu beschatten, bleibt latent vorhanden und führt schließlich zu ihrem Selbstmord. Er wird schon vorher manifest, als sie den Brief ihres ersten Geliebten, Rodolphe, erhält, der ihr den Abschied gibt. Völlig verstört steht sie auf dem Dachboden an dem offenen Fenster. Sie wünscht, „daß die ganze Welt zusammenstürze. Wozu weiterleben? Wer hinderte sie, ein Ende zu machen, sie, die Vogelfreie? Sie bog sich weit aus dem Fenster hinaus und starrte hinab auf das Straßenpflaster. ‚Mut, Mut', rief sie sich zu (...). Sie lehnte sich noch weiter zum Fenster hinaus. Schon hing sie beinah im freien Raume (...). Sie brauchte nur noch sich nicht mehr festzuhalten." In diesem Moment hört sie, wie ihr Mann sie ruft und kommt zur Besinnung (Insel, 277f.).

Später, als sie der Liebesbeziehung zu Léon überdrüssig ist und noch vor ihrem Entschluß zum Selbstmord, heißt es von Emma: „Leben war ihr eine Last. Am liebsten hätte sie immerdar geschlafen" (Insel, 385). Die Bedrängnis, in die Emma durch hohe Schulden und die Pfändung ihres Haushalts gerät, ist die Auslösung ihres Entschlusses zum Selbstmord, der im Grunde nur die Konsequenz ihrer Verzweiflung am Dasein ist. Als sie das Arsen genommen hat, verläßt sie die Apotheke „plötzlich voller Frieden, im seligen Gefühle, eine Pflicht erfüllt zu haben" (Insel, 415). Etwas später, als sie in Erwartung des Todes auf ihrem Bette liegt, heißt es in der Urfassung: „Von der Höhe ihres durchgeführten Entschlusses aus betrachtete sie alles, was an Geschehenem hinter ihr lag, völlig unbeteiligt. Ein ruhiger, leiser Stolz durchflutete ihre Seele" (Sander, 496). Das immer schon latent in ihr wirksame Todesverlangen erfüllt sich schließlich, mit unausweichlicher Notwendigkeit. Es ist die gleiche, in der Lebensunfähigkeit begründete Notwendigkeit, mit der auch der junge Mann in ‚November' stirbt, „langsam, nach und nach, allein durch die Kraft seines Gedankens, ohne daß irgendein Organ seines Körpers krank gewesen wäre" (192).

Daß Emma trotz ihrer Versuche, etwas aus ihrem Leben zu machen, im Grunde nicht recht lebensfähig ist, zeigt schon ihre absolute Unfähigkeit, den Alltag zu ertragen. Gelegentlich bedenkt sie sogar reflektierend die öde Leere, der sie Tag für Tag ausgesetzt ist. „Nun begann abermals die Reihe der immergleichen Tage. Sie sollten einander jetzt also folgen wie im Gänsemarsch, langsam, stets einer wie der andere, unzählig, und nichts mit sich bringen. Und es lagen hunderte, tausende vor ihr, zehn Jahre lang, zwanzig Jahre lang! Es würde nicht enden und bis zu ihrem Tod weiter gehen." Andere „Daseinsformen", so meint sie, „bergen noch wenigstens die Möglichkeit eines Abenteuers, einer Ausweitung (...). Ihr jedoch würde nichts zustoßen (...). Mit leerem Hirn und leerem Herzen, und beide bekümmert, blieb sie also den ganzen Tag untätig am Kamin sitzen (...)" (Sander, 108 f.).

Emmas Leiden an ihrer Gefangenschaft in der Alltagswelt ist noch gewachsen, seit sie bei einer Einladung zu einem Ball auf dem Schloß La Vaubyessard, beim Marquis d'Andervilliers, einen Einblick in die elegante Welt der Adelsgesellschaft gewonnen hatte. Der „Märchenglanz" dieses Festes wirkt noch lange in ihr nach und beherrscht ihre träumerische Vorstellungswelt, in die sie dann, anhand von Büchern und Zeitschriften, das Leben der großen Welt in Paris einbezieht. Sie sehnt sich nach dieser Welt, aber nicht aus ehrgeizigem Verlangen nach einem gesellschaftlichen Aufstieg, wie Gauger anzunehmen scheint, wenn er ihren Drang „zum Feineren und Höheren" hervorhebt und sie „sozio-kulturell" unruhig nennt.[12] Emma geht es nur darum, ihrer Alltagswelt zu entfliehen; sie braucht stärkere und immer neue Reize, um sich selbst leben zu fühlen. In ihrem Verlangen nach Luxus und Sensationen, Abenteuern und der Vielfalt verfeinerter Genüsse gibt Flaubert eine frühe Beschreibung jener dekadenten Reizsucht, die später oft dargestellt worden ist. Emma sehnt sich nicht nach sozialem Aufstieg, sondern nach dem „Tumult der Welt" (Insel, 74).

Die dekadente Schwächung erweist sich in dem Mangel an Energie, ja sogar im Fehlen des bloßen Wunsches, sich in der alltäglichen Arbeitswelt sinnvolle Aufgaben zu schaffen. Ihre Verweigerung tritt besonders deutlich hervor in der Gleichgültigkeit und Abneigung gegenüber ihrer Tochter Berthe. Flaubert zeichnet ein weibliches Verhalten, das der männlichen Ablehnung der Erzeugung von Kindern entspricht, wie es der junge Mann in ‚November' radikal vertritt. Emma Bovary hat zwar eine Tochter, aber die Abneigung, mit der sie sie behandelt, ist schlimmer, als eine Verweigerung der Empfängnis wäre. Als sie schwanger wurde, fühlte sie zunächst „ein großes Erstaunen", als hätte sie nie an diese Möglichkeit gedacht. Sie kümmerte sich nicht um die Baby-Ausstattung, übertrug nicht „ihr ganzes Herz auf jenes kleine, unbekannte Wesen, das aus ihr hervorgehen sollte" (Sander, 145), so daß ihre Mutterliebe „von Anfang an gewisser Elemente entbehrte" (Insel, 124). Was ihr fehlt, ist wirkliche Mutterliebe. Sie gibt ihr Kind sofort nach der Geburt in Pflege zu einer Amme, die am anderen Ende der kleinen Stadt in einem ärmlichen Häuschen wohnt, und besucht es dort erst nach einiger Zeit und nur einmal, zusammen mit dem Notarsgehilfen Léon, in den sie verliebt ist. Sie nimmt das Kind mitsamt seiner Decke in ihre Arme, legt es aber schnell wieder in die Wiege zurück, als es sich erbricht und sie am Halskragen beschmutzt.

Noch quälender für den Leser ist die Szene, in der die kleine Berthe, wieder zu Hause, neben dem Lehnstuhl Emmas spielt und versucht, nach den Schürzenbändern ihrer Mutter zu haschen. „‚Laß mich', sagte Emma und wehrte das Kind mit der Hand ab. Aber die Kleine kam noch näher und schmiegte sich an ihre Knie. Sie umfaßte sie mit ihren Ärmchen und schaute mit ihren großen blauen Augen zur Mutter auf. Dabei liefen ein paar Tropfen Speichel aus dem Munde des Kindes auf Emmas seidene Schürze. ‚Laß mich!', wiederholte die junge Mutter sehr unwillig. Ihr Gesichtsausdruck erschreckte das Kind. Es begann zu schreien. ‚Aber so laß mich doch!', sagte Emma barsch und stieß ihr Kind mit dem Ellenbogen zurück. Berthe fiel gegen die Kommode, gerade auf den Messingbeschlag, der ihre Wange ritzte, so daß sie blutete" (Insel, 160).

Dieses brutale Zurückstoßen des Kindes, das sich zutraulich nähert, zeigt erschreckend Emmas Mangel an Mutterliebe. Flaubert schildert besonders eindringlich dieses Fehlen aller mütterlichen Instinkte. Selbstverständlich ist eine Verweigerung der Normenerfüllung an und für sich noch kein Zeichen für Décadence. Sie kann ein Protest gegen bestimmte Zustände in einer gesellschaftlichen Situation sein, eine Ablehnung bestimmter Forderungen, mit der Absicht, andere Postulate und neue Normen an ihre Stelle zu setzen. Damit wäre jene Verweigerung positiv und produktiv. Doch bei Emma fehlt eine substantielle Alternative völlig. Sie verweigert sich den für eine Landarztfrau geltenden Normen ausschließlich deshalb, weil sie ihr Dasein als banal und öde empfindet, weil es ihr nicht jene ersehnten Sensationen bietet, die ihre geschwächte Vitalität als Reize nötig hat. Wie labil ihre Konstitution ist, wird besonders in der Urfassung genau geschildert. „Bei der geringsten Kleinigkeit bekam sie nervöse Schwindelanfälle; wenn jemand unvermutet eintrat, wenn ein Stuhl umfiel, eine Tür zugeknallt wurde, bekam sie Zustände, und noch lange nachher zitterte sie am ganzen Leibe. Ganze Tage verbrachte sie in halb kataleptischer Stumpfheit, sah nichts, hörte nichts (...)“ (Sander, 205). Emma lebt in matter Dumpfheit dahin, vernachlässigt auch ihren Haushalt, den sie ganz dem Dienstmädchen überläßt. Sie läßt sich schließlich auf Liebschaften ein, um der langweiligen Öde ihres Alltags zu entkommen. Als sie sich in den Notariatsgehilfen Léon verliebt, ist sie freilich noch zu ängstlich, ihn zu ihrem Geliebten zu machen, was sie später bereut. Schließlich erliegt sie der Verführung des Rodolphe Boulanger, der das nahe Landgut La Huchette besitzt. „Immer wieder sagte sie sich: ‚Ich habe einen Geliebten, einen Geliebten!‘“ (Insel, 220). Und sie kommt sich vor wie eine der Pariserinnen, deren abenteuerliches Leben sie sich vorstellt. „Und fern, tief unten, im Dunkel, weit weg von diesen Höhen, lag der Alltag“ (Insel, 220). Sie genießt Sinnenglück und Leidenschaft, bis der Lebemann Rodolphe, statt mit ihr zu fliehen, sich unvermittelt von ihr trennt. Fast zum Selbstmord getrieben, erkrankt sie schwer. Als es ihr nach sehr langer Zeit besser geht, besucht sie in Rouen die Oper, wo sie Léon trifft, der dort in einem Anwaltsbüro arbeitet. Sie beginnt ein Liebesverhältnis mit ihm, trifft ihn jede Woche einmal in Rouen, wo die beiden in einem behaglichen Zimmer im Hôtel de Bourgogne einen Tag und eine Nacht leidenschaftlicher Liebe erleben. Emma tut alles, um die Liebeslust zu steigern, und genießt dann die üppigen Mahlzeiten, die sie selbst bezahlt. Eines Tages, als sie von Léon kommt, betrachtet sie, auf einer Bank sitzend, das Kloster, wo sie einst Schülerin war. Hier nun sieht sie ihr ganzes Leben an ihrem inneren Auge vorüberziehen, zuletzt auch Léon, der ihr jetzt genauso fern erscheint wie alle anderen Erlebnisse (Insel, 375 f.). Es ist die Stunde der Erkenntnis, in der ihr jegliche Illusion verloren geht. „Sie war dennoch nicht glücklich, und nie war sie das gewesen.“ Auch ihr Liebesglück mit Rodolphe und Léon war nur Schein, war – das ist ihre bittere Einsicht – offensichtlich nur Sinnenrausch ohne tiefere Bindung. „Warum reichte ihr das Leben nie etwas Ganzes? Warum kam immer gleich Moder in alle Dinge, die sie an ihr Herz zog?“ (Insel, 376). Schurigs Übersetzung ist hier allzu ungenau. Was Emma bedrückt, ist „das Ungenügen des Lebens, die sofortige Verwesung aller Dinge“. „D'òu venait donc cette insuffisance de la vie, cette pourriture instantanée des choses où elle s'appuyait“ (Französisch 316). Das ist die Weltsicht der Décadence, für die alles Seiende, wenn es noch so lebendig scheint, in Wahrheit schon ein Verwesen ist. Emma überlegt weiter: „Wenn es irgendwo auf Erden ein Wesen gab, stark und schön und tapfer, begeisterungsfähig und liebeserfahren zugleich (...), warum war sie ihm nicht zufällig begegnet? Ach, weil das eine Unmöglichkeit ist! Weil es vergeblich ist, ihn zu suchen! Weil alles Lug und Trug ist. Jedes Lächeln verbirgt immer nur das Gähnen der Langeweile, jede Freude einen Fluch, jeder Genuß den Ekel, der ihm unvermeidlich folgt. Die heißesten Küsse hinterlassen den Menschen nichts als die unerfüllbare Begierde nach der Wollust der Götter!" (Insel, 376). Das ist die trübe Bilanz von Emmas Erfahrung, die Einsicht, daß wirkliches Glück und Erfüllung absolut unmöglich sind. Das gilt jetzt nicht mehr nur für die beschränkte Existenz in Yonville, sondern überhaupt: Auch in Paris würde sich ihre Vorstellung als Illusion erweisen.

Das sind die Schlüsselsätze des Romans, zugleich diejenigen, die Flauberts Diktum „Madame Bovary, c'est moi" am genauesten rechtfertigen. Gauger zitiert sie nicht und verfährt in seiner Interpretation des Romans so, als gäbe es diese Sätze gar nicht. Er fragt schließlich, ob der Roman „eine Botschaft" habe, und verneint das. „Eigentlich will er gar nichts sagen."[13] In Wahrheit ist diese sogenannte „Botschaft" in jenen Sätzen enthalten. Sie ist freilich negativ. Emmas Einsicht in die absolute Unmöglichkeit, irgendeine Art von Glück und Erfüllung zu verwirklichen, bedeutet die endgültige Verzweiflung. Zunächst glaubt sie, Léon trotz aller Zweifel noch immer zu lieben. Aber Léon beginnt zu fürchten, daß er sich durch seine Liaison mit Emma kompromittiert, daß er seiner Laufbahn schadet. Bei beiden schwächt sich die Intensität der Liebe ab. „Sie kannten einander zu gut, als daß der gegenseitige Besitz sie noch zu berauschen vermochte. Ihre Liebe hatte die Entwicklungsfähigkeit verloren. Sie waren beide einander überdrüssig, und Emma fand im Ehebruch alle Banalitäten der Ehe wieder" (Insel, 384). Damit ist Emma Bovary am Ende. Der Ehebruch war von ihr als Flucht aus der Alltäglichkeit gemeint, aber der für Emma unerträgliche Alltag erfaßt auch die außereheliche Liebe. Auch sie wird zur Banalität. Auch ohne ihre Schulden könnte Emma jetzt nicht mehr weiter leben. Flaubert hat sie zu der Erkenntnis geführt, daß man der Banalität des Daseins niemals und auf keine Weise entkommen kann. Es war seine eigene Erkenntnis, aber er selbst konnte sich, anders als Emma, durch seine dichterische Arbeit retten. Er schrieb am 4. November 1857 an Mlle Leroyer de Chantepie: „Das einzige Mittel, das Dasein zu ertragen, ist dies: sich betäuben in der Literatur wie in einer unaufhörlichen Orgie."[14]

3. Thomas Mann und die Décadence

In den ‚Betrachtungen eines Unpolitischen', die eine Bilanz, Selbstbesinnung und Rechenschaft Thomas Manns enthalten, fragt sich der Autor: „Wie käme ich dazu, mich mit Deutschland zu identifizieren, wie komme ich zur positiven Kriegsteilnahme, zum patriotischen Enthusiasmus? Steht er mir an, kommt er mir zu? Kann er echt sein?" Er muß so fragen, sagt er, denn er sei doch „Chronist und Erläuterer der Décadence, Liebhaber des Pathologischen und des Todes, ein Ästhet mit der Tendenz zum Abgrund" (XII, 153 f.). Damit bekennt Thomas Mann, eindeutig und durchaus ohne Ironie, seine Zugehörigkeit zur Décadence. An anderer Stelle der ‚Betrachtungen' führt er diese Zugehörigkeit auf sein in dem Roman ‚Buddenbrooks' produktiv gewordenes Grunderlebnis zurück; es war „die ‚Entartung' einer solchen alten und echten Bürgerlichkeit ins Subjektiv-Künstlerische: ein Erlebnis und Problem der Überfeinerung und Enttüchtigung, nicht der Verhärtung; ein Lebensprozeß, dem ich nicht nur irgendwie als Zeitgenosse kritisch anwohnte, sondern den unmittelbar und tief anzuschauen ich geboren war" (XII, 139 f.). Gewiß läßt es sich nicht übersehen, daß das Wort Entartung hier in Anführungszeichen gesetzt, also mit ironischem Vorbehalt gebraucht ist. Es ist bekannt, daß Thomas Mann diesen Verfall ambivalent sieht, daß für ihn die Einbuße an Vitalität und willenskräftiger Aktivität zugleich einen Gewinn bedeutet, Vergeistigung, Sensibilisierung, Künstlertum. Das ist sehr oft festgestellt worden, man möchte fast sagen: zu oft. Denn das allzu häufig Ausgesprochene, so richtig es sein mag, verliert etwas an Wahrheit. Die allzu oft wiederholte Erklärung der Doppelwertigkeit jener Entartung läßt schließlich ihren negativen Aspekt verblassen. Die Entdeckung von Werten und Reizen im Verfall sollte nicht völlig vergessen machen, daß es Werte und Reize des *Verfalls* sind.

Für Thomas Mann war „das Erlebnis und Problem der Überfeinerung und Enttüchtigung", das er in der eigenen Familie und an sich selbst erfuhr, nicht nur, wie er sagt, die Voraussetzung für die Hervorbringung der ‚Buddenbrooks', „ein für die Geschichte des deutschen Bürgertums charakteristisches Werk", sondern es öffnete ihm den Sinn für die Phänomene des Verfalls überhaupt, das spezifische Interesse für die Décadence, das sein literarisches Schaffen weit über den Erstlingsroman hinaus bestimmt hat. 1913, mit achtunddreißig Jahren auf der Lebenshöhe, schreibt er in einem bereits zitierten Brief an den Bruder Heinrich: „Ich bin oft recht gemütskrank und zerquält, (...) die immer drohende Erschöpfung, Skrupel, Müdigkeit, Zweifel, eine Wundheit und Schwäche, (...) eine wachsende Sympathie mit dem Tode, mir tief eingeboren: mein ganzes Interesse galt immer dem Verfall, und das ist es wohl eigentlich, was mich hindert, mich für den Fortschritt zu interessieren."[1] Mit diesem konstanten Interesse an den Erscheinungen des Verfalls verstand sich jedoch Thomas Mann nicht etwa als Ausnahme und literarischen Außenseiter, sondern er sah es als ein Kennzeichen seiner Generation an. Im gleichen Jahr, als er jenen Brief an den Bruder schrieb, sagt er über den früh verstorbenen Schriftsteller Erich von Mendelssohn, der 1887 geboren, also zwölf Jahre jünger war als er selbst: „Übrigens aber war der Verfasser von ‚Nacht und Tag' ein typischer Angehöriger jenes Geschlechts von heute Zwanzig- und Fünfundzwanzigjährigen, das unter der Herrschaft des Regenerationsgedankens herangewachsen ist, – dieses dominierenden Zeitgedankens, der auch in der geistigen Verfassung der modernen Freiluft-Pädagogien offenbar eine wichtige Rolle spielt" (III, 228). Von dieser Altersgemeinschaft fühlt sich Thomas Mann selbst durchaus unterschieden, völlig zugehörig zur vorangehenden Generation. Von ihr heißt es: „Das intellektuelle Interesse, welches letzten Endes die heute zur Lebenshöhe vorgeschrittene Dichtergeneration beherrscht und beschäftigt, ist das Interesse am Pathologischen, am Verfall" (III, 228).

Diese Bemerkungen sind wichtig für die geistige Ortsbestimmung des Thomas Mannschen Werkes. Als Kennzeichen des „Regenerationsdenkens" nennt er die „Verherrlichung der Erde, des Leibes" oder „Gesundheits- und Kraftkultus überall" (X, 565). Auch Friedrich Huch wird in Thomas Manns Trauerrede auf den früh verstorbenen Dichter, ebenfalls 1913, als Repräsentant jener „Mischung aus feinster Intellektualität und prachtvoller Körperlichkeit" bezeichnet, „welche alle modernen Menschen und Bestrebungen, die man in das Schlagwort Regeneration zusammenfaßt, sinnfällig verwirklichte" (X, 411). Dieses Schlagwort von 1913 ist heute verschollen. Es meinte offensichtlich die entschiedene, konsequente Abkehr von der Décadence der Jahrhundertwende. Thomas Mann scheint dabei nicht an die Expressionisten zu denken, die, wie etwa Ernst Stadler, eine solche Absage verkündeten. Er denkt nicht nur, wenn auch wohl primär an literarische Vertreter einer Regeneration, sondern an die allgemeine Tendenz zur Körperkultur und zum Sport, zu einer „Rückkehr zur Natur".

Thomas Manns Notizen zu der von ihm geplanten großen Abhandlung über ‚Geist und Kunst' von 1909 und wohl noch Anfang 1910, die Hans Wysling vorzüglich ediert hat, geben einige Aufschlüsse über das, was er als Bewegung der Regeneration verstand. Die Notiz Nummer 49 nennt in Stichworten die entscheidende Polarität: „Geist – Christentum, Platonismus, Sinnlichkeit, Plastik – Heidentum." Weiter heißt es: „Die Zeit, mit ihren Regenerations- und leiblichen Bestrebungen, tendiert stark zu Letzterem. Zuweilen scheint mir, daß erst jetzt das Mittelalter sich endigt und daß die eigentliche Renaissance mit der Geburt Darwins und mit seinem Wirken beginnt, das, obgleich er Christ zu sein glaubte, der Anfang aller heutigen Ideale, der ‚Rückkehr zur Natur', der Betonung der Erde, des Leibes, der endgültigen Abkehr vom Christentum war."[2] Das stimmt zum Teil wörtlich überein mit der schon teilweise zitierten Stelle in dem Aufsatz über Erich von Mendelssohn. Und wenn hier von den „Gesundheits- und Durchsonnungstendenzen" die Rede ist, so hat Thomas Mann diese Formel schon zum Stichwort der Notiz Nummer 91 gemacht; er bezieht sich da auf einen Aufsatz von Friedrich Lienhard über „Sommerfestspiele", der die Freilichtbühne propagiert und dafür neue Stücke von literarischen „Festspieltalenten" fordert. „Denn erst wenn wieder *Freude* und *Durchsonnungskraft* in unsere Dichtung einkehrt", so meint Lienhard, „können wir Festspiele (...) feiern." Für Thomas Mann genügt die Erinnerung an die große dramatische Kunst Ibsens, um ihn „gegen den sonnigen und freudigen All-Fresco-Stil des volkstümlichen Festspiels höchst kühl und abwartend zu stimmen".[3] Polemisch bringt er den literaturfernen, „auf das leibliche Talent" reduzierten Schauspielstil mit der gleichzeitig propagierten „Nacktkultur" in Verbindung. Notiz Nummer 57 beginnt: „Künstlertheater (als Theorie) und Nacktkultur: innere Verwandtschaft."[4] Notiz Nummer 72 nimmt das Wort auf. Unter dem Stichwort „Literarische Nacktkultur" notiert Mann: „Jeder ist heute von diesen Tendenzen mehr oder weniger angesteckt, auch Geister, die man für immun halten sollte, und die Lebenssehnsucht, die Verherrlichung des Leibes, der nackt-persönlichen Wirkung, geht bis zum Hysterischen und Absurden." Thomas Manns Kritik richtet sich gegen Lion Feuchtwanger, der behauptet hatte, Dichtung sei nur vollwertig, wenn der Autor sie selbst vortrüge, und wir hätten sie heute „zum Buch vertrocknen lassen". Thomas Mann wendet sich auffallend scharf gegen die „Modenarrheit", der auch ein intelligenter Kopf wie Feuchtwanger erliege, indem er „die ganze literarische Kultur" in ihrer schriftlichen Fixierung verneine.[5]

Man sieht, Thomas Mann nimmt den modischen „Regenerationsgedanken" unwillig und mißtrauisch zur Kenntnis. Die umfangreiche Notiz Nummer 103 macht unter dem Stichwort „*Die neue Generation*, jenseits der Modernität" die Gründe dafür durchsichtig. Thomas Mann glaubt nicht, daß auf eine so billige Weise die Décadence überwunden werden könne, aber er fürchtet, daß er als Schriftsteller, der sich als Chronist der Décadence versteht, mit seinem Interesse für das Pathologische und den Verfall allzu schnell veralten und aufgrund jener Zeitströmung seine Geltung verlieren könnte. Er bemerkt in der Literatur freilich mehr bloße Reflexe dieser Regeneration als etwa ihre gültige Gestaltung, doch er glaubt ihre Symptome überall zu erkennen. „Aber in der Literatur höre ich es überall pochen. Speyers Novelle. Fühle da viel Neues, Zukünftiges, Junges, Symptomatisches, viel ‚neue Generation', viel Heraufkommendes, Gesundheit, kultivierte Leiblichkeit, vornehme Natur, vornehmes Wohlsein und dergleichen (...). Die Arbeit auf dem Felde (die seine Leidenschaft unter ihn bringt). Das Wandern und Schlafen im Freien. Die Tennispartie. Der Ritt. Das Brausebad. Das alles um seiner selbst willen da, stolz betont, stark empfunden. Ich rieche Morgenluft (...). ‚Man muß das Leben mit gesunden Händen anfassen'. Das hätte vor zehn Jahren kein junger Novellist geschrieben. Ich – grub mit 20 Jahren Psychologie: kein Unterschied der Bedeutung das, sondern einer der Generation. Interessant, interessant – und beunruhigend."[6]

Es handelt sich um die 1909 erschienene, recht mittelmäßige Erzählung ‚Wie wir einst so glücklich waren' von Wilhelm Speyer, der, 1887 geboren, mit der Familie Mann befreundet war. Er war im Landschulheim Haubinda erzogen worden zu jener neuen Naturnähe und gesunden Lebensform, die auch von der Jugendbewegung aus breitere Wirkung gewann. Hans Blühers Buch ‚Wandervogel. Geschichte einer Jugendbewegung' erschien 1912. Diesen Gesinnungswandel der Jugend also versteht Thomas Mann unter „Regeneration": eine Lebenserscheinung zunächst, noch nicht so sehr eine literarische Wandlung. Aber Thomas Mann ist beunruhigt. „Nicht durch beklemmend viel Talent kann diese Jugend den Baumeister Solness fürchten machen, aber durch dies Neue. *Hier* ist unsere Gefahr, rascher zu veralten, als nötig wäre." Thomas Mann spielt auf eine Szene in Ibsens ‚Baumeister Solness' an, in der der Baumeister seine Angst vor der nachwachsenden Jugend ausspricht, die ihn beiseite schieben und seine Kunst als überholt und abgetan verurteilen wird.

Die Aufzeichnung zeigt, daß Thomas Mann, obwohl sehr deutlich darauf bedacht, seine Geltung und Wirkung als Autor nicht zu verlieren, doch nicht bereit, auch nicht imstande ist, sich der neuen Gesinnung der Jugend anzupassen, die „das Leben mit gesunden Händen anfassen" möchte. Er kann sein Interesse am Pathologischen nicht aufgeben. Auch hier, wie im Mendelssohn-Aufsatz, heißt es: „Das Interesse, das, au fond, die Generation beherrscht, zu der Hauptmann, Hofmannsthal und ich gehören, ist das Interesse am Pathologischen." Den 1862 geborenen Hauptmann zählt Thomas Mann hier ohne weiteres zu seiner Generation und sieht auch sein Werk im Zeichen der Décadence. Das ist ungewohnt, aber bemerkenswert. Hauptmann ist, wie es in der Notiz Nummer 84 heißt, „der mitleidige Sänger leidender Menschlichkeit, der zärtliche Heger des Pathologischen".[7] Diese Deutung Hauptmanns hat einiges für sich. Schließlich ist auch ‚Vor Sonnenaufgang' die Darstellung des „Verfalls einer Familie", der äußere Aufstieg des Bauern erscheint in Wahrheit als Verfall; und auf andere Weise gilt das auch für ‚Das Friedensfest'. Die Willensschwäche ist ein Grundmotiv in dem Drama ‚Einsame Menschen', die Künstlerproblematik in ‚Michael Kramer' ist die Abwandlung eines Zeitthemas, und Erzählungen wie ‚Der Apostel', ‚Bahnwärter Thiel', ‚Der Narr in Christo' belegen reichlich Hauptmanns Interesse am Pathologischen. Thomas Mann verübelt es Hauptmann, daß er sich der Tendenz zur „Regeneration" zu unterwerfen sucht. „Hauptmann sucht eifrig Anschluß. Jemand sollte zählen, wie oft im Griechischen Frühling ‚gesund' vorkommt. Auch Hofmannsthal wird sich auf seine Art zu arrangieren suchen. Die Forderung der Zeit ist, alles, was irgend gesund ist in uns, zu kultivieren. Einfluß Whitmans auf die Jüngsten größer, als der Wagners."[8] Thomas Mann spricht mit mißtrauischer Ironie von diesem „Gesundheits- und Kraftkultus"; er hatte sieben Jahre zuvor in der Novelle ‚Tristan' in der Gestalt des robusten Herrn Klöterjahn, dessen Söhnchen ebenfalls von „exzessiver Gesundheit" strotzt, das Gesundheitspathos lächerlich gemacht, ehe es programmatisch wurde. Er bezweifelte die wirkliche Gesundheit dieses Typus („man kann auf gesunde Art krank sein").

Daß aber seine Altersgenossen Anschluß an die Regeneration suchten, fand er verächtlich, unecht und sinnlos. „Einmal", heißt es in der Notiz Nummer 88, „einmal hat Hauptmann den Versuch gemacht, gesund, heiter und undifferenziert zu sein. Es wurden die Jungfrauen von Bischofsberg daraus."[9] Das war ein Schauspiel von 1907, das allgemein als schwach und mißlungen galt. Auch dem Schriftsteller Hermann Bahr hat Thomas Mann damals seinen zu schnellen „Anschluß an das Allerneueste" vorgeworfen. „Jetzt hält er es behende mit Walt Whitmans indianischem Rousseauismus (...)."[10] „Wir um 70 Geborenen", so fährt die Notiz Nummer 103 fort, „stehen Nietzsche zu nahe (...). Unser Nietzsche ist der Nietzsche militans. Der Nietzsche triumphans gehört den fünfzehn Jahre nach uns Geborenen." Schon damals erkennt Mann die zweifache Rezeption Nietzsches, der sowohl der große „Psychologe der Décadence" wie der Verkünder des Machtwillens und der amoralischen Lebenssteigerung war. „Wir haben von ihm die psychologische Reizbarkeit, den lyrischen Kritizismus, das Erlebnis Wagners, das Erlebnis des Christentums, das Erlebnis der Modernität, – Erlebnisse, von denen wir uns niemals vollkommen trennen werden, so wenig, wie er selbst sich je vollkommen davon getrennt hat. Dazu sind sie zu teuer, zu tief, zu fruchtbar. Aber die Zwanzigjährigen haben das von ihm, was übrigbleiben wird (...). Sie haben von ihm die Bejahung der Erde, die Bejahung des Leibes, den antichristlichen und antispirituellen Begriff der Vornehmheit, der Gesundheit und Heiterkeit, Schönheit in sich schließt."[11]

Diese Notizen sind, was man bisher kaum gesehen hat, Zeugnisse einer Krise in Thomas Manns Bewußtsein, einer von der Wahrnehmung der wohl überschätzten Regenerationstendenz ausgelösten Krise, die seine Neigung zur Thematik der Décadence in Frage stellte. Er sah sich in Gefahr, mit vierunddreißig Jahren schon zu veralten. Aber diese Bedenken, die Furcht vor dem Baumeister Solness-Schicksal, eigneten sich nicht gut zu einer essayistischen Darlegung. Es mag mit daran gelegen haben, daß die geplante Abhandlung über ‚Geist und Kunst' nicht geschrieben wurde. Als seine Reaktion auf die Krise aber läßt sich der kleine Aufsatz ‚Süßer Schlaf' von 1909, also aus dem Jahre jener Notizen, verstehen, ein besonders intimes Selbstbekenntnis, und dann, ungleich gewichtiger, die 1911 geschriebene Erzählung ‚Der Tod in Venedig'. Sowohl der Aufsatz als auch die Novelle erweisen Thomas Manns innere Bindung an die Décadence und ihre Thematik. Von Kindheit an, so gesteht er in dem Aufsatz ‚Süßer Schlaf', habe er mit besonderer Intensität den Schlaf geliebt, und er erinnert mit Zustimmung an den Gedanken Mesmers, daß der Schlaf „vielleicht der dem Menschen natürliche, ursprüngliche Zustand sei". Die Wachheit, sagt Mann, „ist sicherlich nur ein Kampfzustand zum Schutze des Schlafes (...). Wohl uns, (...) wenn die grelle und zehrende Flamme des Bewußtseins die Welt um uns und in uns hinlänglich abgeleuchtet hat und wir unserem eigentlichen und glücklichen Zustand uns wieder überlassen dürfen" (XI, 334). Nach vielen Sätzen zum überschwenglichen Lob des Schlafes heißt es dann: „Ich habe in mir viel Indertum, viel schweres und träges Verlangen nach jener Form oder Unform des Vollkommenen, welche Nirwana oder das Nichts benannt ist (...). Was dagegen spricht, glaube mir, ist Korrektur und Zucht, ist (...) Moral" (X, 336). Hier also erscheint eine extrem gegensätzliche Haltung gegenüber jener mißtrauisch beobachteten „Regeneration". Die Umkehrung der sonst geltenden Wertung von tätiger Wachheit und Schlaf, die pessimistische, weltverachtende Passivität, ein „träges Verlangen" nach dem Nichts: das sind für die europäische Décadence bezeichnende Reflexe der Lehren Schopenhauers, dessen tiefe und nachhaltende Wirkung auf Thomas Mann auch dieser Aufsatz bezeugt, ebenso wie die Wirkung Wagners. Die Tristan-Musik rühmt Mann als Gegenstand seiner höchsten Liebe, weil sie aus der „Sehnsucht hin zur heiligen Nacht" geboren wurde. Als Motto für diesen Aufsatz könnte eine Notiz Nietzsches dienen, die lautet: „Das Bedürfnis nach Schlaf, die Vergöttlichung und Adoration selbst des Begriffs Schlaf in allen pessimistischen Religionen und Philosophien (...). In Praxi ist der Tod, der hier unter dem Bilde seines Bruders, des Schlafes, so verführerisch wirkt..." (III, 715).

Die namhaft gemachte „Moral der Kunst" wird dann im ‚Tod in Venedig' dem Schriftsteller Aschenbach zugesprochen, der, zart von Konstitution, mit straffster Disziplin sich große Leistungen abzwingt und den „Heroismus der Schwäche" bewährt wie der Senator Buddenbrook. Durch „Verwöhntheit, Überfeinerung, Müdigkeit und Neugier" als Décadent gekennzeichnet (VIII, 457), aber asketisch lebend, setzt er gleichsam gegen sich selbst eine Abkehr „von jeder Sympathie mit dem Abgrund" in sich durch, eine Abwendung von der „auflösenden und hemmenden Erkenntnis" (VIII, 455). Aber diese gesteigerte, zur Erstarrung führende moralische Zucht bewahrt ihn nicht vor dem verleugneten „Abgrund", sondern macht ihn gerade besonders anfällig für die Gefahr, einer zerstörenden und auflösenden Leidenschaft zu verfallen, die ihn bis zur Entwürdigung und Erniedrigung verdirbt. Mann hält also auch jetzt an der Verfallsthematik fest, sie wird sogar gesteigert und dadurch verschärft, daß hier gerade die harte Disziplinierung als Voraussetzung des schmählichen Erliegens, des Unterganges gezeigt wird. Aschenbachs Entwicklung war „Aufstieg zur Würde gewesen". Aber, so schreibt Mann später in den ‚Betrachtungen', das sei vergeblich. „Daß ein Künstler Würde gewinnen könne, stellte ich in Zweifel, ich ließ meinen Helden, der es versucht hatte, erfahren und gestehen, daß es nicht möglich sei." Thomas Mann macht freilich geltend, daß er in seiner Erzählung, die 1912 erschien, „früher als mancher andere" von dem Willen der Zeit zur Absage an die „Sympathie mit dem Abgrund" gewußt habe, an den „Psychologismus und Relativismus der ausklingenden Epoche", also des Fin de siècle, von der Wendung zur Zucht und Disziplin, „zum Willen, zur Wertbeurteilung". Er habe jedoch davon nicht nur als Beobachter gewußt. „Ich weiß wohl, daß der neue Wille, den ich scheitern ließ, mir überhaupt nicht zum Problem, zum Gegenstand meines Kunsttriebes geworden wäre, wenn ich nicht teil an ihm hätte, denn es gibt im Reiche der Kunst keine objektive Erkenntnis (...)" (XII, 507f.). Das ist ein grundsätzlich wichtiges Bekenntnis, das sich unmittelbar auf die Anti-Décadence bezieht, das aber ebenso für die Décadence-Thematik gilt.

Thomas Manns Interesse am Verfall dominiert auch im ‚Tod in Venedig'. „Ich gab alledem einen katastrophalen, das heißt: einen skeptisch-pessimistischen Ausgang." Wenn er *zunächst* den „neuen Willen" zur Festigkeit darstellt, so nicht, sagt Thomas Mann ausdrücklich, „als Prophet, nicht als Propagandist, sondern novellistisch, das heißt: experimentell und ohne letzte Verbindlichkeit" (XII, 517). In diesem Zusammenhang wird „experimentell" zu einem Schlüsselwort. Die Relativierung der Abkehr von der Décadence ist sehr klar formuliert, und der Gang der Novelle bestätigt dies. „Ihn aber scheitern zu lassen, diesen neuen Willen, und dem Versuch einen skeptisch-pessimistischen Ausgang zu geben, eben dies schien mir *moralisch*, wie es mir künstlerisch schien" (XII, 517). Inwiefern moralisch? – so wird man fragen. Es erklärt sich nur aus Manns eigentümlichem Moralbegriff, den er in einem anderen, ‚Von der Tugend' überschriebenen Kapitel der ‚Betrachtungen' erläutert. „Der Moralist unterscheidet sich von dem Tugendhaften dadurch, daß er dem Gefährlich-Schädlichen offen ist; daß er, wie es im Evangelium heißt, dem Bösen nicht widersteht (...). Was ist das Gefährlich-Schädliche? Seelenhirten nennen es die Sünde." Sie ist „Zweifel, der Zug zum Verbotenen, der Trieb zum Abenteuer, zum Sichverlieren, Sichhingeben, Erleben, Erforschen, Erkennen (...)" (XII, 397,399). Diese Anschauungsweise erinnert an die moralische Paradoxie in Oscar Wildes später einmal von Mann zitiertem Satz: „Der einzige Weg, einer Versuchung zu entgehen, ist der, ihr nachzugeben." (IX, 686)

Darum also nennt Thomas Mann Aschenbachs Scheitern „moralisch". Daß er es zugleich „künstlerisch" nennt, wird ebenfalls im Kapitel ‚Von der Tugend' verständlich gemacht: „Ein Künstler, meine ich, bleibt bis zum letzten Hauch ein Abenteurer des Gefühls und des Geistes, zur Abwegigkeit und zum Abgrunde geneigt, dem Gefährlich-Schädlichen offen. Seine Aufgabe (...) duldet keine Seßhaftigkeit in irgendwelcher Wahrheit und keine Tugendwürde" (XII, 402 f.).

Alle Äußerungen Thomas Manns, an die bisher erinnert wurde, ergänzen die oft zitierte grundlegende Äußerung über seinen Anteil an der Décadence als ihr „Chronist und Analytiker" (XII, 201), der mit ihrer Überwindung „wenigstens experimentiert". Was er unter „experimentieren" versteht, erklärt seine Bemerkung über den vergeblichen Versuch Aschenbachs, der Décadence abzusagen: Er bleibt in der Novelle „experimentell und ohne letzte Verbindlichkeit" (XII, 517).

Wenn Thomas Mann versucht, sich von der Décadence zuweilen zu distanzieren, so bestätigt er damit nur, daß das Bewußtsein der Décadence immer auch ein kritisches Bewußtsein ist. Das bedeutet: Sie wird erkannt, aber nicht total bejaht, nicht als absolut definitiver Zustand erfahren, in dem man sich dauerhaft ansiedelt, vielmehr ist sie eine transitorische Verfassung, in der man einen Übergang zur Gesundung sucht, ein Gegengewicht gegen die Schwäche. Wichtig aber ist, daß die Absage an die Décadence nicht ein einmaliger Akt ist, mit dem man sie endgültig hinter sich läßt, sondern ein Prozeß, der seinen Ausgangspunkt nie ganz aufgibt. Thomas Mann weiß genau, daß Décadence am wenigsten überwunden werden kann, wenn man sie verleugnet oder sie einfach abtun zu können meint. Er weiß – so paradox das klingen mag –, daß die Voraussetzung für eine Überwindung der Décadence ihre partielle Bejahung ist.

Ein primär am Verfall interessierter Schriftsteller, der mit der Absage an die Décadence unverbindlich experimentiert, – das war Thomas Mann von Anfang an, und er ist es immer geblieben. Er ist dabei entscheidend von Nietzsches Deutung und Wertung der Décadence bestimmt. Sie ist für ihn ein Phänomen, zu dem vitale Schwächung, Überfeinerung, nervöse Anfälligkeit und Reizbarkeit gehören, ferner Müdigkeit, eine tiefe Skepsis gegenüber der Aktivität fordernden Lebenswirklichkeit und allen Werten der einseitigen Vita activa, die so oft in formelhafter Wiederholung erwähnte „Sympathie mit dem Tode". Dazu gehört die entfremdende Entfernung von der Wirklichkeit, das Gefühl des Getrenntseins von ihr, wie es Tonio Kröger oder Hofmannsthals Claudio erfahren, oder wie es André Gide in seinen frühen symbolistischen Traktaten beschreibt. Der Verlust einer unbefangenen Lebenssicherheit führt zu jener „formalen Existenz", die schon im Senator Thomas Buddenbrook, abgewandelt dann in dem Roman ‚Königliche Hoheit' und in anderen Variationen erscheint.

Die Analyse der Décadence ermöglicht für Thomas Mann Erkenntnis, Erkenntnis des Menschen überhaupt. Schwäche, Krankheit, Verfall gehören in seiner Sicht genauso wesentlich und notwendig zur menschlichen Gesamtexistenz wie Kraft, Gesundheit und Wachstum. Denn „alle Menschen", sagt Nietzsche, „die gesündesten voran, sind gewisse Zeiten ihres Lebens krank (...). Und was die Décadence betrifft, so stellt sie jeder Mensch, der nicht zu früh stirbt, in jedem Sinne beinahe dar, – er kennt also auch die Instinkte, welche zu ihr gehören, aus Erfahrung – für die Hälfte fast jedes Menschenlebens ist der Mensch décadent" (III, 707).

Die eigentliche Legitimation für die relative Bejahung der Décadence liegt in Nietzsches Lebensbegriff, zu dem sich Thomas Mann noch 1918 in den ‚Betrachtungen' mit großer Entschiedenheit bekennt. „Der Lebensbegriff", so schreibt er da, „ist es, den Nietzsche mit neuem Gefühle durchdrungen, mit einer neuen Schönheit, Kraft und heiligen Unschuld umkleidet, zum obersten Range erhoben, zur geistigen Herrschaft geführt hat (...). Wenn aber ich auf eine Formel, ein Wort bringen sollte, was ich ihm geistig zu danken habe, – ich fände kein anderes, als eben dies: die Idee des Lebens" (XII, 84). Leben aber, im Sinne Nietzsches und seiner Zeitgenossen, besteht im Blühen und Welken; Wachstum und Verfall verbinden sich untrennbar in ihm, Aufstieg und Niedergang gehören eng zusammen, so daß erst beides das Leben ausmacht. In dieser Sicht ist die Betrachtung jeder Seite der Lebenstotalität gleichberechtigt mit der der anderen. „Der Tod ist dem Leben eingeboren", heißt es an anderer Stelle der ‚Betrachtungen', „Leben selbst ist Sterben und dennoch Wachstum zugleich" (XII, 114).

In ‚Buddenbrooks' erscheint der Verfall im neurotischen Christian, der komisch wirkt und doch bei aller Lebensschwäche Sympathie erweckt, während die Gestalt des Senators mit ihrem „Heroismus der Schwäche" die Farbe des Tragischen trägt, der kleine Hanno rührend wirkt und melancholisch stimmt. Diese drei Typen werden schon in den frühen Erzählungen und auch später vielfach variiert und durch andere ergänzt. Die Problematik des dekadenten Künstlers erscheint immer wieder bis zum ‚Doktor Faustus'; die formal-künstliche Existenz als „repräsentatives Scheinleben", das in dem Prinzen Klaus Heinrich dargestellt wird, begegnet spät wieder bei dem Potiphar des Joseph-Romans. Das artistische Rollenspiel wird im ‚Felix Krull' parodistisch-satirisch vorgeführt, in Joseph mit mythologischen Bezügen abgewandelt. Die Geschwisterliebe mit ihren dekadenten Raffinements, wie sie 1906 in ‚Wälsungenblut' erscheint, klingt ganz leise in ‚Königliche Hoheit' an und wird 1951 wiederum zum Thema in ‚Der Erwählte'.

Diese Motiv-Konstanten sind sehr bekannt, wenn auch nicht immer in ihrem inneren Zusammenhang als Décadence-Motive begriffen. Aber es gibt auch weniger beachtete. Die spezifische Grausamkeit der Femme fatale ist in einigen frühen Novellen anzutreffen. Sie war repräsentativ gestaltet in Oscar Wildes ‚Salome', die Thomas Mann tief bewunderte und noch 1918 „ein Werk von unsterblicher Prägnanz und Kraft" nannte (XII, 548). Diese Grausamkeit begegnet bei Frau von Rinnlingen in ‚Der kleine Herr Friedemann', bei Amra Jacoby in ‚Luischen', aber das Motiv kulminiert erst bei der Frau des Potiphar im Joseph-Roman, die schon, als Joseph sie zum ersten Mal erblickt, vom Erzähler angekündigt wird als Femme fatale, nämlich als „verhängnisvolle Person" (V, 1140). Die Beständigkeit der Décadence-Motive ist erstaunlich. 1936, dreiundvierzig Jahre nach Wildes ‚Salome', läßt Thomas Mann eine Frau von ganz ähnlicher Gefährlichkeit und Grausamkeit auftreten. Sie gibt sich scheinbar unterwürfig, aber sobald Josephs Widerstand sie reizt, zeigt sie sich als machtvolle Frau, die „nun aber die Klaue zu heben schien wie ein Löwenweib", als Sphinx also, als mythisierte Femme fatale (V, 1165). So erscheint noch einmal Carmen, noch einmal Salome. Die Frau des Potiphar ist ohne Gewissen, hat vor, ihren Gatten zu vergiften, und schwelgt in den grausamen Vorstellungen, wie Joseph, den sie bei Potiphar verleumden will, einem Krokodil zum Fraß überlassen oder bei lebendigem Leibe verbrannt wird, und sie „malt" ihm das und andere Folterqualen aus (V, 1206).

Die alten Motive also! Der neue Pharao, der sechzehnjährige Amenhotep, fanatischer Anhänger einer neuen Religion, des Gottes Aton, ist Priesterkönig wie Georges Algabal und erfährt auch dessen inneren Konflikt zwischen den weltlichen Aufgaben und den bevorzugten priesterlichen. Er ist kränklich, sein überempfindlicher Magen bewirkt schwere Anfälle, aber er „fürchtete sie weniger, als er ihnen mit einer gewissen erwartungsvollen Begierde entgegensah! Denn bereichert von authentischen Belehrungen und Offenbarungen über die schöne und wahre Natur des Aton kehrte er aus ihnen an den Tag zurück" (V, 1378 f.). Amenhotep liebt die Krankheitsanfälle, ähnlich wie Schnitzlers Anatol die Krankheit der Gesundheit vorzieht. Daß Amenhotep ein junger Décadent ist, macht Thomas Mann noch zusätzlich deutlich, fast überdeutlich durch den Vergleich seines Aussehens mit dem „eines jungen vornehmen Engländers von etwas ausgeblühtem Geschlecht"; und er bemerkt dazu, die Jahrtausende dürfen uns nicht „von dem zutreffenden Gleichnis abschrecken" (V, 1414). Der Erzähler beschreibt das Gesicht des zeitgenössischen Engländers so, daß man, abgesehen von dem „etwas eingedrückten Sattel der Nase", stark an das Aussehen Oscar Wildes erinnert wird: „langgezogen, hochmütig und müde, mit nach unten ausgebildetem, also keineswegs mangelndem und dennoch schwachem Kinn, einer Nase, deren schmaler, etwas eingedrückter Sattel die breiten, witternden Nüstern desto auffallender machte, und tief träumerisch verhängten Augen, von denen er die Lider nie ganz aufzuheben vermochte, und deren Mattigkeit in bestürzendem Gegensatz stand zu der nicht etwa aufgeschminkten, sondern von Natur krankhaft blühenden Röte der sehr vollen Lippen" (V, 1414). Wenn Thomas Mann dem Pharao das Aussehen eines dekadenten Engländers zuschreibt, so evoziert er damit die Atmosphäre des Fin de siècle, als dessen Gleichnis das Ägypten des Amenhotep erscheint.

Als Joseph in Ägypten im Hause des Potiphar vertraut wird, spürt er dort die Atmosphäre von „Freigeisterei", von Aufsässigkeit gegen den alten Gott Amun, die Vorliebe für ausländische Kulte und Erzeugnisse bei den wenig aktiven Erben der tüchtigen und erobernden Vorfahren. Das erfreute Joseph, so heißt es. „Aber es erfreute ihn noch mehr und Allgemeineres, was ihn anwehte aus der Welt, in die er verpflanzt worden, und was er beim Spüren nach Gunst und Ungunst erschnupperte (...); ein Element, vertraut seinem Wesen, darin er sich wohl fühlte wie ein Fisch im Wasser. Es war Spätherbst, das Schon-fernab-Sein einer Gesellschaft von Enkeln und Erben von den Gründungen und Mustern der Väter, deren Siege sie in den Stand gesetzt hatten, das Besiegte fein zu finden. Das sprach den Joseph an, weil er selbst schon spät daran war nach Zeit und Seele, ein Sohnes- und Enkelfall, leicht, witzig, schwierig und interessant" (IV, 835). Der junge Joseph gelangt aus dem Lande seiner Väter in die dekadente Welt der ägyptischen Oberschicht, und er fühlt sich sofort darin zu Hause, weil er selbst ein Spätling ist, Nachkomme alter, starker Geschlechter. Vielleicht ist es erlaubt, in diesem Vorgang einen zeitfernen Reflex jenes Augenblicks zu sehen, in dem der junge Thomas Mann, später Erbe kaufmännisch tätiger und erfolgreicher Vorfahren, in die Welt des als Spätkultur verstandenen Fin de siècle in den neunziger Jahren eintrat und in ihr heimisch wurde.

4. Stefan Georges ‚Algabal'
Décadence als Herausforderung

Friedrich Gundolf wie auch andere Jünger Georges haben es ängstlich vermieden, das Frühwerk Georges und seinen Algabal-Zyklus von 1892 der literarischen Décadence zuzuordnen, offenbar weil sie meinten, damit dem Ruhm ihres Meisters Abbruch zu tun. Doch ist diese Zugehörigkeit Georges, der persönlich als Dandy mit grauem Zylinder und Brokatkrawatte auftrat, ganz offensichtlich und wird schon durch seine Bewunderung für Baudelaire bezeugt. Mit der Übersetzung von Gedichten Baudelaires, von denen eine erste Reihe 1891 erschien, begann George seine dichterische Tätigkeit. Die Gestalt des Priesterkaisers Heliogabal (Algabal) ist in der französischen Literatur eine bekannte Figur. Théophile

Gautier bedauert in seiner Erzählung ‚Une nuit de Cléopatre‘ (1845) die Ärmlichkeit der Feste und des Lebensstils seiner Zeit im Vergleich mit dem alten Orient oder Rom und äußert Klage und Trauer darüber, „daß es uns nicht vergönnt war, zu den Zeiten (...) der römischen Kaiser und Sonnenpriester zu leben“.[1] Gautier verteidigt eine „Glorifikation des Anrüchigen“. Für seine These, daß große Menschen sich jenseits moralischer Maßstäbe verwirklichen, nennt er als Beispiele neben Sardanapal und Kleopatra auch Heliogabal. Flaubert schreibt in einem Brief an Louis de Cormenin vom 7. Juni 1844: „Ich habe kürzlich das Leben Heliogabals bei Plutarch gelesen. Dieser Mann hat eine ganz andere Schönheit als Nero. Das ist asiatischer, fiebernder, romantischer, zügelloser: Das ist der Abend des Tages, das ist ein Delirium bei Fackelschein.“[2]

Stefan George ist also keineswegs der einzige, den die Figur des spätrömischen Priesterkaisers faszinierte. Heliogabal wird im 19. Jahrhundert von vielen Autoren als ein Prototyp der Décadence erwähnt oder zum Gegenstand literarischer Darstellung gemacht. Ein Hinweis auf ihn findet sich bereits bei Edgar Allen Poe, der den Sonnentempel in Syrien beschreibt und Heliogabal erwähnt, weil er den Kult des Sonnengottes in Rom eingeführt hat.[3]

Die Welt der römischen Verfallszeit hat z. B. auch Marcel Schwob, ein Autor der Décadence, in seinen Erzählungen beschrieben, eine Zeit, die Edmond de Goncourt einfach als „Zeit des Heliogabal“ bezeichnet und der er eine besondere Anziehungskraft für die Künstler seiner Gegenwart zuschreibt. Goncourt schreibt an Schwob: „Sie beschwören das Altertum mit magischer Kraft, jene Zeit des Heliogabal, der sich die Phantasie der Denker und der Pinsel der Maler zuwendet.“[4] So ist es nicht überraschend, daß auch Huysmans in ‚A Rebours‘ Heliogabal in Erinnerung bringt, und zwar als heidnische Gegenfigur zu dem Kirchenvater Tertullian. Dieser, sagt Huysmans, hatte „in bewegten Zeiten gelebt“; „unter Caracalla, unter Marcrinus und dem wundersamen Großpriester von Emesa, Elagabal, arbeitete er ruhig an seinen Predigten (...).“ Er empfahl einfache Lebensführung, „während Elagabal, über silbernen Staub und goldenen Sand schreitend, mit tiaragekröntem Haupt und edelsteinübersäten Gewändern inmitten seiner Eunuchen an Frauenarbeiten teilnahm, (...).“[5] Elagabal ist eigentlich der Name des Gottes, der auf dessen Priester übertragen wurde.

Jean Lombard beschreibt in seinem Roman ‚L'agonie‘ von 1889 das Rom der Zeit Heliogabals, an dessen Hof wüste Orgien und unerhörte Laster üblich waren. In diesem figurenreichen, mit erstaunlichen Detailkenntnissen geschriebenen historischen Roman ist Heliogabal eine zentrale Gestalt, und nicht wenige Motive, die für das Dasein und Gebaren des Kaisers bezeichnend sind, finden sich auch bei George, so die übermäßig prächtige, mit Edelsteinen übersäte Gewandung des Kaisers, die

Verehrung des schwarzen Steines oder seine Grausamkeiten. Auch Lombards Heliogabal läßt die Gäste eines Festes am Ende unter Blumen (Rosen, Nelken usw.) ersticken. Wenn Algabal klagt: „Arger tag wo in der heimat meinen tempel ich verließ“ (I, 55), so sagt sich Heliogabal bei Lombard: „Besser wäre es gewesen in Eremesa zu bleiben, ohne Reich zu leben, nur dem Schwarzen Stein zu opfern.“[6] Bei Lombard wie bei George ist der Kaiser entschlossen, sich selbst zu töten, ehe er in die Hände der Aufständischen fällt (I, 53). Es ist gut möglich, daß George Lombards Roman kannte. Beweisen läßt es sich nicht, die Übereinstimmung der Motive erklärt sich aus gemeinsamen Quellen. Die Vita des Priesterkaisers Heliogabalus ist in den Darstellungen von Dio Cassius, Herodianus und Lampridius überliefert, von dem George, wie Claude David gezeigt hat, viele Wesenszüge und Verhaltensweisen Algabals übernommen hat.

Auch Mommsens ‚Römische Geschichte‘ mag George gekannt haben. Die geschichtlichen Grundlagen der Algabaldichtung werden eingehend behandelt von Manfred Durzak in seinem Buch ‚Der junge Stefan George‘ (München 1968) und in einem Aufsatz von Victor A. Oswald, ‚The Historical Content of Stefan Georges *Algabal*‘.[7] Auch Ernst Morwitz geht in seinem ‚Kommentar zu dem Werk Stefan Georges‘ (München-Düsseldorf 1860) auf die geschichtlichen Voraussetzungen des Algabal-Zyklus ein. Er hält es für möglich (S. 44), daß George durch Huysmans auf Heliogabal aufmerksam wurde. Auf Lampridius gehen nach der Beobachtung Claude Davids zum Beispiel die kostbaren Gewänder des Kaisers zurück, auch der für den Sonnengott errichtete Tempel, dessen Inneres nur der Kaiser betreten darf. Die Teilnehmer der täglich zu dem Tempel schreitenden Prozession müssen draußen bleiben. Daß sie des Kaisers Weg mit Blumen bestreuen, nämlich mit Lilien und Narzissen, – auch solche Einzelheiten übernimmt George von Lampridius, der auch die im ‚Algabal‘ geschilderte Rivalität des Kaisers mit seinem Bruder Septimius Severus berichtet, die Intrige der Großmutter, die Heirat mit der bald verstoßenen Vestalin Aquilia Severa, die grausamen Spiele auf den Festen und vieles andere.

Claude David hat aber auch fraglose Übereinstimmungen mit Dichtungen Baudelaires und Villiers’ de l’Isle-Adam aufgewiesen. In der unterirdischen, künstlichen Welt des ersten Gedichtes finden sich Anklänge an Baudelaires ‚Rêve parisien‘. „Es ist die gleiche metallene Landschaft, ‚voller Wasserbecken und Kaskaden‘, es sind die gleichen Ströme, die von Rubinen und Granaten sprühen (...).“[8] Auch in ‚Eve future‘ von Villiers de l’Isle-Adam erscheint eine künstliche, von Edison in einem unterirdischen Laboratorium hergestellte Welt, die er wie George der unvollkommenen, nichtigen Wirklichkeit gegenüberstellt. Die enge Verwandtschaft mit ‚Algabal‘ ist hier ebenso deutlich wie in Huysmans’ ‚A rebours‘ mit seiner alle Natur ausschließenden, völlig artifiziellen Welt. Den Weg, „der schnurgerad zum nichts führt“, wie er 1892 an Hofmannsthal schrieb,[9] ist George nicht gegangen, vielmehr hat er die Umkehr vorzubereiten versucht. Das Gedicht ‚Den Brüdern‘, das 1899 im ‚Teppich des Lebens‘ erschien (I, 214), kündigt an, daß er sein geliebtes „sieches Österreich“ jetzt beklagt.

Wir – wie ihr – zeigten glücklichen barbaren
Daß höchster stolz ein schönes sterben sei.

Mit diesem Vers bekennt sich George zu seiner eigenen Teilhabe an der Décadence. Doch die Abwendung von ihr erfolgt, wenn es weiter heißt:

Bis wir bemerkt wie sehr wir lebend waren
Da schlossen wir uns stärkern trieben bei.

Vernahmen vor uns reiche fülle kreissen
Und frische wünsche traten uns zunächst ...
Da wollten wir euch freundlich an uns reißen
Mit dem was auch in euch noch keimt und wächst.

Denn dazu lieben wir zu sehr euch brüder
Um zu genießen nur als spiel und klang
An euch die schwanke schönheit grabes-müder
An euch den farbenvollen untergang.

Aber noch kurz vorher fand zuweilen doch wieder das Endzeitbewußtsein in den ‚Blättern für die Kunst‘, eine bange Furcht vor dem Untergang, seinen Ausdruck. So schrieb Ludwig Klages im vierten Jahrgang der ‚Blätter‘ 1895: „schwere zweifel beunruhigen uns (...). wäre vielleicht doch unsere Kunst die traurige glut einer abenddämmerung über einem menschheitstage welcher untergeht?“[10] Das gleiche Spätzeitbewußtsein erscheint in einem Gedicht Georges, das 1897 im ‚Jahr der Seele‘ veröffentlicht wurde (I, 165).

Ihr tratet zu dem herde
Wo alle glut verstarb
Licht war nur an der erde
Vom monde leichenfarb.

Ihr tauchtet in die aschen
Die bleichen finger ein
Mit suchen tasten haschen –
Wird es noch einmal schein!

Seht was mit trostgebärde
Der mond euch rät:
Tretet weg vom herde.
Es ist worden spät.

Gundolf hielt das Gedicht für undeutbar, „in jedem 'Sinn' unverständlich".[11] Er verzichtete auf die zu billige Deutung, daß hier nur das Ende einer Liebesbeziehung gespiegelt sein könnte. Dagegen spricht, daß das Erlöschen der Glut nicht im Innenraum der Seele geschieht, sondern deutlich an einem Ort und Gegenstand der Außenwelt, die auch als Erde in fahlem Mondlicht genau zu Erscheinung kommt. Das sind Symbole der Welt, nicht des Seelenzustands.

Aber undeutbar sind die Verse keineswegs, sondern in Wahrheit völlig verständlich, wenn man nur Stefan Georges von seinen Jüngern gern geleugnete enge Bindung an die Zeitsituation versteht und wahrnimmt, daß er sich einer Zeit des Verfalls zugehörig fühlte.

Das Gedicht ist Ausdruck des im Fin de siècle aufkommenden Endzeitbewußtseins. „Ihr tratet zu dem herde" – mit „Ihr" sind die Zeitgenossen angesprochen, die den Verfall nicht deutlich erkannt haben im Gegensatz zum Dichter, der diese Erkenntnis im Bilde der verloschenen Glut ausspricht. Die „Glut" meint alles starke, vollwertige, sinnerfüllte Leben, das jetzt erstorben ist. In der literarischen Tradition wird die Spätzeit der Décadence meist mit der Metapher der „sinkenden Sonne" bezeichnet. Doch in Georges Gedicht ist diese Sonne bereits versunken, das einzige Licht kommt noch vom kalten Monde, dessen Blässe („leichenfarb") das entflohene Leben verrät. Ebenso bleich sind die Finger der dünnblütigen Spätlinge, die aus der Asche neue Glut zu entfachen suchen. Das kann nicht gelingen, auch wenn aus der Asche „noch einmal" ein Schein aufleuchtet.

Er ist trügerisch. Nach der Zeile „Wird es noch einmal schein!" setzt George ein Ausrufungszeichen, das aber keinen Ausruf bezeichnet, sondern in kunstvoller Verwendung aufmerksam macht auf einen nicht ohne weiteres ablesbaren Doppelsinn. Das Aufleuchten, das aus der Asche steigt, ist nur Schein, kein echtes, belebendes Feuer mehr. Das Wort hat hier die gleiche Bedeutung wie in einem anderen Gedicht („Dies leid und diese last ...") aus dem 'Jahr der Seele', das gleichfalls einen unabwendbaren Verlust beklagt, und wo es heißt (I, 158): „Vergebliches die arme spannen/ Nach dem was nur mehr schein." Auch das Wühlen in der Asche ist vergeblich.

In der Öde um den erkalteten Herd vermag nur das einzige, wenn auch blasse Licht des Mondes noch einen Trost zuzuwinken: den Trost, der in der Resignation, im Aufgeben, im Annehmen des Verfalls liegt. Die dritte Strophe verleiht der Weisung des Mondes durch einen Rhythmuswechsel besonderes Gewicht: Die zweite Zeile hat nur zwei schwere Hebungen statt der in allen anderen Versen vorhandenen drei Hebungen: „Der mond euch rät." Die Weisung des Mondes ist Abweisung: „Tretet weg vom herde."

Das Gedicht, im Stil eines strengen Symbolismus, kommt mit zwei

Bildern aus: Herd und Mond. Es gibt eine herbe, in die Enge stärkster Verknappung gedrängte Versprachlichung einer bitteren Einsicht und läßt erst ganz am Ende das Schlüsselwort erscheinen: „spät". Es antwortet auf viele Stimmen der europäischen Dichtung seit Baudelaire und findet seinerseits ein vielfältiges Echo in der zeitgenössischen Literatur. Die Melancholie der Schlußzeile wird durch ihre prägnante Simplizität von Larmoyanz freigehalten und läßt sich wie ein Kennwort über die Epoche setzen: „Es ist worden spät."

Es ist pure Deutungswillkür, wenn Gundolf versucht, Algabal als Verkörperung von „Urformen menschlicher Triebe und kosmischer Mächte" zu stilisieren, die George „durch das schaurig tolle Fratzenbild" der Überlieferung hindurch geahnt hat, und „Bändigung des triebhaften Lebens" als „Sinn der ganzen Gestalt" zu erklären.[12] Ebenso verfehlt ist die Deutung von Wolters, der in Algabal „Bild und Recht des herrscherlichen Menschen" sieht und den kaiserlichen Spätling zum ungebrochen kraftvollen Machthaber stilisiert.[13]

Manche Betrachter haben gemeint, die Figur Algabals und seine eigentümlichen Erfahrungen seien nur ein beliebiger Anlaß, ja ein Vorwand, um schöne Verse von sublimem Klangreiz hervorzubringen, seien aber als Gegenstand ohne jede Bedeutung, wenn man davon absehe, daß mit der Figur Algabals eine Sphäre von Glanz und Pracht, von ästhetischen Reizen gegeben ist und daß die graue Alltagswelt schon durch den gewählten Gegenstand ausgeschlosen wird. Dieser Ansicht, die für die gern als Ästhetizismus bezeichnete Kunst Georges den Bezug zur außerästhetischen Wirklichkeit und einen überästhetischen Sinn leugnet, ist ein genaueres Verständnis der Absichten Georges entgegenzustellen.

Zunächst ist sofort einleuchtend, daß die von George gewählte Thematik doch in einem Punkt mehr als der bloße Vorwand zu schönen Versen ist. Denn die Abweichung von der herkömmlichen Motivik der deutschen Lyrik ist so markant, so radikal, daß diese Verse provozierend wirken mußten. – Sie enthalten eine Ablehnung der spätromantischen Tradition und ihrer Gefühlswelt. Die Gestalt des syrischen Priesterkaisers der römischen Verfallszeit und seine künstliche Welt, – das war eine Herausforderung der zeitgenössischen Leser, die in den Gedichten der Geibel und Heyse usw., also der spätromantischen Epigonen, verbrauchte Bilder der Natur, entleerte Gefühlsschablonen zu finden gewohnt waren. Durch die Umdichtungen von Gedichten Baudelaires für einen freilich begrenzten Kreis vorbereitet, war ‚Algabal' 1892 ein literarisches Ereignis, – aber nicht im Sinne eines selbstgenügsamen l'art pour l'art. Denn hier wurde die Verklammerung gesprengt, die moderne Industriewirtschaft mit abgestandener Naturlyrik, harten Militarismus und rasante Technisierung mit falscher Idyllik und hohlem Pathos einer Pseudopoesie verband. Die Auflösung dieser Verklammerung und ihrer Verlogenheit war nicht nur ein selbstgenügsames Kunstspiel, sondern sie war im Stande, zur Veränderung des Bewußtseins etwas beizutragen. So hieß es schon 1895 in den ‚Blättern für die Kunst': „Wir suchten die umkehr in der *kunst* einzuleiten und überlassen es anderen zu entwickeln wie sie aufs *leben* fortgesetzt werden müsse."[14]

Georges ‚Algabal' bedeutet eine Variante der europäischen Décadence. Das Bewußtsein des Niedergangs, der Verfallszeit ist der notwendige Ausgangspunkt für die Erneuerung, die der spätere George verkünden und bewirken möchte. Um diese Versuche vorzubereiten, war nicht nur eine modische Décadencestimmung, sondern eine tiefe und radikale Erfahrung von der Nichtigkeit des Daseins, der Verlorenheit des Ich in diesem Dasein notwendig. Der junge George nannte sich im Gespräch mit Schuler einen Poète maudit, und er sprach von der tiefen Wirkung der Verse Verlaines auf ihn. „Hier hörten wir zum erstenmal frei von allem redenden beiwerk unsere seele von heute pochen" (I, 509). Ein Brief Georges an Hofmannsthal aus den kritischen Wiener Tagen im Januar 1892 spricht davon, daß er sich lange nach einem alles verstehenden Wesen sehnte: „jenes wesen hätte mir neue triebe und hoffnungen gegeben (denn was ich nach Halgabal noch schreiben soll ist mir unfaßlich) und mich im weg aufgehalten der schnurgrad zum nichts führt."[15] Es gibt keinen Grund, daran zu zweifeln, daß dieses Bekenntnis aufrichtig ist, daß George sich mit Algabal auf dem Wege zum Nichts sah. Wenig später gesteht eine Äußerung Georges der Décadence, indem er ihren Anspruch, die einzige Bewegung der Gegenwart zu sein, leugnet, ein relatives Recht zu. In den ‚Blättern für die Kunst' heißt es 1894: „Niedergang (dekadenz) in verschiedener hinsicht ist eine erscheinung die man unklugerweise zum einzigen ausfluß *unserer* zeit machen wollte ..." Doch der Satz fährt fort mit dem Zugeständnis: „die gewiß auch einmal in den rechten händen künstlerische behandlung zuläßt sonst aber ins gebiet der heilkunde gehört".[16] Bei den „rechten händen" denkt George sicherlich vor allem an seine eigenen. Er macht auch einen Unterschied zwischen eindeutig krankhaften Formen und dem, was manche Mediziner als „dégéneration supérieure" bezeichneten. Schließlich heißt es: „Jede niedergangs-erscheinung zeugt auch wieder von höherem leben." Das ist eine Formel für fast alle Décadence-Dichtung, auch zum Beispiel für Thomas Manns ‚Buddenbrooks'.

Die vielfältigen Beziehungen des ‚Algabal' zur französischen Dichtung, die aufzeigbaren Einflüsse von Baudelaire und Villiers hat vor allem Claude David deutlich gemacht.[17] Im ‚Algabal' erscheinen viele Motive und seelischen Attituden der Décadence: gesteigerte Sensibilität, Bedürfnis nach Pracht und nach der Häufung des Kostbaren und Erlesenen, nervliche Überreizung und Reiz-Sucht, eine Neigung zur Grausamkeit, Abschließung und stolze Isolierung, Hang zur Künstlichkeit, weiterhin

Passivität als bewußt reduzierte Aktivität, Einsicht in die Sinnlosigkeit des Handelns, in die Leere und Wertlosigkeit der Wirklichkeit; Skepsis, Müdigkeit, Todesverlangen treten hinzu. All diese Motive und Haltungen finden sich zum Beispiel auch in Huysmans Roman ‚A rebours' von 1884. Die lateinischen Schriftsteller der Verfallszeit, die Des Esseintes mit Begeisterung liest, kannte auch George.[18]

Gewiß ist Georges Algabal durch Rang und adelige Haltung, durch Wissen und Scharfblick ausgezeichnet. Doch geht jede Deutung fehl, die ihn als Gegenfigur der Verfallszeit gegenüberstellen möchte, als sei er vom Niedergang nicht betroffen. Vielmehr manifestiert sich auch in ihm, nur anders als bei der Menge, diese Verfallszeit. „Ich bin als einer so wie sie als viele" (I, 52), sagt der wissende Algabal. Wenn er an seinen „schwersten tagen" (I, 52) das Volk quält, so wünscht dieses Volk auch seinerseits die Qual der Gladiatoren bei den „fechterspielen" (I, 52) zu sehen. Solche Momente des Verhaltens verdeutlichen die Ambivalenz der Figur Algabals. Wer als Dichter Reiz und Zauber der Décadence beschwört, muß zugleich auch ihre Schwächen und Fragwürdigkeiten, ihre fatalen Züge mit vergegenwärtigen. Der Algabal-Zyklus, der ein wahres Bild des Verfalls in seinen sublimen Formen gibt, entsteht nicht in einem leeren Raum. Denn es gibt diesen leeren Raum nicht, und die Kunst, wie stark auch immer ihre Autonomie betont werden mag, kann ihn nicht herstellen. Auch Algabal entsteht in der geschichtlichen Wirklichkeit um 1900 und hat Zeitbezüge. Einen davon hat George angedeutet, wenn er der Ausgabe von 1899 eine „aufschrift dem gedächtnis Ludwigs des zweiten" hinzufügt. Auch ohne sie konnte der zeitgenössische Leser leicht an diesen Bayernkönig denken, der spezifische Verfeinerungen des Verfalls repräsentiert. Man konnte aber den Zyklus auch als Gegenbild zu den groben und keineswegs sublimen Arten des Verfalls lesen, die das wilhelminisch-preußische Deutschland zeitigte; zu einem Niedergang, der sich selbst wahnhaft als Aufstieg und Fortschritt verstand. Es war in Georges Sicht ein korrumpiertes Machtstreben, eine hektische Betätigung für Geldinteressen, eine geistferne Barbarisierung des Lebens. Auch George fühlte sich, wie Barrès' Held Philippe, in seiner Zeitwelt „sous l'oeil des barbares".[19] Der entscheidende Zug in der ambivalenten Haltung, die Algabal repräsentiert, ist das Wissen um die Vergeblichkeit und Sinnlosigkeit des Handelns in der gegebenen Welt. Algabal sagt: „Nicht ohnmacht rät mir ab von eurem handeln, ich habe euren handels wahn erfaßt" (I, 50).

Auch diese wissende Skepsis ist ein Grundzug der europäischen Décadence, die von Schopenhauer inspiriert ist. Huysmans' Des Esseintes, ein begeisterter Leser Schopenhauers, nimmt nirgends tätigen Anteil an der total verachteten Wirklichkeit und lebt in einer „Resignation, die ganz einfach von der Feststellung eines beklagenswerten Zustandes und der Unmöglichkeit, etwas daran zu ändern, ausging (...).“[20] Claude Marehn in Heinrich Manns Roman ‚Die Jagd nach Liebe‘ hält jede Handlung für unanständig in dieser verdorbenen Welt. Er sagt: „Es gibt nur eine Art, nicht niedrig zu handeln: gar nicht handeln.“ (Jagd nach Liebe, 82) In dem Gedicht, in dem die eben zitierten Zeilen stehen, warnt Algabal seine intrigierende Großmutter davor, ihn für einen Schwächling zu halten. Daß ihn nicht Ohnmacht vom Handeln abhält, möchte er bekräftigen mit dem Bekenntnis, daß er den Anblick des enthaupteten blutigen Leichnams seines Bruders mit kühler Gelassenheit ertragen würde. Die Affinität zu Gewalt und Grausamkeit, die für die Décadence kennzeichnend ist, findet sich bei Algabal hier als Gedankenspiel, bei dem die verleugnete Schwäche seines Wesens in Gewaltsamkeit umschlägt. Doch werden auch grausame, für ihn freilich ungefährliche Akte Algabals vorgeführt. Die unausgeglichene Mischung von Erschlaffung und grausamer Härte, von weicher Regung und Gewaltsamkeit ist kennzeichnend für die dekadente Seelenverfassung. Algabal wendet sich mit zärtlicher Innigkeit zu dem jungen Freunde Agathon (I, 53) und läßt seine Festgäste – wenn auch unter Rosen – ersticken (I, 51). Er verstößt die Gattin, die er als „priesterin von dem altar“ (I, 57) gerissen hatte und bereitet seinen Selbstmord vor für den Fall, daß die Untertanen zu murren beginnen. Seine Weltverachtung veranlaßt Algabal, den unter einem Feigenbaum entschlummerten jungen Liebenden ein Gift einzuflößen, damit sie nicht nur der Strafe der „kalten väter“ entgehen, sondern der Wirklichkeit überhaupt, die ihr Glück zerstören würde (I, 57):

> Begnadete! da ich euch gütig nahte
> Und kein erwachen euch ein glück ermattet
> Das nur der traum so herrlich euch gestattet
> Als ich es jetzt aus euren zügen rate.

Man muß die selbstherrliche Willkür, die sich mit Algabals „Güte“ verschwistert, durchaus wahrnehmen. Sein Verhalten ist immer ambivalent. Claude David nennt ihn „jenseits von gut und böse“.[21] Was Algabal tut, ist bestimmt durch die äußerste Konsequenz, mit der er seine Verurteilung der Realität ausdrückt. Es ist ein Zeichen der gleichen Gesinnung, wenn er die Gäste seines Festes aus dem rauschhaft erhöhten Zustand nicht in den öden Alltag zurückfallen lassen will und sie in einer Überflutung durch Rosen ersticken läßt. Die Rose ist bei George wie überall in der Kunst um 1900 ein Lebenssymbol. Der Tod unter Rosen, die liebkosen, laben und segnen (I, 51), bedeutet eine Steigerung des Lebens, die durch das Ende besiegelt wird.

Das Motiv der todbringenden Rosen findet sich auch sonst in der Décadencedichtung, z. B. bei Albert Samain in dem Gedicht ‚Heures d’été‘:

Des roses! Des roses encore!
(Je les adore à la souffrance.)
Elles sont la sombre attirance
Des choses qui donnent la mort."[22]

Die künstliche Konstruktion des Unterreiches, die Algabal aus Mineralien und Metallen prächtig geschaffen hat, ist eine Gegenwelt zur Natur und Wirklichkeit und damit Ausdruck der gleichen Verachtung des Realen, die sich in den Gedichten der beiden anderen Teilzyklen bekundet. Das künstliche, alles Naturhafte und Wirkliche streng ausschließende Reich Algabals ist nicht das selbstgenügsame Refugium des Ästheten, sondern impliziert einen Protest, verkündet als künstliches die Ausschließung der Wirklichkeit, die von der Wurzel aus verdorben ist. Genau diesen Sinn haben oft schon die künstlichen Paradiese der französischen Décadence-Dichtung, etwa bei Huysmans. Des Esseintes schafft sich erst in seiner Pariser Wohnung, dann in seinem Haus in Fontenay ebenfalls eine völlig künstliche Umwelt. Sein Eßzimmer ist schwarz drapiert, mit schwarzen Tischtüchern auf dem Eßtisch, und in dem Garten, den man durch das Fenster sieht, sind nicht gerade die Bäume aus Kohle, wie im Garten Algabals, aber die Alleen sind mit schwarzer Kohle bestreut, das Bassin ist mit Tinte gefüllt. Des Esseintes schmückt sein Haus mit künstlichen Blumen, „die die wirklichen nachäffen", und zu ihnen fügt er dann natürliche Blumen, „die falsche nachahmen", seltsam exotische Treibhausgewächse.[23] Wenn er sich aber fragt, woher seine Neigung zum Künstlichen, seine Exzentrizität stammen, so erkennt er: „Im Grunde waren es Hingerissenheit und Liebe zu einem Ideal, zu einem unbekannten Universum (...)."[24] Diese Liebe erwächst und steigert sich am Haß auf die Wirklichkeit der Zeitwelt, der gegen Schluß des Romans besonders deutlich hervortritt. Des Esseintes sieht die Realität bestimmt durch „die ungeheure, die tiefe, die unvergleichliche Gemeinheit des Geldmannes und Emporkömmlings, die gleich einer verworfenen Sonne über der götzendienerischen Stadt strahlte (...)."[25] „Stürze ein, Gesellschaft, stirb, alte Welt! – rief Des Esseintes, außer sich über die Schändlichkeit des von ihm heraufbeschworenen Schauspiels (...)."[26] „‚A rebours' bedeutet also", sagt Erwin Koppen, „daß Des Esseintes' fiktive Existenz einen literarischen Gegenentwurf zu den öden und banalen Existenzformen der Gegenwart darstellt."[27] Das gilt auch für Georges ‚Algabal'.

Wie häufig die Töne der Zeitfeindschaft beim späten George sind, ist hinreichend bekannt. Im ‚Siebenten Ring', in vielen Sprüchen, im ‚Stern des Bundes' findet sich jene Verdammung der Zeitwelt, die schon Huysmans aussprach, und wie dieser verkündet George die Notwendigkeit ihres Untergangs. Freilich wird im ‚Algabal' der negative Aspekt, die Verdammung der Zeitwelt noch kaum unmittelbar thematisch. Der Verfall spiegelt sich in Algabal und seinem Verhältnis zur Umwelt, wird mittelbar in jedem Gedicht vergegenwärtigt. Es ist von sekundärer Bedeutung, daß Huysmans sich auf die eigene Gegenwart bezieht, George auf die römische Verfallszeit, die stellvertretend für die Gegenwart steht. Das ist nicht ästhetizistische Flucht in ferne Welten, sondern gehört zum symbolistischen Verfahren des Dichters, der in dem, was er sagt, zugleich etwas anderes mitsagt. Im ‚Rat für Schaffende‘ hat George etwas von diesem Prinzip angedeutet, wenn er den Dichter fragt: „kannst du nicht all dein leises sehnen in das lispeln der blumen legen ... das vergebliche des seins und zeugens in jene ziellose graue nebelstraße und die stolzen unvermeidlichen verzweiflungen in blut und purpur eines sonnenniederganges?“ (I, 529). So legt George die Verzweiflung an der Wirklichkeit in die Darstellung des künstlichen Unterreiches, und er zeigt am Verhalten des Kaisers die Motive dieses Verhaltens, läßt seine Weltverneinung, seine Ablehnung der Realität erraten. Algabal empfindet sein Herrscheramt in jener geschichtlichen Stunde als Qual und Not (I, 55):

> Große tage wo im geist ich nur der herr der welten hieß,
> Arger tag wo in der heimat meine tempel ich verließ!

Nur das götternahe Priestertum ist ihm gemäß, das weltliche Kaisertum ein schlimmes Los, das er rückgängig machen will, auch wenn er sich ihm fügt, gequält von dem „leeren Lärm“ (I, 52) und vielen Widrigkeiten. Schwermut verdunkelt sein Dasein, er ist stets dem Tode nahe und zum Tode bereit, im Wissen um den Wahn alles Handelns.

Die extreme Künstlichkeit des Unterreichs ist Chiffre der Ablehnung einer verachteten Wirklichkeit. Es ist zugleich eine Welt des Todes, schwarz und düster, starr und leblos, da alles Organische verbannt ist. Die Mineralien und Metalle verwesen zwar nicht und sind so der Vergänglichkeit entzogen, aber nur, weil sie kein Leben haben, können sie nicht sterben. In neun von zehn Gedichten des Teilzyklus ‚Tage‘ erscheint, meist dominierend, das Todesmotiv, und auch im dritten Teilzyklus sind drei Gedichte durch das Todesmotiv bestimmt. Es ist eine Chiffre der totalen Negation.

In dieser Negation wird das entscheidende Engagement des frühen George erkennbar. Die große Verneinung ist umfassend, radikal, unversöhnlich. Gerade die strenge, eigengesetzliche Formung macht das Werk immun gegen die Anpassung an die Zeitströmungen. Es gibt wenige Dichtungen um 1900, in denen so entschieden jeder Schein einer Versöhnung von menschlichem Ich und Realität vermieden wird. Die künstlerische Schönheit, die in ‚Algabal‘ erscheint, ist nirgends eine Verklärung der Wirklichkeit, sie widersetzt sich vielmehr jeder Versöhnung.

Die Kunst in der Zeit um 1900 hat vielfach gegen die entfremdete Gesellschaftswelt der modernen Großstadt, die die humane Existenz bedroht, die unschuldige Natur und das naturverbundene Leben ausgespielt. Damit wird eine falsche Aussöhnung mit der modernen Wirklichkeit versucht, eine Anpassung gefördert, die scheinhaft bleibt. George weiß, daß dem in der Industriegesellschaft verhafteten Menschen ein unmittelbares Verhältnis zur Natur nicht mehr möglich ist. So fehlt bei ihm die naturhafte Gegenwelt. Algabal sucht in einer völlig künstlichen Welt „der Sorge" (I, 47) zu vergessen, Natur erscheint als ein unerreichbarer Bezirk hinter dieser konstruierten Welt. Die Negation der Natur evoziert diese mittelbar, aber als verlorenen Bereich.

Mein garten bedarf nicht luft und nicht wärme,
Der garten den ich mir selber erbaut
Und seiner vögel leblose schwärme
Haben noch nie einen frühling geschaut.

Indem das Nichtvorhandensein der vertrauten Naturmomente ausgesprochen wird, erscheinen diese im Negativbild selbst: Luft und Wärme, Vögel und Frühling. Selbst noch in dieser unerreichbaren Ferne wirken sie substantieller als die leblose Öde des Pseudo-Gartens, den Algabal erbaut hat. So wird hier kunstvoll das, was ist, mit dem verknüpft, was sein sollte. In den nächsten Strophen erscheinen dann auf die gleiche Weise Stämme, Äste, Felder und Rain, Morgen und Abend, Früchte, Beete, Anger und Saat: Fast alle Momente der Natur, die die frühere Lyrik besang, sind hier beisammen. Man muß diese Kontrapunktik von Artefakten und Natur, diese Doppelstimmigkeit wahrnehmen, um das viel berufene Symbol der schwarzen Blume in der letzten Strophe genau zu verstehen. Algabal hat daran gedacht, diese schwarze Blume zu züchten. Diese Blume ist der Versuch einer Synthese der beiden vorher angesprochenen Bereiche. Die Blume soll lebendig sein, aber die Farbe des Todes tragen, wie die schwarze Kohle der Stämme. Diese Synthese bleibt notwendig unvollziehbar, sie ist absurd. Das Lebendige ist nicht zugleich das Tote, die schwarze Blume ist so unmöglich wie ein blühender Stein oder ein atmendes Eisen. Sie ist eine Chiffre des Absurden, besiegelt die Verbannung des Naturhaften. Das Schlußgedicht des ersten Zyklus endet mit einer Dissonanz, die nicht aufgelöst wird.

5. Claudio
Die Erfahrung der Lebensferne in Hofmannsthals Spiel ‚Der Tor und der Tod'

Was Hofmannsthal des öfteren als Bewußtsein der Spätgeborenen analysierend umschreibt, erscheint zur Figur gestaltet in dem dramatischen Spiel ‚Der Tor und der Tod', das am sechzehnten April 1893 beendet wurde. Wenig später, am 9. August des gleichen Jahres, erschien sein erster Aufsatz über d'Annunzio. Die Äußerungen in diesem Aufsatz, die bereits als Zeugnisse für Hofmannsthals Décadence-Bewußtsein ausgewertet wurden, bestätigen, was die Figur Claudios in extremer Ausprägung zeigt: die Unfähigkeit, sich auf das wirkliche Leben einzulassen, Anteil an Menschen, Vorgängen, Aufgaben zu nehmen. Claudio bleibt getrennt von der Lebenswirklichkeit. Eine unüberbrückbare Lebensferne, das ist seine Krankheit. Sie verbindet sich mit dem Zwang, jedes Erlebnis reflektierend zu zersetzen und die Lebenssubstanz durch Analyse aufzulösen. Dabei wird nicht ganz deutlich, was Ursache und was Wirkung ist. Auch werden alle Erlebnisse in der Phantasie vorweggenommen und in ihr erhöht, so daß sie in der Wirklichkeit schal und enttäuschend werden. Absolute Unfähigkeit zu jeder Bindung an Menschen ist das entscheidende Kennzeichen dieser Lebensferne.

Claudio wird nicht etwa erst durch die Nähe des Todes zur Erkenntnis seiner Lebensverfehlung geführt, sondern sie ist ihm schon vorher scharf bewußt (GLD, 271):

> Was weiß denn ich vom Menschenleben?
> Bin freilich scheinbar drin gestanden,
> Aber ich hab es höchstens verstanden,
> Konnte mich nie darein verweben.
> Hab mich niemals daran verloren.
> Wo andere nehmen, andere geben,
> Blieb ich beiseit, im Innern stummgeboren.
> Ich hab von allen lieben Lippen
> Den wahren Trank des Lebens nie gesogen,
> Bin nie von wahrem Schmerz durchschüttert,
> Die Straße einsam, schluchzend, nie! gezogen.
> – – – –
> Und auch das Leid! Zerfasert und zerfressen
> Vom Denken, abgeblaßt und ausgelaugt!
> Wie wollte ich an meine Brust es pressen,
> Wie hätt ich Wonne aus dem Schmerz gesaugt:
> Sein Flügel streifte mich, ich wurde matt,
> Und Unbehagen kam an Schmerzes Statt.

Viele Aussagen Hofmannsthals bestätigen, daß er selbst sich mitbetroffen wußte von der Gefahr dieser Lebensferne. „Wir haben gleichsam keine Wurzeln im Leben (...)“, so sagt er, sich einbeziehend, an einer schon zitierten Stelle. Mit „wir“ meint er „ein paar Tausend Menschen“ in den europäischen Großstädten, die „das Bewußtsein“ ihrer Generation sind. „Sie fühlen sich mit schmerzlicher Deutlichkeit als Menschen von heute“ (P I, 172).

Zuweilen wird Hofmannsthal jene Lebensferne zu einer unmittelbaren Erfahrung. So schreibt er z. B. am 6. September 1892, wenige Monate vor der Arbeit an ‚Der Tor und der Tod', auf einer Reise in Südfrankreich an Edgar Karg: „Ich fühle mich während einer Reise meist nicht recht wohl: mir fehlt die Unmittelbarkeit des Erlebens; ich sehe mir selbst leben zu, und was ich erlebe, ist mir wie in einem Buch gelesen; erst die Vergangenheit verklärt mir die Dinge und gibt ihnen Farbe und Duft."[1] An solche Erfahrungen erinnern manche Verse in ‚Der Tor und der Tod' sehr deutlich (GLD, 274):

> Stets schleppte ich den rätselhaften Fluch,
> Nie ganz bewußt, nie völlig unbewußt,
> Mit kleinem Leid und schaler Lust
> Mein Leben zu erleben wie ein Buch.

Freilich sind so eindeutige Verluste an Unmittelbarkeit des Erlebens für Hofmannsthal wohl nur zeitweilige Erfahrungen, bedrückende Episoden, aus denen er wieder zurückfindet. Richard Alewyn, dessen bekannte Interpretation von ‚Der Tor und der Tod' den Weg zum Verständnis der Dichtung bereitet hat, hebt hervor, daß man in Claudio nicht schlechthin eine Selbstdarstellung Hofmannsthals sehen darf, unterschätzt aber doch dessen Intention, ein Bild seiner selbst zu geben, wenn auch in extremer Ausprägung.

Wenn freilich Alewyn sagt, Hofmannsthal sei auch Claudios „Richter", er vollziehe ein „Selbstgericht" in diesem Spiel, in dem „ein Urteil" gesprochen werde, so ist das verfehlt.[2] Daß „das kleine Spiel also von der psychologischen auf die moralische Ebene gehoben wird", ist eine Deutung, die im Text keine Anhaltspunkte hat und im Grunde Alewyns eigener Analyse widerspricht. Gerhart Pickerodt hat mit großer Entschiedenheit diese Deutung Alewyns abgelehnt. „Alewyns These, der Tod komme als Rächer für ein versäumtes Leben sowie als Richter für ein verfehltes Leben, läßt sich nicht halten. Dem ‚Prozeß', der nach Alewyn gegen Claudio geführt werden soll, steht der Tod fern." Das Verhalten des Todes, auch seine „Selbstexplikation (...) als dionysischer Tod widersprechen fundamental der Meinung, er komme mit dem Auftrag der Rache und des Gerichts".[3] Zutreffend ist auch Pickerodts Einwand, daß Alewyn den Eindruck erweckt, als sehe erst er als Interpret die Leere und Öde von Claudios Dasein, während doch Claudio selbst sie ausführlich bekennt und beklagt und der Interpret überhaupt erst dadurch von ihr erfährt.

Gewiß verursacht Claudios Unfähigkeit zu Bindungen bittere Leiden bei Mutter, Geliebter und Freund, aber moralisch wäre er dafür doch nur dann verantwortlich, wenn es im Vermögen seines Willens läge, sich wahrhaft zu binden. Würde Claudio das bei moralischer Anstrengung können? Das ist die entscheidende Frage, und sie wird von Alewyn nicht eindeutig beantwortet. Einerseits nennt er Claudios Versagen eine Krankheit, und auch sein überwaches, stets zuschauendes Bewußtsein sieht er als Krankheit an, aus der „nur das Vergessen retten" könnte. „Aber die ganze quälende Wachheit eines Hirns, das sich keine Täuschung und keinen Trost gönnt, fruchtet nichts, und all sein Wünschen und Wollen bleibt ohne Kraft."[4] Das ist einleuchtend und doch wohl so zu verstehen, daß ihm die Kraft fehlt, die sein Wünschen wirksam machen könnte. Es ist ein Unterschied, ob jemand aus Unlust an Bindungen sich diesen entzieht oder ob er konstitutionell unfähig ist, sich zu binden. Dieser Unterschied wird von Alewyn vernachlässigt, wenn er sagt: „Claudios Leiden ist nicht nur eine seelische Not, sondern auch eine sittliche Schuld."[5] Obwohl Alewyn natürlich sieht, daß der Tod für Claudio zuletzt nicht „der Sünde Sold und Bote des letzten Gerichts" ist, sondern ein dionysischer Erlöser, möchte er doch vor dem eigentlichen Ende ein „Gericht des Todes" annehmen und sagt: „So richtet der Tod, ehe er erlösen kann (...)."[6]

Man darf jedoch nicht übersehen, daß der Tod Claudio nur einen Toren, aber niemals einen Sünder nennt. Er gibt nicht durch die kleinste Andeutung zu erkennen, daß er zunächst einmal als „Rächer und Richter" komme, und er läßt die verstorbenen Gestalten aus Claudios Leben nicht auftreten, um ihm seine Schuld vorzuhalten, sondern um ihm sein Lebensversäumnis, das ihm schon längst bewußt ist, nochmals vor Augen zu führen, ihn noch schärfer erkennen zu lassen, daß er sein Leben nicht wie „alle anderen" geführt hat. Ihn das „zu lehren" ist seine erklärte Absicht, und keineswegs Rache und Strafe. Genau diese Lehre nimmt Claudio an, sie allein. Die Mutter und die Geliebte klagen ihn nicht an, das tut nur der Freund mit seinem ungebärdigen Temperament. Claudio äußert keine Reue über das Leiden, das er den nächsten Menschen zufügte, sondern nur Klagen darüber, daß er zu seinem Schaden so viele Möglichkeiten lebendigen Fühlens versäumte, die er erst in der Todesstunde begreift (GLD, 286,291):

Ah! und nie
Gefühlt! Dürr, alles dürr. Wann hab ich je
Gespürt, daß alle Wurzeln meines Seins
Nach ihr sich zuckend drängten (...)

Claudio sieht sich als einen, der „ohne Kraft und Wert" über die Lebensbühne ging, „Wie auf der Bühn ein schlechter Komödiant". Er sagt nicht etwa, wie konnte ich anderen so viel Schmerzen zufügen, sondern (GLD, 291):

Warum geschah mir das? Warum, du Tod,
Mußt du mich lehren erst das Leben sehen.

Er begreift nicht, was ihn so total von der Teilhabe am Leben fernhielt, aber er nimmt das, was ihm „geschah“, als undurchschaubares Schicksal an, indem er sich dem Tode überläßt.

Hofmannsthals Intention bedarf der weiteren Klärung, und dazu ist es nötig, den Blick auf einige der zahlreichen anderen zeitgenössischen Darstellungen der unheilbaren Lebensferne zu richten. Denn Claudio ist ein Typus in der Literatur des Fin de siècle. Alewyn nennt einige seiner literarischen Verwandten, Niels Lyhne und Peer Gynt, Tonio Kröger, Malte Laurids Brigge und Hermann Bangs Michael. Aber es gibt sehr viel mehr, und manche sind mit Claudio enger verwandt als diese. Alewyn führt die Reihe der Ahnen Claudios bis auf Hamlet zurück. Der ist freilich „von des Gedankens Blässe angekränkelt“, und das verursacht sein Zögern vor seinem Handeln. Aber er handelt schließlich doch sehr entschieden, ganz anders als der passive Claudio. Die geschichtlichen Voraussetzungen der Figur sieht Alewyn vor allem im 18. Jahrhundert, in dem „eine Krankheit des abendländischen Menschen“ ausbrach, deren Ursprung „die Unzufriedenheit mit dem Wirklichen“ ist.[7]

Alewyn sieht schon bei Werther und bei Faust, bei Musset und seinen vom „Weltschmerz“ ergriffenen Zeitgenossen, bei Byron und in Grillparzers Tagebüchern diese Krankheit. In diese Reihe gehört vor allem auch Jean Pauls Roquairol im ‚Titan‘, der klagt, „daß ihn nichts recht erpacke und alles nur luftig umspüle“. Er „antizipiert“ die Empfindungen. „Alle herrlichen Zustände der Menschheit, alle Bewegungen, in welche die Liebe und die Freundschaft und die Natur das Herz erheben, alle diese durchging er früher in Gedichten als im Leben, (...) früher in der Sonnenseite der Phantasie als in der Wetterseite der Wirklichkeit.“[8]

Sicherlich ist in dieser Reihe literarischer Figuren die geschichtliche Genesis der Gestalt Claudios erkennbar, wenigstens eine ihrer Komponenten. Die andere, mit jener verflochten, ist wahrnehmbar in der europäischen Décadence. Hier erscheint die in vielen Variationen abgewandelte Gestalt des willensschwachen, übermäßig reflektierenden Lebensflüchtlings, wie er unter dem Stichwort ‚Lebensferne und Isolierung‘ (S. 98ff.) bereits dargestellt wurde. In diesem Kontext ist Hofmannsthals Claudio zu sehen, und damit wird er vollends durchschaubar. In Hofmannsthals Konzeption verbinden sich und verschmelzen persönliche Erfahrungen, Beobachtungen der Zeitgenossen und literarische Eindrücke.

Auch in den Menschen Ibsens sieht Hofmannsthal viel von dieser Lebensferne. „Alle diese Menschen leben ein schattenhaftes Leben; sie erleben fast keine Taten und Dinge, fast ausschließlich Gedanken, Stimmungen und Verstimmungen. Sie wollen wenig, sie tun fast nichts“ (P I, 100). Ibsens Grundproblem, sagt Hofmannsthal, sei immer das gleiche: „Wie verhält sich der Ibsensche Mensch, der künstlerische Egoist, der sensitive Dilettant mit überreichem Selbstbeobachtungsvermögen, mit wenig Willen und einem großen Heimweh nach Schönheit und Naivetät, wie verhält sich dieser Mensch im Leben? Wie, wenn man ihn binden und zwingen will, und er ist schwach und hilflos gestimmt?“ (P I, 109).

Diese Wesenszüge erscheinen in Claudio, an den auch die Frage gerichtet ist, wie er sich „im Leben“ verhält; sie wird ebenso beantwortet, wie bei Niels Lyhne: Sein Leben bleibt „inhaltlos, leer, leer, leer“ (P I, 101). „Es war ein Tausch, von Schein und Worten leer!“, sagt Claudio (GLD, 283). Die „Sehnsucht des Niels Lyhne“ nach „Leben, Liebe, Leidenschaft“ bestimmt auch Claudios unerfülltes Dasein (GLD, 282): „Die tiefste Lebenssehnsucht schreit in mir.“

Paul Bourget, dessen ‚Physiologie de l’amour moderne‘ Hofmannsthals erster literarischer Essay von 1891 galt, hat ebenfalls eine dem Claudio verwandte Figur geschaffen in Claude Larcher, der zu jenen gehört, qui „aiment à sentir sentir“, die alle Unmittelbarkeit verloren haben und am „kranken Willen des Körpers“ zugrunde gehen. Er ist freilich zynischer als Claudio und mehr auf „dekadente Koketterie“ abgestellt, wie Hofmannsthal sagt (P I, 9,10,13).

Unverkennbare Claudio-Naturen erscheinen in den symbolistischen Traktaten des frühen André Gide, die Ernst Robert Curtius der Décadence, der „kulturmüden Askese des Pariser Fin de siècle“ zuordnet. Der ‚Traité du Narcisse‘ und ‚Tentation amoureuse‘ sind genau gleichzeitig mit Hofmannsthals ersten Werken erschienen (1891–1893). „Diese ersten Traktate, die Gides Ausgangspunkt bilden“, sagt Curtius, „haben also den Sinn, den Zustand der Selbstanalyse als ein Getrenntsein von der Wirklichkeit bewußt zu machen, die Unwirklichkeit des sich selbst bespiegelnden Denkens zu vergegenständlichen.“[9] Stufenweise gelangt Gide in den späteren Schriften zur Darstellung einer „Überwindung der Lebensferne“. Noch ‚Le voyage d’Urien‘ (1893) zeigt „das Vorbeileben an der Wirklichkeit“. Curtius nennt diese Erzählung einer erträumten Meerfahrt „eine Pathologie der modernen Seele“. Er sagt: „Der Zergliederer des eigenen Bewußtseins, der alle seine Inhalte, so wie sie auftauchten, registrierte, verlor zuletzt die Fähigkeit, das Leben ‚mitzumachen‘. Die Selbstanalyse führte zur Desorganisation der Persönlichkeit mit ihrem auffallendsten Symptom: der Unfähigkeit zu handeln (...). Der Analytiker konnte nur dadurch vom Denken loskommen, daß er es gegen es selbst kehrte, daß er sich theoretisch überzeugte, man müsse handeln.“[10] Hofmannsthal schreibt: „Ins Leben kommt ein Mensch dadurch, daß er etwas tut (...). Nur das Tun entbindet die Kraft und die Schönheit.“ (P I, 274,276)

Im Sommer 1892, also nicht lange vor der Entstehung des Spiels ‚Der Tor und der Tod‘, las Hofmannsthal den späten Roman von Maupassant

'Notre cœur' (1890), und er fand in der weiblichen Hauptfigur, Michèle de Burne, eine besonders repräsentative Gestalt seiner Zeit. Sie ist, schreibt er, „für meine Empfindung der wahrste Typus unserer (meiner) Generation, den ich kenne, ohne blague und ohne Nervenromantik gezeichnet." In Hofmannsthals Charakterisierung dieser Frau erscheinen schon einige Wesenszüge Claudios in erster Andeutung: „feinfühlig, aber zu müde für heftige Empfindungen, lebhaft, aber ohne starken Willen, mit einer graziösen, etwas altklugen Ironie, dem Bedürfnis nach Güte und Neigung und hie und da einer gewissen inneren Ebbe. Ich glaube, so sind wir ungefähr."[11] Der Roman bestätigt die Ähnlichkeit Michèles mit Claudio: Sie ist unfähig zu wirklicher Liebe und völliger menschlicher Hingabe, gelangweilt und reflektierend, ihrer Distanzhaltung sehr bewußt. „Angestachelt durch ihre Nerven und nicht durch ihre Wünsche, bar aller Vorliebe einfacher oder leidenschaftlicher Seelen für etwas, das sie ausfüllte, lebte sie in heiterer Langeweile dahin (...)."[12] Ihr Liebhaber André Mariolle sieht in ihr etwas Neues, Erstmaliges, „eins der Geschöpfe, die den Anfang einer Generation bilden (...)". Sie bemüht sich vergeblich, ihre „Trägheit des Herzens" zu überwinden. „Müdigkeit und Unvermögen, sich und ihn länger zu täuschen", stellen sich ein.

Aber auch ihr Liebhaber hat etwas von Claudio, obwohl sein lebemännisches Genießertum ihn von diesem unterscheidet. Er begnügt sich mit der Rolle des Zuschauers, bleibt innerlich einsam aus „Furcht vor Berührung". Ich habe, sagt er sich, „die Dinge des Lebens geliebt, ohne mich jemals tief mit ihnen einzulassen (...). Ich grüble über alles nach und zergliedere gewöhnlich meine Neigungen viel zu sehr, als daß ich ihnen blindlings erläge. Das ist sogar mein Hauptfehler, die ewige Ursache meiner Schwäche."[13] Es ist auch die Schwäche Claudios, und ähnlich wie dieser in der Nähe des Todes sein Versäumnis erkennt, begreift André schließlich, was ihm entgangen ist, als er von leidenschaftlicher Liebe zu Michèle ergriffen wird und unter ihrer Gleichgültigkeit leidet. „Da überkam ihn das Gefühl, daß er alles im Leben verfehlt habe, ein Gefühl, von dem er schon seit langem besessen war und das ihn vernichtete."

Der früheste Hinweis auf die von Hofmannsthal sehr oft hervorgehobene Willenskrankheit als Zeitsymptom stammt von Paul Bourget; er steht in seinem Aufsatz über Flaubert, der zuerst in der 'Nouvelle Revue' und 1883 in Bourgets Sammlung von Aufsätzen über zeitgenössische Schriftsteller erschien. Bourgets wichtige Äußerung lautet: „Und da unsere Zeit von einer Erkrankung des Willens erfaßt ist, liegt darin auch der Grund der Beliebtheit einer Literatur, deren Psychologie der immer mehr um sich greifenden Schwächung der inneren Spannkraft entspricht."[14] Der siebzehnjährige Hofmannsthal hat diese Einsicht offenbar von Bourget übernommen und in seinem 1891 erschienenen Essay über Amiel, 'Das Tagebuch eines Willenskranken', grundlegend entwickelt. Hier finden sich frühe Ansätze zur Konzeption der Figur Claudios. Hofmannsthal nimmt scharfsichtig wahr, daß „Amiels Leiden" zwar die des enttäuschten Idealisten am Feindlichen der „Erscheinungswelt" sind, aber „auf einen bestimmten, modernen Fall" übertragen und „komplizierter" als die früherer Idealisten, zunächst deshalb, weil dieses Feindliche, die Neigung zur Mittelmäßigkeit in ihm selbst lag (P I, 25). Das gilt dann auch für Claudio, der übermäßig hohe Erwartungen an das Leben hegt, aber dann doch auch mit Neid und Sehnsucht von seinem Fenster aus auf das schlichte Alltagsleben des Landvolks „in engen Wänden" und herzlicher menschlicher Nähe blickt (GLD, 271). Aber vor allem ist sein Leiden dadurch „komplizierter", daß der frühe Idealismus sich bei ihm zu seiner Dekadenzform weiterentwickelt hat und „seine Willenskraft erloschen" ist. Er verlor „die Fähigkeit (...), wollen zu können" (P I, 25). Das ist auch für Hofmannsthal das Grundphänomen, das eigentliche Übel der „modernen" Menschenwelt: eine Schwächung des Willens bis zur Unfähigkeit, überhaupt noch wollen zu können.[15] Er spricht immer wieder davon, aber nie sieht er das als Schuld, immer nur als Erkrankung, die nicht moralisch motiviert ist und nicht moralisch geheilt werden kann. Denn wenn jemand seine schlimme Indifferenz, die heillose Lebensferne, als unsittlich empfinden und durch moralische Anstrengung überwinden wollte, so könnte er das nur mit Hilfe des Willens, und wenn ihm der Wille selbst abhanden gekommen ist, dann ist sein Versäumnis keine moralische Schuld, sondern eine seelische, konstitutionelle Schwäche. Was den Typus Claudio in der Lebensferne fixiert, ist nicht Abneigung oder Unlust, seinen Willen zum „Mitmachen" des Lebens einzusetzen, sondern die Tatsache, daß dieser Wille überhaupt fehlt. Die beharrliche Indifferenz ist also ein Phänomen der Décadence, der Erkrankung des Willens, seines „Abbröckelns". Amiels „vermorschter Wille" verhindert auch ein schöpferisches Künstlertum, ihm fehlt „die freie Unbefangenheit des Schaffenden", die Freiheit derer, „die immer ganz wollen und sich nie zusehen (...)" (P I, 35,31). Amiel gelangt als Reflektierender zur Schopenhauerschen „Verneinung des Willens zum Leben". Sein Tagebuch ist „die peinlichste und vollständigste Exemplifikation von Schopenhauers Viertem Buch (...)."

Kurz danach, im ebenfalls 1891 erschienenen Essay über Maurice Barrès, spricht Hofmannsthal in fast beiläufigem Ton von der modernen Willensschwäche als einer dem Bewußtsein geläufigen Tatsache. Er erörtert die lebensverneinenden und lebensbejahenden Aspekte des Pantheismus und sagt: „Wir Menschen mit sehr entwickelten Nerven und geschwächtem Willen pflegen zwischen beiden Empfindungsgruppen nicht streng zu unterscheiden" (P I, 52). D'Annunzio wird in einem zweiten Essay von 1894 von Hofmannsthal gleichzeitig mit Bewunderung und Kritik bedacht. „Sein Lebens- und Weltgefühl hat sich nicht am Leben und an der Welt entzündet, sondern an künstlichen Dingen (...)" (P I, 241). Claudio erscheint in trüben Stunden die Sammlung seiner Kunstwerke als „Rumpelkammer voller totem Tand" (GLD, 272),

> Wodurch ich doch mich einzuschleichen wähnte,
> Wenn ich den graden Weg auch nimmer fand
> In jenes Leben, das ich so ersehnte.

Auch d'Annunzio hat auf diesem Schleichweg durch die Kunst das Leben verfehlt. Hofmannsthal zitiert eine Strophe aus seinen Versdichtungen und sagt dazu: „Denn der es gemacht hat, den haben die Worte, mit denen wir die Lust und Schmerzen des Lebens nennen, erbeben gemacht, früher und stärker und tiefer als das Leben selber." Er fährt fort: „Aber das Leben ist doch da (...). Die aber von Künstlichem zuerst herkommen, dienen ihm eben nicht" (P I 243 f.). Claudio sagt (GLD, 274):

> Ich hab mich so an Künstliches verloren,
> Daß ich die Sonne sah aus toten Augen.

Ganz ähnlich sieht Paul Bourget bei Flaubert „le mal d'avoir connu l'image de la réalité avant la réalité, l'image des sensations et des sentiments avant les sensations et les sentiments".[16]

Der folgende d'Annunzio-Essay von 1896, der den Roman ‚Le vergini delle Rocce' zum Gegenstand hat, verschärft die Kritik. Sie gilt hier nicht nur dem Werk mit seinen willenskranken Menschen, sondern dem Autor, der selbst „nicht im Leben stand". Er „wußte alle Zeichen des Lebens", aber er wußte nicht, „was an dem allen daran ist" (P I 272). – „Es waren durchaus Erlebnisse eines, der mit dem Leben nie etwas anderes zu tun gehabt hatte als das Anschauen." Damit ordnet Hofmannsthal den als Künstler bewunderten d'Annunzio der Bruderschaft Claudios zu, der ja auch dem Leben immer nur als Zuschauer gegenübersteht und sich nie „darein verweben" kann. D'Annunzio gehört selbst zu den „Willenlosen und Untätigen", die er so oft darstellt. Daß es den Claudio-Typus auch als Dichter gab, hatte Hofmannsthal schon im ersten d'Annunzio-Essay festgestellt: „Ein paar davon sind berühmt; ein paar schreiben seltsam trockene, gewissermaßen grausame und doch eigentümlich rührende und ergreifende Bücher" (P I, 171). D'Annunzios Bücher haben für Hofmannsthal etwas „Entsetzliches und Grauenhaftes", nicht nur wegen ihrer Themen, sondern weil sie „von einem geschrieben waren, der nicht im Leben stand". Darum ist d'Annunzio zwar ein „außerordentlicher Künstler", aber „er war bis jetzt kein großer Dichter, überhaupt kein Dichter" (P I, 272).

Hier scheint sich, mit aller Vorsicht gesagt, in der dezidierten Distanzierung von d'Annunzio eine festere Verwurzelung Hofmannsthals im Leben anzudeuten, nicht nur als Wunsch und Bedürfnis, sondern als gelungene Integration, in der seine Anfälligkeit für das Getrenntwerden von der Realität, das in Lebensferne abdrängt, bewältigt worden ist. Hofmannsthal glaubt auch bei d'Annunzio eine solche Wandlung sich ankündigen zu sehen, weil die Hauptfigur des Romans, ein junger Adliger, „eine Kraft“ in sich spürt, die er „sein ungeborenes Kind“ nennt. „So liebt er nicht wie Narzissus sich selbst, sondern ‚Ihn, der geboren werden soll‘“, und der Wunsch nach dem Sohn stellt „das innigste Bedürfnis vor, sich mit dem Dasein zu verknüpfen“ (P I, 277,281). „Ich sehe“, schreibt Hofmannsthal, „in dem neuen Buch von d'Annunzio einen wundervollen Umschwung (...). Er (...) fängt an, den Mächten, die binden, gerecht zu werden.“

Daß sich in der Distanzierung vom früheren d'Annunzio ein Reflex von Hofmannsthals eigener Veränderung vermuten läßt, verrät sich auch in einem lapidaren Satz, in dem Hofmannsthal zum ersten Mal andeutet, auf welche Art eine solche neue Einfügung in das Dasein vor sich geht. Es ist bedeutsam, daß Hofmannsthal auch hier im Zustand der Lebensferne durchaus nicht eine moralische Schuld sieht und daß nicht eine moralische Anstrengung ins Leben zurückführt, die dem Willenlosen nicht möglich ist. Man darf wohl eine persönliche Erfahrung vermuten hinter der jetzt ausgesprochenen Einsicht, wie die Lebensferne bewältigt wird. „Denn die Kraft zu leben ist ein Mysterium (...). Es kann einer hier sein und doch nicht im Leben sein: völlig ein Mysterium ist es, was ihn auf einmal umwirft und zu einem solchen macht, der nun erst schuldig und unschuldig werden kann, nun erst Kraft haben und Schönheit.“ (P I, 273) Diese Überzeugung Hofmannsthals läßt es nicht zu, im Zustand der Lebensferne eine Schuld und in ‚Der Tor und der Tod‘ ein „Selbstgericht“ zu sehen. „Schuldig und unschuldig werden“ kann nach Hofmannsthals Einsicht nur einer, der „im Leben“ ist. Daß Claudio das nicht ist, schließt ihn von jeder Schuld aus. Gerade das Schuldig-Werden würde seine Not aufheben, ihn tief ins Leben verflechten. Hofmannsthal hat das mit völliger Klarheit ausgesprochen. Eine Aufzeichnung in seinem Tagebuch lautet: „Die Süßigkeit der Verschuldung, weil sie Verknüpfung mit dem Leben, Durch-Dringen zum Sein ist“ (A, 220).

Woher die Unfähigkeit zu wollen und zu handeln kommt und wie man ihr entgeht, das ist für Hofmannsthal rätselhaft. Seine Briefe aus der Militärzeit scheinen zu bestätigen, daß eine eigene Erfahrung jenem Aufsatz vorausgeht, die mit ihrer Härte, ihrer Konfrontation des Dichters mit der Armut und der Häßlichkeit, der Öde und dem Schmutz galizischer Garnisonsstädte den Reifeprozeß vielleicht befördert und beschleunigt und dazu beigetragen hat, ihn aus der Situation einer unsicheren, nicht stabilen Lebensverknüpfung herauszuführen. „Ich glaube, ich bin sehr anders geworden“, schreibt er am 23. April 1896 an Elsa Bruckmann.[17] In einem Brief an Fritz Eckstein (vom 2. Mai 1896) bekennt er:

„Ich bin hier viel ernster und härter, als ich je in meinem Leben war. Ich korrigiere meinen Begriff vom Leben: von dem, was das Leben für die meisten Menschen ist: es ist viel freudloser, viel niedriger, als man gerne denkt, noch viel niedriger.“[18]

Die engere, Ernst und Härte fordernde Verknüpfung mit dem Leben wird also gefunden trotz der Erkenntnis seiner früher nicht durchschauten Widrigkeit „für die meisten“. Indem sich Hofmannsthal zu Ehe, Kindern, Hausstand, Gelderwerb entschloß, verfestigte er seine Bindung an die Lebenswirklichkeit. Doch ein letzter Rest von Ablehnung der Realität und ihren leidigen Forderungen scheint sich bei ihm noch spät erhalten zu haben. Am 22. Mai 1918 schreibt er an die Gräfin Degenfeld: „Die Kunst des Lebens – je älter ich werde, desto unfähiger – desto verbitterter und ungeschickter. Das Geld. Ihr Brief fragt mich darauf. Überall hängt sich dies an, es verfolgt einen bis in die Träume hinein: so verstehe ich, daß es beinahe ungeheuerlich ist, so etwas auf sich zu nehmen – Haushalt, Kinder, Steuerzählerei, zu hören, was ein Kilo Butter kostet usw.“[19]

Hofmannsthal denkt jetzt weniger skeptisch über seine Generation, die er bisher immer nur als willensschwach bezeichnet hat. „Ich glaube, es hat nie solche Menschen gegeben, wie wir sind. Aber wir sind weder schwach noch schlecht. Wir sind nicht von der glücklichen Möglichkeit ausgeschlossen, dem Leben gerecht zu werden.“[20] In dieser Zeit entstand eine weitere, 1895 erschienene Darstellung der Lebensferne im ‚Märchen der 672. Nacht‘. Der junge Kaufmannssohn, eine Variation Claudios, aber wohl aus größerer Distanz gesehen als dieser, nimmt gleichfalls keinerlei Anteil an Menschen und Wirklichkeit, und das Leben rächt sich gleichsam für diese Indifferenz und bereitet ihm einen vorzeitigen, kläglichen und häßlichen Tod. Aber auch dieser Tod ist keine Strafe, und der Kaufmannssohn wird mißverstanden, wenn man annimmt, er könne frei darüber entscheiden, ob er sich auf das Leben einlassen wolle oder nicht. Auch er versäumt sein Leben aus innerem Zwang. Daß er zum Beispiel seine schöne Dienerin nicht verführt, ist nicht sein moralisches Verdienst, da er kein Verlangen nach ihr empfindet. Aus dem gleichen Grunde kann man ihm aber seinen Verzicht auch nicht als Schuld anrechnen. Alewyn versucht auch hier eine moralische Deutung und sagt, gerade die Unschuld des Kaufmannssohnes „ist seine Schuld“.[21] Aber das könnte nur zutreffen, wenn er bewußt und absichtlich, in innerlich freier Entscheidung, sich der Lebenswirklichkeit entzogen hätte, wenn er also z. B. der Verführungskraft der schönen Dienerin mit Willenskraft widerstanden hätte, um jede mögliche Verstrickung und Verschuldung zu vermeiden. Aber gerade so verhält er sich nicht, vielmehr begehrt er die Dienerin gar nicht; er „wurde ergriffen von ihrer großen Schönheit, aber gleichzeitig wußte er deutlich, daß es ihm nichts bedeuten würde, sie in seinen Armen zu halten“ (E, 14). Da er kein Verlangen nach ihr hat, *kann* er sie nicht umarmen, sein Schönheitssinn ist steril, und seine Unfähigkeit kann nicht als schuldhaft verurteilt werden, so als wäre sie Unwilligkeit. Wenn seine Diener ihn ansehen, empfindet er „eine rätselhafte Beklemmung“. „Er fühlte sie leben, stärker, eindringlicher, als er sich selbst leben fühlte.“ (E, 12).

Schon Andrea in Hofmannsthals erstem lyrischen Drama ‚Gestern‘ hat wesentliche Züge mit Claudio gemeinsam, wenn auch das zentrale Problem dieser Figur in ihrer ausschließlich auf den Augenblick gestellten, jede Kontinuität verleugnenden Existenzweise besteht. Darin wiederum ist er Hofmannsthal selbst verwandt, der sich in einer Tagebuchnotiz vom 17. Juni 1890 zu einer Absolutsetzung des Augenblicks bekennt. „Wir haben kein Bewußtsein über den Augenblick hinaus, weil jede unserer Seelen nur einen Augenblick lebt. Das Gedächtnis gehört nur dem Körper; er reproduziert scheinbar das Vergangene, d. h. er erzeugt ein ähnliches Neues in der Stimmung. Mein Ich von *gestern* geht mich so wenig an wie das Ich Napoleons oder Goethes“ (A, 93).

Verwandt mit Claudio sind „die Vereinzelung, die Selbstbezogenheit und Selbstbespiegelung“ Andreas.[22] Auch er ist unfähig zu wirklicher Bindung. So wie Pferde, Geige, Degen für ihn durch ihre Benutzung etwas wert sind, aber „im Grunde tote leere Dinge“, so auch die Menschen (GLD, 214f.):

Die Freunde so, ihr Leben ist ein Schein,
Ich lebe, der sie brauche, ich allein.

Andreas Lebensgefühl ist freilich in seinem subjektiven Bewußtsein viel intensiver als das Claudios, in Wahrheit aber kann er sich ebensowenig wie dieser in das Leben „verweben“. Auch die Willensschwäche wird deutlich in Andreas Unfähigkeit, sich für einen Bauplatz für seinen Palast zu entscheiden, für den Freunde klare Wünsche haben. „O wie ich sie beneide um ihr Wollen“, sagt er (GLD, 231).

Schon die Schüler Tizians im ‚Tod des Tizian‘ sind Brüder Claudios, wie vor allem Peter Szondi gezeigt hat.[23] Sie sind im Zustand der Lebensferne; nur Tizian vermittelt ihnen eine Lebendigkeit „aus zweiter Hand“. Sobald er tot ist, bleibt ihnen nichts als „das tote, taube, dürre Weitersein“ (GLD, 256). Wie Hofmannsthal später in einem Brief an Walther Brecht darlegt, hatte er die Absicht, in der Fortsetzung des Fragment gebliebenen Dramas die Tizianschüler „mit der Lebenserhöhung, welche durch den Tod (die Pest) die ganze Stadt ergreift“, in Berührung zu bringen. Die Schüler stiegen „in die Stadt hinab und erlebten das Leben in der höchsten Zusammendrängung – also im Grund das gleiche Motiv wie im ‚Tor und Tod‘“.[24]

Seit 1896, dem Jahr des dritten d’Annunzio-Essays, wendet sich Hofmannsthal von der so oft abgewandelten Thematik der Lebensferne ab. 1897 spricht er sehr kritisch von ‚Der Tor und der Tod'; in einem Brief an Harry Gomperz vom 24. Juni erklärt er, warum er das vom Vater des Adressaten erbetene Exemplar des Dramas immer noch nicht geschickt habe: „Mir ist dieser Einakter aus mehreren Gründen recht unerfreulich, vor allem stört mich ein schon unleidlicher Mangel an Proportion zwischen den einzelnen Teilen und so noch anderes."[25]

In vierfacher Variation hat Hofmannsthal den Typus Claudio als repräsentativ für seine Zeit dargestellt, und zwar immer unter kritischem Aspekt. Claudios Verhalten ist gewiß ohne jeden moralischen Wert, aber deshalb doch nicht schuldhaft, sondern jenseits der sittlichen Kategorien, gewissermaßen prämoralisch. Hält man das nicht fest, so kommt man in Gefahr, in Claudio nur einen Mann zu sehen, der seine Mutter lieblos, seine Geliebte treulos, seinen Freund unzuverlässig behandelt und dafür bestraft wird, ein rücksichtsloser Nichtsnutz, deren es zu allen Zeiten viele gibt. Eine solche Figur wäre nicht repräsentativ für das Fin de siècle. Das Unheimliche, Beunruhigende an Claudio ist für Hofmannsthal gerade dies, daß er und die ihm gleich gearteten Menschen nicht verantwortlich zu machen sind für ihr Versagen, sondern unfähig, anders zu sein, als sie sind. Ihre Heilung ist nicht durch einen Akt moralischer Anspannung möglich, sondern „völlig ein Mysterium".

Es ist nicht einmal sicher, ob Claudio wirklich leben könnte, wenn der Tod ihn freiließe. Er beteuert das freilich: „Jetzt fühl ich – laß mich – daß ich leben kann!" Aber das ist vielleicht nur der Ausdruck seiner Todesangst (GLD, 282). Auch das vielberufene Wort: „Ich will die Treue lernen, die der Halt / Von allem Leben ist" scheint nicht so eindeutig, wie viele meinen. Gewiß ist es bedeutsam, daß Hofmannsthal in einer späteren Äußerung bemerkt, in diesem Vers sei „das Entscheidende ausgesprochen" (A, 228). Aber kann Claudio die Treue lernen? Ist sie überhaupt lernbar? Das Mädchen, wenn es Claudio hören könnte, würde wohl lächeln bei diesem Wort. Denn sie sieht tiefer und sagt (als ob sie ihm zugehört hätte): „Aus Untreu macht kein guter Wille Treu." (GLD, 287) Die Interpreten übersehen das gern. Für den haltlosen Claudio ist die Treue als haltgebende Eigenschaft wichtig, darum ist mit jenem Vers „das Entscheidende" ausgesprochen. Aber das bedeutet nicht, daß Hofmannsthal in der Treue den höchsten und absolut unentbehrlichen Wert sah. In dem Gespräch ‚Über Charaktere im Roman und im Drama' (1902) sagt Balzac, den Hofmannsthal oft seine Gedanken aussprechen läßt: „Es ist in allem, in allem der Keim zu einem Fetisch, zu einem Gott, zu einem allumspannenden Gott. Lassen wir die Treue dem, der aus der Treue seinen Gott gemacht hat. Ich sehe auch den, der seinen Gott aus der Treulosigkeit gemacht hat. Man muß Beethoven neben Casanova oder Lanzun ins Auge zu fassen verstehen. Den, der keiner Frau bedurfte, neben dem, der alle Frauen brauchte. Alles ist ein Reich, und jeder ist der Napoleon in dem seinigen. Sie stoßen einander nicht, diese Reiche, es sind geistige Sphären, glücklich, der ihre Musik zu hören vermag“ (P II, 45).

Damit ist die für Claudio absolut gesetzte Treue für Hofmannsthal relativiert, ist *ein* Wert neben anderen; der Höchstwert wechselt je nach dem Charakter dessen, der ihn erstrebt. Für Claudio sollte es die Treue sein – mehr wird nicht gesagt.

Der Typus des lebensflüchtigen Claudio, in Hofmannsthals Dichtungen von 1891 bis 1894 prägnant vergegenwärtigt, ist vorher und auch noch lange nachher von vielen Autoren geschildert worden. Das erweist seine repräsentative Bedeutung für die Zeit um 1900. Zuweilen werden bestimmte Wesenszüge dieses Typus akzentuiert, so etwa die Unfähigkeit zur Bindung in Schnitzlers dramatischer Dichtung ‚Anatol‘, die 1892 erschien. Der Prolog von Hofmannsthal kündigt „böser Dinge hübsche Formel“ an. Auch Georg von Wergenthin in Schnitzlers Roman ‚Der Weg ins Freie‘ ist eine Abwandlung des Typus, auch er ohne Gewissenskonflikt, ohne Bewußtsein eines Unrechts. Schnitzler hat diese Form der Décadence auch in anderen Figuren dargestellt. Wie geläufig sie der Vorstellung der Zeitgenossen war, zeigt ein Bericht von Olga Schnitzler über ein Gespräch, das sie vor ihrer Verheiratung mit ihrer Schwester Liesl und Schnitzler führte. Schnitzler sprach von einem dichterischen Plan, der das gehetzte Leben eines Don Juan schildern sollte, „der immer auf der Flucht ist“. „Weit drunter auf einer sonnigen Wiese im Franz-Josefs-Land setzten wir uns am Rand eines Wäldchens auf einen Hügel. Liesl: Ja, wovor ist er denn so sehr auf der Flucht? Ich glaube, vor jeder wirklichen Bindung ... als ob es eine Erfüllung gäbe, ohne daß man das eigene Wesen ganz dreingibt – und wäre es nur für einen Augenblick. Sonderbar: immer wieder ist *das* euer Thema, der Tor und Tod, der Tor und das Leben ..., der keinem etwas war und keiner ihm.“ Sie zitiert Verse aus Hofmannsthals Spiel und fährt fort: „Warum belauert er sich so ängstlich, dieser Tor? ... Warum verschenkt er sich nicht unbedenklicher ans Leben?“[26]

In einer fragmentarischen Skizze ‚Age of Innocence. Stationen der Entwicklung‘, die man auf 1893 datiert, beschreibt Hofmannsthal einen aufwachsenden Knaben, der sich isoliert und „das verwunderte Sich-Leben-Zuschauen“ lernt, eine Claudio-Natur also. Von ihm heißt es, daß er „den Kultus der Erinnerung“ betrieb. „Mit acht Jahren fand er den größten Reiz an dem Duft halb vergessener Tage und tat manches nur mit dem dumpfen Instinkt, zukünftige hübsche Erinnerungen auszusäen. So gewöhnte er sich resigniert, den Wert und Reiz der Gegenwart erst von der Vergangenheit gewordenen zu erwarten“ (P I, 152). Das ist annähernd eine vorweggenommene Formel für die Erlebnisweise Marcel Prousts, dem sich das Gegenwärtige entwertet und für den es erst bei seiner Wiederkehr in der Erinnerung, gebrochen durch Vergangensein und Gedächtnis, „Wert und Reiz" gewinnt. Ob man die Erlebnisse in der Phantasie vorwegnimmt wie Claudio oder die erlebten Wirklichkeiten ausspart für ihr Wiederaufleben in der Erinnerung, macht keinen großen Unterschied: Auf beide Art wird die Gegenwart suspendiert, das Unmittelbare vermieden, also eine Spielart der Décadence verwirklicht.

Claudios Leiden, seine Unfähigkeit zu vollem Leben, seine seelische Erkrankung sind nicht lange nach der Entstehung von ‚Der Tor und der Tod' als eine in der Wirklichkeit recht häufige Persönlichkeitsstörung erkannt worden, die von der Psychoanalyse als Narzißmus bezeichnet wird. Bei Hofmannsthal und anderen Darstellern des Claudio-Typus, etwa bei André Gide, Maupassant, Beer-Hofmann finden sich deutliche Anspielungen auf die Selbstliebe des Narzissus. Claudio sagt, wenn er dem Tod die alten Liebesbriefe vor die Füße wirft (GLD, 283):

> Mit Schwüren voll und Liebeswort und Klagen;
> Meinst du, ich hätte je *gespürt,* was die –
> *gespürt,* was ich als Antwort schien zu sagen?!
> Da hast du dieses ganze Liebesleben, (...)
> Daraus nur ich und ich nur wiedertönte

Hofmannsthals Spürsinn begreift, daß dieser Claudio nicht nur wie Narziß in sich selbst verliebt ist, sondern auch in den anderen, die er zu lieben scheint, in Wahrheit nur sich liebt. Das aber ist eines der Kennzeichen des Narzißmus: die Unfähigkeit zur Objektliebe wegen der – wie es in der Sprache der Psychoanalyse heißt – „libidinösen Besetzung des Selbst". Dabei werden auch andere Personen als Teile des Selbst erlebt, über die es verfügt. Als kindliche Entwicklungsphase normal und gesund, bewirkt dieser Narzißmus Störungen, wenn der Mensch auch als Erwachsener an ihn fixiert bleibt oder in ihn zurückfällt und die „Ich-Du-Differenzierung" nicht vollziehen kann. In dieser Fixierung liebt der Mensch immer nur sich selbst in den als Verlängerung seines Selbst erfahrenen Personen und leidet unter dem Mangel „einer tiefen und lebhaften Beziehung zur Welt" und der „Entleerung des Ich".[27]

Schon vor dem Erscheinen des Todes hat Claudio nicht nur seine Lebensferne beklagt, sondern ebenso intensiv seine „Sehnsucht" nach einem volleren Leben ausgesprochen. Durch Kunstwerke möchte er sich „einschleichen" (GLD, 272). Man muß fragen, wie stark das Lebensverlangen wirklich ist bei jemandem, der es durch die Kunst, rein ästhetisch-kontemplativ, zu befriedigen sucht. Auf diesem Wege entfernt er sich doch gerade von der unmittelbaren Lebensnähe, die zu suchen ein „wirres Sehnen" (GLD, 221) ihn treibt. Er sucht das Leben dort, wo es nicht zu finden ist. Claudio versteht sehr gut das schlichte, in sich selbst befriedete und in der Wirklichkeit fraglos beheimatete und erfüllte Dasein des Landvolkes und die herzliche Wärme in der menschlichen wechselseitigen Verbundenheit dieser Bauern. Aber sein Verlangen nach solcher Lebensweise bleibt ein „wirres Sehnen“, ebenso substanzlos und unverbindlich wie alle seine Gefühlsregungen, wie seine ohne wahre Gefühlskraft geäußerte Liebe, „und alles andere ist wie das“, auch die Lebenssehnsucht. (GLD, 283)[28]

Als der Tod gekommen ist, um Claudio zu holen, entlockt ihm die Angst den heftigsten Ausdruck seines Lebensdranges (GLD, 282):

> Die tiefste Lebenssehnsucht schreit in mir.

Aber das ist nur der letzte Aufschrei des Lebenstriebes. Hofmannsthal macht die Gestalt Claudios dadurch überzeugend, daß er ihn diesen Lebenstrieb äußern und seine jetzt von ihm erreichte Fähigkeit zu leben beteuern läßt, bevor der Umschlag in das Todesverlangen erfolgt. Dies ist der entscheidende Vorgang der Sterbeszene. Die Verse, mit denen der Tod den erschrockenen Claudio begrüßt (GLD, 279 f.), sind berühmt geworden:

> Steh auf! Wirf dies ererbte Graun von dir
> Ich bin nicht schauerlich, bin kein Gerippe!
> Aus des Dionysos, der Venus Sippe,
> Ein großer Gott der Seele steht vor dir.

Die Verse sind sehr oft zitiert worden, aber nie hat man gefragt, was genau es bedeutet, wenn der Tod „ein großer Gott der Seele“ genannt wird.[29] Das Wort muß genau genommen werden, und dann kann es nur bedeuten, daß der Tod eine der im Menschen selbst wirkenden göttlichen Kräfte ist, der Todeswunsch, der, im Bewußtsein vom Lebenstrieb überdeckt, diesen doch überwinden kann. Der Tod als „Gott der Seele“ ist also das, was Freud viel später, in der Abhandlung ‚Jenseits des Lustprinzips‘ von 1920, den Todestrieb genannt hat. Dieses Todesverlangen besteht auch in Claudio, und der in sein Zimmer tretende Tod scheint zu wissen, daß dieser Todestrieb gerade in Claudio besonders machtvoll wirksam ist, stärker als der Lebenstrieb, der nur als „wirres Sehnen“ in ihm lebt. Der Tod als Figur erinnert Claudio nur an das verborgene Todesverlangen, den vergotteten Todestrieb in ihm selbst. Ja, im Grunde ist wohl diese Figur des Todes mit ihrer Geige nur der nach außen projizierte, Gestalt gewordene Todestrieb selbst. Und die Musik, die er erklingen läßt, versteht Claudio, noch ehe er den Spieler gesehen hat, als dionysische Musik, die ihm frühe und lebensnahe Jugendzeiten, als er „rauschumfangen“ wanderte, ins Gedächtnis ruft, „den Liebesstrom, der alle Herzen nährt“. Dionysos also und Venus sind nahe in dieser Musik, auch der Tod, wenn der junge Claudio im „Frühlingsglänzen“ stand „und meinte aufzuschweben in das All". Diese Todesmusik ist von der Art, wie sie Hanno Buddenbrook spielt und Wagner im ‚Tristan' erklingen läßt und wie Nietzsche sie feiert: dionysisch-rauschhaft den Tod verkündend.

Schon in dem Gedicht ‚Erlebnis' erklingt sie, wenn das dort sprechende Ich, den eigenen Tod visionär vorwegnehmend, ihr lauscht (GLD, 11):

Das ist der Tod. Der ist Musik geworden,
Gewaltig sehnend, süß und dunkel glühend,
Verwandt der tiefsten Schwermut.

Nur weil das heimliche Todesverlangen in Claudio so stark ist, wird der schnelle Umschlag von anfänglicher Todesfurcht nicht nur in Todesbereitschaft, sondern in Todesbejahung, in freudige Begrüßung des Lebensendes möglich. Nachdem Claudio durch das Vorbeigleiten von Mutter, Geliebter und Freund die Leere und Nichtigkeit seines Daseins schärfer als je bewußt geworden ist, wendet er sich dem zuerst verhaßten Tode als seinem Erlöser zu (GLD, 291):

Könnt ich mit dir sein, wo man dich nur hört,
Nicht von verworrner Kleinlichkeit verstört!

Solche Gemeinschaft mit dem Tode wünscht er sich jetzt, geradezu eine Verewigung der Lebensferne, die, bisher schmerzhaft erlitten, plötzlich Sinn gewinnt als Befreiung von verstörender Kleinlichkeit. So wird aus der eben noch so stürmischen Ablehnung ein Begehren des Todes, aus der Drohung eine Verheißung:

Ich kanns! Gewähre, was du mir gedroht,
Da tot mein Leben war, sei du mein Leben, Tod!

In seinem Essay ‚Schopenhauer' von 1938 zitiert Thomas Mann sich selbst aus dem ‚Zauberberg': „Wer sich für das Leben interessiert, habe ich im Zauberberg gesagt, der interessiert sich namentlich für den Tod. Das ist die Spur Schopenhauers, tief eingedrückt, haltbar für das ganze Leben. Es wäre auch schopenhauerisch gewesen, wenn ich hinzugefügt hätte: Wer sich für den Tod interessiert, der sucht in ihm das Leben" (IX, 559). Das ist es, was, ebenso schopenhauerisch, Claudio sagt: „Sei du mein Leben, Tod!" Thomas Mann fährt fort: „und ich habe es, wenn auch weniger epigrammatisch, gesagt: als ganz junger Dichter, als es galt, den Helden meines Jugendromans, Thomas Buddenbrook, zu Tode zu bringen ... Ihm (...) schenkte ich das teure Erlebnis, das hohe Abenteuer (...) und ließ ihn im Tode das Leben finden, die Erlösung aus den Fesseln seiner müden Individualität."

Die Gleichung von Leben und Sterben, Grundvorstellung der Décadence, nimmt auch Hofmannsthal auf, wenn er Claudio sagen läßt:

Was zwingt mich, der ich beides nicht erkenne,
Daß ich dich Tod und jenes Leben nenne.

Im ‚Kleinen Welttheater' sagt der Arzt (GLD, 392):

Denn eingeboren ist ihr eignes Weh
Den Menschen: ja, indem ich es so nenne,
Verschleir' ich schon die volle Zwillingsnäh,
Mit ders dem Sein verwachsen ist und trenne
Was nur *ein* Ding: denn lebend sterben wir.

Auch Claudio kann Leben und Tod nicht wirklich unterscheiden und erkennend auseinanderhalten, weil sie „ein Ding" sind. Georg Rodenbach hat in seinem Gedicht ‚Solitude'[30] eine ähnliche Umkehrung der Bewertung von Leben und Tod ausgesprochen mit der Aufforderung, auf das Leben zu verzichten, um nach dem Tode wahrhaft leben zu können:

Mais, fais ce sacrifice à la sublime envie,
pour vivre après la mort, sois mort dans la vie!

Wenn Claudio sich vor dem Auftritt des Todes beklagt, daß er sich „mit Schatten nur" herumschlagen mußte, von „Schemen" sich umgeben sah und nie Liebe und Haß wirklich erfahren habe, sondern nur „Tausch von Schein und Worten leer", so gehört das alles zu jenem Leben des Individuums, das Schopenhauer als in Wahrheit schattenhaft und nichtig, als Täuschung und Schein ansieht. Hofmannsthals Spiel gewinnt an seinem Ende eine Dimension, in der Claudios ungewollte Lebensverweigerung sich rechtfertigen könnte, weil der „Wille zur Verneinung des Lebens" nach Schopenhauers Lehre nur das ohnehin Nichtige verneint und erst nach Aufhebung der Individuation, nach dem Tode des Einzelmenschen das wahre, überindividuelle Sein sich erschließt. Erst der Tod, erkennt Claudio, kann die ganze Fülle des Lebens in eine Stunde pressen, und so redet er ihn an (GLD, 291):

Das schattenhafte will ich ganz vergessen,
Und weih mich deinen Wundern und Gewalten.
– – – –
So wach ich jetzt, im Fühlensübermaß,
Vom Lebenstraum wohl auf im Todeswachen.[31]

Wenn der Tod in einer Art Nachruf auf den gestorbenen Claudio sich über die menschlichen Wesen verwundert, „die, was nicht deutbar, dennoch deuten", so mag er vor allem an das heimliche, tief im Unbewußten verborgene Todesverlangen denken, das vom Bewußtsein nicht erfaßbar und identifizierbar ist, aber dennoch als wirksam gespürt wird und so doch noch etwas Licht im „Ewig-Dunkeln" finden kann.

6. Die Entwertung der Gegenwart als Erfahrung der Décadence im Werk Arthur Schnitzlers

In der Folge von Einzelszenen, die Schnitzler 1892 unter dem Titel ‚Anatol' zusammenstellte, bildet das reflektierende Gespräch Anatols mit seinem Freunde Max ein verbindendes Element und sichert die Kontinuität in der Reihe der Episoden. In einer dieser Szenen mit dem Titel ‚Agonie' beklagt Anatol „das allmähliche, langsame, unsäglich traurige Verglimmen" einer Liebesbeziehung, aber er findet nicht den Mut zu einer entschiedenen Beendigung dieser qualvollen Agonie. Der Freund Max redet ihm zu: „Sei stark, Anatol, – werde gesund!" Anatol leidet an der Schwäche des dekadenten jungen Mannes, der, müde und blasiert, stetig neuer Reize bedarf, sich immer wieder in neue Liebschaften verstrickt, ohne Willens- und Entschlußkraft, sie rechtzeitig zu beenden. „Deine Gegenwart", sagt Max, „schleppt immer eine ganze schwere Last von unverarbeiteter Vergangenheit mit sich ... Und nun fangen die ersten Jahre deiner Liebe wieder einmal zu vermodern an, ohne daß deine Seele die wunderbare Kraft hätte, sie völlig auszustoßen" (Dr. I, 82 ff.).

Die Folge ist für Max klar, nämlich die, „daß auch um die gesündesten und blühendsten Stunden deines Jetzt ein Duft dieses Moders fließt – und die Atmosphäre deiner Gegenwart unrettbar vergiftet ist". Anatol stimmt Max zu, er sieht dieses Verhängnis selbst, das ihm die Gegenwart seines Erlebens verdirbt. Er sagt: „Nun ja. Und aus diesem Dunstkreis kommen die schmerzlichen Düfte, die oft über meine besten Augenblicke ziehen." Hier trifft man auf ein Zeugnis dafür, daß die lebendige Gegenwart gestört, vergiftet, entwertet wird. Zugleich aber ist diese Stelle auch noch in anderer Hinsicht bedeutsam. Der Appell des Freundes Max, gesund zu werden, wirkt auf Anatol keineswegs ermunternd. „Es ist ja möglich, daß ich die Fähigkeit dazu hätte! Mir fehlt aber das weit Wichtigere – das Bedürfnis! – Ich fühle, wieviel mir verloren ginge, wenn ich mich eines schönen Tages ‚stark' fände! ... Es gibt so viele Krankheiten und nur eine Gesundheit! ... Man muß immer genauso gesund sein wie die andern – man kann aber ganz anders krank sein wie jeder andere" (Dr. I, 84).

Anatol bekennt, daß er durchaus nicht „stark" sein möchte. Er fühlt sich wohl in seiner Schwäche, auch wenn er zugleich unter ihr leidet. Er empfindet Krankheit wie eine Art Auszeichnung, sie hebt ihn ab vom Durchschnitt der Gesunden, die nur eine langweilige Norm darstellen. Krankheit hat den Reiz des Besonderen, Individuellen. Schnitzler, der als sehr scharf blickender Psychologe das erkannt hat, weiß zugleich, daß die Bejahung der eigenen Schwäche, die Bereitschaft zum Verfall zur Décadence gehört. Auch wenn sich Anatol vor den schmerzlichen Nachwirkungen der Vergangenheit „retten" möchte, so verbleibt er schließlich doch mit innerer Zustimmung in dem „Wirrwarr von Einst und Jetzt und

Später", wie Max sagt, der ihm jede Gegenwart verdirbt. Würde er, wie die Starken und Gesunden, das Erlebnis der Gegenwart ohne Trübung sichern, so fühlte er allzu genau, wie viel ihm dabei „verloren ginge". Er denkt offenbar an jene melancholischen Reize der „unklaren Übergänge", die er liebt.

Die von Schnitzler häufig dargestellte Entwertung der Gegenwart ist nicht immer die Überlagerung der unmittelbaren Erlebnisse mit übermächtig wirkenden Momenten der unverarbeiteten Vergangenheit. Häufig ist es das extrem übersteigerte Bewußtsein der Vergänglichkeit all dessen, was ins Leben tritt, insbesondere das quälende Wissen, daß mit dem Anfang einer Liebesbeziehung schon ihr Ende beginnt. Gewiß gehört das Wissen um Vergänglichkeit alles Seienden, seine Bestimmtheit zum Tode zum allgemein menschlichen Bewußtsein, und es ist ein sehr altes Motiv der dichterischen Klage. Aber erst in der literarischen Décadence verschärft es sich in der Weise, daß Leben immer und ständig vorwiegend als Sterben begriffen und alles Bestehende sofort als Vergehendes erfahren wird. Der Schriftsteller Stefan von Sala in Schnitzlers Drama ‚Der einsame Weg', der einmal gefragt wird, warum er vom Sterben spricht, antwortet: „Gibt es einen anständigen Menschen, der in irgendeiner guten Stunde in tiefster Seele an etwas anderes denkt?" (Dr. I, 765).

Anatols Freund Max formuliert das Grundmuster der Gleichung von Leben und Sterben für die Liebesbeziehung: „Es gibt manches Glück, das mit dem ersten Kuß zu sterben begann" (Dr. I, 82). Anatol erlebt auch in anderen Stücken der Szenenfolge auf andere Weise die eigentümliche, unheimliche Entwirklichung der Gegenwart. In der Szene ‚Episode' sagt Anatol, der im Gespräch mit Max sich eine lange zurückliegende, mit Pathos beschriebene Liebesstunde ins Gedächtnis zurückruft: „Das Episodenhafte der Geschichte kam mir so deutlich zum Bewußtsein. Während ich den warmen Hauch ihres Mundes auf meiner Hand fühlte, erlebte ich das Ganze schon in der Erinnerung. Es war eigentlich schon vorüber" (Dr. I, 56). Die Frau, so meint er, war „mit einer heiligen, unvergänglichen Liebe" ihm zugewandt. „Gewiß konnte sie in diesem Augenblick nichts anderes denken als mich – nur mich. Sie aber war für mich jetzt schon das Gewesene, Flüchtige, die Episode."

Noch während er also dieses Liebesglück erlebt, ist es „eigentlich schon vorüber". Es gibt nur Anfang und Ende eines Erlebnisses, dazwischen liegt nichts, die Gegenwart fehlt im Bewußtsein des Erlebenden. Das Ende fällt mit dem Anfang zusammen. Es ist klar, daß Anatol eine besondere Bindungsscheu, eine Angst vor jeder Festlegung hat. Aber es ist nicht etwa so, daß er die Gegenwärtigkeit der Liebesbeziehung gewaltsam abdrängt, um nicht festgelegt und gefesselt zu werden. Die Gegenwart geht ihm verloren, ohne, ja gegen seinen Willen. Nietzsches

Diktum „Denn alle Lust will Ewigkeit" (II, 558) gilt auch für Anatol, und wenn er einer Frau „ewige Liebe" schwört, so ist das nicht die verlogene Strategie eines Verführers, sondern im Moment ein subjektiv wahrer Wunsch nach Dauer, an den er dann glaubt. Dennoch weiß er, auch wenn es augenblicklich aus seinem Bewußtsein verdrängt wird, um die Vergänglichkeit der Leidenschaft. Dieses Wissen, die Angst, das Verglimmen der Gefühle zu erleben und lügen zu müssen, erzeugt die Scheu vor Bindung und Festlegung.

Fast erschreckend wird der plötzliche Wirklichkeitsschwund in der siebenten Szene des ‚Reigen' erfahren. Hier führt der Dichter das „süße Mädel" in sein halbdunkles Arbeitszimmer und sucht es durch zärtliche Annäherung zu verführen. Es ist so dunkel im Zimmer, daß der Dichter das Gesicht des Mädchens nicht mehr erkennen kann und sich dieses Gesichtes versichern muß, indem er es mit der Hand berührt. Aber er muß schließlich einsehen, daß das Mädchen, mit dem er seit vielen Stunden zusammen ist und das neben ihm liegt, aus seiner Vorstellung geschwunden ist. „Es ist seltsam", sagt er, „ich kann mich nicht mehr erinnern, wie du aussiehst" (Dr. I, 366 f.).

Schnitzler vermerkt in einer Regiebemerkung, daß der Dichter seine erschreckende Einsicht „ernst" ausspricht, also nicht spielerisch-ironisch eine Art Kuriosität in ihr sieht. „Du, das ist beinah unheimlich, ich kann mir dich nicht vorstellen. In einem gewissen Sinne habe ich dich schon vergessen. Wenn ich mich auch nicht mehr an den Klang deiner Stimme erinnern könnte, ... was wärst du da eigentlich – Nah und Fern zugleich – unheimlich." Die Geliebte liegt neben ihm, er umwirbt sie noch, hat sich noch nicht mit ihr vereinigt – und sie doch „schon vergessen". Die lebendige Gegenwart entgleitet plötzlich, wird zunichte. Schnitzler läßt den Dichter in dieser tief beunruhigenden, verstörenden Erfahrung einer rätselhaften, unauflösbaren Widersprüchlichkeit begegnen: In der Nähe ist Ferne enthalten, in der Gegenwart schon Erinnerung, der noch nicht erlebte Augenblick ist bereits vergangen. Was als Begegnung erlebt wird, ist in Wahrheit schon Trennung. Sich einer Geliebten nähern, bedeutet bereits, von ihr wegzugehen.

In dem Drama ‚Der einsame Weg' ist es Stefan von Sala, der den Verlust der Gegenwart erfährt, wenn ihm, ähnlich wie Anatol, die Erinnerung an Vergangenes übermächtig wird. Im Gespräch mit Johanna, die ihn liebt, spricht er davon. Wenn er auf sein Leben zurückblickt, sagt er, ist ihm manchmal alles Vergangene gegenwärtig. „Und das Gegenwärtige ist vergangen." – „All das, all das ist da, wenn ich nur die Augen schließe, ist mir näher als du, Johanna (...)." Er knüpft daran eine Reflexion, die etwas wie eine Analyse dieser Erlebnisstruktur gibt. „Gegenwart – was heißt das eigentlich? (...) Ist das Wort, das eben verklang, nicht schon Erinnerung? Der Ton, mit dem eine Melodie begann, nicht Erinnerung, ehe das Lied geendet? Dein Eintritt in diesen Garten nicht Erinnerung, Johanna? Dein Schritt über diese Wiese dort nicht geradeso vorbei wie der Schritt von Wesen, die längst gestorben sind?“ (Dr. I, 817). Es gibt, so erkennt Sala, eigentlich keine Gegenwart, das fließende Kontinuum der Zeit kennt keine festen Punkte, sondern nur Übergänge, jeder Augenblick wird sofort Vergangenheit. Johanna leugnet das sachlich Zutreffende dieser Zeit-Analyse nicht, aber sie wehrt sich trotzdem dagegen, will sie nicht wahrhaben. Sie antwortet: „Nein, es soll nicht so sein. Es macht mich traurig.“ Wenngleich selbst eine labile, etwas gebrochene Natur, hat sie doch einen stärkeren Lebenswillen als Sala und will sich dem fortwährenden Verlust der Gegenwart nicht aussetzen, sondern ein Erlebnis, die Nähe eines geliebten Menschen als innere Präsenz festhalten.

In demselben Drama erscheint noch eine zweite Décadence-Figur, der Maler Julian Fichtner, der auch den Verlust der Gegenwart erlebt. Bei ihm ist es, wie schon bei Anatol, die Angst vor dem Ende einer Liebesbeziehung, die eine erfüllte Gegenwart zerstört. Julian erzählt seinem Sohn, wie er von höchster Leidenschaft für die Braut seines Freundes erfaßt wurde und mit ihr kurz vor ihrer Hochzeit mit diesem Freunde fliehen wollte. Alles war für die Flucht vorbereitet, aber am Vorabend wurde ihm mit Schrecken bewußt, daß er seine Freiheit für immer aufgeben würde für eine Leidenschaft, die „bestimmt war zu enden, wie alle“ (Dr. I, 811). Diese Gewißheit des Endes aber verdarb ihm die vor ihm liegende Zeit des Liebesglücks. Er formuliert seinen Zustand sehr genau, sehr einleuchtend. „Im Augenblick, da ich das Ende vorhersah, war es gewissermaßen schon da.“ Die Gewißheit des Endes bedeutet bereits das Ende, zerstört jede Gegenwart. „Auf etwas warten, das kommen muß, heißt, es tausendmal, heißt – es in Wehrlosigkeit und Überdruß und Zorn erleben. Das wußt ich tief in dieser Stunde. Und ich hatte Angst davor.“

Julian ist zu schwach, dieses überscharfe, allgegenwärtige Wissen um das Aufhören der Liebe zurückzudrängen, und damit ist das Ende schon eingetreten. Der Verrat an der Geliebten und dem Freund fiel Julian schwer, „aber alles schien mir wünschenswerter (...) als ein langsames, klägliches, unwürdiges Vergehen“. So entschloß er sich, noch in der Nacht vor der geplanten gemeinsamen Flucht allein zu fliehen.

Die häufige Wiederholung des Motivs zeigt, wie wichtig es Schnitzler für die Darstellung jener Daseinsproblematik war, die sich für die in ihren Lebensenergien geschwächten, übermäßig sensiblen jungen Menschen der Wiener Gesellschaft um 1900 ergab. Schnitzler hat auch in seinen Erzählungen und Romanen immer wieder dargestellt, wie die Menschen von solcher Verfassung die Wirklichkeit, in der sie nicht fest verwurzelt sind, in bestimmten Situationen innerer Spannung verlieren. Mit besonderer Intensität wird diese Erfahrung in dem Roman ‚Der Weg ins Freie‘ vorgeführt. Georg von Wergenthin, ein talentierter junger Musiker, der aber sein Talent brachliegen läßt und angefangene Kompositionen nicht zu Ende bringt, gehört zu jenem Typus junger Wiener, die Hofmannsthal als seine willens- und nervenschwache Generation beschrieben hat. Durch Erbschaft finanziell unabhängig, verbringt er sein Leben in eleganter Geselligkeit, mit Kaffeehaus-Gesprächen im Kreise intellektueller Freunde und mit erotischen Abenteuern, die episodisch und ohne tiefere Bindung bleiben. Nach dem Tode seines Vaters lebt er eine Zeitlang zurückgezogen und empfindet es, wie es heißt, „wie beruhigend, daß er zu keinem menschlichen Wesen in engerer Beziehung stand" (EI, 640). Er verliebt sich dann in Anna Rosner, die aus einer Familie des mittleren Bürgertums stammt, ein ernsthaftes, gediegenes, liebenswertes Mädchen, das Gesangsstunden gibt und mit Georg musiziert. Anna liebt Georg mit ungebrochener Gefühlskraft, sie sucht ihn zur Konzentration und Stetigkeit der Arbeit zu bringen, „seinem Hang zur Verspieltheit und zur Nachlässigkeit entgegenzuwirken" (EI, 681). Sie erkennt sehr genau Georgs Schwäche. „Du hast keine Initiative, Georg", sagt sie zu ihm. Georg denkt, schon ehe sie sich ihm ergeben hat, an das Ende der Beziehung, ahnt voraus, daß er vielleicht „eine Zeit des Glücks mit ihr durchleben ... und endlich von ihr scheiden würde, wie er von mancher anderen geschieden war" (EI, 706). Auch nach der ersten Nacht mit ihr „war er sich, früher als jeder anderen Regung, der Freude bewußt geworden, wieder allein zu sein", und eine Sehnsucht nach Reisen und fernen Ländern erfaßte ihn (EI, 712). Das gegenwärtige Glück schmilzt sofort dahin, verflüchtigt sich. Er verschiebt immerhin seine Reisepläne, aber nur „bis zu einer späteren, vielleicht nicht gar so fernen (...) Zeit". – „Denn daß auch dieses Abenteuer, so ernst und hold es begonnen, zu einem Ende bestimmt war, wußte Georg selbst in dieser Stunde, nur ohne jeden Schauer."

Georgs Freund, der Schriftsteller Behrmann, ein Décadent wie er selbst, kennt ganz ähnliche Erlebnisse der plötzlichen Entwirklichung, – eine Variante des Motivs, durch die es Schnitzler verstärkt. „Kennen Sie diese Stimmungen, in denen alle Erinnerungen, ferne und nahe, sozusagen ihre Lebensschwere verlieren; alle Menschen, mit denen man irgendwie verbunden ist, durch Schmerzen, Sorgen, Zärtlichkeit, einen nurmehr wie Schatten umschweben, oder richtiger gesagt, wie Gestalten, die man selbst erfunden hat?" (EI, 713). Hier ist die Erfahrung der Entwirklichung gegenwärtiger Situationen von der Verbindung mit einer Liebesbeziehung gelöst, als Verflüchtigung der gesamten Umwelt geschildert.

Georg bindet sich freilich doch stärker, als er zunächst gedacht hatte, an die liebevolle Anna, glaubt sie innig und leidenschaftlich zu lieben. Aber je enger die Verbindung wird, desto radikaler, ja erschreckender werden die Momente plötzlicher innerer Entfernung Georgs von seiner Freundin. Sie wird schwanger, Georg verspricht, für sie zu sorgen, fest zu ihr zu halten. An eine Heirat, auf die sie hofft, denkt er allerdings nicht. Bei einer Gesellschaft in der befreundeten Familie Ehrenberg hat Anna einen Schwächeanfall, muß sich hinlegen. Georg plaudert weiter mit den Gästen, nimmt eine Tasse Kaffee „und rührte zerstreut mit dem Löffel herum. Am Ende, dachte er, wird sie doch nicht im Bürgerlichen enden. Aber zugleich fühlte er sich innerlich so entfernt von ihr, als ginge ihn persönlich die Sache nichts an" (EI, 744).

In einer Situation, die eine besonders liebevolle Zuwendung erfordert und erwarten läßt, rückt diesem Georg plötzlich die Geliebte ganz fern, ihre Realität entschwindet ihm, als sei sie irgendeine ihm gleichgültige Dame im Kreise der Gesellschaft, die von einer kleinen Schwäche befallen wurde. Es gilt zu verstehen, daß Schnitzler hier nicht die Reaktion eines leichtsinnigen und herzlosen Liebhabers ohne Gewissen und Verantwortung moralisch bloßstellen will. Georgs innere Nähe zu Anna stellt sich schnell wieder her, er begleitet sie liebevoll heim, sein Gefühl für sie bleibt lebhaft, seine Pflicht bleibt ihm bewußt. Jener Moment einer plötzlichen absoluten Ferne überwältigt ihn, ohne daß er sich mit seinem Willen dagegen wehren könnte, selbst wenn er mehr Willensstärke besäße. Die Ursache für die momentane Entwirklichung der Gegenwart liegt in Georgs innerer Schwäche, im Verfall seiner seelischen Substanz. Sie ist ein Zeichen der heimlichen Entwurzelung seiner Existenz, die nur an der Oberfläche, nicht in der Tiefenschicht mit der Wirklichkeit verbunden ist. Daher kann ihm der Wirklichkeitsschwund immer wieder passieren.

Zunächst macht er mit Anna für lange Zeit eine schöne Reise, dann bringt er sie großzügig in einem hübschen Landhäuschen bei Wien unter, wo sie ihre Niederkunft erwartet. Er besucht sie oft, aber ständig mit ihr zusammenleben will er nicht. Momente der Entwirklichung wiederholen sich. Am Fenster seiner Wohnung stehend, denkt er an die schlafende Anna. „Aber es war ihm in dumpfer Weise, als stände diese Erscheinung nicht mit seinem Schicksal in Zusammenhang, sondern irgendwie mit dem eines Unbekannten (...)." Daß sie ein Kind von ihm trug, „das vermochte er gar nicht zu fassen. Jetzt, da die Nüchternheit der Frühe beinahe schmerzlich durch seine Sinne schlich, ward ihm das ganze Erlebnis fern und unwahrscheinlich wie noch nie" (EI, 856).

Er unternimmt eine kleine Reise, auf der er ein leidenschaftliches Abenteuer mit einer verheirateten Frau erlebt. Heimgekehrt, denkt er an die Tage des ersten Liebesglücks mit Anna, „und es war ihm, als erinnerte er sich einer längst vergangenen Geschichte, eines Jugendabenteuers, (...) das lange vorbei war" (EI, 866). Daß Anna, vor ihrer Niederkunft stehend, ihn in dem Landhaus erwartet, diese gegenwärtige Lage ist ihm völlig entglitten. Durch einen Brief von ihr an sie erinnert, besucht er sie sofort, aber selbst wenn er vor ihr steht, ist sie fern gerückt. Er kniet reumütig vor ihr, weint und legt den Kopf in ihren Schoß. „Und es war ihm, (...) als läge er, ein Knabe, zu seiner Mutter Füßen, und dieser Augenblick wäre schon Erinnerung, fern und schmerzlich, während er ihn durchlebte" (EI, 868). Genau wie für Anatol ist für Georg das, was er in zärtlicher Hinwendung erlebt, im gleichen Augenblick schon Erinnerung, hat keine Gegenwart. Später gesteht er seinem Freund Heinrich, er hätte das Kind „in den letzten Wochen vor seiner Geburt (...) völlig vergessen gehabt" (EI, 956f.). Wie Heinrich richtig erkennt, fühlt sich Georg deshalb in Wahrheit nicht schuldig, sondern glaubt nur „die Verpflichtung zu haben, sich schuldig zu fühlen".

Eine etwas anders motivierte Art von Gegenwartsverlust erscheint, in Abwandlung des Motivs, in einer Äußerung von Georgs Freund Heinrich, dessen Geliebte sich ertränkt hat. Ihm entschwindet in manchen Momenten das volle Bewußtsein der Gegenwart, weil er zu schwach ist, ein mächtig gesteigertes Gefühl, die Anforderung einer belastenden Wirklichkeit, zu ertragen. „Es ist ein großes Glück", sagt Heinrich, „daß man in gewissen Augenblicken gar nicht weiß, was einem eigentlich begegnet ist. Wenn man die Unheimlichkeit solcher Augenblicke nämlich sofort so stark empfände, wie man sie später in der Erinnerung empfinden wird, oder wie man sie in der Erwartung empfunden hat – man würde verrückt" (EI, 895). Nur im Vorgefühl oder in der Erinnerung, wenn die bedrängende Wirklichkeit einer Erfahrung entschärft ist, kann man sie ertragen.

Ein Seitenblick auf Hugo von Hofmannsthal mag hier erlaubt sein. Es ist überraschend, in seiner Komödie ‚Der Schwierige' wahrzunehmen, daß Helene Altenwyl genau die gleiche Erfahrung vom Schwinden der Gegenwart hat wie viele Gestalten Schnitzlers. Sie berichtet das in dem entscheidenden Gespräch mit dem Grafen Bühl, in der vierzehnten Szene des zweiten Akts. Graf Bühl spricht da kurz von Antoinette Hechingen, von ihrer Hilflosigkeit und Verzweiflung. Helene erwidert: „Aber die Antoinette ist doch da. Sie existiert doch so ganz für den Moment. So müssen doch Frauen sein, der Moment ist ja alles. Was soll denn die Welt mit einer Person anfangen wie ich bin? Für mich ist ja der Moment gar nicht da, ich stehe da und sehe die Lampen dort brennen, und in mir sehe ich sie schon ausgelöscht. Und ich spreche mit Ihnen, wir sind ganz allein in einem Zimmer, aber in mir ist das jetzt schon vorbei: wie wenn irgendein gleichgültiger Mensch hereingekommen wäre und uns gestört hätte, die Huberta oder der Théophil Neuhoff oder wer immer, und das schon vorüber wäre, daß ich mit Ihnen allein dagesessen bin, bei dieser Musik, die zu allem auf der Welt besser paßt als zu uns beiden – und Sie schon wieder irgendwo dort zwischen den Leuten. Und ich auch irgendwo zwischen den Leuten" (LII, 395f.).

Helene ist sonst standfester als die Menschen Schnitzlers, aber in ihrer

Rede klingen deren Äußerungen über den Verlust der Gegenwart fast wörtlich an. Wenn Baron Neuhoff ihr sagt, Wien sei „die kraftloseste aller Welten“, so antwortet sie: „Ich bin aus ihr und bin nicht kraftlos“ (LII, 384). Dennoch ist sie gefährdet durch jenen Verlust der Wirklichkeit, und damit hat sie Hofmannsthal der Décadence und den anderen Figuren des ‚Schwierigen‘ zugeordnet. „Kräftiger“ aber ist sie dadurch, daß sie ihre Schwäche viel selbstkritischer sieht als Anatol oder Wergenthin und daß sie nicht deren Bindungsscheu hat. Darum erstrebt und erreicht sie mit großer Entschiedenheit die Ehe mit Kary Bühl, die sie in der Wirklichkeit fest verwurzeln wird.

Einige weitere Beispiele für die Erfahrung des Gegenwartsverlustes im Erzählwerk Schnitzlers sollen wenigstens erwähnt werden, um die Beständigkeit des Motivs zu verdeutlichen. In der Novelle ‚Die Frau des Weisen‘ trifft der Ich-Erzähler in einem Kurort eine Frau wieder, mit der ihn vor sieben Jahren der Ehemann überrascht hat, als er sie in zärtlicher Umarmung küßte. Der Ehemann verließ damals sofort das Zimmer, ohne Rechenschaft zu fordern oder sich auch nur bemerkbar zu machen. Als die Frau bei dem späteren Zusammentreffen diesen Vorgang erzählt, erkennt der Ich-Erzähler überrascht, daß sie damals den Ehemann an der Tür gar nicht wahrgenommen hat. Der Erzähler ist völlig verstört und fühlt sich plötzlich aus der gegenwärtigen Situation herausgerissen und nicht mehr bereit, ihrer neuen erotischen Lockung zu folgen. „Während sie das erzählte, fühlte ich, wie irgend etwas in meinem Inneren erstarrte. Und als sie geendet hatte, schaute ich sie an, als müßte ich sie fragen: wer bist du?“ Er hat das Gefühl: „Jetzt geht eine Fremde an meiner Seite“, und als sie im Boot von der Insel, die sie zusammen besucht hatten, zurückfahren, bleibt diese Fremdheit bestehen. „Sie sprach, und mir war, als klänge es aus weiter Ferne“ (EI, 275 f.).

Das Erlebnis der Entwirklichung wird immer ganz ähnlich, oft mit fast den gleichen Worten beschrieben. In der Erzählung ‚Die Toten schweigen‘ fährt eine Ehefrau heimlich mit ihrem Liebhaber im Fiaker durch Vorstadtstraßen. Der Kutscher ist betrunken, der Wagen stürzt um, der Liebhaber wird herausgeschleudert und liegt tot auf dem Pflaster. Die Frau, von Schrecken und Angst verstört, flieht in einem anderen Wagen, um sich vor Entdeckung und Skandal zu schützen, und kümmert sich nicht um den toten Geliebten auf der Straße. Sie „möchte gern irgend etwas empfinden, aber sie kann es nicht“. – „Da ist ihr plötzlich, als könne alles, was sie in den letzten Stunden durchlebt, gar nicht wahr sein. Wie ein böser Traum erscheint es ihr . . ., unfaßbar als Wirkliches, Unabänderliches“ (EI, 308 f.). Auch diese Frau ist zu schwach, die Realität auszuhalten und zu bewältigen.

In der Erzählung ‚Der Mörder‘ wirbt ein Mann um die Tochter eines reichen Fabrikanten, aber ihr Vater zögert mit der Einwilligung in die

Ehe und verlangt, daß Alfred eine Prüfungszeit von einem Jahr auf sich nimmt und auf eine Reise geht, ohne die Tochter zu sehen. Alfred nimmt Elise, seine Geliebte, mit auf diese Reise. Zuweilen läßt er sie auf der Reise allein, um im Nebenzimmer an seine künftige Braut zu schreiben. „In solchen Stunden des Alleinseins stieg sein Verlangen nach der Entfernten so mächtig an, daß er die Eine, die Nahe, die ihm Gehörende, die, mit der er nun bald ein Jahr lang die Welt durchquerte, bis auf die Züge des Antlitzes, ja bis auf die Stimme zu vergessen vermochte" (EI, 997). Dieser Alfred weicht dem Konflikt in der Neigung zu zwei Frauen durch Vergessen der einen aus, aber vergißt nicht etwa die fern in der Heimat Gebliebene, sondern gerade die gegenwärtig Nahe, mit der er Tag für Tag in enger Gemeinschaft lebt.

Später, während der Heimreise auf einem Schiff, vergiftet Alfred seine Freundin Elise, damit sein Weg zu Adele völlig frei werde. Auch diese Belastung seines Gewissens hebt sich dadurch auf, daß ihm, in seine Wiener Wohnung heimgekehrt, seine Tat unwirklich wird. Es „war ihm" – so heißt es auch hier – (fast immer bezeichnet Schnitzler mit dieser Wendung die Entwirklichung der Gegenwart) – „es war ihm, als könnte jene Stundenfolge von der Landung in Neapel an bis zu Elisens Tod wohl auch eine Einbildung seiner zerrütteten Nerven sein. (...) Ja, der Mann, der (...) mit grausamem Vorbedacht das tödliche Gift vorbereitet hatte, der Mann, der die Geliebte, die er ins Jenseits senden wollte, noch eine Stunde vorher zu frevler Wonne in die Arme geschlossen, schien ihm ein völlig anderer als der, der hier zwischen traulichen Wänden (...) seinen Tee trank" (EI, 1006).

Die bisher behandelten Erzählungen sind alle in der Zeit zwischen 1896 und 1910 entstanden. Aber auch beim späteren Schnitzler, in der zweiten Hälfte seiner Schaffenszeit, findet sich das Motiv wieder. Wenn in der ‚Traumnovelle' von 1926 Fridolin, der durch gewisse Geständnisse seiner Frau irritiert ist, nach einem ärztlichen Krankenbesuch durch die abendlichen Straßen Wiens geht, wird ihm plötzlich seine ganze Umwelt gespenstisch und unwirklich: Eine Gruppe von Studenten, an der er eben vorbeigegangen ist, der gestorbene Patient mit seiner Familie, aber auch seine daheim schlafende Frau und seine kleine Tochter: „sie alle waren ihm völlig ins Gespenstische entrückt. Und in dieser Empfindung, obzwar sie ihn ein wenig schaudern machte, war zugleich etwas Beruhigendes, das ihn von aller Verantwortung zu befreien, ja aus jeder menschlichen Beziehung zu lösen schien" (EII, 449). Verflüchtigung der Realität tritt also auch hier ein, zur Befreiung von innerer Bedrängnis. Am nächsten Tag, als er durch ein unheimliches nächtliches Abenteuer und durch den Traum seiner Frau, den sie ihm erzählt hat, noch viel stärker verstört und belastet ist, wiederholt sich das Erlebnis des Wirklichkeitsverlustes: „alles wurde unwirklich, sogar sein Heim, seine Frau, sein Kind, sein

Beruf, ja er selbst, wie er so mit schweifenden Gedanken die abendlichen Straßen mechanisch weiterging" (EII, 491).

In dem späten Roman ,Therese' wird das elende Leben der aus der Provinz nach Wien verschlagenen Therese Fabiani erzählt, die sich mühsam als Kindermädchen in schnell wechselnden Stellungen durchschlägt, sich mit vielen Liebhabern einläßt. Von einem, der sie schnell verläßt und unauffindbar bleibt, bekommt sie ein Kind, das sie in einem Bauernhaus auf dem Lande unterbringt. Die schwache, zaghafte, mit wenig Widerstandskraft ausgestattete Therese ist diesen Belastungen nicht gewachsen. So wird ihre Gegenwart auch ihr unwirklich. „Wieder einmal kam sie sich gleichsam abhanden, sie faßte ihr Schicksal, sie faßte ihr Wesen nicht mehr (...), daß ihr Vater im Irrenhaus gestorben war, daß sie die Geliebte eines Leutnants gewesen, daß irgendwo (...) ein Mensch lebte, von dem sie ein Kind bekommen sollte (...) all das war ebenso unwirklich für sie, als es dieses Kind selbst war" (EII, 710). Auch hier setzt Schnitzler die für diese Erfahrung stets verwandte Formulierung ein: „es war ihr, als ...". Es heißt hier: „Es war ihr, als hätte sie dieses noch ungeborene Kind früher einmal geliebt (...), Mutter ... Sie wußte, daß sie es werden sollte, daß sie es war, aber es ging sie eigentlich nichts an" (EII, 710).

In den Dramen aus Schnitzlers späterer Schaffenszeit gibt es weniger Décadence-Figuren, als in seiner Frühzeit, und daher erscheint hier auch seltener die Erfahrung des Gegenwartsverlustes. Zuweilen aber findet sie sich noch, z. B. in dem Drama ,Der Gang zum Weiher' von 1921. Der mit sich selbst in Zwiespalt lebende Dichter Sylvester Thorn, der, unzufrieden mit den Zuständen in seinem Vaterland, die Heimat verlassen und zehn Jahre in der Fremde gelebt hat, kehrt zurück und besucht seinen alten Freund, den Freiherrn von Mayenau. Dieser hat ein Tagebuch aus Sylvesters Jugendzeit verwahrt, und Sylvester will alles noch einmal lesen und seine Jugend heraufrufen. Er fürchtet, daß bei diesem späteren Lesen

das Vergangene sich
Im jugendhellen Spiegel meines Worts
Lebendiger als die Gegenwart erwiese?
Das ist's, wovor mir bangt. (Dr. II, 775)

Beim Lesen findet er dann freilich das Vergangene tot, begraben, zum Vergessen bestimmt. Aber er erkennt zugleich die schnelle Verflüchtigung auch aller Gegenwart (Dr. II, 785):

Der *Tag* ist unser – nein, der *Augenblick.*
Doch ist nicht der, kaum daß wir ihn gelebt,
Auch schon Vergangenheit? Der Augenblick,
Da lächelnd mir zum Nachtisch Leonilda
Die Birnenschnitte reichte – nun so fern

Und mein so wenig, als der Kindheit Tage
Und mein das trüg'risch nahe Gestern ist?
Mein ist die Zukunft nur (...).

Fast zwanzig Jahre nach dem 1903 geschriebenen Drama ‚Der einsame Weg' läßt Schnitzler hier die Einsicht Salas wiederholen, daß alles Gelebte sofort Vergangenheit ist, so fern wie etwas längst vorher Geschehenes.

Schnitzler hat viele Variationen des Motivs entwickelt, aber es handelt sich bei den Unterschieden meist nur um Nuancen. Im Grunde geht es immer um ein Entgleiten der jeweils gegenwärtigen Wirklichkeit, sei es, daß sie durch die Erinnerung an eine übermächtige Vergangenheit überlagert ist, sei es, daß die Vorwegnahme des Endes einer Liebesbeziehung deren Erleben auflöst oder daß der Druck einer unerwünschten Realität unerträglich wird und sie verschwinden läßt. Es liegt gewiß nahe, hier darauf hinzuweisen, daß Sigmund Freud die Verweigerung der Annahme eines unerwünschten Wirklichkeitsfaktums als eine Ursache von Neurosen aufgewiesen hat. Der von Schnitzler häufig dargestellte Realitätsschwund ist nicht eigentlich pathologisch, grenzt aber an das Neurotische, Freud hat bekanntlich hervorgehoben, wie nahe Schnitzler von sich aus seinen Einsichten gekommen ist. Eine bemerkenswerte Äußerung Freuds über die Grenzen seiner Erkenntnis scheint nicht genügend beachtet worden zu sein. In seinem 1927 erschienenen Aufsatz über Fetischismus schreibt er, daß ein bestimmter schockierender Eindruck auf Männer ganz verschieden wirkt. „Warum die einen in Folge dieses Eindrucks homosexuell werden, die anderen ihn durch die Schöpfung eines Fetisch abwehren und die übergroße Mehrzahl ihn überwindet, das wissen wir freilich nicht zu erklären. Möglich, daß wir unter der Anzahl der zusammenwirkenden Bedingungen diejenigen noch nicht kennen, welche für die seltenen pathologischen Ausgänge maßgeblich sind; im übrigen müssen wir zufrieden sein, wenn wir erklären können, was geschehen ist, und dürfen die Aufgabe, zu erklären, warum etwas nicht geschehen ist, vorläufig von uns weisen."[1] Vielleicht darf man sagen, daß eine wesentliche Ursache sowohl für die Entstehung dekadenter Strukturen des Verhaltens wie für die Neurose eine Schwächung des Ich und seiner Widerstandskraft, ein Kraftverlust, eine Insuffizienz des Ego ist. Woraus diese herzuleiten ist und warum sie um 1900 häufiger aufzutreten scheint als in anderen Zeiten, das freilich bleibt schwierig zu erklären.

Abschließend ist noch auf die letzte, erst in seinem Todesjahr von Schnitzler veröffentlichte Erzählung ‚Flucht in die Finsternis' einzugehen, die freilich schon 1912 begonnen und 1917 in letzter Fassung abgeschlossen wurde. Hier nähert sich die Darstellung am stärksten dem Pathologischen. Erzählt wird der schrittweise vor sich gehende Ausbruch einer geistigen Erkrankung, der Paranoia, bei einem Sektionsrat, der in der Erzählung nur mit seinem Vornamen Robert genannt wird. Aber so deutlich die Schwäche, die anfällige Konstitution geschildert wird, so scheint doch der Ausbruch der Paranoia durchaus nicht ganz unvermeidbar und notwendig. Als Robert von einer halbjährigen Erholungsreise nach Wien zurückkehrt, einer Reise, die ihm Heilung von „nervösen Verstimmungen" bringen sollte, trifft er eine Reisebekanntschaft, Paula Rolf, wieder und faßt ein ernsthaftes Interesse für das ältere Mädchen, dessen Klugheit, Klarheit, Festigkeit ihm gefällt. Er fühlt sich nicht recht gesund, leidet zuweilen an Zwangsvorstellungen, an der Vermutung, daß er vielleicht seine vor Jahren verstorbene Frau und seine frühere Geliebte umgebracht und diese Untaten aus seinem Bewußtsein verdrängt haben könnte. Von Paula angezogen, fragt er sich: „Wenn ich ihr früher begegnet wäre, hätte es mir geholfen? Wäre ich ein anderer geworden, ein Gesünderer, ein Besserer, als ich heute bin? War mir mein Dasein von Beginn an vorgezeichnet? Oder hab ich irgendwann einmal die Wahl gehabt, – die Wahl zwischen Schwäche und Stärke, zwischen Gesundheit und Krankheit, zwischen Klarheit und Verwirrung? (...) Untrüglich wußte er's mit einem Mal, daß ihm die Wahl noch immer in die Hand gegeben war; aber freilich nicht mehr für lange..." (EII, 933). Warum Roberts Zwangsvorstellungen wiederkehren und er sich, trotz der Verlobung mit Paula, immer tiefer in den Wahn verstrickt, obwohl er die „Wahl" zu haben meint, das könnte nur eine sehr ausführliche Interpretation erklären. Daß der Ausbruch einer Psychose zum Teil von der Konstitution und seelischen Disposition abhängt, wird von der heutigen Medizin bestätigt. Man muß annehmen, daß Robert zu geschwächt ist, zu wenig Lebenswillen hat, um der Erkrankung zu entkommen. Ein Zeichen dieser Schwäche ist es, daß er schon während der am Anfang der Erzählung geschilderten Reise und ganz ohne äußeren Anlaß, bei einem entspannten Spaziergang am Meer, das Gefühl der Entwirklichung erleidet. „Allmählich kam ihm das Gefühl, als wäre der Moment, den er eben durchlebte, in Wirklichkeit längst vergangen und er selbst, so wie er eben dastand, – auf dem Landungssteg, den Hut in der Hand, mit geöffneten Lippen, ein verschwimmendes Bild seiner eigenen Erinnerung. Er hätte gewünscht, dieses Gefühl, das ihn keineswegs zum ersten Mal und durchaus nicht als ein unheimliches, sondern eher als ein erlösendes überkam, länger festhalten zu können; aber mit dem Wunsche selbst war es auch geschwunden" (EII, 903). Dieser Wunsch nach Verlängerung des Zustandes einer Entwirklichung ist verräterisch. Robert will im Grunde nicht gesund werden, sowenig wie der sicherlich weit weniger gefährdete, durch keine Geisteskrankheit bedrohte Anatol. Er glaubt, noch immer die Wahl zu haben, aber im Unbewußten drängt es ihn zur Wahl der Krankheit. Die Fortsetzung der eben zitierten Sätze lautet: „Und nun war ihm, als hätte er mit der Gegenwart sich entzweit; Himmel, Meer und Luft waren fremd, kühl und fern geworden, ein blühender Augenblick welkte dürftig dahin."

Die Beschreibung der Entwirklichung, wenngleich den früher zitierten sehr ähnlich, ist vielleicht in ihrer Präzision und Differenzierung die eindrucksvollste von allen, bemerkenswert auch dadurch, daß hier zum ersten Mal eine Bejahung dieser Erfahrung durch den, der sie erlebt und als erlösend empfindet, ausgesprochen wird.

Robert versucht allerdings, gesund zu werden, fühlt dazu auch „den Willen und die Kraft in sich", aber die unbewußt in ihm wirksame Verneinung des Lebenswillens ist offensichtlich stärker. Auch von Paula fühlt er sich plötzlich entfernt, als er nach einem Morgenspaziergang im Prater beim Mittagessen sitzt. Da wurde er „mit einigem Staunen inne, daß er im Laufe der eben verflossenen Stunden seiner Braut gar nicht gedacht hatte und daß sie ihm jetzt, da er sich ihr Bild ins Gedächtnis rief, nicht scharf umrissen, als die bedeutungsvollste Erscheinung seiner gegenwärtigen Existenz, sondern daß sie in verschwommenen Linien, als gehöre sie einer vergangenen Periode seines Lebens an, vor ihm auftauchte" (EII, 961 f.). Diese Entwirklichung Paulas dehnt sich auf Roberts gesamte Umwelt aus; er fühlt sich „losgelöst" von allen Menschen, „alle, Braut, Bruder und Freunde, waren ihm wie Schatten der Vergangenheit".

Noch einmal also zeigt Schnitzler, wie für manche Menschen das Gegenwärtige nicht nur vergeht, sondern als bereits vergangen erfahren wird, wie sich die wirkliche Umwelt ins Schattenhafte auflöst. Diese Erfahrung ist ein Zeichen für die „Entzweiung mit der Gegenwart", die Schnitzler bei Robert feststellt und die unter vielen von ihr betroffenen Gestalten in seinem Werk nur Robert in Wahn und Vernichtung führt. Die anderen aber sind in verschiedenem Grade doch auch in ihrer Lebensfähigkeit bedroht, in ihrer Selbstverwirklichung eingeschränkt, und sie unterscheiden sich von denen, die mit der Gegenwart im Einvernehmen leben, durch eine größere Nähe zu Tod und Untergang.

7. Décadence und Gesellschaftskritik
Heinrich Manns Roman ‚Die Jagd nach Liebe'

Das Kennwort, das im Titel von Heinrich Manns Roman erscheint, begegnet und erläutert sich innerhalb des Textes zum ersten Mal im vierten Kapitel, in einem Gespräch des millionenreichen, lebensschwachen Claude Marehn mit seinem Freund, dem Bohemien Spiessl, der in seiner ärmlichen Bude haust und die Welt radikal negiert. Die beiden Freunde sind sich in ihrem zynischen Nihilismus einig. Dennoch möchte Claude an einem Punkt sich „aus der Kälte des wissenden Nihilisten flüchten", wie sein Freund Spiessl sagt (84). Er möchte, so formuliert er es selbst, die Liebe „so erleben wie einer mit reicherem Blut“ (83), als vollwertige Erfahrung einer ganz erfüllten Leidenschaft. Der Freund erklärt dem skeptischen, unsicheren Erben: „Es jagt etwas in dir, das du mit dem ganzen Bewußtsein eines modernen Menschen durchschaust und verachtest – aber es jagt.“ – „Was jagt, wer jagt?“ – „Der Urmensch, mein Lieber. Das, was von dem tollen Vieh noch in uns ist.“ – „Und wonach jagt er?“ – „Dumme Frage. Nach Liebe . . .“ (85 f.)

Später wird diese Formel von Claude selbst aufgenommen und charakteristisch ausgelegt. Er sagt zu der leidenschaftlich und vergeblich von ihm geliebten Schauspielerin Ute: „Du bist ja nicht bloß eine Frau, Ute. Du bist die ganze Erfüllung, ja die ganze Erfüllung der Sehnsucht nach dem schönen, starken Leben, die ich in mir habe, die – die in mir jagt“ (187). Die Jagd nach Liebe bedeutet also die verzweifelte Jagd nach „dem schönen, starken Leben“, das der schwache, ohnmächtige Claude in sich selbst nicht spürt und nirgends sonst erreichen kann. Das Lebenspathos der Jahrhundertwende erklingt hier sehr deutlich. Auch Heinrich Mann hat das gesteigerte Leben als obersten Wert verstanden, darin ist er Repräsentant seiner Epoche, Teilhaber ihrer Gesinnungen. Noch in seinem Rückblick auf die eigene Zeitwelt, ‚Ein Zeitalter wird besichtigt‘ (1945), bestätigt er seine Zustimmung zum „Lebenspathos“ der Jahrhundertwende. „Wäre es schmerzlich bis nahe der Selbstvernichtung, das Leben stark fühlen ist alles. Es ergibt die Werke und die Taten.“[1]

Gleichzeitig aber ist in Claudes Drang nach dem „schönen, starken Leben“ die wohlbekannte, von Nietzsche klar durchschaute Verhaltensweise der Décadence erkennbar. Das Verlangen gerade des Schwachen nach dem Kraftvollen, Lebensmächtigen, das dekadente Bedürfnis, stark zu scheinen, kommt hier zur Geltung. Heinrich Mann hat diese dekadente Verhaltensstruktur besonders eindringlich dargestellt, am vielfältigsten in dem Roman ‚Die Göttinnen‘, der auf dasselbe Jahr 1903 datiert ist wie ‚Die Jagd nach Liebe‘, aber schon Ende 1902 ausgeliefert wurde. ‚Die Jagd nach Liebe‘ wurde in der ersten Hälfte des Jahres 1903 geschrieben. Die Herzogin Violante in den ‚Göttinnen‘ zwingt ihrer gebrochenen Natur bis zum äußersten ihre letzten Kraftreserven ab und geht so verschwenderisch mit ihnen um, daß man fast die Herkunft dieser überreich entfalteten Aktivitäten aus der Schwäche vergessen könnte, wenn nicht gerade ihre Übertreibung und Forciertheit sie als Umschlag aus schwächlicher Ermüdung verraten würde.

Claude Marehn mutet sich viel weniger Aufwand an scheinbarer Lebensstärke zu. Es ist eine ironisch eingefärbte Konstellation, daß Ute jenes „schöne, starke Leben“, das Claude in ihr sieht, in Wahrheit gar nicht verkörpert. Es ist eine Illusion Claudes, der die Décadence Utes nicht recht bemerkt, einer Frau, die in ihren Instinkten geschwächt, kalt, gefühlsarm, unfähig zur Liebe ist. Auch sie freilich wird gejagt vom Verlangen nach dem starken Leben, aber sie sieht es allein in der Kunst. Nur der Künstler, so meint sie, lebt wahrhaft, während die Bürger dahinvegetieren. „Und vor allem *leben* wir. Ihr seid höchstens am Leben (...). In euren siebzig Jahren sammelt ihr nicht die Erregungen, die Rauschzustände der Persönlichkeit, die uns ein Abend bringt" (264).[2] Wie für viele Décadents besteht auch für Ute das wahre Leben nur in rauschhaft gesteigerten Zuständen, die nur Surrogate des Lebens sind für denjenigen, der sich erst in der Aktivität, in der Wirklichkeit des Handelns wahrhaft leben fühlt.

Nietzsche hat bekanntlich den Wert des starken, machtvollen, gewaltsam sich durchsetzenden Lebens wirksam verkündet, besonders in der späten Schrift „Der Wille zur Macht". Viele Autoren haben sich auf ihn berufen, manche haben sich an andere Passagen der Schriften Nietzsches gehalten. Rilke hat 1900 Aufzeichnungen zu Nietzsches ‚Geburt der Tragödie' niedergeschrieben. Dort heißt es zum Beispiel: „Das dionysische Leben ist ein unbegrenztes In-Allem-Leben, zu dem der Alltag sich wie eine lächerliche kleine Verkleidung verhält. Aber da vermittelt die Kunst die Erfahrung, daß diese Verkleidung die einzige Möglichkeit bietet, von Zeit zu Zeit in die großen Zusammenhänge einzutreten, die, über Momente und Metamorphosen hin, sich ausspannen" (VI, 1165). Eine solche Reflexion liegt dem Lebenspathos von Claude Marehn ebenso fern wie dem Kunstpathos von Ute Ende. Sie sieht in der Kunst weder für sich selbst noch für die Aufnehmenden eine solche Vermittlung der Einheit des Gesamtlebens, ein Eintreten „in die großen Zusammenhänge". Vielmehr will sie sich als Schauspielerin erfüllen durch die Erhöhung ihrer Person mittels der Kunst, sie will sich rücksichtslos durchsetzen gegen die Rivalinnen, sich das Publikum unterwerfen und es zur Anerkennung zwingen durch die suggestiv gespielte Leidenschaft. Schon in ihrer Lehrzeit ist sie sich dieses herrschsüchtigen Willens bewußt. „Ziele! ... Um Herrschaft kämpfen, den anderen schaden, ihren Haß einatmen, die eigene Persönlichkeit wirken fühlen, Rausch erregen, die Seelen alle zittern sehen: Ziele!" (5).

Wenn Nietzsche in der ‚Genealogie der Moral' vom „Willen gerade der Schwächsten zur Macht" spricht, so fügt er hinzu: „Das kranke Weib insonderheit: niemand übertrifft es in Raffinements zu herrschen, zu drücken, zu tyrannisieren" (II, 865).

Ute wiederholt im Lauf des Romans noch oft die Formulierung ihrer hochgestimmten Wünsche und Ziele, für die allein sie mit angespanntem Willen lebt. Aber das Mißverhältnis zwischen diesen Zielen und dem, was sie erreicht, ist übergroß. Heinrich Mann enthüllt bei Ute die Diskrepanz zwischen der Schwäche einer Schauspielerin von geringer Begabung und ihrer übersteigerten Wunschvorstellung. Sie möchte einen Erfolg, der ihrem mangelnden Talent nicht zukommt, durch harte Arbeit und bedenkenlose Ausnützung der Menschen ertrotzen. Aber was erreicht sie mit allem Aufgebot von großen Worten und mit der unmenschlichen Kälte ihres Verhaltens? Sie muß sich dem alten, abstoßenden Geschäftsmann Panier hingeben, um wenigstens ein Engagement an einer kleinen Provinzbühne zu erhalten. Sie wird dort respektiert, hat aber geringen Erfolg, erliegt oft den Rivalinnen im kleinlichen Kampf um Rollen. Wiederum durch Hingabe an den als Mann von ihr verachteten Bühnenimperator Archibald muß sie sich ein Engagement in Berlin erkaufen, hat aber auch da keinen rechten Erfolg. Schließlich gelingt es ihr, den sterbenden Claude dazu zu bringen, sie als seine Universalerbin reich zu machen. „Ich kann mir dann ein Theater kaufen, meinen Ruhm bezahlen" (487).

Auch wenn Heinrich Mann in der Zeichnung dieser Gestalt einige Züge seiner sehr geliebten Schwester Carla verwendet, darf man die menschliche Fragwürdigkeit der Romanfigur Ute nicht verkennen. Anderseits darf man den kritischen Aspekt, der auch der Darstellung des Claude Marehn nicht fehlt, nicht überwerten. Claude und Ute werden nicht moralisch gewertet oder gar verurteilt, so wenig wie Hofmannsthals Claudio. In beiden Figuren zeichnet Heinrich Mann Lebensversuche und Schicksale, die gänzlich durch die Schwäche bestimmt sind, eine angeborene, konstitutionelle Schwäche, für die sie nicht verantwortlich sind. Als Wunschbilder oder Schreckbilder eignen sie sich nicht, und sie sind nicht als solche konzipiert. Daß sie als Ohnmächtige die Starken spielen möchten, darin folgen sie einem inneren Zwang, es bedeutet keine Schuld. Vieles in ihrem Verhalten erweckt nicht die Sympathie, eher die Abneigung des Lesers, aber darauf kommt es nicht an, sondern auf die menschliche Wahrheit, die in ihnen erscheint.

Das Gewollte, allzu Absichtsvolle, künstlich Emporgesteigerte im Lebensdrang der beiden Protagonisten, der sich bei Claude in der Liebe, bei Ute in der Kunst verwirklichen möchte, wird als Zeichen innerer Schwäche entlarvt, als Symptom der Décadence. Wenn Claude sein müßiges, leeres Dasein mit billigen erotischen Abenteuern ausfüllt, mit hemmungsloser Libertinage, zu der ihn triviale Sinnlichkeit treibt, so möchte er darin nichts Geringeres sehen als die elementare Triebstärke des „Urmenschen", ganz befangen in der modischen Neigung zum Primitiven, Urtümlichen. Dem entspricht es, wenn Ute ihre sehr mittelmäßigen Leistungen an einer künstlerisch belanglosen Kleinstadtbühne emporstilisiert zum strengen Dienst an großer Kunst, der das ganze Leben geopfert werden muß, zur siegreichen Überlegenheit dessen, was sie selbst „meine gepflegte, mühsam erarbeitete Persönlichkeit" nennt (6).

Die Disproportion zwischen dem illusionären Selbstverständnis der Figuren und ihrer realen Beschaffenheit verdeutlicht Heinrich Mann nicht räsonnierend und kommentierend, sondern unmittelbar durch die epische Gestaltung, durch das, was die Menschen des Romans sagen und tun. Heinrich Mann rechnet mit Lesern, die das nachvollziehend verstehen, ohne des direkten Kommentars zu bedürfen. Das gehört zu den Prinzipien seiner Dichtung. Ein Beispiel dafür, ein extremes Beispiel, findet sich am Schluß. Ute eilt aus Berlin an das Sterbebett ihres Freundes, der sie stets versorgt hat und dessen Hilfe sie nun zu verlieren fürchtet. Sie erreicht, daß er ihr sein noch immer großes Vermögen vererbt, indem sie ihm endlich Liebe zeigt, Liebe vorspielt: „Ich will ihn lieben. Ich will! Ich sollte nicht können, weil sein Körper abgezehrt ist? Als ob ich mich nicht mit einem Totenschädel in Liebesszenen geübt hätte" (489).

Die Umgebung, der schlaue alte Panier und seine Frau Bella, halten sie für eine Erbschleicherin, was sie ja auch ist. Aber sie läßt sich dadurch nicht irritieren, sie spielt sich hinein in diese Liebe. „Wer würde ihr von allen Gewöhnlichen das glauben: Liebe zu diesem Sterbenden! Aber sie, Ute, trug sie in sich, sie bebte davon! Sie hatte ihm sein Geld nicht abgeschlichen; sie empfing es, kraft ihrer Liebe. Niemand würde das erfahren, es blieb unerkannt wie ihre höchste Kunst" (496). Der Leser muß erkennen, daß hier nicht der Erzähler von sich aus spricht, sondern aus der Figurenperspektive, also von Ute aus, daß er nur ihr Bewußtsein nachzeichnet, die Art wie sie sich sieht, wie sie sich selbst betrügt. Sie ist auch jetzt unfähig zu liebender Hingabe, wie sie es immer war. Doch jetzt, wenn Claude als Sterbender die Vereinigung nicht mehr vollziehen kann, vermag sie die Gebärde der Hingabe bis zur Selbsttäuschung zu spielen.

Der Leser muß also wahrnehmen, daß die Fähigkeit zur Selbsttäuschung wesentlich zum Charakter der Mannschen Figuren gehört, und darf sich nicht seinerseits dadurch täuschen lassen. Heinrich Mann verschmäht bequeme Deutungshilfen, er fordert den Leser heraus, seine Sensibilität, seine Urteilskraft, seinen Sinn für menschliche Werte.

Der Typus des Décadents wird in mehreren Variationen vorgeführt. Diesem Typus steht die Gegenwelt der vitalen, erfolgreich sich behauptenden, bedenkenlosen Wirklichkeitsmenschen gegenüber, repräsentiert vor allem durch den Geschäftsmann Panier. Auch die berechnende Bella, die Panier schließlich heiratet, gehört auf diese Seite, weiterhin Gilda Franchini. Wie Panier das Gegenbild Claudes ist, so ist Gilda die Gegenfigur Utes. Sie hat alles, was dieser fehlt: ungebrochene Sinnlichkeit, leidenschaftliche Bereitschaft zur Hingabe, erotische Kraft, als Schauspielerin Naturbegabung und eine ganz unmittelbare Wirkung.

Mit diesen vier Personen ist die zentrale figurale Konstellation des Romans bezeichnet. Zwischen beiden Gruppen stehen die Künstler und Intellektuellen, die Ausbeuter von Claudes Reichtum, haltlose Frauen der Gesellschaft und geschäftstüchtige der Halbwelt, wie man damals sagte. Die Darstellung dieser bunten, aber genau differenzierten Welt, in der der Arbeiter nur am Rande auftaucht, wird zusammengehalten durch die Hauptfabel, die Geschichte der nie erfüllten demütig oder verzweifelt werbenden Liebe Claudes zu der kalten, stets abweisenden Ute, die Claude als Geldgeber wie als bewundernden Freund für ihre Laufbahn als Schauspielerin ausnützt. Damit ist der kompositionelle Aufbau angedeutet. Aber er ist nicht ganz so durchsichtig, wie es diese Skizze vermuten lassen könnte. Die Kontraste und Gegenpositionen überkreuzen sich. Gegenüber der vitalen und seelischen Schwäche des jungen Claude muß die unverwüstliche Lebenskraft des alten Panier, seine schnell reagierende Aktivität, seine überlegene Sicherheit als positiv erscheinen. Unverkennbar ist diese Lebenstüchtigkeit als Folie für die Zeichnung der Schwäche und Ohnmacht Claudes und der ihm verwandten Figuren benützt. Aber es wäre verfehlt, diesen Gegensatz als Grundprinzip der Romankonzeption aufzufassen. Vielmehr kommt auch die umgekehrte Wertung gleichzeitig zur Geltung. Bei Claude, der an Lebenskraft unterlegen ist, bewirkt die Décadence keine künstlerische Produktivität wie bei Hanno Buddenbrook, aber doch eine gewisse verfeinerte Sensibilität für ästhetische Werte, vor allem aber eine moralische Empfindlichkeit, einen kritischen Sinn für das Korrupte in Paniers einträglichen Geschäften, für seine soziale Gewissenlosigkeit, seine schäbigen Betrügereien. Indem Claude das alles verachtet, ist er als vital Unterlegener doch moralisch überlegen, auch wenn er keine Konsequenzen aus seiner Einsicht zieht. In ähnlicher Weise ist Utes immerhin zu Verzichten bereiter künstlerischer Ernst dem ungeformten bloßen Temperament der Gilda Franchini überlegen.

In der Décadence Claudes ist ein positives Element enthalten: der Protest gegen die herrschende Schicht, gegen den korrupten Zustand der Gesellschaft, die durch rücksichtslose Gewinnsucht der Oberschicht bestimmt ist. Ein solcher Protest, der schon bei Huysmans den Schönheitskult motiviert, belichtet den Verfall, der auf der lebenskräftigen Seite der gesellschaftlichen Wirklichkeit wahrzunehmen ist.

Doch es ist wiederum nicht so, daß Heinrich Mann etwa einerseits Reiz und Gefahr der Décadence in ihrer Mischung von Fragwürdigkeit und Berechtigung darstellte und ihr ein kritisches Bild der Korruption in der bürgerlichen Oberschicht gegenübersetzte. Wenn Darstellung der Décadence und Gesellschaftskritik als die beiden zentralen Aspekte des Romans erscheinen, dann in dem Sinne, daß beide einander durchdringen. Verfallsformen verschiedener Art, in verschiedenen Kreisen der Gesellschaft, werden plastisch vergegenwärtigt und in ein kritisches Licht gerückt. Die ästhetisch-nihilistische Décadence hat ihr Analogon im inneren Verfall der großbürgerlichen Geschäftswelt, im Verlust ihrer Solidität und Verantwortung, in ihrem räuberischen Spekulantentum. Die Figur des Schauspielers Archibald bekommt eine besondere Bedeutung durch ihre eigentümliche Funktion. Archibald ist zwar kein Décadent, aber die Welt der Kunst, die er eigentlich vertritt, und die der skrupellosen Geschäfte treffen in ihm zusammen. Er genießt in dieser Gesellschaft hohen Künstlerruhm, verkündet mit eitlem Anspruch das Kunstpathos und ist zugleich ein Spekulant, der auch Claudes Vater, den souveränen Grundstückhändler, überlistet hat und schließlich sogar den gerissenen Panier hereinlegt. Archibald, so heißt es, „hatte so viel Macht erspielt, daß er keinen Mächtigen mehr achtete: alle waren schlechtere Komödianten als er" (35). Der geschäftstüchtige Schauspieler ist der wahre Repräsentant dieser Gesellschaft, wie Heinrich Mann sie darstellt. Aber es ist sehr bezeichnend, daß Archibald spürt: Der schüchterne, schwächliche, schmale Claude, der Décadent, hat eine Rolle in dieser Gesellschaft, die „so schön wie seine glänzendste" ist (35).

Hier wird das Positive der Schwäche, die Würde dessen, der sich dem Treiben der erfolgssüchtigen Welt entzieht und von ihr nichts will, erkennbar. Heinrich Mann möchte keine Kritik der Décadence geben, ohne ihren Reiz, ihren relativen, d. h. in Relation zur allgemeinen Korruptheit stehenden Sinn sichtbar zu machen, ebenso wie er die robusten Männer des Erfolges nicht kritisch zeichnet, ohne den relativen Wert ihrer Gesundheit, Lebensenergie und Tüchtigkeit zur Geltung zu bringen. Panier ist in seiner finanziellen und sexuellen Raffgier abstoßend, aber dabei auch amüsant, auch respektabel in der arbeitsamen Zähigkeit, mit der er seinen Aufstieg vom Hafenarbeiter in Emden zum reichen Geschäftsmann betrieben hat. Heinrich Manns Kritik arbeitet nicht mit Schwarz-Weiß-Kontrasten. Ihre geistige wie ihre literarische Qualität beruht auf seinem Vermögen zur Differenzierung, zur Entfaltung einer Dialektik der Werte, wenn man so sagen darf. Er ist als Romancier ein Kritiker, bleibt aber als Kritiker immer Romancier.

Das Phänomen der Décadence wird in einigen Variationen vorgeführt. Da ist zum Beispiel der Schriftsteller Pömmerl, der sich von seiner Frau verraten läßt, damit er melancholische Verse über verlorene Liebe schreiben kann, oder die Gräfin Zank, eine verkommene Aristokratin, die im weißen Kleid und in ausgetretenen Schuhen schwer krank und immer auf der Suche nach neuen Liebhabern durch die Welt reist. Ihrem morbiden Reiz erliegt Claude für einige Wochen. Zur Gilde der Décadents gehört der reiche Erbe Köhmbold, der vom Geld der durch seinen Bruder geleiteten Hamburger Firma sein müßiges Leben bestreitet und ausschließlich „für die Schönheit" lebt. Er ist impotent, und er will auch gar keine sexuelle Vereinigung mit den Frauen, sondern er bezahlt sie für die bloße Bereitschaft, sich anschauen zu lassen, und umgibt sich mit modischen Dingen des Kunstgewerbes, mit „Vasen ganz aus verschlungenen Frauen", mit Sesseln, deren Armlehnen die Form von Frauenleibern haben usw. (153). Nur in diesen künstlichen Formen genießt er das Weibliche, das ihn als lebendige Wirklichkeit enttäuscht. In ihm wie in anderen Figuren erscheinen, grell und bis zur Karikatur verschärft, Wesenszüge, die man sowohl in der liebesunfähigen Ute wie in dem ihrer sterilen Schönheit verfallenen Claude gedämpfter erkennt. Das wird besonders deutlich bei den Schilderungen von Claudes Flucht ins Ästhetische, etwa bei der Jugendstil-Einrichtung seines Hauses in der Münchner Leopoldstraße, das Claude für Ute entwerfen und ganz auf sie abstimmen läßt. Der Jugendstil selbst wird hier und an vielen anderen Stellen des Romans mit sensiblem Spürsinn für seine farbigen und linearen Reize beschrieben, zugleich aber – in jener Ambivalenz, die ein Grundprinzip des Romans ausmacht – als Kunst für Neurastheniker, als Flucht in den Schönheitskult, als ästhetische Verschleierung des Verfalls entlarvt.

In Claudes Haus, das an das von Vogeler-Worpswede eingerichtete Haus von Alfred Walter Heymel trotz abweichender Details erinnert, sind alle Künste des Nouveau Art aufgeboten. Die Halle war „unten hell, mit hohem weißem Kamin, grauen Ledersitzen und lila Pfauengefiedern vor den Türen" ausgestattet. „In kupfernen Kübeln prunkten violette Blumen. Als die üppigste von ihnen erschloß sich, unter ihnen wandelnd, Utes Haar" (150). Aber Ute besieht alles nur flüchtig und gleichgültig. „Und sie eilte vorüber, ohne einen Gruß an die Sessel, die mit den Linien ihrer Gestalt vertraut waren, an die Wände, deren Stoffe nach ihr riefen, an die Bilder, von deren Farben sie selbst der Zusammenklang war" (151). Claude hatte sich aufs äußerste angestrengt, dieses Haus schnell zu erstellen, hatte die Handwerker gehetzt. Er entwickelt nur hier, im Ästhetischen, Aktivität. „Ich hätte mich nie für einen so unbedenklichen Tatmenschen gehalten", dachte er (150). Da ist wieder die Illusion, der Selbstbetrug, den Heinrich Mann ironisch enthüllt. Wenn Claude ein paar Dekorateure und Handwerker schikaniert und zur Eile treibt, kommt er sich gleich wie eine Renaissance-Natur vor, als „unbedenklicher Tatmensch". Zuweilen aber hat Claude durchaus auch ein genaueres Bewußtsein von sich selbst. Alles, das erkennt er, war nur Ersatz für die „kranke Liebe, die auf Gobelins und an Vasen ihr blutleeres Dasein hinschleppte! Die Schönheit der Schwachen, der Ästhetizismus der gänzlich Untauglichen, der Aufputz des verödeten Lebens, persönliche Zahnstocher: ich wollte doch das nicht mitmachen? Und nun gehöre ich doch zu der Gilde, in der Pömmerl und Köhmbold sind" (158).

Heinrich Mann gibt ein genaues, durch kritisches Bewußtsein geschärftes Bild der Situation um 1900. In der Gilde der gebrochenen Naturen fehlt auch nicht der Mann, der Décadence nur posiert: Spiessl verleugnet in einem großsprecherischen Radikalismus alle Werte, Familie, Vaterland, Freundschaft, auch die Liebe. „Ich (...) habe keine Lust, jemals mein modernes Bewußtsein (...) einem sogenannten Gefühl zu opfern" (84). Aber Spiessl wird dann schnell ein eifersüchtiger, besitzgieriger Liebhaber, als ihm Claude seine verlassene Freundin Nelly zuspielt, und möchte ein banales Familienblatt gründen, um Nelly heiraten zu können. Später wird er Angestellter einer Versicherung, heiratet ein kleinbürgerliches Mädchen, wird der Spießer, der er im Grunde immer war. Was an der Décadence bloße modische Attitüde war, ist mit dieser Figur fixiert.

Auch in Claude steckt noch ein Rest solcher Bürgerlichkeit. Seine Décadence ist keineswegs allein in Kränklichkeit und vitaler Entkräftung begründet. Gewiß ist er gesundheitlich anfällig, leidet an Kopfschmerzen. Aber er ist immerhin kräftig genug, eine Unzahl erotischer Abenteuer zu bewältigen. Gewichtiger als die physische Unzulänglichkeit ist seine innere, seelische Schwächung. Im Gespräch mit dem gewissenlosen Verdiener Panier verrät sich, woran Claude krankt. Panier kennt keine Rücksicht im Kampf um das Geld. „Selber einstecken oder eingesteckt werden, man hat bloß die Wahl" (175). Claude, so heißt es, „fand ihn zu seltsam anzusehen, diesen Greis aus kräftigeren Zeiten." „Einmal, meinte er, ist der Höhepunkt eines Vermögens doch überschritten. Die nächste Generation hat keine Lust mehr, zu verdienen (...) ‚Es kommt der Moment, (...) wo das Geschlecht für die Handhabung des Geldes zu sehr verfeinert ist. Es liegt einem mehr an seelischen Erlebnissen (...). Und man leidet an Bedenken. Wenn man mit Kohlen handelt oder Minenaktien hat, stellt man sich die schwarzen Männer im Inneren der Erde vor, wie sie zwischen Kohlenschichten liegen, nackt, mit schwarzem Schweiß beklebt (...)'" (176).

Das ist es, was Claude eigentlich lähmt. Panier, der sein Vermögen verwaltet, betreibt neben dem Kohlenhandel Grundstücksspekulation, und das bedrückt Claude besonders stark. „In seinem Namen, für ihn als Ziel und als Spitze, geschah eine ganze Wildnis handfester Geldgeschäfte, bei denen Scharen von schweißbedeckten Männern einander umherhetzten, (...) bei denen Individuen untergingen, Familien zerstört wurden, Arbeitermassen auf einmal ohne Brot waren. In seinem Namen!" (162).

Claude leidet unter diesen Vorstellungen, als Décadent hat er ein waches Gewissen. Aber wenn er zu feinnervig ist, diese fragwürdigen Geschäfte selbst zu betreiben, so ist er auch zu schwach, sie zu verhindern oder wenigstens selbst auf die Einkünfte aus diesen trüben Quellen zu verzichten. Er läßt sich weiter unterhalten aus den Einkünften aus diesen Geschäften. Er gehört freilich zu einem „sozialistischen Verein" und besucht gelegentlich Arbeiterversammlungen. Er redet selbst einmal im Frack zu den Arbeitern, spricht ausfallend, kündigt an, daß er seine Grundstücke verschleudern wolle, so daß die Arbeiterwohnungen billig werden könnten (110f.). Als er dann in einem bürgerlichen Klub diese Reden wiederholt, beleidigt ihn ein Student. Es kommt zum Duell, Claude schießt den Gegner ins Bein. Aber damit ist seine Aktivität erschöpft, er läßt alles weiterlaufen, verschwendet das Geld, das Panier ihm aus der väterlichen Firma zukommen läßt. Ein Brief von Ute läßt ihn seine pseudorevolutionäre Stimmung sofort vergessen. „Nie im Leben würde er eine unangreifbare Überzeugung, eine gesicherte Erkenntnis oder einen unbedenklichen Willen haben“ (162). Was ihm bleibt, ist Unsicherheit und ohnmächtiger Protest gegen die korrumpierte Geschäftswelt, schlechtes Gewissen und lahme Passivität. Das ist Heinrich Manns exaktes Bild einer gebrochenen Existenz im degenerierten Bürgertum. Als der brave Kassierer Ringsum Claude darüber informiert, daß Panier ihn betrügt und sich selbst an seinem Geld bereichert, nimmt er das gelassen hin. „Und es war nichts dagegen einzuwenden, weil offenbar jeder von ihnen, Panier wie Claude, in der ihm angeborenen Rolle war“ (180).

Heinrich Mann sieht illusionslos die Verteilung der sozialen Rollen im Kaiserreich, das die damalige Situation im Selbstverständnis der herrschenden Schicht als Zeit des Aufstiegs empfand. Von Heinrich Mann wird diese Zeit als Verfall durchschaut, eine frühe Erkenntnis der verborgenen inneren Auflösung, die dann später, im Ersten wie im Zweiten Weltkrieg, zur faktischen Auflösung führt. Sein Zeitbild spiegelt genau die Struktur des Bismarck-Reiches, das, auf die Militärmacht gestützt, die politische Macht beim Monarchen und bei der privilegierten Schicht beließ und das Bürgertum weitgehend von ihr ausschloß, diesem aber die wirtschaftliche Macht überließ. Das führte zu jener wilden wirtschaftlichen Expansion, die im Zeichen hemmungsloser Bereicherung der bürgerlichen Unternehmer geschah. Das ist es, wozu Claude Marehn nein sagt. Er ist einer der erbenden Sohne, der nicht mehr zu den Männern „aus kräftigeren Zeiten“ gehört, wie sein Vater oder Panier, und noch nicht zu den Enkeln, die sich aktiv gegen die Korruption und soziale Gewissenlosigkeit auflehnen. Er repräsentiert eine Zwischengeneration. Aber was seine Passivität in der Sicht der Älteren verächtlich macht, das ehrt ihn: der Abscheu vor der herrschenden Geschäftspraxis, die Unsicherheit seines Besitzanspruches. Er hat immer „starke Zweifel gehegt an seinem Recht auf Teile der Erdoberfläche, an seinem Recht auf die Arbeit der anderen, auf das Geld, das aus Verträgen, Machenschaften, Fallen und Sinken des allgemeinen Wohlstandes ihm zufloß (...)“ (378). Er weiß freilich: „das alles war doch *er*. In solcher Eile wars doch nicht von ihm wegzudenken.“ Er bleibt ein Besitzbürger, aber ein reflektierender, unsicher gewordener. „Desgleichen wundere ich mich schon längst, daß das Volk nicht ernst macht mit seinen Vorsätzen und die Stücke Erdoberfläche, die vorgeblich mir gehören, einfach zurückholt (...). Ja, schwach begründet fühl ich mich, in meiner Haut wie draußen“ (350).

Sogar die Niederlage des berühmten Rennpferdes, das sein Stall ins Rennen schickt und mit dessen Sieg alle rechnen, wundert ihn nicht. „Er hatte keinen Augenblick genug Selbstvertrauen gehabt, um anzunehmen, sein Rappe werde siegen (...)“ (132).

Panier, Claudes genaues Gegenbild, wird nie von seinem Selbstvertrauen verlassen. Weil er auch als Greis mit Gichtknoten überzeugt ist, jede Frau erobern zu können, bekommt er tatsächlich jede, genau wie er mit List und Zähigkeit seine geschäftlichen Gegner besiegt, weil er an seine Überlegenheit glaubt. Allein für diese Erfolge lebt er, Staat und Vaterland sind ihm im Grunde genauso gleichgültig wie Claude. Sie haben nur Bedeutung, weil sie Gelegenheit zu Geschäften bieten. Er macht seinen Gewinn, ob nun die Bodenpreise steigen oder fallen. „Unser Wohlergehen ist mit dem des deutschen Volkes eng verknüpft. Das hat mir mal 'n Professor gesagt. Das ist doch alles mögliche. Ans Vaterland, ans teure schließ dich an, deklamierte der Greis" (163). Er hat den ironischen Patriotismus des zynischen Geschäftsmannes, der zum Beispiel den folgenden „feinen Coup" in der Prinzregentenstraße praktiziert. „ Da bieten wir die Grundstücke aus, und anzahlen lassen wir'n Pappenstiel. Aber die Verpflichtung ist dabei, daß der Käufer sich das Haus von unserm Architekten bauen läßt. Natürlich kann der Kerl dann nicht zahlen, wir steigern den Bau ein, und fertig is die Kiste ..." (476).

Panier kümmert sich nicht um das Schicksal der Menschen aus der Unterschicht. Wenn Claude seine Geliebte Nelly, die ihn mit Panier betrügt, deshalb verstößt, so ist dem rüstigen Greis ihr Schicksal gleichgültig. Er sagt zu Claude: „Das Mädchen kann nix dafür, daß sein Mann alles versoffen hat, daß es dich aufgegabelt hat und daß es nu wieder in der Gosse liegt. Das kommt alles, wie Gott es schickt, da brauchst du dir keine Sorgen um zu machen" (170).

In solchen Szenen und Gesprächen wird die inhumane Härte der Industriegesellschaft verdeutlicht. Auch die folgende Szene gilt diesem Aspekt. Nellys Bruder, Arbeiter bei Maffei, übernachtet zeitweilig bei seiner Schwester und hört im Nebenzimmer, wie Nelly schreit, weil Panier sie schlägt. Der Bruder kommt ins Zimmer, um sie zu schützen. Heinrich Mann deutet in der Art, wie er diesen Auftritt schildert, etwas von einem künftigen Aufstand des vierten Standes an. Es heißt: „Da trat stürmisch der Arbeiter auf, in Hose und Hemd, noch schlaftrunken, aber gerüstet zur Verteidigung seiner Angehörigen" (173). Allerdings läßt es dieser Arbeiter bei aufsässigen Reden bewenden, ebenso wie Claude. Er läßt sich von Panier und Claude ins Restaurant Luitpold führen, zu einem Abendessen mit Champagner. Das besänftigt ihn, so daß er sich sogar Paniers aggressive Redereien gefallen läßt. Auf dem Heimweg, berauscht, singt er schließlich ein Lied auf König Otto und die bayerische Armee. In dem späten, 1919 geschriebenen Aufsatz ‚Kaiserreich und Republik' bestätigt Heinrich Mann im Rückblick diese Unsicherheit der Arbeiter, von denen er sagt: „Ihr gefühlsmäßiger Nationalismus kannte sich selbst nicht. Die Arbeiter hatten ihn im selben Maß wie die Bürger: auch sie überzeugt vom Recht der Macht, auch sie durchdrungen, die

Macht sei hier. Ein Zeitalter scheidet sich nicht, es ist eins. Klassenkämpfe geschehen an der Oberfläche, in der Tiefe sind alle einig“ (Essays, 401). – Im gleichen Aufsatz wird auch die ungehemmte Erwerbsgier der bürgerlichen Geschäftswelt, so wie sie in Panier erscheint, als entscheidendes Kennzeichen jener Zeit hervorgehoben. „Die absolutistischen Klassen waren nicht, wie anderswo, als politische Macht beseitigt (...).“ Aber dem Bürgertum war die wirtschafliche Macht überlassen. „Wiederholt ward das Ludwig-Philippsche Königtum der bereicherten Bürger, aber hier noch platter (...)“ (Essays, 397).

In der grotesken Episode mit dem ein monarchistisches Lied singenden Arbeiter wird die soziale Spannungslage um 1900 erkennbar und zugleich die Art, wie die selbstsichere ältere Generation sie noch immer meistert. Zwischen Panier und dem Arbeiter steht Claude, ratlos und unentschieden. Er plädiert zwar für „soziales Empfinden“, nimmt verbal für die Arbeiter Partei, aber er bleibt im Grunde seiner Herkunftswelt, der Welt Paniers, verbunden, wenn auch nur als ihr Nutznießer, ohne sich in ihr zu betätigen.

Nachdem Claude mit seiner Theatergründung eine Niederlage erlitten hat, entflieht er nach Italien, und er findet hier in dem Maße, wie es ihm möglich ist, vorübergehend eine Erfüllung seines Dranges nach dem starken Leben in der leidenschaftlichen Liebesbegegnung mit Gilda Franchini. Freilich verwirklicht sich das Elementare, das Claude auf der Jagd nach Liebe sucht, auch hier nicht ganz unmittelbar, vielmehr wird es literarisch vermittelt. Die letzte große Episode des Romans wird gesteuert durch Grundmotive des Romans ‚Manon Lescaut‘ des Abbé Prévost, und zwar durch die Verarbeitung dieser Motive in Puccinis Oper ‚Manon Lescaut‘. Ihre Gestalten und Schicksale waren Claude schon früher ins Bewußtsein gerückt, nämlich beim Hören von Teilen der Manon-Musik, die bei dem großen Fest in seinem Hause gespielt wurden. Er berauschte sich an dem großen Beispiel einer unbedingten Liebe, an Manon, die sich dem reichen Alten verkauft, um für ihren Liebsten Geld zu verdienen. Das würde Ute, die sich nur für Rollen verkauft, nie tun. Auch Claude ist kein Des Grieux, der „durch Verbrechen, Ausgestoßenheit, Armut, Schande“ immer wieder zu seiner Geliebten zurückfindet (212).

In Florenz hört dann Claude den dritten und vierten Akt der Oper. Des Grieux folgt Manon auf das Schiff in die Verbannung nach Amerika. Claude hatte „mit Ute dahin zu ziehen gewünscht, wie dieser (...). Sie war allein gegangen, in die Einöde ihrer Künstlichkeit“ (401). Claude begreift endgültig, daß sie für die Manon-Rolle nicht taugt, und am Ausgang der Oper erblickt er Gilda, mit der er schon in Düren, wo er Ute an ihrer Provinzbühne besuchte, eine Nacht verbracht hatte. Als Claude nach einigen Tagen wiederum die Oper hört, sitzt Gilda neben ihm. Sie wird seine Manon. Das wilde, entfesselte Sinnenglück der beiden wird emphatisch geschildert. Claude scheint zunächst seine Schwäche, seine totale innere Abhängigkeit von Ute zu überwinden, und es scheint ihm die Nachfolge des Herrn Des Grieux zu gelingen. Denn er bekommt zu dieser Zeit nur wenig Geld von Panier, er muß, um den Aufwand für Gilda zu bestreiten, am Spieltisch etwas gewinnen, läßt sich schließlich zuweilen von Gilda aushalten, die – wie Manon – von einem reichen alten Mann, der um sie wirbt, Geld nimmt. Die Parallele ist überdeutlich. Auch Details sind übernommen. Wie die erste Szene des zweiten Aktes der Oper spielt der erste Besuch Claudes bei Gilda in einem eleganten Salon, in dem Gilda sich frisieren läßt, wobei ihre Besucher zuschauen. In der Oper ist es allerdings nur der Bruder Manons, erst später treten ihr greiser Liebhaber und seine Freunde ein.[3] Wichtiger sind die Parallelen in den entscheidenden Motiven. Claude erniedrigt sich, teilt Gilda mit einem Polizeioffizier, ihrem zweiten Liebhaber. Er wird in einen Skandal verwickelt. Da der Polizeioffizier Gilda als Lockspitzel für einen Verbrecher mißbrauchen will, rächt sie sich und verursacht durch Verrat den Tod des Offiziers. Claude und Gilda müssen fliehen, er soll dem alten Grafen Bernardesca die Brieftasche stehlen, indessen Gilda ihn ablenkt. Aber er scheut sich, geradezu zum Dieb zu werden, und läßt sich lieber von Bernardesca zweitausend Lire als Reisegeld geben, gegen Schuldschein, was Gilda ihm später sehr verübelt.

Claude versagt zuletzt also auch hier, bei der versuchten Nachfolge des Herrn Des Grieux, der für Manon wirklich stahl. Als das Paar auf der Flucht an den Gardasee gelangt ist, wird Gilda krank und stirbt. Während ihrer Krankheit träumt sich Claude völlig in die Rolle von Des Grieux hinein. „Und Claude fühlte sich auf dem Schiff, das Manon bis an jene Wüste trug (...). Er hatte für sie seiner Familie und seinem Stand entsagt, war Spieler und Dieb geworden" (462). In Wahrheit gilt das alles nur halb, es ist durch Illusion ergänzt und gesteigert, bleibt aber hinter dem literarischen Vorbild zurück.

Auch Claude, der im Abenteuer mit Gilda seine letzten Kräfte verbraucht hat, wird krank, er kehrt heim nach München, um dort zu sterben. Der italienische Süden ist aber nicht nur Schauplatz der Gilda-Episode, sondern hat noch eine andere Funktion. Die italienische Welt, mit ihren Reminiszenzen an die in Bauten und Bildwerken bewahrte Renaissance, aber auch mit ihrer Gegenwart, ihren Menschen, – sie ist das eigentliche Gegenbild zur Décadence. In der deutschen Wirklichkeit gibt es das für Heinrich Mann nicht, hier steht die vitale und innere Schwäche einer zwar lebenstüchtigen, aber korrumpierten, durch moralischen Verfall gekennzeichneten Welt gegenüber, die von der Größe der Renaissance-Menschen nichts mehr hat. Panier ist nur noch die Parodie eines Renaissance-Menschen; das war schon Türkheimer in dem Roman ‚Schlaraffenland', der als Pseudo-Renaissancefürst gezeichnet wird.

In Florenz erfährt Claude im Anschauen der Kunst etwas von der Kraft der Renaissance. „Claude hielt es fast für unglaublich: aus dem engen Leib dieser einzigen Stadt waren all die überlebensgroßen Menschen hervorgegangen!“ (420). Im Kreise der Franchini empfindet er die Ungebrochenheit der Südländer. Er „fühlte sich beschämt von diesen stärkeren, wärmeren Menschen, die nicht zersetzt waren durch Verstehen, die nur dachten, solange sie sprachen, die nicht mit schmerzlicher Kleinlichkeit das Werden ihres inneren Schicksals verfolgten, sondern bei denen alles von draußen kam (...). Sie waren nicht mit ihrer durchgesiebten Seele allein“ (411).

Dieses positive Gegenbild gehört zur Konzeption des Romans. Claude erkennt im Kontrast sich selbst als Menschen mit einer „durchgesiebten Seele“. Nach dem Tode Gildas geht er zunächst nach Rom, und in einer Stadt der Umgebung erblickt er wiederum in einigen Frauen des Volkes jene starken und lebensvollen Naturen, die er in seiner eigenen Welt vermißt. „Im Frühling, an einem Tage, als Garben frisch geöffneter Blüten aus einem ganz leichten Himmel herabhingen, sah Claude in einer Landstadt bei Rom eine große Frau mit einem kupfernen Krug auf dem Kopf in ein dunkles Haustor verschwinden. Ihr breiter Nacken, der an den Krug erhobene Arm, das scharfe, gelbliche Profil schreckten ihn auf zu Bewunderung. Er atmete plötzlich ein wenig voller, wandte sich um und erblickte, die Treppengasse hinab, noch andere Frauen. Er hatte seit einem Jahr keine gesehen“ (473).

Auch das ist für Claude ein Gegenbild zur eigenen Welt, zur eigenen Schwäche. Die trübe Bilanz, die er in einem erkenntnishellen Augenblick zieht, ist völlig negativ, selbst noch die Leidenschaft für Gilda erweist sich als Halbheit, als im Grunde vergebliche Anstrengung. Claude ist noch in Florenz, in die Leidenschaft mit Gilda verstrickt, als ihm diese bittere Selbsterkenntnis aufgeht: „Ich bin das Endergebnis generationenlanger bürgerlicher Anstrengungen, gerichtet auf Wohlhabenheit, Gefahrlosigkeit, Freiheit von Illusionen; auf ein ganz gemütsruhiges, glattes Dasein. Mit mir sollte das Ideal bürgerlicher Kultur erreicht sein. Tatsächlich ist bei mir jede Bewegung zu Ende; ich glaube an nichts, hoffe nichts, erstrebe nichts, erkenne nichts an: kein Vaterland, keine Familie, keine Freundschaft. Und nur der älteste Affekt und der letzte, der stirbt, macht mir noch zu schaffen. Ich habe ihn kaum, aber ich gedenke noch seiner. Die Liebe: alle die Grausamkeit, alle die Lust an Gefahren, all der Wille zu zerstören und selbst aufzugehen in einem anderen Wesen – woher nähme ich letzter, schwacher Bürger so viele Gewaltsamkeiten! ... Einmal dem Schutz der Polizei entlaufen und genötigt sein, mit Vorsicht um die Ecken zu biegen! Eine Landstraße, auf der ich mein Leben verteidigt hätte – die führte vielleicht zur Liebe zurück!“ (440).

8. Décadence-Motive in Eduard von Keyserlings Romanen und Erzählungen

„Das intellektuelle Interesse, welches letzten Endes die heute zur Lebenshöhe vorgeschrittene Autorengeneration beherrscht und beschäftigt, ist das Interesse am Pathologischen, am Verfall."
Thomas Mann, 1913

Eduard von Keyserling begann seine literarische Tätigkeit mit naturalistisch und sozialkritisch orientierten Dramen und Romanen. Vielleicht kann man in ihnen schon Vorklänge von Décadence-Motiven finden. Im letzten dieser Dramen, ‚Benignens Erlebnis', sind sie nicht zu überhören. Beherrschend wird diese Motivik in Keyserlings ab 1903 erscheinenden Romanen und Erzählungen, die sich in den Kreisen des ostdeutschen Landadels bewegen.[1]

In den Roman ‚Beate und Mareile' von 1903 spielt die Décadence-Thematik zwar schon deutlich hinein, ist aber noch nicht von so entscheidender Bedeutung wie in Keyserlings späterem Erzählwerk.[2] Denn der Grundkonflikt beruht nicht auf der Décadence der Hauptfiguren, sondern wird durch sie nur verstärkt. Graf Günther von Tarniff heiratet nach einem recht wilden, in der Manier des Lebemanns in Berlin verbrachten Junggesellendasein die Tochter vom Nachbargut, eine Gespielin seiner Kindheit, die „in wunderbar naiver Reinheit" (GE I, 44) herangewachsen ist, und möchte auf dem Landgut Kaltin „ein glückliches Familienleben" führen, „nach wohl bewährtem, altadligem Rezept" (GE I, 44). Doch das mißlingt, weil die kühle, verhaltene Natur Beates den sinnenfrohen Günther erotisch enttäuscht. „Ungeduldig und feindlich dachte er an die Frauen hier, mit ihrem vornehmen Verhüllen aller schönen Nacktheit, an die Frau, deren Leib nach jeder Umarmung rein und keusch zu bleiben schien. Konnte das ihn satt machen?" (GE I, 82).

Weder die Enttäuschung des Mannes noch die Kühle seiner Frau sind als Zeichen von Décadence dargestellt. Vielmehr ist Beate in ihrem erotischen Verhalten als ein Opfer der sinnenfeindlichen, die weibliche Triebhaftigkeit verleugnenden und unterdrückenden Erziehung gesehen, die im 19. Jahrhundert üblich war. Auch Beates Gegenfigur, die zur berühmten Sängerin aufgestiegene Tochter des Gutsinspektors Ziepe, hat zunächst darunter gelitten, bis sie in ihrer Ehe mit dem Maler Hans Berkow sich ändert, „wild, frei, triumphierend" sich fühlt, als eine Frau, „die sich stolz und froh ihrer Schönheit und ihrer Sinnlichkeit bewußt wird" (GE I, 83). Sie erfährt eine Befreiung von der anerzogenen Unterdrückung ihres Trieblebens. Zu ihrem Mann sagt sie: „Weißt du, warum wir Mädchen, die auf den Schlössern aufwachsen, so dumm über die

Liebe denken? Weil dort bei dem Gerede über die Liebe der Körper unterschlagen wird" (GE I, 98). In der Realität geschah das freilich nicht nur auf den Schlössern, sondern mindestens ebenso entschieden in den bürgerlichen Familien.

Günther sucht seine erotische Erfüllung zunächst bei der derb sinnlichen Eve Mankow, der Tochter des Gastwirtes vom Waldkrug, und später bei der von Berkow geschiedenen Mareile. Beate bleibt in „ihrer von weißen, reinen Schleiern verhangenen Welt" (GE I, 809), gehört zu den „weißen Frauen", eine in Keyserlings Text oft wiederholte Bezeichnung, die das Blutlose der adligen Damen, das vom Vitalen, von der farbiglebendigen Wirklichkeit Abgeschirmte ihrer Existenz ausdrücken soll. Ein Zug von Décadence scheint sich darin anzudeuten, der klar ausgesprochen wird, wenn es von Beate heißt: „Ihr Gesicht war blaß, von der feinen Blässe der alten Rassen, die von jahrhundertelangem Stehen auf geschützten Höhen müde geworden sind" (GE I, 51). Dennoch wird Beates unerotische Kühle nicht vorwiegend auf diese Müdigkeit zurückgeführt. Vielmehr spricht ihr der Erzähler durchaus eine leidenschaftliche Sinnlichkeit zu, die nur durch die sinnenfeindliche „Schloßerziehung" in ihrem Ausdruck gehemmt ist. Als sie Günthers Untreue entdeckt hat und er, um sich zu rechtfertigen, von seiner „Sehnsucht nach heißem Blut, nach Leidenschaft" spricht, da antwortet sie: „‚Und wer – wer sagt dir – daß ich nicht auch heißes Blut habe (...)?' Sie schämte sich. Die arme geknechtete, verleugnete Sinnlichkeit wollte sich wehren, aber sie schämte sich davor, sich selbst zu bekennen" (GE I, 143). Schon vorher hatte der Erzähler berichtet: „Ekel schüttelte sie; Ekel vor ihrem eigenen Körper, der wie Eve nach Günther verlangte, der Günther dasselbe bot wie Eve" (GE I, 94). Keyserling nimmt dieses Motiv der unterdrückten Triebe noch ein drittes Mal auf und macht es fast überdeutlich, so daß der Roman hier das Triviale streift. „Sie wollte jung sein, leben – wie die anderen." Sie lehnte sich auf „gegen die Gesetze, unter die sie sich ihr ganzes Leben hindurch gebeugt". – „Und doch, wenn ihr Körper nach Günther verlangte, nach ihm schrie, dann hätte sie ihn schlagen mögen" (GE I, 145 f.).

Auch Günther von Tarniffs Untreue, ein Hauptmotiv der Romanhandlung, ist nicht durch Décadence motiviert. Wohl aber erweist er sich durch die besondere Art, in der er seine erotischen Beziehungen zu Eve und Mareile erlebt und gestaltet, als ein Décadent. Seine Vorfahren hatten sich teilweise den festen Lebensformen des Landadels entfremdet, indem sie Diplomaten wurden. „Der Aufenthalt in der Fremde entrückte sie ihrem Landsitz", sie „brachten etwas Fremdes in das Gleichgewicht und die ein wenig hochmütige Beschränkung der Landjunker; neue Gedanken und Appetite komplizierten ihr Seelenleben. Dazu schlossen die Herren auf ihren diplomatischen Posten Ehen mit Ausländerinnen. Das exotische Blut nagte an den starken Nerven der märkischen Rasse, erhitzte und schwächte sie mit einer Erbschaft fremder Geschlechter" (GE I, 40). Diese durch Generationen zunehmende Schwächung der Lebenskräfte wird in Günther manifest. Auch seine Mutter war Ausländerin, italienische Prinzessin, die Deutschland nicht vertrug und früh an einem Brustleiden starb. Günther wurde Offizier, dann zeitweilig Diplomat. Er hatte die hektische Lebensgier des Décadent, „durchspähte das Leben mit leidenschaftlicher Hast nach Genüssen, als fürchte er beständig, ein seltenes Glück könnte ihm unterschlagen werden" (GE I, 42). Die Ermüdung, die Schwäche der Nerven ließen dem Décadent das normale Dasein leer, monoton, stumpf erscheinen, er brauchte, um sich leben zu fühlen, extreme und immer neue Reize. So gehört Günther zu den „nervösen, allzu gierigen Lebenstrinkern", die, wenn sie sich dem dreißigsten Jahr nähern, in eine Krise geraten (GE I, 43).

Günthers Versuch, in die ländliche Existenz seiner Vorfahren zurückzufinden, kann nicht gelingen. Er erträgt das Gleichmaß, die feste Ordnung ohne Sensationen nicht. Was ihn zu der robusten Eve treibt, ist zunächst ein erotisches Bedürfnis, er genießt die Verbindung aber zugleich als Ausbruch aus der lähmenden Alltäglichkeit in seinem Schloß. Wenn er nachts zu Eve in den Waldkrug fährt, heißt es: „Dann jagte Günther in die Winternacht hinaus. Das erschien ihm wie ein angenehmer Protest gegen die ruhige Ordnung des Lebens um ihn her" (GE I, 87). Eve verschafft seiner nervösen Natur eine Kräftigung. „Das große, halb nackte Mädchen mit seiner unbekümmerten Sinnlichkeit, atmete eine ruhige, zuversichtliche Kraft, von der etwas auch auf ihn überzugehen schien" (GE I, 88). Auch Mareile ist ihm an Lebenskraft weit überlegen, er klammert sich an sie. Er verläßt Frau und Kind, geht nach Berlin zu Mareile. Dort läßt er sich vollends gehen. „Er spielte und trank. Der einzige Zweck dieses Daseins war Mareile" (GE I, 150). Aber er wünschte sie sich da nicht mehr überlegen und stark, sondern möchte sie in den eigenen Verfall hineinziehen. „Es kränkte ihn, daß sie ruhig, stark, harmonisch sein wollte. Krank am Leben, wie er, sollte sie sein. Sie sollte sich für ihn verderben, wie er sich für sie verdarb" (GE I, 150).

Daß Günther nach der schweren, langsam heilenden Verwundung in einem Duell auf sein ländliches Schloß zurückkehrt und sich Beate wieder nähert, ist keine wirklich positive Wendung. Er ist ein innerlich ruinierter Mann, der eine Zuflucht sucht, „wund, vom Leben besudelt und gebrochen" (GE I, 160).

Mit der Figur dieses Günther von Tarniff hat Keyserling erstmals einen Typus der Décadence gezeichnet, der in vielen Variationen in seinem Erzählwerk wiederkehrt. Es sind die Söhne und Töchter der adeligen Gutsherren, die die Lebensweise ihrer Eltern und Voreltern nicht mehr fortführen wollen und können, die für dieses ländlich-herrschaftliche

Dasein zu schwach, zu gebrochen, für die stetige Ordnung und die schon erstarrten Grundsätze dieser Welt zu labil, durch „neue Gedanken und Appetite" seelisch zu kompliziert, zu unstet sind. Sie können sich in die überlieferte Lebensform nicht mehr hineinfinden und sich doch nicht mit klarer Entschiedenheit von ihr freimachen, sondern hängen trotz inneren Widerspruchs am Überlieferten, scheuen die wirkliche Loslösung.

Daß indessen der erotische Konflikt in ‚Beate und Mareile' nicht in der Décadence begründet ist, wird vollends klar in Keyserlings zwei Jahre später veröffentlichter Erzählung ‚Harmonie', in der eine ganz ähnliche Konstellation gegeben ist. Der von seiner überzarten Frau enttäuschte Gutsherr sucht sein Liebesglück bei einem kräftigen Bauernmädchen, das „heißes Blut" hat. Aber dieser Konflikt entsteht hier auf andere Weise, nämlich durch die dekadente Verfassung der Ehefrau Annemarie, die zu den „weißen Frauen" gehört. Sie hat eine Krankheit hinter sich, ist in einem Nervensanatorium einigermaßen geheilt worden, während ihr Mann Felix auf Reisen im Ausland war. Annemarie bleibt schwach, schonungsbedürftig, behandelt Felix zwar mit konventioneller Freundlichkeit, hat aber, ganz anders als Beate, keinerlei erotisches Verlangen nach ihm. „Nachts (...) kauerte in dem weißen Zimmer, unter der weißen Ampel das weiße Figürchen auf dem Bette. Die Augen, sehr dunkel in all dem Weiß, schauten ihm angstvoll entgegen. Und der schmale kühle Körper lag regungslos in seinen Armen, das bleiche Gesicht hatte den Ausdruck hochmütig verschlossener Qual" (W, 252).

Annemaries Abneigung gilt nicht etwa nur dem Gatten, sondern der Sinnlichkeit überhaupt. Sie verträgt nur die zarte Bewunderung ihres Onkels Thilo, der, in müdem Ästhetizismus befangen, ein kostbares Bild in ihr sieht. Er sagt von den Frauen: „Wir heiraten diese exquisiten Geschöpfe, wie – wie man sich ein kostbares Instrument kauft, das man nicht zu spielen versteht" (W, 243). Er gehört, wie Annemarie, zur Familie der Elmts, von der der Erzähler sagt: „Die Elmts waren so vornehm, daß sie kaum leben konnten. Sie starben auch aus. Der Onkel Thilo heiratete nicht, um der letzte Reichsgraf zu Elmt zu sein. Aussterben ist vornehm" (W 227). Hier also hat Keyserling die bis zur Lebensunfähigkeit gesteigerte Décadence adliger Familien scharf gekennzeichnet, und zwar so, daß auch die Lust am Untergang mitklingt. „Aussterben ist vornehm."

Felix' väterliche Familie, die Bassenows, waren nicht dieser Schwächung ausgesetzt, wohl aber die Familie seiner Mutter, der nichts „vornehm genug" war. Aufgrund dieses mütterlichen Erbteils hatte sich Felix „sofort in Annemarie verliebt". Er selber ist freilich kräftig, lebensfroh. „Gott, das Leben war einfach, man muß es nur mit ruhiger, fester Hand angreifen (...)" (W 247). So dachte er, war unzufrieden mit der fragilen

Annemarie, mit dem durch die herrschsüchtige Gesellschafterin, Frau von Malten, organisierten Hauswesen, und fühlte sich doch immer wieder zu Annemarie hingezogen. Keyserling hat diesen Reiz der Décadence oft dargestellt. Zugleich aber trifft Felix im Park die heißblütige Mila, die als Pflegetochter von Frau von Malten die sterile Atmosphäre im Schloß erstickend findet. Hier herrscht das künstliche, dekorative Arrangement, mit dem Frau von Malten das Leben ausschließt und verdrängt. Annemarie legt das Programm des Tages fest: das Mittagessen, den Sekt, die Dämmerstunde im blauen Zimmer mit Geschichten, das Hören auf die Nachtigall. Frau von Malten merkte sich das genau und „nahm all das wie einen Auftrag entgegen, die Schnepfen, den Sekt, die Dämmerung und die Nachtigall" (W 227). Alles Spontane wird aus dem kunstvoll geregelten Dasein ausgeschlossen. Auch die Nachtigall wird verfügbar, Teil des Arrangements, im rechten Augenblick hat sie zu singen. Das Geplauder in der Dämmerstunde geht vorbei. „Frau von Malten meldete: ‚Die Nachtigall hat angefangen'. Im Nebenzimmer wurde das Fenster geöffnet, die Diener wurden ermahnt, leise zu sein, und man hörte zu" (W 231). Die Nachtigall wird „gemeldet" wie der Auftritt einer Sängerin. Keyserling hat diesen Zug dekadenter Künstlichkeit und Naturferne wirksam entfaltet. Etwas später, als Felix' Schwiegervater und sein Onkel Thilo als Gäste anwesend sind, heißt es noch einmal: „Die Malten meldete die Nachtigall, und nun hörte man zu. Die Excellenz klatschte zuweilen in die Hände und sagte: Brava – brava" (W 235). Die Nachtigall wird zur Salonsängerin, der man applaudiert. Das noch nicht angepaßte Naturkind Mila wehrt sich gegen diese Entfremdung. Sie „sah böse zum Fenster hinüber und sagte: Ich seh sie" (W 231). Für Mila bleibt sie der Vogel, der im Fliederbusch sitzt.

Die Schloßgesellschaft hat kaum noch ein elementares Verhältnis zur Natur, die sie im wesentlichen nur als Park oder Garten erlebt. Das pflanzliche Leben ist gartenhaft kultiviert, in dekorativen Beeten als Ornament in das gesellschaftliche Leben eingefügt wie Möbel, Tapeten, Bilder. Selbst die Jagd wird reduziert zur geselligen Gewohnheit, zum Ritual. „‚Wir wollen die Freuden des Landlebens genießen', sagte die Excellenz. ‚Die Nachtigall und Milch, warm von der Kuh, haben wir gehabt, jetzt wollen wir Schnepfenstand und nasse Füße'" (W 237). Das Programm „Landleben" wird Punkt für Punkt absolviert. Man fährt durch den Wald. „Der Wald glich einer stillen, dämmerigen Stube, in der stark geräuchert worden ist" (W 237). Vegetabilische Natur als denaturierte Dekoration findet sich oft bei Keyserling, besonders akzentuiert in der Erzählung ‚Bunte Herzen'. Der dekadente, selbstgefällige Pole Boris, auf dem Schloß seines Onkels zu Gast, steht am Gartenteich, der „sehr blau und voll harter, sich sachte wiegender Lichter" daliegt. „‚Hübsch, sagte Boris. In diesen Farbentopf zu steigen, ist allerdings chic'. ‚So', meinte Moritz ironisch, ‚du glaubst also, der See wird dir gut stehen?‘ – ‚Ja, das wird er wohl‘, erwiderte Boris und begann sich auszuziehen“ (W 503). Der See wird zum Farbentopf verfremdet, dann als eine Art dekoratives Kleidungsstück, als bloßes Ornament für den dandyhaften Jüngling mißbraucht, seiner natürlichen Existenz beraubt wie jene Nachtigall im Schloß.

Als Annemarie ihren Mann mit Mila im nächtlichen Park entdeckt, ertränkt sie sich im Teich. Felix schwimmt, um sie zu retten, verfängt sich in den Schlingpflanzen und kommt zu spät. Die Natur selbst, „das stumme, tückische Leben“ dieser Pflanzen (W 254), scheint die Rettung zu verhindern. Annemarie aus der Familie derer, die „kaum mehr leben konnten“, war dem Tode stets nahe und scheute ihn nicht. Keyserling hat in ihr eine Figur gebildet, in der der „Wille zum Leben“ sehr schwach, die mit Schopenhauer im „Brennpunkt“ dieses Lebenswillens stehende Sexualität fast erloschen ist. Vor einem „schönen Tag“ fürchtet sie sich. „Plötzlich kommt etwas, – ist da, und man will dann gar nicht mehr leben“ (W 232). Bei der Rückfahrt von der Schnepfenjagd spricht Thilo vom Tod der Schnepfen, die „zum Stelldichein“ fliegen. „‚Ach, der Tod ist nicht schlimm‘, erwiderte Annemaries helle, beruhigte Stimme in die Dunkelheit hinein, ‚Vorhänge, die fest zugezogen werden, – das ist sicher. Und vielleicht ...‘“ (W 238).

Die Vorhänge werden auch während des Lebens im Schloß immer wieder zugezogen. Die Mittagssonne soll abgehalten werden, aber man will sich überhaupt gegen die Wirklichkeit draußen abschirmen. „Stets war die Malten da, um die Vorhänge gegen die Außenwelt vorzuziehen“ (W 227). Für Annemarie ist der Tod nur ein festeres, definitives Zuziehen der Vorhänge, das schon das tägliche Leben bestimmte. Felix ist gespalten. Wenngleich lebenskräftiger als Annemarie und ihre Familie, ist er doch bezaubert von der „Welt hinter den Vorhängen“ (W 227). Diese Zwiespältigkeit bestimmt die meisten der dekadenten Figuren, die Keyserling zeichnet. Annemarie in ihrer extremen Lebensunfähigkeit ist eher eine Ausnahme. Keyserling vermeidet die Schwarz-Weiß-Zeichnung, zeigt nicht schlechthin morbide Hinfälligkeit einerseits und lebenstüchtige Aktivität auf der anderen Seite, sondern Übergänge, Mischungen, Zwischentöne. Er beschreibt die Adelswelt nicht thesenhaft, so als wollte er den ostdeutschen Adel insgesamt als untergangsreif zeigen. Aber freilich gehörte er selbst zu den Abkömmlingen dieser Adelswelt, die in ihr nicht mehr leben konnten – er hat es eine Zeit lang versucht – und ausbrachen. Er hat als Schriftsteller in der Münchner Bohème vor dem Ersten Weltkrieg eine gemäße Existenz gefunden. Er kritisierte nicht diejenigen, die in der Adelswelt verblieben. Aber er kannte diese Schlösser von innen und wußte, daß gewiß nicht in allen, aber in vielen dieser Familien Degeneration eingetreten war, eine Schwächung und Ermüdung, ein Verfall der aktiven Energien und der gesunden Instinkte. Es ist fast nur diese Décadence und nicht ein Dasein starker Naturen, was Keyserling zur Darstellung reizt. Selbst eine Figur wie der auf Fernow residierende Graf in der Erzählung ‚Schwüle Tage', der lebensvoll, souverän und streng erscheint, ist heimlich morbid. Er verdankt seine zur Schau gestellte Lebendigkeit dem Morphium, das er spritzt und dem er schließlich erliegt.

Keyserling sieht die Décadence als Schicksal, etwa im Sinne Nietzsches als unvermeidliches Absinken. Die immanente Kritik in Keyserlings Darstellung der Adelswelt deckt ihre Schwächen, ihr Versagen auf, aber nicht als Schuld oder bösen Willen, sondern als Schicksal und unaufhaltsamen Untergang. Selbst Hochmut, Abschließung, starres Festhalten an Vorurteilen und am Herkömmlichen sind Rückzugspositionen in einer Schicht, die ihr Überleben bedroht sieht. Doch dieser Verfall hat auch Reize, Noblesse, Verfeinerung, Melancholie. Ein kritischer Aspekt ist Keyserlings Schilderung der Adelswelt implizit, aber er wird vom Erzähler kaum ausgesprochen, sondern nur mittelbar gegeben. Es bleibt dem Leser überlassen, das Erzählte mit kritischer Reflexion aufzunehmen. Das als dekadent motivierte Fehlverhalten mancher Angehöriger des Landadels ist im Grunde so wenig kritisierbar wie das Welken der Blumen, das Abfallen der Blätter von den Bäumen im Herbst. Dieser Adel bezahlt seine Schwäche mit seinem Untergang, der sich schon ankündigt. Kritisierbar wäre nur ein festgehaltener Anspruch dieser Schicht, das Verleugnen oder Nichtwahrhabenwollen ihrer Schwäche. Keyserlings dichterischer Impuls und seine Phantasie werden inspiriert vom Phänomen der Décadence, und er verwertet für ihre Darstellung die ihm vertraute verfallende Welt des Landadels.

Wenn der Erzähler sagt, die Elmts „waren so vornehm, daß sie kaum leben konnten", so ist das mit kritischem Blick von außen gesehen. Aber manche dieser Adligen wissen das auch selbst. Der alte Graf Hamilkar in der Erzählung ‚Bunte Herzen', dessen Tochter Billy sich von dem hübschen und haltlosen Polen Boris entführen läßt und enttäuscht zurückkehrt, erfährt, daß Boris sich erschossen hat. Das alles verwirrt Hamilkar, macht ihn zum Zweifler. „War sie nicht vielleicht ein Mißverständnis, sein Mißverständnis, diese hübsche Kultur, die er sorgsam um sich und die Seinen eingehegt hatte? Konnte man hier leben lernen?" (W 547). Es ist mehr als eine Frage, es ist eine Erkenntnis. Er sagt zu seiner Schwester Betty: „Ich sage, Betty, was erziehen wir da für Wesen? Die können ja nicht leben. Denen kann man ja das Ding, das wir Leben nennen, gar nicht anvertrauen. Ein Stubenmädchen, das zum Stallknecht schleicht und sich verführen läßt, weiß, was es will, aber was wir da erziehen, Betty, das sind kleine berauschte Gespenster, die vor Verlangen zittern, draußen umzugehen, und wenn sie hinauskommen, nicht atmen können" (W 542).

Der Graf Hamilkar gibt etwas wie eine Formel für die bei Keyserling häufigen Gestalten der jüngeren Generation, die versuchen, sich von der

Adelswelt freizumachen, die Schlösser zu verlassen, und die sich doch nicht ganz von ihnen lösen können. Gerade in diesem Zwiespalt als der Schloßwelt schon Entfremdete und doch noch nicht Freie, die ein eigenes Dasein aufbauen können, repräsentieren sie eine besondere Spielart der Décadence, eine Existenz, wie sie Rilke in der Siebenten Duineser Elegie in Worte setzt:

> Jede dumpfe Umkehr der Welt hat solche Enterbte,
> denen das Frühere nicht und noch nicht das Nächste gehört

Hamilkars Tochter Billy gehört zu ihnen, und in dem Roman ‚Wellen' die Gräfin Doralice, die ihren Mann, den Grafen Köhne-Jasky, verläßt, um mit dem Maler Hans Grill zu leben, später aber sich doch nicht ganz in das neue Leben finden kann und von der Vergangenheit träumt. „Jede Nacht führte sie in ihr früheres Leben zurück, jede Nacht mußte sie ihr früheres Leben weiter leben" (GE II, 153). Sie kann auch der Werbung des Leutnants Hillmann, der aus ihrer Welt stammt, nicht ganz widerstehen.

Billy erliegt der Anziehungskraft des schönen, mit den Reizen des Décadent ausgestatteten, substanzlosen Polen Boris, der, ein Taugenichts und selbstgefälliger Narziß, mit dem traurigen Schicksal Polens kokettiert. Billys Vater verweigert ihm die Hand seiner Tochter, so entführt Boris sie, indem er ihre jugendliche Bereitschaft, aus dem Liebesgefühl eine absolute Verpflichtung herzuleiten, ebenso ausnützt wie ihren Überdruß am geregelten Leben auf dem Schloß. Sie fühlte sich „ganz allein in einer Welt, die nichts von Erregungen und nichts von Ereignissen wissen wollte" (W 506). „Billy war zu jedem Erlebnis bereit" (W 490). Sehr oft hat Keyserling gerade in der Auflehnung der jungen Generation die Brüchigkeit der Adelswelt trotz scheinbar intakter Fassade verdeutlicht. Doch auch die junge Generation ist von der Décadence erfaßt. Diese Einsicht läßt Keyserling den Grafen Hamilkar in dessen schon zitierten Äußerungen aussprechen. Wenn Boris mit Billy in einem Kutschwagen in einer Gewitternacht in Richtung der polnischen Grenze flieht, sucht der Pole sie seinem tyrannischen Willen ganz zu unterwerfen. Er möchte, daß die ganze Welt um sie beide ausgelöscht ist, nur sie und ihn soll es noch geben. „‚Es sollte gar nicht mehr Tag werden, sterben sollten wir jetzt (...)'" (W 518). Das ist fast wörtlich Wagners ‚Tristan'. Boris will den Liebestod. Damit nimmt Keyserling ein Grundmotiv der literarischen Jahrhundertwende auf. Billy antwortet darauf nicht, und wenn Boris sie dann in einer trübseligen jüdischen Grenzschenke einquartiert, ist Billy abgestoßen von dem Interieur, „alles war ihr zuwider" (W 520). Sie legt sich auf das Bett, aber die dicken roten Federkissen bereiten ihr Ekel. Sie denkt an die vornehme Welt des elterlichen Schlosses, aber was die abstoßende Umgebung ordinärer Ärmlichkeit zurückdrängt, ist nicht etwa die

Vorstellung eines reich blühenden Lebens der üppigen Blumenbeete im Park, sondern ein melancholisch-reizvolles Symbol des Verfalls, das sich dort findet, „die großen Blumensträuße, die dort in den Vasen welkten und ihre Blätter mit einem ganz leisen Ton auf den Tisch niederregnen ließen“ (W 524).

Boris drängt sie zur Liebesvereinigung, aber sie weigert sich und verweigert ebenso den Liebestod, den er aufs neue verlangt, aus Furcht vor dem „nächsten Morgen“. „‚Komm, du und ich, und dann vertragen wir nichts als zu sterben‘“ (W 525). Boris will sie in seine dekadente Lebensverneinung hineinziehen. Billy lehnt das ab, und er hält ihr mit Recht vor: „‚du bist doch dort unten geblieben in der Welt von – von Madame Bonnechose‘“ (W 527). Billy flieht und wandert durch den Wald zurück zum Schloß, rastet erschöpft in einem Bauernhaus, von wo sie dann heimgefahren wird. Sie genießt die vertraute Geborgenheit im Schloß, aber sobald sie sich erholt hat, ergreift sie eine qualvolle Sehnsucht nach Boris. Als sie erfährt, daß dieser sich erschossen hat, verfällt sie in eine lange, schwere Krankheit. Nach ihrer Genesung gewinnt sie neue Hoffnung, meint, „‚es muß noch sehr viel Gutes kommen‘“ (W 549). Ihr Vater sieht erstaunt, daß sie ihm mit ihrem „Glauben an das Leben weit voraus ist“ – aber er sieht das doch skeptisch. Ihr Lebensglaube bedeutet noch nicht Lebenskraft, und daß die ihr fehlt, erweist sich in ihrer Geschichte.

Das Schicksal der Töchter, die sich aus der Adelswelt lösen wollen und doch von ihr umklammert bleiben, wiederholt sich bei Keyserling in vielen Variationen. Auch die jüngste Tochter der verwitweten Fürstin von Neustatt-Birkenstein in der Erzählung ‚Fürstinnen‘ versucht, dem hier besonders starr gewordenen Dasein der Familie zu entkommen. Der Schauplatz ist auch hier die Welt der Landschlösser, aber die Hauptfiguren gehören zu einer höheren Adelsschicht, den Fürsten, die mit Hof und Regierungsmacht ausgestattet sind. Die drei Töchter der Fürstin sind als Prinzessinnen unentrinnbar fixiert auf eine standesgemäße Heirat, für die ihre Mutter sorgen muß. Roxane ist bereits mit einem russischen Großfürsten verlobt, die Verlobung der zweiten Tochter mit einem Erbprinzen ist abgesprochen. Aber Marie, die etwas kränkliche jüngste Tochter, macht der Fürstin Sorge. Ihr Nachbar und Freund, der Graf Streith, meint, „‚sie wird ihren eigenen Weg gehen‘“, aber da widerspricht ihm die Fürstin heftig. „‚Ihren eigenen Weg gehen? Wie kann eine Prinzessin ihren eigenen Weg gehen? Ihr Weg ist ihr vorgezeichnet, sie läuft wie auf Schienen, und kommt sie von denen ab, dann ist sie verloren‘“ (GE III, 71).

Die immanente Kritik, die Keyserlings Schilderung der Adelswelt enthält, ist in dieser 1915 erschienenen Erzählung besonders deutlich. Die starre Konvention, sonst als leere formalisierte Wiederholung, als bloßes Ritual gekennzeichnet, wird hier gesteigert zu einem starren Mechanismus. Die Prinzessin „läuft wie auf Schienen". Prinzessinnen müssen noch viel eingeengter, unfreier, unterdrückter leben als die Grafentöchter. Keyserlings Darstellung nähert sich zuweilen der Satire, etwa wenn er den Besuch des Erbprinzen Joachim schildert, der „mit dem blassen, ein wenig kränklichen Gesicht" und kurzsichtig blickenden Augen sich vor der Schloßgesellschaft aufspielt. Diese muß zuschauen, wie der Prinz angelt – seine Lieblingsbeschäftigung. Er fängt zunächst einen Barsch, dann aber nichts mehr, und sogleich wird das Gesicht des eitlen Prinzen schlaff, „es war das Gesicht eines müden, kränklichen Knaben" (GE III, 56). Wie er mit der untertänigen Schloßgesellschaft, Platitüden äußernd, durch Wald und Park schreitet, ist er fast eine Karikatur des degenerierten Fürstensohnes, der bald ein Fürstentum regieren soll. „Marie aber dachte: Er sieht aus wie ein Gespenst" (GE III, 61). Er gehört zu einer verfallenden Welt, die eigentlich schon verfallen ist, und Eleonore hat Mitleid mit ihm. Trotzdem wird sie gezwungen, ihn zu heiraten.

Marie möchte einem solchen Schicksal entgehen. Sie schlüpft manchmal durch das Parkgitter, um mit Felix, dem Sohn des Grafen Dühnen vom Nachbarschloß, durch den freien Wald zu laufen. Sie verliebt sich in Felix, trifft sich mit ihm heimlich im Park, geht sogar mit ihm in die Kiesgrube draußen im Heideland, und einmal geht sie nachts zu ihm in den Park. Sie klammert sich verzweifelt an Felix. „‚Du bist das Einzige, was ich habe (...), wenn du mich nicht liebst, dann werde ich eine alte Prinzessin, die wollene Hemden strickt und Kochstuben einrichtet'" (GE III, 153). Aber Felix ist ein Taugenichts, – auch Marie verliert sich, ähnlich wie Billy oder Doralice, an einen schwachen, leichtfertigen, angekränkelten Grafensohn. Felix, enttäuscht von ihrer Zaghaftigkeit beim nächtlichen Rendezvous, zieht sich zurück, tröstet sich mit einem Bauernmädchen (GE III, 156).

Felix, der spielt und „undiszipliniert" ist, bekommt wegen einer üblen Spielaffäre den schlichten Abschied als Offizier, der strenge Vater zwingt ihn, nach Amerika zu gehen. Auch Marie also gelingt es nicht, sich aus der Schloßwelt zu befreien. Keyserling hat hier wieder das Motiv durch einen parallelen Vorgang verstärkt. Auch Hilda, Tochter des Barons Üchtlitz, will sich befreien. Ihr Vater ist empört: „‚unsere Hilda will fort und etwas leisten. Will sie Kranke pflegen, will sie studieren, will sie Postfräulein werden? Was weiß ich. Sie kann sich zu Hause nicht entwickeln, sagt sie'" (GE III, 17). Marie befreundet sich mit dieser Hilda, die viel entschiedener, energischer, innerlich freier ist als die Prinzessin. Aber selbst ihr gelingt die Emanzipation nicht ganz, sie findet schließlich ihre Aufgabe nur darin, mit jenem Felix wegzugehen, ihm Halt zu geben. „‚Er ist so schwach und leichtsinnig; ich werde ihm helfen, ein neues Leben zu beginnen' (...)" (GE III, 188). Auch sie, in der doch ein kräftigerer Impuls zum wirklichen Leben zu spüren ist, kann sich schließlich der Anziehungskraft des jungen Décadent nicht entziehen.

Ähnlich ist das Schicksal Fastrades in dem Roman ‚Abendliche Häuser'. Auf Schloß Paduren ist das Leben fast erstorben. Der alte kranke Baron von der Warthe, durch einen Schlaganfall gelähmt, wird vom alten Diener Christoph im Rollstuhl durch den Park gefahren, von seiner Schwester Arabella begleitet. Seine Frau ist tot, sein Sohn im Duell gefallen, seine Tochter Fastrade ist nach Hamburg gegangen, um Krankenpflege zu lernen und zugleich den früheren Hauslehrer Arno Holst zu pflegen, den sie liebte, aber nicht heiraten durfte, weil es ihr der Vater verbot. Am Weggehen kann er sie, da sie mündig ist, nicht hindern, aber er verübelt es ihr ebenso wie der Vater von Hilda in ‚Fürstinnen'. Baron von der Warthe meint: „‚Unsere Töchter gehören in unser Haus, bis sie ihr eigenes beziehen. Tochter eines adligen Hauses zu sein, ist ein Beruf, der ebenso wichtig ist, wie jeder andere Beruf'" (GE IV, 9).

Keyserling setzt auch hier wieder ein Parallelmotiv ein. Die zweite Tochter des Barons Port vom Nachbargut verläßt das Vaterhaus, um sich in Dresden als Sängerin ausbilden zu lassen. Von der Warthe nennt das „eine Desertion". Der Baron gilt als „das Gewissen" des Landadels, dessen Angehörige sich in allem an ihm orientieren, ihn auch fürchten, und er „wachte streng darüber, daß gute, altedelmännische Sitte hier nicht in Verfall geriet" (GE IV, 5). Aber dieser Verfall droht. Keyserling vergegenwärtigt in diesem Roman besonders eindringlich und genau „das still zu Ende gehende Leben" (GE IV, 23) in dem Schloß, die Atmosphäre des Vergehens, die er auch in den anderen Romanen schildert. Alle Bewohner sind alt, auch die Diener, der Gärtner, der Kutscher, die greise Französin. Gewiß ist Altern ein natürlicher Vorgang und an und für sich keine Décadence. Aber hier wirkt das Dasein der Alten so, als ob nicht nur eine Familie unaufhaltsam altere, sondern eine ganze Schicht, ein Stand, weil dieses Altern resignierend und voller Schwermut ist, voller Zweifel, ob die ererbte Lebensform noch eine Zukunft hat und die nächste Generation sie fortführen kann und will. Die Alten sehen viele Anzeichen für die Entfremdung der Jüngeren, ihre neuen „Ansichten und Grundsätze" sind ihnen fragwürdig. Die Töchter verlassen die Vaterhäuser, die Söhne, wie Dietz von Egloff vom Nachbargut Sirow, verschleudern den Familienbesitz am Spieltisch. Die hergebrachte Lebensweise scheint keine Zukunft zu haben. Das ist es, was das Haus des Barons und die benachbarten Häuser „abendlich" macht. Die Art dieses Alterns wirkt wie ein Zeichen für die Überalterung des ganzen Standes. Keyserling trifft genau den Punkt, wo die aufrechterhaltene Konvention zum Leerlauf wird, Bewahren zur Leblosigkeit, Tradition zur Erstarrung.

Im Hause herrscht „schläfrige Stille", die Parkettböden knarren, wenn die Bewohner unruhig auf und ab gehen, die Vorhänge werden mittags zugezogen, alles ist pünktlich geregelt. Als Fastrade wieder im Schloß ist, findet sie das alles bedrückend, armselig, tot. Sie denkt an das Hamburger

Krankenhaus, es scheint ihr wie ein Inbegriff des Lebens. Daß sie gerade ein Krankenhaus als Ort intensiver Lebensfreude der Verödung im Schloß entgegensetzt, ist bezeichnend. Sie findet in den Räumen alles unverändert, „und dennoch schien es ihr, als sei es verblaßter, farbloser als das Bild, welches sie die ganze Zeit über in ihrer Erinnerung herumgetragen, das Getäfel schon dunkler, die Seide der Möbel verschossener, die Kristalle des Kronleuchters undurchsichtiger" (GE IV, 19). So setzt der Erzähler die Zeichen des Verfalls.

Aber Fastrade ist trotz ihrer Freude an der Arbeit im Krankenhaus heimgekehrt, ebenso wie Gertrud vom Nachbargut, die, in Dresden nervenkrank geworden, ihre Ausbildung als Sängerin nicht fortsetzen konnte. „‚Ja, zurück kommen sie alle, aber wie?'", sagt der Baron Port (GE IV, 16). Die Alten halten an ihrer Lebensform eigensinnig fest, glauben aber nicht mehr an ihre Beständigkeit, und die Jungen verweigern sich der Schloßwelt, suchen in der Wirklichkeitswelt ein neues Leben, aber sie können sich in ihr nicht behaupten und kehren zurück.

Gertrud von Port kehrt aus Dresden heim und führt ein trübseliges Leben im ungeliebten Elternhaus. Auch Fastrade entgeht nicht dem häufigen Schicksal der Adelstöchter Keyserlings, obgleich sie kräftiger, lebensvoller, sicherer als die anderen ist. Sie verliebt sich in den von ihr kritisch beurteilten, aber doch akzeptierten, „verrufenen" Dietz von Egloff, den Erben der benachbarten Gutsherrschaft, und verlobt sich mit ihm. Dietz ist durch ein wüstes Leben mit zweifelhaften Freunden verdorben, ein Trinker und haltloser Spieler, der von dem ererbten Wald immer größere Teile verkaufen muß. Er verachtet sich selbst deshalb, aber er kann der Lockung des Spiels nicht widerstehen. „Was man zu scheuen hätte, das zieht an", – so bezeichnet Nietzsche den Reiz der Schwäche, die Faszination des Untergangs. „Man setzt an die Lippen, was noch schneller in den Abgrund treibt (...). Den Erschöpften lockt das Schädliche" (II, 912).

Dietz, von der Großmutter erzogen, wurde „ein unerträglich weicher Bengel" (GE IV, 54). Er spürt, daß im Sirowschen Schloß „alles Leidenschaftliche und Lebensvolle gleich verklingt, totgeschlagen wird vom (...) Abendlichen". Er hat „keinen historischen Sinn", will sich und seine Art nicht fortpflanzen (GE IV, 64). Er sieht im Schloß Paduren „ein Haus der Zuendegehenden" (GE IV, 73). Fastrades Vater, sagt Dietz, hätte „von dem heiligen Beruf" gesprochen, „die Güter seiner Väter zu verwalten und zu erhalten. Na, wir kommen mit dieser Andacht nicht recht mit (...)". Eine neue Andacht bot man ihm nicht, so nehmen seine Generationsgenossen „nichts so recht ernst" (GE IV, 90). Dietz übt Kritik an der Generation der Väter, und das weist wohl auf eine Kritik Keyserlings zurück. „‚An meiner ganzen Generation'", sagt Dietz, „‚ist etwas versäumt worden'" (GE IV, 91). Nur für Bewahrung des Besitzes seien sie erzogen worden. Auch in anderen Erzählungen, in ‚Bunte Herzen' oder ‚Am Südhang', wird kritisiert, daß man die Schwächung der jüngeren Generation eher begünstigt als ihr durch Erziehung entgegengewirkt hätte. Aber die Frage, ob die Ermüdung nicht schon zu groß war, um zu neuen Werten zu gelangen, bleibt in der Schwebe.

Fastrade hat „Arbeit" mit Dietz, sie will ihm helfen, aber sie erliegt auch seiner Anziehungskraft. Die entscheidenden Gründe dafür, daß die adligen Töchter so oft an die unwürdigen Bewerber geraten, hat Keyserling in dem Roman ‚Wellen' formuliert. Von Hilmar, der um Doralice wirbt, heißt es: „Unter der niedergebogenen Krempe seines Filzhutes sah sein Gesicht mit den scharfen, gespannten Zügen, den schwarzen unruhigen Augen sehr bleich, fast kränklich aus. Es war etwas Überfeinertes, Schwächliches an der ganzen Gestalt, das Doralice in diesem Augenblick gefiel, das ihr das Gefühl gab, einen Kameraden der eigenen Schwäche zu haben" (GE II, 200). Das ist die knappste und bündigste Formulierung dieser Vorliebe der Töchter für die dekadenten Adelssöhne. Sie sehen in jedem „einen Kameraden der eigenen Schwäche". Es gilt für sie alle, auch für Fastrade. Es heißt von ihr: „All das still um sie zu Ende gehende Leben schwächte auch ihr Blut, nahm ihr die Kraft weiterzuleben" (GE IV, 23).

Dietz gibt sein wildes Leben auch als Verlobter nicht ganz auf, hat noch eine zärtliche Liebesstunde mit Lydia von Dachhausen, mit der er eine heimliche Liaison hatte, wird von ihrem Mann ertappt und zum Duell gefordert. Fastrade trennt sich sofort von ihm. Dietz tötet, ohne es eigentlich zu wollen, im Duell den Gegner und erschießt sich dann in der Nacht selbst. „‚Draußen', sagt die Baronin Port zu ihrer Tochter Gertrud, ‚du warst ja auch draußen und die Fastrade auch, was hat es geholfen? Ihr kommt ja doch zurück, ihr könnt ja doch nicht leben'" (GE IV, 175). In der Erzählung ‚Am Südhang' bemerkt der Hauslehrer Aristides Dorn, der sich oft kritisch über die Adelsgesellschaft äußert, daß in dieser Schloßwelt „niemand den Alltag vertragen kann"; er selbst sei „ein einfacher Werktagsmensch", aber die Adligen brauchten immerfort Sensationen, Dramatisches (W 196). Die Schwäche, der Dorns Kritik gilt, tritt besonders deutlich hervor in der späten Erzählung ‚Feiertagskinder' (1919). Irma von Buchow, an der Seite ihres gediegenen, aber nüchternen und kargen, schwerfälligen Ehemanns Ulrich dahinlebend, ist völlig unfähig, das normale Gleichmaß der Tage zu ertragen. Wenn sie an grauen Herbsttagen durch den ihrem Gutshof benachbarten Marktflecken Driken geht und das freilich dürftige, aber doch ganz normale Kleinleben dort ansieht, – das, sagt sie „‚ist dann so alltäglich, so herzbrechend alltäglich, daß ich weinen möchte'" (Feiertagskinder, 39).

Gewiß ist gelegentlicher Mißmut wegen langer, eintöniger Alltagswochen, das Bedürfnis nach Festesfreude etwas völlig Natürliches. Ein Moment der Décadence wird aber dann erkennbar, wenn die Verweigerung des Alltags radikal, das Verlangen nach ständiger Festlichkeit, nach dem Außergewöhnlichen, der Ausnahmesituation absolut und unwiderstehlich wird wie bei Irma. Es geht ihr da wie Flauberts Madame Bovary, die ebenfalls den Alltag, die Normalität des Daseins, in dem sich täglich alles wiederholt, nicht erträgt und ständig nach Erregungen, nach neuen und extremen Erfahrungen verlangt. Die gesunde Ausgewogenheit von Werk- und Feiertag ist gestört, Irma will sich keine Beschäftigung in der Pflege von Kranken suchen, sie wartet ständig „auf die großen Freuden" (Feiertagskinder, 12), ist unfähig, sich im Gleichmaß des Alltags überhaupt leben zu fühlen. „In Irma schien das Leben zu versiegen" (Feiertagskinder, 92). Keyserling läßt diese Haltung kontrastieren mit Irmas ihrem Vater ähnlicher Tochter Ilse, die „auch den Sonntag" liebt, aber wenn sie Sonntag abend im Bett liegt, dann freut sie sich, „wenn wieder Montag ist" (Feiertagskinder 153).

Irma verliebt sich in den leichtfertigen, liebenswürdigen Bruder ihres Mannes, der ein hemmungsloser Spieler ist, eben der Typus, dem bei Keyserling die Adelstöchter zu erliegen pflegen. Er teilt ihre Ablehnung des Alltags. „Achaz hatte gesagt, nur wenn das Leben uns wie eine Welle im Seebad hoch hebt, dann ist es des Lebens wert" (Feiertagskinder 53). Schließlich verläßt Irma ihren Mann, um mit Achaz zu leben.

Daß Boris in ‚Bunte Herzen' sich nach einer Liebesnacht vor dem Morgen fürchtet, „wenn es grau und kalt wird, und wir müssen etwas tun" – diese übermäßige Furcht vor der Alltagswelt wurde schon erwähnt. Auch Doralice in ‚Wellen' bringt von der Adelswelt, wenngleich sie ihr entflohen ist, das unerträgliche Leiden am Alltag mit. Ihr Mann, der bürgerliche Maler, findet das bedenklich. „Du sollst nicht für mich das Außerordentliche bleiben, nein, du mußt mein Alltag sein (...)" (GE II, 181).

Der kritische, zuweilen auch aggressive Hauslehrer Dorn in ‚Am Südhang' mokiert sich über das Duell, das Kurt Erdmann, der Sohn des Grafen Wallbaum-West auszufechten hat, – ein „sozusagen dramatisches Ereignis", wie Dorn es nennt. Für ihn erklärt sich dieser Brauch daraus, daß die Adelswelt Sensationen braucht. „‚Aber sie müssen hier so etwas haben', fuhr Dorn fort, ‚hier, wo niemand den Alltag ertragen kann'." Das Duell scheint ihm eine „fein erfundene Einrichtung. Sie erreicht ihren Zweck, sie drapiert, möchte ich sagen. Gefahr drapiert immer. Die Todesmöglichkeit als Dekoration (...). Todesgefahr ist eine Art bengalischer Beleuchtung" (GE II, 279).

Aber es ist nicht nur das Dekorative, in dem die dekadente Unfähigkeit zum Alltag einen Ausgleich sucht. Keyserling beschreibt jene Verhaltensweise, die eine Aufpeitschung des ermüdeten, erschlafften Lebensgefühls durch Sensationen sucht. In diesem Sinn braucht Ulrich von Buchows leichtsinniger Bruder Achaz das Glücksspiel. „Wenn ich etwas Verwegenes tue, eine Dummheit meinetwegen, etwas, wobei es sich um die Existenz handelt, eine Summe setze oder so etwas, dann ergreift mich ein angenehmer Schwindel. Ich spüre deutlich, daß ich mich selbst einsetze, und es ist eine köstliche Spannung in mir, ob ich gewinne oder verliere" (Feiertagskinder 33). Sich „einsetzen", das kann er nicht mehr für eine ernsthafte Aufgabe, sondern nur im Spiel „um die Existenz"; ebenso geht es Dietz von Egloff. „Es war eigentlich seltsam und schwer zu erklären, aber dieses Mittel versagte nie, wenn er sich an den grünen Tisch setzte und die Karten zur Hand nahm, dann kam es unfehlbar, dieses erregte Gefühl, das wie eine körperliche Wohltat in das Blut ging und angenehm bis in die Fingerspitzen hinein kitzelte. Das ließ sich nur mit der höchsten Erregung des Momentes vergleichen, wenn man eine schöne Frau zum ersten Male so von hinten um die Schultern faßt und nicht weiß, wird sie empört sein oder stillhalten" (GE IV, 41).

Hilmar in ‚Wellen' erfährt diese extreme Erregung als waghalsiger Reiter beim Rennen. Er ist kürzlich gestürzt und meint, wer vernünftig reitet, stürzt nicht. „‚Aber ich muß gestehen, der Genuß, das Erhebende an der ganzen Chose ist gerade der Augenblick, in dem ich merke, daß alles Vernünftige von mir abfällt, das Blut singt einem in den Ohren, alles in einem ist kochend heiß und zittert, etwas in uns, das sonst offenbar in einen Käfig eingesperrt zu sein pflegt, kommt dann los. Sehen Sie, in solchen Augenblicken ist mir alles gleich (...) ich sehe dann nur noch eines, ich will dann nur noch eines, das Ziel (. . .). So nur eins wollen, nur eins sehen und darauf zujagen, das ist eigentlich die einzige Art, wirklich zu leben'" (GE II, 237). Außerhalb solcher Momente höchster Spannung gibt es für die Menschen dekadenter Schwäche überhaupt kein wirkliches Leben. Zugleich ist in diesen extremen Kraftproben das Bedürfnis des Décadent nach Momenten der Stärke wirksam, also „der Wille des Kranken, irgendeine Form der Überlegenheit darzustellen" (Nietzsche II, 864).

Zugleich mit der Schwächung, die das Schicksal der Adelsfamilien bestimmt, vollzieht sich in Keyserlings Welt der Verfall bestimmter Einrichtungen und Gesellschaftspflichten, wie zum Beispiel des Duells, das zur bloßen Farce entartet, sinnleer geworden ist. Der recht naive Karl Erdmann in der Erzählung ‚Am Südhang' ist vor seinem Duell, das er als Bagatelle abzutun sucht, doch innerlich beunruhigt, von heimlicher Todesfurcht erfüllt. Als dann aber das Duell vor sich geht, schießt jeder in die Luft, alles läuft als leere Formalität ab, wie die Parodie eines Duells. Karl Erdmann ist „verlegen", er fühlt sich „etwas komisch" aussehend, und bei der Heimfahrt „hatte er das seltsame Gefühl, als sei etwas Unangenehmes, Widerwärtiges geschehen" (GE III, 287). Als „widerwärtig" empfindet er die Entartung einer früher ernsthaften Einrichtung zur

Farce. Der Arzt Doktor Ulrich, der, respektvoll und devot gegenüber den Adligen, aufgeregt dem Duell entgegengesehen hatte, ist jetzt „mißmutig", formuliert vorsichtig seine Enttäuschung. Er sagt zu Karl Erdmann: „‚Sie wollten doch dem Referendar nichts tun und er ihnen auch nicht.' " Er ist ärgerlich, daß er die Sache „so wichtig genommen hatte". „‚Ich hatte sozusagen innerlich zu große Vorbereitungen getroffen' ", an das Duell „‚mehr Erregung gewendet, (...) als nötig war' " (GE III, 288).

Ähnlich wie das Duell ist auch eine andere Betätigung im Leben der Adelsgesellschaft im Absinken: die Jagd. Das wurde schon gezeigt. Der alte Herr von Wallbaum-West, der die Schnitter um ihre kräftigen Glieder beneidet, stellt es mißmutig fest. „‚Na ja, früher, meine Generation, die war nicht so feingliedrig wie Ihr Heutigen. Damals eine Entenjagd war noch eine andere Sache, da war noch was von Gefahr, ein bißchen Wildheit dabei, so was von Urinstinkten. Heute gehen Damen und Kinder auf die Jagd' " (GE III, 184). Aus der Jagd ist die Gefahr eliminiert wie aus dem Duell.

Im Mittelpunkt der Erzählung ‚Am Südhang' steht die Figur einer Femme fatale. Daniela, die geschiedene Frau von Bardow, die als Gast den Sommer auf dem Landgut des Grafen von Wallbaum-West verbringt, macht alle Männer, die in dem Schloß wohnen, in sich verliebt. Sie „schien das zu wollen". Karl Erdmann, sein älterer Bruder Botho, der Verlobte seiner Schwester, Graf Ottomar von der Lynck, der Hauslehrer Dorn und sogar der fünfzehnjährige Leo, der jüngste Sohn des Grafen, sie alle huldigen ihr. Daniela genießt das, sie spielt mit allen, gibt sich freundlich, verführerisch bei jedem und zieht keinen vor. Sie ist zwar keine harmlose, aber doch eine nicht allzu gefährliche Variante der Femme fatale. Sie genießt ihre erotische Wirkung und dämpft die Erwartungen ihrer Anbeter, ohne sie endgültig abzuweisen. „‚Warum lassen Sie es denn zu' ", sagt Karl Erdmann zu ihr, „‚daß Ottomar und Botho und der Hauslehrer in Sie verliebt sind, und wenn Sie die Arme um Leos Schulter legen, so macht es Ihnen Spaß, daß der Junge ganz rot wird und wie hypnotisiert ist' " (GE III, 175). Gegenüber Karl Erdmann gibt sie sich schwesterlich, kameradschaftlich, als Beraterin, aber dahinter verbirgt sich ein etwas tieferes, verheimlichtes Gefühl für ihn, das zum Ausdruck kommt, als sie ihm in der Nacht vor seiner Abreise zum Duell eine Liebesstunde im Park gewährt. Freilich, als er dann unverletzt und etwas verstört zurückkommt und ihre Nähe sucht, entzieht sie sich ihm sofort (GE III, 210).

Keyserling hat die versteckte, im kultivierten Umgang gut maskierte Grausamkeit und Härte ihrer Natur in einem besonderen Erlebnisbereich hervortreten lassen: bei der Entenjagd, im Kahn mit Karl Erdmann auf dem Teich. Als die Enten aufsteigen, ist Daniela die erste, die aufspringt und schießt. Karl Erdmann sieht sie fasziniert an, wie sie sich in der

Erregung aufrichtet und strafft. „Und wenn sie geschossen hatte, (...) dann ließ sie das Gewehr ein wenig sinken, und es zuckte um ihre Lippen ein seltsames, fast leidenschaftliches Lächeln." Sie verfolgt lange einen alten, immer entwischenden Erpel. „Daniela war so erregt, daß sie zitterte und kleine schrille Schreie ausstieß. Endlich hatte sie ihn. Daniela faßte ihn, warf ihn in das Boot und lachte" (GE III, 185). Hier also verrät sich ihre grausame Lust am Verfolgen, Treffen, Vernichten, an alledem, was die ungezähmte Femme fatale, Salome oder Lulu, den Männern antut.

Aber auch die verhaltene Daniela wird einem ihrer Anbeter verderblich, ohne darauf auszugehen. Der verzweifelt liebende Hauslehrer Dorn erschießt sich. Damit bricht in das frivole Spiel das Verhängnis ein. Dorns Selbstmord ist das komplementäre Motiv zu Karl Erdmanns farcenhaftem Duell. Für Dorn geht es bei seiner Liebe wirklich auf Leben und Tod. Aber dieser Schuß trifft auch Daniela, weckt ihr Gewissen. Der Tod Dorns macht ihr bewußt, daß ihr eine wahrhaft große Liebe „ganz nahe gewesen ist", und sie hat sie „nicht beachtet" (GE III, 214).

Was Daniela für alle Männer so unwiderstehlich macht, ist nicht nur ihre Schönheit, sondern ihre weibliche Übermacht, die Kraft ihrer unbekümmerten Art, ihre Anbeter ein wenig zu quälen. Das eben wirkt verlockend auf die Schwäche der Décadents, erzeugt bei ihnen jene Mischung aus Furcht und Verlangen, die stets von der Femme fatale ausgeht. Aber Daniela spielt im Grunde nur deren Rolle. Gegen Aristides Dorn hat Benno von Wiese kritisch eingewendet, er bleibe zu blaß, werde „nicht plastisch genug", um als rebellischer Repräsentant einer Gegenwelt glaubhaft zu sein.[3] Wiese verkennt jedoch, daß Keyserling ihn als solche Gegenfigur gar nicht gemeint hat. In seiner Konzeption der Erzählung hat Dorn eine ganz andere Funktion. Es geht Keyserling hier wie in allen Erzählungen darum, Verfall und Schwäche der Adelswelt als Verhängnis und trübe Stagnation und zugleich als Reiz von besonderer Anziehungskraft darzustellen. Dorn, eine nicht zur Adelswelt gehörende Randfigur, erfährt diese ambivalente Wirkung der Schloßwelt. Er sieht die Schloßgesellschaft, ihre verweichlichte, allzu „geschützte" Atmosphäre kritisch, ja ablehnend, aber dennoch wird gerade er von ihr gefangen und von ihrer Schwäche infiziert. Obwohl ihm die Gefahr bewußt ist, daß er „nicht mehr hinaus könnte" (GE III, 172), verstrickt er sich in diese Welt, besonders durch seine Liebe zu der ihm unerreichbaren Daniela. Verzweiflung ist der Grund für seinen Selbstmord, der keineswegs, wie Wiese sagt, „etwas fatal Zufälliges" hat und allerdings nicht die „Konsequenz eines rebellischen Wesens" ist, aber als solche von Keyserling auch nicht gemeint ist. Daß die ganze Schloßgesellschaft nichts von Dorns Selbstmord und Danielas heftigem Schmerz versteht, sondern sich durch beides nur gestört sieht und alles nach wenigen Tagen vergißt, das ist die eigentliche Pointe der Erzählung.

Schließlich hat Keyserling auch die Figur des unvitalen, allzu verfeinerten, lebensschwachen Knaben gezeichnet, wie er in Thomas Manns kleinem Hanno Buddenbrook vorgeprägt ist. In dem Roman ,Wellen' wird die Décadence an drei Generationen einer Familie dargestellt. Die alte Generalswitwe von Palikow ist noch kräftig und ungebrochen, ihre Tochter, Frau von Buttlär, ist bereits „aufgebraucht", kränklich und ängstlich, deren Töchter haben „Gesichter mit fast krankhaft feinen Zügen" (GE II, 133), und ihr fünfzehnjähriger Sohn Wedig ist schwächlich und verzärtelt. Nach der Ankunft in dem von der Generalin gemieteten Gasthaus in einem Badeort am Meer gesellt er sich zu seinen Schwestern, die auf der Veranda stehen und auf das Meer blicken. Wedig „schaute auch schweigend hinaus. Das kränkliche Knabengesicht verzog sich, als täte all dieses Licht ihm weh" (GE II, 133). Wedig darf nicht im Meer baden; als er mit seinem Schwager Hilmar im Segelboot mitfahren will, wird ihm das verboten. „Seine Mutter sah ihn mitleidig an. ,Du, mein armer Junge, nein, du bleibst zu Hause.' Da ging eine seltsame Veränderung mit dem Knaben vor. Sein bleiches Gesicht mit den kränklichen, zu feinen Zügen errötete, seine Augen füllten sich mit Tränen, und mit leidenschaftlich sich überschlagender Stimme begann er zu sprechen. ,Ich bleibe immer zu Hause, ich darf nie etwas, ich hocke immer abseits, warum? Was ist mit mir? Bin ich ein Krüppel?'" (GE II, 74).

Wedig ist nur eine flüchtig hingesetzte Randfigur. Als Hauptgestalt erscheint der lebensschwache Knabe in der Erzählung ,Im stillen Winkel'. Der elfjährige Paul, ein kleiner, schwächlicher Junge, bleich und mit großem Kopf, hat „ein seltsam starkes Gefühl für die Unsicherheit unseres Daseins" (GE IV, 182). Ähnlich wie der kleine Hanno wird „der kleine Paul" von seinem lebenstüchtigen Vater, dem Bankdirektor von der Ost, mißachtet, „weil er klein und schwach war". Keyserling schildert Pauls Ferienzeit auf dem Lande, wo er zwar von den Quälereien durch die Schulkameraden befreit ist, aber auf einen noch brutaleren Feind trifft, den robusten, boshaften Sohn des Majors Walter, der am gleichen Ort seine Ferienvilla hat. Dieser Lulu verspottet und verhöhnt den kleinen Paul ständig. Daß seine von Paul bewunderte Freundin Nandl Lulus Angriffe mit Lachen begleitet, verschärft noch Pauls Demütigung, die er aber auch als Herausforderung aufnimmt. Er „sann über seltsame, heldenhafte Taten nach, die er vollbringen könnte, damit Lulu und Nandl ihn bewunderten" (GE IV, 195). Paul geht schließlich zugrunde an diesem „Heroismus der Schwäche". Als der erste Weltkrieg ausbricht, in dem Pauls Vater als Offizier fällt, flunkert ihm Lulu vor, überall seien Feinde, auch auf den Bergen, die man am Horizont sieht. Paul will gegen diese Feinde kämpfen, aber Lulu bezweifelt höhnisch diesen Entschluß, er meint, Paul sei dafür zu feige. Aber Paul wandert zum nächsten Berg, steigt auf Waldwegen aufwärts, „als hätte er ein Ziel"

(GE IV, 239). Er gerät in ein Gewitter, Regen und Sturm. Der Kampf gegen das Unwetter überanstrengt ihn, er legt sich auf den Waldboden, schläft ein. Er wird schließlich gefunden, aber er erkrankt und stirbt, er hat sich bei dem Versuch, den Starken zu spielen, übernommen.

In Übereinstimmung mit der in der Zeit um 1900 vorherrschenden Anschauungsweise galt Keyserling als höchster Wert das „Leben", wobei aber nicht das Einzelleben des Individuums gemeint war, sondern das Gesamtleben, an dem der einzelne teilhat. Daß manche der schwachen, gebrochenen Naturen in Keyserlings Erzählungen besonders darauf aus sind, in extremen Situationen ein gesteigertes Lebensgefühl zu erfahren, wurde gezeigt. Einige dieser Décadents vermögen es auch, in einem Moment der Entgrenzung ein Einschwingen in das vegetabilische Leben, ein Eintauchen in die naturhafte Gesamtbewegung zu erfahren, die etwa im Meer anschaubar wird.

Man wird freilich nicht sagen dürfen, daß eine dekadente Verfassung die notwendige Voraussetzung für solche Entgrenzung sei. Als naturmystische Vereinigung mit der Welt hat sie eine lange Tradition. Aber Keyserling sah wohl die Menschen der Décadence mit labilem, ungefestigtem Selbst besonders fähig und geneigt zu diesem Einheitserlebnis, in dem sie aus der Gefangenschaft in einem schwachen Ego Erlösung fanden.

Doralice in dem Roman ‚Wellen' hat dieses Bedürfnis nach Entgrenzung besonders stark. Sie fährt mit ihrem Mann im Fischerboot, beim Anblick des weiten Meeres erweitert sich ihr Daseinsgefühl. „Immer wieder fühlte da Doralice, wie die engen, heißen Schranken des Ich sich verwischten und lösten, wie es auch in ihr weit und kühl würde" (GE II, 205). An einem anderen Tag steht sie am Strand und blickt auf die Wellen, sie heben sich „wie ein mächtiges, stilles Atmen". Das erinnert sie an die Atembewegung ihres Mannes, dessen Brust sich „ebenso ruhig und kraftvoll hob und senkte". Schon hier wird die Wellenbewegung des Meeres mit der menschlichen Lebensregung gleichgesetzt. Dann heißt es: „Sie begann, am Strande entlang zu gehen, der Wind fuhr in die Röcke, er trieb sie, sie spürte es deutlich, wie er in kleinen Stößen ausholte, bald von hinten, bald von der Seite sie anfiel, und das war ein köstlich erfrischendes Spiel, so muß es den Wellen zumute sein, sie wiegte sich im Gehen, es war ihr, als wogte sie, jetzt fuhr ihr der Windstoß in die Haare, schüttelte sie. Doralice machte einen Satz, stieß einen lustigen kleinen Schrei aus. Jetzt brande ich, jetzt brande ich, dachte sie" (GE II, 161 f.). Doralice fühlt sich dem Wind genauso ausgesetzt wie die Wasserfläche, wird ein unpersönlich willenloser Teil der Natur, wird in ihrem Bewußtsein selbst zur brandenden Welle.

Irma von Buch in der Erzählung ‚Feiertagskinder' kennt die gleiche Erfahrung. Wenn sie mit ihrem Geliebten Achaz nach einem gemeinsamen Ritt auf einem Mooshügel rastet, versucht Achaz, Irma zu einem

Eingehen in die vegetative Existenz zu verlocken. „So wie ein Baum sein, ist das nicht die schönste Existenz? Man steht still, wartet auf Sonnenschein und Regen, auf Wind, man wartet darauf, daß man blüht (...) Nun wollen wir ganz still sitzen, uns dahinein denken, vielleicht spüren wir etwas (...)“ (Feiertagskinder, 95). Irma spürt zunächst nichts, aber bald gelingt ihr die Einsfühlung mit den Bäumen. „Sie saß still da, und als der Wind in die Tannen fuhr und die Föhren metallisch zu rauschen begannen, da fingen auch Achaz und Irma an, sich zu wiegen, sich zueinander zu neigen und sich voneinander fortzubiegen. ‚So ist es gut, so ist es gut‘, rief Achaz, ‚ich fühle die ganze Baumwonne.‘ Irma lachte. ‚Ja, sagte sie, ich fühle etwas von den Birken in mir‘“ (Feiertagskinder, 97). Irma und Achaz, beides kraftlose, willensschwache Menschen, finden aus ihrem verfehlten Dasein eine Zuflucht im Eingehen in das bewußtlose vegetabile Leben, eine Erlösung von der Existenzweise der Décadence.

9. Rilkes ‚Duineser Elegien‘ als Dichtung des Untergangs

Die Konzeption der ‚Duineser Elegien‘ stammt aus der Zeit nach der Beendigung der ‚Aufzeichnungen des Malte Laurids Brigge‘, für Rilke eine Zeit der Depression, was nicht ohne Einfluß auf die Elegien blieb. 1912/13 entstehen die ersten beiden Elegien und einige Fragmente weiterer, 1913 in Paris die dritte, 1915 in München die vierte. Der Brief an Lou Andreas Salomé vom 28. Dezember 1911 aus Duino beschreibt Rilkes heillose innere Situation. Lou sollte entscheiden, möchte „unterscheiden und nachweisen“, „ob und wieweit“ Malte ihm, Rilke, ähnlich sieht. „Ob er, der ja zum Teil aus meinen Gefahren gemacht ist, darin untergeht, gewissermaßen, um mir den Untergang zu ersparen, oder ob ich erst recht mit diesen Aufzeichnungen in die Strömung geraten bin, die mich wegreißt und hinübertreibt. Kannst Dus begreifen, daß ich hinter diesem Buch recht wie ein Überlebender zurückgeblieben bin, im Innersten ratlos, unbeschäftigt, nicht mehr zu beschäftigen?“ Er hätte, schreibt er, die Zeit nach Beendigung des Romans, der 1910 erschien, „falsch und kümmerlich verbracht“. Auch fühlte er sich nicht gut in Duino. „Duino tat mir nie wohl.“[1]

Den jungen Schriftsteller Arthur Hospelt, der ein intensiver Leser des ‚Laurids Brigge‘ war, möchte er vor dem Buch warnen, „denn die Aufzeichnungen sind, in einem gewissen Sinne, mehr verführend als wohltuend“.[2] Rilke sucht das Destruktive abzuschwächen, dem Leser nahezulegen, es „in dem aufsteigenden Sinne“ zu verstehen, der – so fügt er fast ängstlich und nicht überzeugend, im Widerspruch zu seinen eigenen Deutungen hinzu – „sein eigentlicher ist“. Bei aller Bemühung um Abschwächung der „verhängnisvollen Seite“ der Aufzeichnungen gibt er diese doch zu. „Es sind durchaus hoffnungsvolle, große, zur Leistung anfordernde Einsichten, die über dem Schweren und Unüberwindlichen sich einstellen, aber man darf nie vergessen, daß sie innerhalb dieses Buches die Bestandteile eines Untergangs geworden sind, so sehr, daß es gewiß viele geben wird, die, über der Dekadenz des Verlaufs, die Höhenlage der einzelnen Punkte gar nicht aufnehmen mögen und den Brigge als das verzweifelte Buch eines Entmutigten recht weit weg legen." Damit ist das Eigentümliche dieses Buches genau bezeichnet, die „Dekadenz des Verlaufs" hervorgehoben, in dem auch die hoffnungsvollen Einsichten „die Bestandteile eines Untergangs geworden sind". Hofmannsthal, der Rilkes dichterisches Werk mit Vorbehalt schätzte, fand den „Malte" „abstoßend morbid".[3]

Rilke hat bekanntlich Jens Peter Jacobsen schon sehr früh außerordentlich bewundert. Die Wirkung des ‚Niels Lyhne' auf den ‚Malte' ist unverkennbar. Aber noch 1916 spricht Rilke bewundernd über Jacobsens Roman ‚Frau Marie Grubbe', in einem Brief an Alice Dietrichstein vom 12. September 1916. Diese Äußerung ist besonders aufschließend, sie verrät Rilkes außerordentliche Faszination vom Verfall und Abstieg, den Jacobsen an Marie Grubbe darstellt. Sie träumt als Mädchen von einem strahlenden Helden, glaubt, ihn später im Halbbruder des Königs gefunden zu haben, wird aber mit ihrer Liebe von diesem abgewiesen und büßt durch seinen plötzlichen Tod alle Hoffnungen ein. Aus der grauen Öde des Alltagsdaseins auf dem Gut ihres Vaters, eines Landadligen, befreit sie die Heirat mit dem unehelichen Sohn des Königs, der Statthalter von Norwegen wird, ihr Pracht und Glanz verschafft, sie aber tyrannisiert und mit billigen Dirnen betrügt, so daß ihre Liebe in Haß umschlägt und sie sich scheiden läßt. Nach Auslandsreisen wieder auf dem väterlichen Hof, schließt sie eine gefühlsleere Vernunftehe mit einem geizigen, trokkenen Beamten, den sie bald verachtet. Dann aber, als Frau von einigen vierzig Jahren, verliebt sie sich in einen bärenstarken, viel jüngeren Pferdeknecht, einen rohen und groben Mann, verläßt mit ihm das Gut, zieht mit dem Leierkasten über die Jahrmärkte, von den ehrbaren Bürgern gedemütigt und weggejagt. Aber sie genießt, wie es heißt, ihre „Selbsterniedrigung". „Marie war zufrieden, sie hatte sich dem Schlag ausgesetzt."[4] Schließlich findet das Paar aus dem Elend einigermaßen heraus, als Sören eine Stelle als Fährmann erwirbt, die beide bei harter Arbeit ernährt. Marie duldet, daß ihr Mann sich oft betrinkt und sie schlägt. „Sie lebten im ganzen sehr glücklich, denn Marie fuhr fort, ihren Mann über alles in der Welt zu lieben."[5] Sören wird zuletzt zum Mörder und stirbt nach verbüßter Haft, ein Jahr vor Marie.

Auch hier also „Dekadenz des Verlaufs", ähnlich wie, bei völlig anderen Lebensumständen, im ‚Malte'. Gerade davon ist Rilke als Leser der ‚Frau Marie Grubbe' fasziniert. In dem Roman „ist ein absteigendes, ja ein fallendes Schicksal gezeigt, das Fallen eines Frauenherzens, das einfach der eigenen Schwere nachgibt, – ich habe auch erst nach Jahren verstanden, wie rein diese stürzende Kurve durch die dichten und massigen Arabesken der Historie durchgezogen ist". Er bewundert „diese tiefe Unschuld des menschlichen Herzens, durch die es im Stande ist, selbst in seinem unaufhaltsamsten Sturze, selbst auf seinen Untergang zu, eine reine Linie zu beschreiben".[6] Was Rilke mit vollem Recht bewundert, ist die Festigkeit, mit der Marie ihre Identität durch alle Stürze hindurchrettet und bis zuletzt, bis zur niedrigsten Lebensstufe sie selbst bleibt. Von diesem genauen Verständnis ist Walther Rehm in seiner Interpretation des Romans sehr weit entfernt. Er führt willkürlich den Abstieg Maries auf ihren Glaubensverlust, auf ihre schuldhafte Verweigerung der Reue und frommen Hinwendung zu Gott zurück, was der entschiedene Atheist Jacobsen nirgends gesagt oder angedeutet hat und was ihm ganz fernlag.[7]

Rilkes Äußerungen sind gleichermaßen für den Roman und sein Verständnis wie für ihn selbst, seine Erfahrungsweise bedeutsam. Sie wirken, wie sich zeigen wird, bis zur Schlußstrophe der ‚Duineser Elegien‘ nach.

Rilke, der im Verfall und Untergang sein Leben lang wichtige Motive seiner Dichtung gefunden hat, gab 1922 in den ‚Duineser Elegien‘ seine letzte große Darstellung dieser Thematik. Allerdings ist damit der Motivkomplex der Elegien, die eine umfassende dichterische Existenzerhellung unternehmen, bei weitem nicht erschöpfend benannt. Aber Untergang ist doch auch nicht nur *ein* Thema neben vielen anderen, sondern er ist, in fast jeder der zehn Elegien erscheinend, das Grundthema des Zyklus in dem Sinne, daß alle anderen Motive ihm eingezeichnet sind, von ihm umspannt werden. Der erste Anklang an das Untergangsthema findet sich in der ersten Elegie, wo die Unsicherheit und Unstabilität der menschlichen Existenz umschrieben wird mit der Aussage (I, 685),

> daß wir nicht sehr verläßlich zu Haus sind
> in der gedeuteten Welt.

Es gibt nur wenig Festes, Dauerndes, an das wir uns halten können, einen täglich wiedergesehenen Baum, eine Straße, eine ständige Gewohnheit und – emphatisch hervorgehoben – die Nacht, „die ersehnte". Aber das alles beseitigt nicht die Flüchtigkeit unseres irdischen Daseins, – das wird später immer wieder gesagt werden. „Denn Bleiben ist nirgends", heißt es schon in der ersten Elegie. Schon hier wird die vor allem auf Schopenhauer, in geringerem Maße auch auf den frühen Nietzsche zurückgehende Weltsicht angedeutet, die der Konzeption des Zyklus zugrunde liegt. Kennzeichnend ist dafür die Figur des Engels und ihre von Rilke selbst gegebene Auslegung als „dasjenige Geschöpf, in dem die Verwandlung des Sichtbaren ins Unsichtbare, die wir leisten, schon vollzogen erscheint", und das „dafür einsteht, im Unsichtbaren einen höheren Rang der Realität zu erkennen".[8] Der Engel repräsentiert somit die höhere Realität, höher als Einzeldinge und Einzelwesen, die – nach Schopenhauer – von dem „ewigen Sein", der höheren und eigentlichen Wirklichkeit, abgespalten sind, „Individuationen", die als solche nicht wirklich sind und uns nur als real erscheinen.

Die höhere Realität ist unsichtbar, ist dem Menschen nie unmittelbar erfaßbar und daher kann er auch den Engel, der „schrecklich" für ihn ist, nicht wahrnehmen. Die Bezeichnung der Engel als „fast tödliche Vögel der Seele" in der zweiten Elegie bedeutet, daß sie der Seele fast tödlich sind. Von „Vögeln der Seele", wie Jacob Steiner meint, ist nicht die Rede.[9]

In den sichtbaren Dingen und Menschen ist etwas vom unsichtbaren ewigen Sein enthalten, und nur dadurch sind sie wirklich. Rilke drückt das in dem Brief an Hulewicz mit der Feststellung aus, daß wir „mit einem Teile unseres Wesens am Unsichtbaren beteiligt sind".[10] Nur in diesem Zusammenhang sind zwei in lockerer Assoziation eingefügte Zeilen der ersten Elegie zu verstehen (I, 686):

> denk, es erhält sich der Held, selbst der Untergang war ihm
> nur ein Vorwand, zu sein: seine letzte Geburt.

Nietzsche hat in seiner Rilke gut bekannten Schrift ‚Die Geburt der Tragödie aus dem Geiste der Musik' dargelegt, daß die Tragödie, indem sie gerade „die höchsten Typen", die Helden untergehen läßt, die Unzerstörbarkeit des ewigen Seins feiert, das immer wieder in der Welt der Erscheinungen Neues hervorbringt. „Der Held, die höchste Willenserscheinung, wird zu unserer Lust verneint, weil er doch nur Erscheinung ist (...)" (I, 92). Die Tragödie erreicht die größte Wirkung dadurch, daß sie „in der Person des tragischen Helden von dem gierigen Drange nach diesem Dasein zu erlösen weiß und mit mahnender Hand an ein anderes Sein und an eine höhere Lust erinnert, zu welcher der kämpfende Held durch seinen Untergang, nicht durch seine Siege, sich ahnungsvoll vorbereitet" (I, 115). Genau in diesem Sinne versteht Rilke den Helden, dem der Untergang nur ein „Vorwand, zu sein" ist, ein bloßes Mittel, zu jenem wahren Sein zu gelangen, das nur durch Verzicht auf die individuelle Existenz zu erreichen ist. Insofern ist der tragische Held eine auch von Rilke eingesetzte Symbolfigur, da die Tragödie in ihm „das Zerbrechen des Individuums und sein Einswerden mit dem Ursein darstellt" (I, 53).

Rilkes Weltdeutung ist von derjenigen Schopenhauers darin durchaus verschieden, daß er das irdische Dasein, das „Hiesige", nicht als verächtlich und nichtig einschätzt, wie Schopenhauer, nicht als ständiges Leiden und bloße Qual. Er sagt vielmehr in der siebenten Elegie (I, 710): „Hiersein ist herrlich." Auch der Brief an Hulewicz bekennt, man müsse „die Natur, die Dinge unseres Umgangs und Gebrauchs", wenngleich sie „Vorläufigkeiten und Hinfälligkeiten sind", doch hochschätzen. „So gilt es, alles Hiesige nicht nur nicht schlecht zu machen und herabzusetzen, sondern gerade, um seiner Vorläufigkeit willen, die es mit uns teilt, sollen diese Erscheinungen und Dinge von uns in einem innigsten Verstande begriffen und verwandelt werden."[11] Es steht aber in der Nähe Schopenhauers, wenn das Hiesige „um seiner Vorläufigkeit willen" geliebt werden soll, nicht etwa um seiner Festigkeit und Dauerhaftigkeit willen, die eben doch nur Schein und Täuschung ist. In seiner Vorläufigkeit, „die es mit uns teilt", in der Hinfälligkeit alles Wirklichen sind wir ihm gleich, und darin, als Vergehende, erfahren wir uns selbst. Das ist die Selbsterfahrung der Décadence, die in den Elegien immer aufs Neue verkündet wird. Wir vergehen jedoch nicht in ein pures Nichts, sondern in eine Seinsform, „die einen höheren Rang der Realität" hat. Das ist der „metaphysische Trost" Schopenhauers, den schon der Senator Buddenbrook bei Thomas Mann erfährt. Im Brief an Hulewicz heißt es: „Die Vergänglichkeit stürzt überall in ein tiefes Sein." Die Vergänglichkeit der Menschen und Dinge ist die Voraussetzung, die notwendige Bedingung für ihre Verwandlung „in ein tiefes Sein", und darum sind Vergänglichkeit und Hinfälligkeit alles Irdischen positiv, von Wert, darum ist der Untergang zu bejahen. „Lebens- und Todesbejahung erweist sich als Eines in den Elegien."[12] Das aber setzt die alte dekadente Gleichung von Leben und Sterben voraus. Nur weil Leben zugleich auch Sterben ist, kann es bejaht werden, denn nur als Sterben kann es in die „Realität höheren Ranges" verwandelt werden. Daher erhält, wie überall in der Décadence, die Bejahung des Todes ein Übergewicht, das Leben wird als untergehendes verstanden und gepriesen.

Zwar weiß jeder Mensch, daß er sterben muß, aber der Gedanke an den Tod, den er als schlimmstes Übel empfindet, ist ihm schmerzlich, und er verdrängt ihn so entschieden, wie es nur möglich ist, so daß, wie Schopenhauer sagt, „keinen Menschen der Gedanke des gewissen und nie fernen Todes merklich beunruhigt, sondern jeder dahin lebt, als müsse er ewig leben" (I, 364). Von dieser Verhaltensweise unterscheidet sich das Bewußtsein des Décadent, der den Tod nicht als Feind des Lebens, sondern als ihm zugehörig, ja als ständiges Sterben, als mit dem Leben identisch auffaßt, so daß Leben niemals ohne den Tod gedacht werden kann. Freilich ist der Tod nur das Ende des individuellen, personhaften Lebens, dessen Wesenskern ins überpersönliche Sein, aus dem es herkam, zurückfällt. Die Art der Existenzform innerhalb dieses universalen Seins ist uns allerdings unbekannt. Das Einzelwesen ist aufgelöst, aufgehoben (im doppelten Wortsinn) im Ganzen des Seins, das aber doch den gestorbenen Menschen mitenthält (I, 690):

> weh mir: wir *sinds* doch. Schmeckt denn der Weltraum,
> in den wir uns lösen, nach uns?

Wir lösen uns also in den Weltraum, das sagt die zweite Elegie. Das bedeutet, wie es in der ersten (I, 688) heißt,

> das, was man war in unendlich ängstlichen Händen
> nicht mehr zu sein, und selbst den eigenen Namen
> wegzulassen wie ein zerbrochenes Spielzeug.

Der Name, die Individualität ist ausgelöscht. Kein Frühling kann uns hier halten, „wir schwinden in ihm und um ihn" (I, 690).

> Denn wir, wo wir fühlen, verflüchtigen; ach wir
> atmen uns aus und dahin.

Wir sind also ständig Untergehende (I, 689), und so ist klar, „daß wir nicht sehr verläßlich zu Haus sind/in der gedeuteten Welt". In der etwa im Sinne Schopenhauers gedeuteten Welt können wir nicht sicher zu Haus sein, denn diese Deutung erweist uns als vorläufig, nicht zum Bleiben bestimmt, „wir schwinden" ständig aus ihr. Wir Menschen sind „die Schwindendsten" (I, 717), das wird immer wieder gesagt, unsere Existenzform ist nicht das Bestehen, das feste Dasein, bis es schmerzlich abbricht, sondern ständiges Schwinden, immerwährendes Vergehen. Deshalb gilt den Menschen der elegische Ton der Klage, eben deshalb aber auch, weil Vergehen den Übergang zu einem „höheren Rang der Realität" im Unsichtbaren bedeutet, der rühmende.

Jacob Steiner versteht unter der „gedeuteten Welt" etwas Negatives, „nur ein Katalogisieren und Etikettieren".[13] Doch das ist nicht gerechtfertigt. Deutung der Welt ist auch nicht ihre Aneigung und Besitzergreifung, – beides ist zu trennen. Rilke gibt gerade in den Elegien eine ständige Weltdeutung. Aber es ist eine Deutung, die den Menschen nicht, wie zum Beispiel die großen Religionen, in der Welt heimisch machen will und kann. Die christliche Religion ist, indem sie individuelle Unsterblichkeit verheißt, geradezu darauf angelegt, den Menschen in der so gedeuteten Welt sich zu Hause fühlen zu lassen, zwar nicht in der irdischen Welt, aber in der auf sie folgenden besseren. Auch der Mensch, der ohne ständiges Bewußtsein seiner Vergänglichkeit dahinlebt, „als gäbe es keinen Tod" (Schopenhauer I, 366), kann sich in der Welt zu Hause fühlen. Doch sobald er diese Welt reflektierend deutet als Ort, an dem er, ohne es zu wissen, *immer* Abschied nimmt (8. Elegie), was immer er gerade tut, und ständig dahinschwindet, kann er sich nicht in ihr „verläßlich zu Haus" fühlen. Die Weltdeutung der Décadence zielt darauf, die Illusion des Heimischseins in der Welt aufzulösen, das Dasein als ununterbrochenes Vergehen bewußt zu machen. Dasein als Schwinden – das ist der Cantus firmus der Elegien.

Auch die Natur, „die Dinge unseres Umgangs und Gebrauchs“, sind hinfällig, wie Rilke im Brief an Hulewicz sagt. „Alles das Hiesige“ wird ausdrücklich in der siebenten Elegie „dieses Schwindende“ genannt. Aber im Vergleich mit den Menschen scheint es doch noch ein wenig dauerhafter, so daß zur Bezeichnung der Menschen ein Superlativ nötig wird: Wir sind „die Schwindendsten“. Diese *relative* Beständigkeit der Dinge, relativ im Vergleich mit den Menschen, ist in der zweiten Elegie ausgedrückt (I, 690):

Siehe, die Bäume *sind;* die Häuser
die wir bewohnen, bestehn noch. Wir nur
Ziehen allem vorbei wie ein luftiger Austausch.
Und alles ist einig, uns zu verschweigen, halb als
Schande vielleicht und halb als unsägliche Hoffnung.

Wenn uns alles verschweigt, so sagt die Elegie, was die Menschen sind: Untergehende und deshalb halb Schande wegen der Flüchtigkeit der Existenz und halb Hoffnung auf Dauer im Unsichtbaren, im Ganzen des Seins.

Wir haben – so fährt die zweite Elegie fort – in unsrer irdischen Existenz kein wahres Sein. Wir haben manchmal „ein wenig Empfindung“ von uns selbst. „Doch wer wagte darum schon zu *sein*?“ (I, 691.) Auch die Liebenden haben keine „Beweise“ für ein wahres Sein, obwohl sie ihm zuweilen nahe kommen. Man muß erst untergehen, um ins wahre Sein gelangen zu können.

In der vierten Elegie wird das Grundthema zunächst aufgenommen in der gewichtigen Zeile: „Blühn und Verdorrn ist uns zugleich bewußt“ (I, 692). Damit ist gesagt: Wir können niemals ein Blühen wahrnehmen, ohne es zugleich als Verdorren zu erkennen. Mit „Wir“ meint Rilke, ebenso wie Hofmannsthal, jene Menschen der Gegenwart, die von der Décadence berührt und durch sie hellsichtig geworden sind. Ihr Bewußtsein ist gezwungen, im Blühen immer das Welken zu sehen. Dahinter steht deutlich Schopenhauers Erkenntnis, daß das Leben „nur ein fortdauernd gehemmtes Sterben, ein immer aufgeschobener Tod ist“ (I, 400).

Die Tiere dagegen haben kein Bewußtsein des Sterbens; am Gegensatz zu ihnen wird des Menschen ständiges Wissen um den Tod sinnfällig (I, 692):

Und irgendwo gehn Löwen noch und wissen,
solang sie herrlich sind, von keiner Ohnmacht.

Das Motiv wird verstärkt und erweitert aufgenommen am Anfang der achten Elegie, wo es vom Tier heißt (I, 714), es sei

Frei von Tod.
Ihn sehen wir allein; das freie Tier
hat seinen Untergang stets hinter sich.

Auch ein weiteres Motiv, das des Abschieds, weist in der vierten Elegie auf die achte voraus. Abschied ist im Bedeutungsraum der Elegien ein anderes Wort für Schwinden, Vergehen, eine Variation dieses Vorgangs (I, 697):

Wer saß nicht bang vor seines Herzens Vorhang?
Der schlug sich auf: Die Szenerie war Abschied.

Was im Herzen sich regt und geschieht, soll wie auf einer Bühne vorgeführt werden. Auch da kann das Wesentliche nur Schwinden, nur Abschied sein. Zuerst treten nur falsche Tänzer, nur Masken auf. Erst wenn der Engel die Marionetten lenkt, wird das Spiel bedeutend, weil der Engel „über uns hinüber" spielt, über unsere irdische Existenz hinüber auf das ewige Sein zu, das er ja verkörpert. Da ist dann sofort wieder das nur Vorläufige des Irdischen im Vergleich zum Ursein angesprochen, die Menschen sind als „die Sterbenden" vergegenwärtigt, die die Szenerie des Abschieds sinngemäß ausfüllen (I, 609):

Sieh, die Sterbenden,
sollten sie nicht vermuten, wie voll Vorwand
das alles ist, was wir hier leisten. Alles
ist nicht es selbst.

Die Elegie schließt mit dem bekannten Motiv, daß schon das Kind ein Sterbender ist, das den Kindertod schon in sich hat und bewältigen muß (I, 699):

den Tod,
den ganzen Tod, noch vor dem Leben so
sanft zu enthalten (...)

Daß das Kind als immerfort sterbendes leben und mit dem Tod geboren sein kann, ohne deshalb bös zu sein, ist ein Höchstmaß an seelischer Leistung, „ist unbeschreiblich". Die fünfte Elegie, als letzte entstanden, macht einsichtig, daß der Gleichniswert der Gaukler, der „Fahrenden" für den Menschen – das ist ihr Thema – darin besteht, daß sie die „ein wenig Flüchtigern noch als wir selbst" sind (I, 701). In der sechsten Elegie erscheint der Held als „wunderlich nah (...) doch den jugendlich Toten. Dauern ficht ihn nicht an" (I, 706f.). Er wagt sich, hängt nicht an der hiesigen Existenz, deren Dauer ihm gleichgültig ist, weil das ewige Sein ihn anzieht (I, 706):

Wenigen steigt so stark der Andrang des Handelns,
– – –
Helden vielleicht und den frühe Hinüberbestimmten,
denen der gärtnernde Tod anders die Adern verbiegt,
diese stürzen dahin (...)

In der siebenten Elegie erscheint das Bild der Fontäne als Symbol des Lebens, das kein Steigen ohne Fallen kennt. Allerdings ist der aufsteigende Strahl nicht gleichzeitig auch abfallend wie das Leben, sondern das Fallen folgt dem Emporsteigen. Aber es ist doch der gleiche Strahl, der auf- und absteigt, und in der aufsteigenden Bewegung ist die abfallende schon vorenthalten (I, 709):

Fontäne,
die zu dem drängenden Strahl schon das Fallen zuvornimmt
im versprechlichen Spiel...

Sonst tritt in der siebenten Elegie das Grundthema etwas zurück, aber in der achten erscheint es besonders machtvoll. Wie es in der vierten Elegie schon vorbereitet ist, werden die Menschen, die in ihrer wesentlichen Existenzweise als die Flüchtigen, die Schwindendsten, die Sterbenden, die Vergänglichsten gekennzeichnet werden, als die stetig Abschied Nehmenden erfaßt. Die Häufung der Umschreibungen des Untergangs macht es einprägsam, daß alle „Hinüberbestimmte" sind.

Das Todesbewußtsein als entscheidendes Moment der Conditio humana wird verdeutlicht im Vergleich mit dem Tier, das „frei von Tod" ist (I, 714):

Ihn sehen wir allein. Das freie Tier
hat seinen Untergang stets hinter sich (...)

Das will sagen: Der Tod des Tieres ist von Anfang an festgelegt, ist unausweichlich, aber es weiß nichts davon, geht also nicht mit Bewußtsein auf den Tod zu, hat ihn nicht bewußt vor sich, sondern als unbekannte Bestimmung hinter sich. Erst der Sterbende verliert das Todesbewußtsein, weil er beginnt, in das ewige Sein einzugehen (I, 714):

Oder jener stirbt und ists.
Denn nah am Tod sieht man den Tod nicht mehr
und starrt *hinaus* (...)

In den beiden letzten Strophen der Elegie erklingt ein Crescendo des Untergangsthemas. Erst der Sterbende kann hinausblicken, in den Weltraum des ewigen Seins, in den er sich auflöst. In der Lebenswelt bleiben wir Zuschauer, „immer gegenüber" den vergänglichen Dingen (I, 716):

Und wir: Zuschauer, immer, überall,
dem allen zugewandt und nie hinaus!
Uns überfällts, wir ordnens. Es zerfällt.
Wir ordnens wieder und zerfallen selbst.

Gleichviel, was wir tun, wir tun es nicht wie Ankommende, die auf etwas zugehen, sondern *immer* als Weggehende. Wie in allem Leben der Tod, so steckt unmerklich in aller Zuwendung zu den Lebensdingen schon die Abwendung von ihnen, die allein unser wahres Verhältnis zur Wirklichkeit bestimmt (I, 716):

Wer hat uns also umgedreht, daß wir,
was wir auch tun, in jener Haltung sind
von einem, welcher fortgeht? Wie er auf
dem letzten Hügel, der ihm ganz sein Tal
noch einmal zeigt, sich wendet, anhält, weilt,
so leben wir und nehmen immer Abschied.

Das „immer" ist entscheidend. Wir sind nie in der als vorläufig und hinfällig „gedeuteten" Welt völlig angesiedelt und heimisch, sondern immer schon sich aus ihr Entfernende.

Daß „Hiersein viel ist", trotz seiner Vergänglichkeit, bekräftigt aufs neue die neunte Elegie. Aber ein „Umschlag aus Klage in Rühmung", den Szondi in der neunten Elegie hören will, findet nicht statt.[14] Auch die vorangehenden Elegien enthalten viele „preisende" Stellen, und kein rühmendes Wort in der neunten Elegie überbietet das in der siebenten gesprochene: „Hiersein ist herrlich", das die neunte als etwas längst Feststehendes aufnimmt in der Wendung: „Aber weil Hiersein viel ist (...)" (I, 717). Preisende Ausrufe widerstreiten nicht dem Charakter elegischer Dichtung, die im Gegenteil solches Preisen durchaus in sich aufnehmen muß, um den Wert dessen zu erweisen, dessen Verlust sie beklagt. In Schillers Elegie ‚Die Götter Griechenlands' gilt der größte Teil der Strophen dem Preis des von Göttern gelenkten Lebens im alten Griechenland, und nie hat Goethe das antike Rom und das Sinnenglück der Liebe höher gerühmt als in den ‚Römischen Elegien'.

Auch trifft es nicht zu, daß in der neunten Elegie „die Klage vollkommen überwunden" sei. Gerade in ihr werden die Menschen mit starker, den ungewohnten Superlativ verwendender Betonung „die Schwindendsten" genannt, und dieses den Untergang beklagende Wort wird noch verschärft durch die variierende Wiederholung, bei der sie als die „Vergänglichsten" bezeichnet werden. „Im Menschen reift die tausendfach erlittene Erkenntnis, daß er der Vergänglichste sei. Die Nichtigkeit ist nicht mehr zu überbieten. Der Superlativ die Schwindendsten, die Vergänglichsten hat dichteste, beziehungsvollste Bedeutung."[15]

Auch die oft gerühmten Dinge, die Häuser, Chartres, Musik, die vom „Töpfer am Nil“ gefertigten Gefäße, – auch sie sind „vom Hingang lebende Dinge“ (I, 719). Sie können die Lebensfrist der „vergänglichsten“ Menschen überdauern, durch Generationen vererbt werden, aber auch sie vergehen. Warum aber heißt es, die schwindenden Dinge „traun ein Rettendes uns, den Vergänglichsten, zu“? (I, 719). Sie vermögen das, weil die Menschen gerade in ihrer Vergänglichkeit die „Hinüberbestimmten“ sind, in ihrem Vergehen, in der definitiven Vernichtung ihrer Person, ihrer individuellen Existenz, das Eintreten in das ewige Sein erfahren, „die Unzerstörbarkeit unseres wahren Wesens durch den Tod“, wie es Schopenhauer formuliert hat. Das ewige Sein aber, in das „wir uns lösen“, ist unsichtbar, wie der in ihm aufgelöste Mensch. Aber der Mensch kann die Dinge ins Unsichtbare überführen, sie in sich hineinnehmen, sie „ganz im unsichtbaren Herzen verwandeln“ (I, 719) und damit auch den Dingen vielleicht ins ewige Sein verhelfen, in das er selbst, unsichtbar geworden, eingeht. Er kann die sichtbare Gestalt der Dinge in der Welt der Erscheinungen nicht „retten“, so wenig wie seine eigene Gestalt als Person, aber vielleicht ihnen Unzerstörbarkeit verschaffen, wenn sie unsichtbar geworden sind, etwa in der Erinnerung, in der Vorstellung, im Traum.

Das ist der „Auftrag“ der Erde an den Menschen, seine Aufgabe im Leben, „neben der keine andere, wesentlich, besteht“, wie Rilke im Brief an Hulewicz sagt.[16] Die einzige wichtige Aufgabe des Menschen wird also allein im Kontemplativen gesehen, in völliger Passivität, einer bestimmten Anschauungsweise der Gegenstände im irdischen Dasein. Aktivitaten, etwa tätiges Wirken an der Gestaltung der Realität, Hilfe für die Mitmenschen, Kampf für Gerechtigkeit: derartige Aufgaben zählen nicht. Das ist die Sehweise der Décadence, die die Vita activa gering schätzt.

Daß der Mensch sogar die Dinge seiner Umwelt zu ihrer Verwandlung in eine „Realität höheren Ranges“ hinüberführen kann, rechtfertigt seine irdische Existenz und bekräftigt zugleich seine eigene Zugehörigkeit zum ewigen Sein. So wird eine versöhnlich-entspannte Bejahung seiner Todverfallenheit, seines Unterganges als Person möglich. Sie spricht sich aus in der Anrede an die Erde (I, 720):

> Immer warst du im Recht, und dein heiliger Einfall
> ist der vertrauliche Tod.

Bei Schopenhauer heißt es: „Je deutlicher einer sich der Hinfälligkeit, Nichtigkeit und traumhaften Beschaffenheit aller Dinge bewußt wird, desto deutlicher wird er sich auch der Ewigkeit seines eigenen inneren Wesens bewußt (...)“ (II, 396). Das Individuum „geht im Tode unter. Wir aber verlieren dabei nichts. Denn dem individuellen Dasein liegt ein ganz anderes, dessen Äußerung es ist, unter“ (II, 394).

Die Hinweise auf Schopenhauer sollen natürlich nicht etwa besagen, daß die Elegien eine bloße Umsetzung von Gedanken Schopenhauers in lyrische Sprachkunst wären, sondern, daß Rilkes eigene geistige Erfahrungen als die eines Dichters der Décadence den Erfahrungen Schopenhauers, des „Philosophen der Décadence" sehr ähnlich sind und sich zwar nicht total, aber in wichtigen Bestimmungen seinem Weltentwurf einfügen lassen.

In einem Brief an die Fürstin Thurn und Taxis vom 18. März 1915 berichtet Rilke von einem Zusammentreffen mit Alfred Schuler nach einem von dessen Vorträgen in München. „Stellen Sie sich vor, daß ein Mensch, von einer intuitiven Einsicht ins alte kaiserliche Rom her, eine Welterklärung zu geben unternahm, welche die Toten als die eigentlich Seienden, das Toten-Reich als ein einziges unerhörtes Dasein, unsere kleine Lebensfrist aber als eine Art Ausnahme davon darstellte (...)."[17] Das entspricht unverkennbar der „Welterklärung" Schopenhauers, der hervorhebt, daß der Tod nicht „der Übergang zu einem uns ganz neuen und fremden Zustande, vielmehr der Rücktritt zu dem uns ursprünglich eigenen, als von welchem das Leben nur eine kurze Episode war" (II, 389). Auch Rilkes Anschauung vom Verhältnis des irdischen Lebens zur „Realität höheren Ranges" entspricht Schulers Erkenntnissen. Rilkes eigene Auslegung der Elegien im Brief an Hulewicz verhindert es, das in der neunten Elegie ausgesprochene Lob des „Hierseins", des Irdischen, allzu positiv und uneingeschränkt zu verstehen. Das Hiesige bleibt „diese vorläufige und hinfällige Erde", und Rilke versichert: „Wir, diese Hiesigen und Heutigen, sind nicht einen Augenblick in der Zeitwelt befriedigt, noch in sie gebunden."[18]

In der Schlußstrophe der zehnten Elegie, die zugleich den ganzen Zyklus abschließt, bestätigt sich ein letztes Mal die Bejahung des Untergangs. Diese Strophe wird vorbereitet durch das in der vorausgehenden mitgeteilte Gleichnis für das Niedersinken, das den Toten zugeschrieben wird (I, 726):

> Siehe, sie zeigten vielleicht auf die Kätzchen der leeren
> Hasel, die hängenden, oder
> meinten den Regen, der fällt auf dunkles Erdreich im Frühjahr.

„Das Gemeinsame der Haselkätzchen und des Frühlingsregens ist das Hinabweisen (...) und dennoch Segenbringen."[19]

Auch die Schlußstrophe rühmt die Abwärtsbewegung:

> Und wir, die an *steigendes* Glück
> denken, empfänden die Rührung,
> die uns beinah bestürzt,
> wenn ein Glückliches *fällt.*

Ganz sicher kann hier nicht gemeint sein, daß ein Absturz vom Gipfel des Glücks uns rührt, was zwar zutrifft, aber als Abschluß der großen Elegiendichtung allzu banal wäre. Vielmehr ist gesagt: Wir stellen uns Glück steigend, als Aufstieg vor und sind gerührt und bestürzt, wenn von einem Wesen im Fallen, im Untergang Glück erfahren wird. Damit ist, in knappster sprachlicher Prägung, das Grundthema, der wesentliche Gehalt der Elegien noch einmal ausgesprochen. Es erinnert an Mallarmés Wort von seiner Neigung zur Chute, zum Fall und Sturz: „Seltsamer- und eigentümlicherweise habe ich alles geliebt, was sich in dem Wort Fall zusammenfassen läßt."

Abkürzungsverzeichnis

Vielgenannte Autoren werden nach den folgenden Ausgaben (nur mit Band- und Seitenzahl oder mit Siglen und Seitenzahl) zitiert

Charles Baudelaire, Œuvres complètes. Paris 1975	
Gustave Flaubert, Madame Bovary. Frankfurt/M. 1979	Insel
Madame Bovary. München o. J.	Sander
Madame Bovary. Berlin o. J. (Internationale Bibliothek 19)	Französisch
November. Übersetzt von E. W. Fischer. Leipzig 1916	
Stefan George, Werke. Ausgabe in zwei Bänden. München und Düsseldorf 1958	
Hugo von Hofmannsthal,	
Gedichte und lyrische Dramen. Stockholm 1946	GLD
Prosa I. Frankfurt 1950	P I
Prosa II. Frankfurt 1959	P II
Lustspiele I. Frankfurt 1947	L I
Lustspiele II. Frankfurt 1949	L II
Dramen I. Frankfurt 1953	DR I
Die Erzählungen, Frankfurt 1949	E
Aufzeichnungen. Frankfurt 1959	A
Eduard von Keyserling, Gesammelte Erzählungen. 4 Bde. Hg. v. Ernst Heilborn. Berlin 1922	GE
Werke Hg. v. Rainer Gruenter. Frankfurt/M. 1973	W
Heinrich Mann, zitiert nach der Ausgabe des Verlages Claassen, Hamburg, mit Titel und Seitenzahl	
Thomas Mann, Gesammelte Werke in zwölf Bänden. Frankfurt 1960	
Friedrich Nietzsche, Werke in drei Bänden. München 1954	

Rainer Maria Rilke, Sämtliche Werke.
Wiesbaden 1955

Arthur Schnitzler, Gesammelte Werke. Die dramatischen Werke. Dr.
Frankfurt 1962
Die erzählenden Schriften. Frankfurt 1961 Er.

Arthur Schopenhauer, Werke in zwei Bänden.
München 1977

Anmerkungen

Für die Herstellung des Typoskripts und die Anfertigung des Registers sage ich Bernadette Ott meinen herzlichen Dank.

Einleitung

1. ‚Plainte d'automne', zuerst 1867. Œuvres complètes. Paris 1945, S. 270
2. Walter Rehm, Der Dichter und die neue Einsamkeit. Göttingen 1969, S. 71
3. Brief von Ende September 1868 an George Sand. Gustave Flaubert, Briefe, Zürich 1977, S. 536
4. Walter Rehm, a. a. O., S. 19
5. R. M. Meyer, Die deutsche Literatur des 19. Jahrhunderts. Berlin 1912, S. 622
6. Die Ästhetik des Schreckens. München 1978, S. 529
7. Ebenda S. 529
8. Dekadenz und Heroismus. Zeitroman und völkisch-nationalsozialistische Literaturkritik. Schriftenreihe der Vierteljahreshefte für Zeitgeschichte Nr. 9, Stuttgart 1964
9. Bohrer, a. a. O., S. 529
10. Der Aufsatz erschien in ‚Deutschland. Zeitschrift für die gesamte Kultur', 2. Jahrgang 1904, vgl. dort S. 411, 403
11. Ebenda S. 417
12. Max Nordau, Entartung. Berlin 1892, S. 189
13. Deutsche Revue, Jahrgang 38, 1913
14. Ebenda S. 320
15. Ebenda S. 321
16. Ebenda S. 321, 324 f.
17. Zitiert nach Emilien Carassus, Le snobisme et les lettres françaises. Paris 1966, S. 133
18. Ebenda S. 161
19. In der Sammlung ‚Neurotika' (1890), München 1914, Nr. 74
20. Der Aufsatz steht im ‚Magazin für Literatur', Jahrgang 62, 1893
21. Adolf Bartels, Dekadenz in der Unterhaltungsliteratur, Kunstwart, Jahrgang 1899, S. 361 f.
22. Das Treibhaus oder der Garten des Bösen. Wiesbaden 1979, S. 3
23. Ebenda, S. 21
24. Paul Valéry, Briefe. Wiesbaden 1954, S. 7
25. Ebenda S. 8
26. Bauer, a. a. O., S. 17
27. Als einige der wichtigsten Beispiele seien genannt:
    Paul Bourget, Le disciple, 1889; Psychologie de l'amour moderne, 1891; Cosmopolis, 1893. Maurice Barrès, Le culte du moi (3 Bände), 1888 – 91.

Rémy du Gourmont, Sixtine, 1890. Georges Rodenbach, Bruges-la-morte, 1892; Le règne du silence, 1891. Maurice Maeterlinck, Pélleas et Mélisande, 1892. Henri de Régnier, La gardienne, 1892. Albert Samain, Au jardin de l'Infante, 1893. André Gide, Le traité de narcisse, 1891.

Oscar Wilde, The picture of Dorian Gray, 1891; Salome, 1893. Gabriele d'Annunzio, Il piacere, 1888; Trionfo de la morte, 1894. Ramón del Valle Inclán, Comedias barbaras, 1907. Hermann Bang, Das weiße Haus, 1898; Die Vaterlandslosen, 1905.

Hugo von Hofmannsthal, Der Tor und der Tod, 1894. Arthur Schnitzler, Anatol, 1893. Richard Beer-Hofmann, Der Tod Georgs, 1900.

In Deutschland erschienen zwischen 1900 und 1912 bedeutende Dichtungen der Décadence von Thomas Mann, Heinrich Mann, Alfred Kubin, Rainer Maria Rilke, usw.

28. Ferdinand Brunetière, Charles Baudelaire, Revue des deux mondes, 1887.
29. Rémy de Gourmont, Le livre des masques. Paris 1896, S. 57
30. Jean Pierrot, L'imaginaire décadent (1880–1900). Paris 1977, S. 43
31. Ernst Stadler, Dichtungen, Band 2, Hamburg 1954, S. 13
32. Ernst Robert Curtius, Die literarischen Wegbereiter des neuen Frankreich. Potsdam 1923, S. 23
33. Ebenda S. 25 f.
34. Roger Bauer erklärt, man verstehe die Texte der literarischen Décadence seit fast hundert Jahren als Reflexe einer wirklichen Décadence, „comme des reflets immédiats d'une décadence" réelle, aber das sei verfehlt, eine „naïve simplicité". Décadence sei ein „jeux littéraire", „l'usage intempérant et bientôt lassant du thème de la décadence ne permet point de conclure à la reálité d'une décadence culturelle (ou politique, morale, biologique)". (Fin de siècle et Décadence comme catégories littéraires, Neohelicon III, 3/4, Akadémiai Kiado, Mouton, 1975, S. 69 f.
35. Einige Kapitel des zweiten Teils wurden als Vorabdrucke in Zeitschriften veröffentlicht. Sie wurden für die Endfassung überarbeitet und oft stark verändert.

Erster Teil

I. Die Darstellung des Verfalls und Untergangs

1. Vgl. Walther Rehm, Der Untergang Roms im abendländischen Denken. Leipzig 1920
2. Rehm, a. a. O., S. 4
3. Stephane Mallarmé, Œuvres complètes. Paris 1945, S. 270
4. Briefwechsel zwischen Wagner und Liszt. Leipzig 1922. Brief Wagners an Liszt vom 11.2.1853, S. 209
5. Cosima Wagner, Die Tagebücher, Bd. I: 1869–1877. München 1976, S. 43
6. Hugo von Hofmannsthal, Briefe 1890–1901. Berlin 1935. Brief an Felix Salten vom 27.7.1892, S. 57
7. In einem poème en prose mit dem Titel La bièvre, Œuvres complètes. Paris

1928–34, Bd. VIII, S. 87. Vgl. Jürgen Sänger, Aspekte dekadenter Sensibilität, Frankfurt 1978, S. 68

8. Paul Valéry, Briefe. Wiesbaden 1954, S. 8. Arthur Symons freilich sah das anders, er fand den Namen Décadence „rarely used with any precise meaning (...) As a matter of fact, the term is in its place only when applied to style (...)." Er sah in seiner Schrift über die symbolistische Bewegung von 1899 in der Décadence nur ein Zwischenspiel, währenddessen sich „something more serious" vorbereitete: der Symbolismus (The symbolist mouvement in literature, New York 1958, S. 4). Auch Fritz Martini hält sich in seinem wichtigen, instruktiven Aufriß der Dekadenzdichtung (im Reallexikon der deutschen Literaturgeschichte Bd. I, Berlin 1958, S. 223 ff.) bei seiner Begriffsbestimmung wesentlich an die inhaltlichen Motive der literarischen Décadence wie „Tendenz zu Rausch, Perversion und Abgrund, die ambivalente Bewegung zwischen Grenzzuständen und Extremlagen, (...) morbide Irritabilität der Nerven (...), todessüchtige Selbstpreisgabe" usw. Aber natürlich übersieht auch Martini nicht die „hohe Artistik der gefeilten Form". Er erkennt als Décadence eine literarische Bewegung, „welche in ihr einen eigenen seelischen und artistischen Wert sucht und bejaht."
9. Erwin Koppen, Dekadenter Wagnerismus. Berlin 1973, S. 31
10. Ebenda S. 46
11. Ebenda S. 66
12. Désiré Nisard, Etudes de mœurs et de critique sur les poètes latins de la décadence. Paris 1849, S. III
13. Ebenda S. 296 – In der Vorrede zur zweiten Auflage von 1849 weist Nisard den Vorwurf zurück, daß er die Spätlateiner zu streng beurteilt habe (a. a. O., S. III). Doch die spätrömische Poesie hat für ihn nur „des beautés douteuses", und diese haben nur den Sinn, „à faire aimer les poésies des grands siècles" (a. a. O., S. 189).
14. Ebenda S. 317
15. Die Stelle lautet in deutscher Übersetzung (vom Verfasser): „Literatur der Décadence – leere Worte, die wir oft hören mit dem vollen Ton eines emphatischen Gähnens, aus dem Munde jener Sphinxe ohne Rätsel, die vor den heiligen Toren der klassischen Ästhetik wachen. Jedes Mal, wenn das unwiderlegbare Orakel ertönt, kann man versichern, daß es sich um ein amüsanteres Werk handelt als die Ilias."
16. Armand de Pontmartin, Dernières causeries littéraires. Paris 1856, S. 403
17. Armand de Pontmartin, Nouvelles causeries de samedie. Paris 1865, S. 291
18. Armand de Pontmartin, Nouvelles semaines littéraires. Paris 1865, S. 263 f.
19. Armand de Pontmartin, Dernières causeries littéraires. Paris 1856, S. 403
20. Armand de Pontmartin, Nouvelles causeries littéraires. Paris 1865, S. 283
21. Roger Bauer, Décadence: Histoire d'un mot et d'une idée, in: Cahiers roumains d'études littéraires, I/1978, Bucarest 1978, S. 58
22. Ebenda S. 58
23. Théophile Gautier, Œuvres complètes. Band IX, Genève 1978, S. 194
24. Armand de Pontmartin, Nouvelles semaines littéraires. Paris 1865, S. 260 ff.
25. Charles Baudelaire, Œuvres complètes. Edition Crépet, Paris 1922. Bd. V, S. 384

26. Roger Bauer, der Baudelaires Décadence-Begriff möglichst traditionell verstehen möchte, verkennt diesen Unterschied, wenn er sagt: „Dans ce contexte est même utilisé – encore une fois – l'image du soleil plus glorieux à son déclin qu'à son midi." (a. a. O., S. 58) – Die folgende Stelle lautet in deutscher Übersetzung: „Diese Sonne, die, vor wenigen Stunden, alle Dinge mit ihrem geraden und weißen Licht erdrückte, wird bald den westlichen Horizont mit verschiedenen Farben überschwemmen. In den Spielen dieser dahinsterbenden Sonne werden gewisse poetische Geister neue Wonnen finden; sie werden darin blendende Säulengänge entdecken, Kaskaden von geschmolzenem Metall, feurige Paradiese, einen traurigen Glanz, die Wollust des Leidens, alle Zauber des Traumes, alle Erinnerungen des Opiums."
27. Ernst Bertram, Das Problem des Verfalls, in: Mitteilungen der literarischen Gesellschaft Bonn, 2, 1907, S. 72
28. Wilhelm Emrich hat diese Stelle aus dem Zusammenhang mit Baudelaire abgetrennt und daher mißverstanden. Er bezieht sie willkürlich auf eine ganz andere Stelle im ‚Malte', an der Malte von einem unbekannten Kranken spricht, den er in einer Crèmerie traf und von dem er sagt, „vielleicht ging ein großes Geschwür auf in seinem Gehirn wie eine Sonne, die ihm die Welt verwandelte" (VI, 754). Emrich deutet diese Äußerung mit Hilfe der Bemerkung über Baudelaires ‚Charogne', die sich überhaupt nicht auf diesen Kranken bezieht, und schreibt: „Also auch bei Rilke ist die scheinbare Erkrankung gerade identisch mit der Empfindung eines dauernden Grundes, des Seienden, das unter allem Seienden gilt (...)". (Wilhelm Emrich, Die Literaturrevolution und die moderne Gesellschaft, in: Protest und Verheißung. Frankfurt 1960, S. 137) Er meint, Rilke spreche von einem Seienden, das unterhalb alles Seienden als dessen „Grund" liegt und allein „gilt". Aber das ist ein Irrtum. Das Wort „unter" meint hier nicht „sous", sondern „entre": Auch das Aas ist ein Seiendes unter allem anderen Seienden und gilt genau wie dieses andere. Daß dies der Sinn der Stelle ist, beweist Rilkes Äußerung zu ‚Charogne' in einem Brief an Clara Rilke vom 19. Oktober 1907, wo es heißt: „Ich mußte daran denken, daß ohne dieses Gedicht die ganze Entwicklung zum sachlichen Sagen, die wir jetzt in Cézanne zu erkennen glauben, nicht hätte anheben können; erst mußte es da sein in seiner Unerbittlichkeit. Erst mußte das künstlerische Anschauen sich so weit überwunden haben, auch im Schrecklichen und scheinbar nur Widerwärtigen das Seiende zu sehen, das, mit allem anderen Seienden, *gilt*". (Briefe, Wiesbaden 1950, S. 195) – Bemerkenswert ist Rilkes Mitteilung, „daß Cézanne eben dieses Gedicht – Baudelaires Charogne – noch in seinen letzten Jahren ganz auswendig wußte und Wort für Wort hersagte".
29. Alois Riegl, Der moderne Denkmalkultus. Sein Wesen und sein Entstehen, in: „Gesammelte Aufsätze". Augsburg/Wien 1928
30. Ebenda S. 150
31. Ebenda S. 161
32. Ebenda S. 159
33. Ebenda S. 162
34. Ebenda S. 163
35. Ebenda S. 162

36. Ernst Jünger, Federbälle. Zürich 1980, S. 101 f.
37. R. M. Rilke, Briefe, Wiesbaden 1950, S. 138 f.
38. Ramón de Valle Inclán, Wintersonate, Stuttgart 1985, S. 109
39. Arthur Schnitzler, Entworfenes und Verworfenes. Aus dem Nachlaß, hg. von Reinhart Urbach. Frankfurt 1977, S. 72
40. Joseph Roth, Werke, Bd. 1. Köln o.J., S. 411
41. Hugo von Hofmannsthal, Gesammelte Werke. Reden und Aufsätze III. 1925–29. Aufzeichnungen. Frankfurt 1980, S. 383
42. Leopold von Andrian, ‚Das Fest der Jugend'. Graz 1948, S. 68

Am Charfreitag II

Mein Vaterland, mein Österreich,
Noch immerdar auf allen meinen Wegen?
Bist du nicht jenen Frauen gleich,
Die zögernd sich zum Schlafen legen
Und doppelt schön, weil müd und bleich,
Die Seele seltsam uns bewegen?

43. Herman Bang, Wanderjahre. In seinen Briefen an Peter Nansen. Wien 1924, S. 64
44. Sigmund Freud, Jenseits des Lustprinzips, Studienausgabe Bd. III. Frankfurt 1975, S. 253 f.
45. In einem Brief an Peter Gast vom 10. 11. 1887 nennt Nietzsche die Autoren, die sich um die Brüder Goncourt bei den „Diners chez Magny" versammeln: Sainte-Beuve, Flaubert, Théophile Gautier, Taine, Renan, die Goncourts, Schérer, Gavarni, Turgeniew. Nietzsche bemerkt dazu: „Exasperierter Pessimismus, Zynismus, Nihilismus (...) ich selbst gehörte garnicht übel hinein – ich kenne diese Herrn auswendig, so sehr, daß ich sie eigentlich bereits satt habe" (III, 1269).
46. Brief vom 26. 2. 1888 an Peter Gast (III, 1280 ff.)
47. Paul Bourget, Essais de psychologie contemporaine. Paris 1883, S. 24
48. Roger Bauer sagt über Nietzsches Décadence-Begriff: „Nietzsche gebraucht das Wort zuerst in einem Brief an Malwida von Meysenbug vom 4. Oktober 1888, in dem er sich lobend über Bourgets Essays äußert." (Das Treibhaus oder der Garten des Bösen. Wiesbaden 1971, S. 3). Das trifft nicht zu. Nietzsche hat das Wort schon lange vorher benützt, es findet sich bereits in einem Brief an Carl Fuchs vom Winter 1884/85. In dem von Bauer erwähnten Brief an Malwida von Meysenbug kommt das Wort Décadence überhaupt nicht vor, sowenig wie ein Lob der Essays von Bourget.

II. Motive der Décadencedichtung

1. Décadence und Krankheit

1. Heinz Politzer, Die letzten Tage der Schwierigen. Hofmannsthal, Karl Kraus und Schnitzler, in: Merkur 310, 1974, S. 235
2. Joris Karl Huysmans, A rebours. Paris 1961, S. 27 f.

3. Hans Wysling, Geist und Kunst, Thomas Manns Notizen zu einem Literatur-Essay, in: Quellenkritische Studien zum Werk Thomas Manns. Bern und München 1967, S. 207
4. Joris Karl Huysmans, Gegen den Strich. Berlin 1972, S. 181 f.
5. Morel, a. a. O., Paris 1857, S. 5
6. Ebenda S. 3
7. Erwin Koppen, a. a. O., S. 283
8. Briefwechsel zwischen George und Hofmannsthal. München/Düsseldorf 1953, S. 46
9. Jules Barbey d'Aurevilly, Joris Karl Huysmans, in: Le roman contemporain. Paris 1902, S. 274
10. Hugo von Hofmannsthal und Leopold von Andrian, Briefwechsel. Frankfurt 1965, S. 97
11. Ebenda S. 103
12. Cesare Lombroso, Genio e degeneratione. Palermo 1907, S. 270 („Il genio è una forma di nerosi degeneratione")
13. Valentin Magnan, Psychiatrische Vorlesungen, deutsch von P. J. Möbius, Leipzig 1891, S. VII, IX
14. Jean-Jacques Moreau, La psychologie morbide. Paris 1859, S. 576
15. Gerhart Ouckama–Knoop, Die Dekadenten. Leipzig 1898, S. 81
16. Oswald Bumke, Kultur und Entartung. Berlin 1922, S. 102
17. Ebenda S. 106
18. Vgl. Martin Green, Else und Frieda, die Richthofen-Schwestern. Münster 1976, S. 18
19. Bumke, a. a. O., S. 83
20. Ebenda S. 99
21. Emile Zola, Mes haines. Paris 1880, S. 57
22. Ebenda S. 58
23. Ebenda S. 60
24. Ebenda S. 66
25. Ebenda S. 68

2. Die Identität von Leben und Sterben

1. Briefe, a. a. O., S. 514
2. Francisco Gomez Quevedo, Träume des Todes und seines Reichs (1630), zitiert nach Gustav René Hocke, Die Welt als Labyrinth. Hamburg 1957, S.65
3. Briefe, a. a. O., S. 512–515
4. Im Stundenbuch (I, 347) heißt es:

   O Herr, gib jedem seinen eigenen Tod.
   Das Sterben, das aus jenem Leben geht,
   darin er Liebe hatte, Sinn und Not.
   Denn wir sind nur die Schale und das Blatt:
   Der große Tod, den jeder in sich hat,
   das ist die Frucht, um die sich alles dreht.

5. Richard Beer-Hofmann, Gesammelte Werke. Frankfurt 1963, S. 575
6. In: Kunst und Künstler, Jahrgang III, 1905, S. 460
7. Zitiert von Erich Höhler im Nachwort zu der Ausgabe Lehrjahre des Gefühls. Reinbek o.J., S. 315
8. Gustave Flaubert, Die Versuchung des heiligen Antonius, deutsch von Arthur Schurig. München 1923, S. 37 f.
9. Vgl. dazu Heide Eilert, Die Vorliebe für kostbar-erlesene Materialien und ihre Funktion in der Lyrik des Fin de siècle, in: Fin de siècle. Zur Literatur und Kunst der Jahrhundertwende, hg. von Roger Bauer u.a. Frankfurt 1977, S. 426
10. Charles Baudelaire, Mein entblößtes Herz. München o.J., S. 70

3. Künstlichkeit und Naturfeindschaft

1. Richard Wagner, Das braune Buch. Zürich und Freiburg 1975, S. 42, 44
2. Die Briefe Richard Wagners an Judith Gautier, hg. von Willi Schuh. Erlenbach – Zürich 1956. – Robert W. Gutmann, Richard Wagner. Münster 1968, S. 261 f., 295 f.
3. Julius Schlosser, Präludien. Berlin 1927, S. 122
4. Théophile Gautier, Œuvres complètes. Genève 1978, Bd. IX, S. 194
5. Charles Baudelaire, Sämtliche Werke. Bd. 3, München 1975, S. 405. – Die Bemerkung, er werde niemals glauben, „daß die Seele der Götter in den Pflanzen wohnt“, ist eine Anspielung auf ein Gedicht von Victor de Laprade, A un grand arbre, wo es heißt: „L'esprit calme des dieux habite dans les plantes“ (aus: Odes et poèmes, 1843).
6. Oscar Wilde, The duty of Lying, Collected edition of the works of Oscar Wilde. London 1969, Bd. III, S. 3 f.
7. Ebenda S. 42
8. Ulrich Horstmann, Ästhetizismus und Décadence. Zum Paradigmakonflikt in der englischen Literaturtheorie des späten 19. Jahrhunderts. München 1983, S. 112
9. Guy de Maupassant, Romane II. München 1974, S. 179
10. Peter Altenberg, Was der Tag mir zuträgt. Berlin 1924, S. 264–66, 311
11. Ebenda
12. Barbey d'Aurevilly, Joris Karl Huymans ..., S. 38
13. Ulrich Horstmann, a.a.O., S. 118. Zur Figur des Dandy vgl. Baudelaire II, 709 ff., ferner Otto Mann, Der modernde Dandy. Berlin 1925

4. Welthaß und Willensschwäche

1. Die Äußerungen Leopardis sind zitiert bei E. Tardieu, Ennui. Paris 1903, S. 146
2. Arthur Schnitzler, Briefe 1875–1912. Frankfurt 1981, S. 185

3. Richard Wagner, Briefwechsel mit Franz Liszt. Leipzig 1887, S. 42
4. Hans Mayer, Richard Wagner, in: Rowohlts Monographien. Reinbek 1959, S. 80 f.
5. Richard Wagner, Briefwechsel mit Franz Liszt, S. 42
6. Hans Mayer, Richard Wagner, S. 79
7. Harry Graf Kessler, Henry de Régnier, in: Pan, Jahrgang 1895, S. 244
8. Henri-Frédéric Amiel, Journal, I, S. 40, zitiert nach: Eckart von Sydow, Die Kultur der Décadence. Dresden 1921, S. 37
9. Emilien Carassus, Le snobisme et les lettres françaises. Paris 1966, S. 151, 313
10. Ebenda S. 410
11. Herman Bang, Gesammelte Werke, Bd. 1. Berlin 1912, S. 264 f.

5. Ästhetizismus

1. Blätter für die Kunst. Eine Auslese aus den Jahren 1892–98. Berlin o. J., S. 10
2. Ebenda S. 25
3. Goethes Werke, Hamburger Ausgabe. Hamburg 1953, Bd. XII, S. 13. Vgl. dazu den Aufsatz von Christian Begemann, Erhabene Natur. Zur Übertragung des Begriffs des Erhabenen auf Gegenstände der äußeren Natur in den deutschen Kunsttheorien des 18. Jahrhunderts, in: Deutsche Vierteljahrsschrift für Literaturwissenschaft und Geistesgeschichte, Jahrgang 58, 1984, S. 74 ff.
4. Brief von J. Juri 1855. In: Richard Wagner, Briefwechsel, S. 75
5. Walter Benjamin, Das Passagen-Werk I. Frankfurt 1983, S. 525
6. Ebenda S. 529
7. Heinrich Heine, Sämtliche Schriften, München 1969 ff., Bd. 4

6. Sensibilität und Reizsucht

1. Gabriele d'Annunzio, Lust. Berlin o. J., 1. Bd., S. 33 f.
2. Ebenda S. 58
3. Harry Graf Kessler, Notizen über Mexiko. Leipzig 1932. Vgl. dazu den Aufsatz von Wolfdietrich Rasch, Harry Graf Kessler als Schriftsteller, in: Zeit der Moderne. Bernhard Zeller zum 65. Geburtstag. Stuttgart 1984
4. Harry Graf Kessler, Notizen über Mexiko, S. 22–25
5. Aus einem Brief vom 22.2.1922 an Eduard Korrodi, mitgeteilt von Rudolf Hirsch in seinem Aufsatz, Schwieriges Verhältnis, in: Süddeutsche Zeitung vom 1./2. April 1978
6. Brief vom 6. Juni 1910 an Richard Strauss, in: Richard Strauss/Hugo von Hofmannsthal, Briefwechsel. Zürich 1952, S. 711
7. Oscar Wilde, Bildnis des Dorian Gray. München o. J. (Goldmanns Taschenbücher), S. 197, 213
8. Joris Karl Huysmans, Gegen den Strich, S. 32
9. Richard Wagner, Die Walküre. Stuttgart (Reclam) 1975, S. 32

7. Formen dekadenter Erotik

1. Wagner, Die Walküre, S. 36 f.
2. Werner Sombart, Der Bourgeois. München und Leipzig 1923, S. 262 f.
3. Sigmund Freud, Psychologie des Unbewußten, Studienausgabe Bd. III. Frankfurt 1975, S. 260
4. Otto Weininger, Geschlecht und Charakter. München 1980 (Nachdruck), S. 284, 281, 294, 304
5. Walter Benjamin, Das Passagenwerk I, S. 615
6. Walter Benjamin, Das Passagenwerk II, S. 617
7. Brief vom 11. Oktober 1860 an die Mutter. Sämtliche Werke, Bd. 3. München 1975, S. 43
8. Vgl. Werner Hofmann, Nana. Mythos und Wirklichkeit. Köln 1973, S. 90 f.
9. Vgl. Karl Korn, Zola in seiner Zeit. Frankfurt 1980, S. 63 f.
10. Emile Zola, Claudes Beichte. München 1925, S. 17, 90, 95, 96
11. Oscar Wilde, Die heilige Hure, in der deutschen Ausgabe von Oscar Wilde, Werke in zwei Bänden. München 1976, Band 2, S. 381 ff.
12. Frank Wedekind, Prosa, Dramen, Verse, Bd. II. München-Wien 1964, S. 724
13. Werner Hofmann, Nana, Abbildung 62
14. Abbildung des Aquarells, das einem Gemälde in Budapest entspricht, in: Charles Baudelaire, Sämtliche Werke, Bd. 3, München 1975, Abbildung 9; ebenda auch Baudelaires Zeichnung, Abbildung 8
15. Werner Hofmann, Nana, S. 91

8. Die Femme fatale und ihre Mythisierung

1. Darauf verweist Emilien Carassus, a. a. O., S. 159
2. Mario Praz, Liebe, Tod und Teufel. München 1963, S. 132
3. Otto Weiniger, Geschlecht und Charakter, S. 258, 390, 398
4. Frank Wedekind, Prosa, Dramen, Verse, Bd. I, S. 382 f.
5. Werner Hofmann, Das irdische Paradies. München 1974, S. 222. Wichtige Hinweise und Einsichten zum Komplex des Erotischen in dem Kapitel ‚Die Frau als Mythos'.
6. Joris Karl Huysmans, Gegen den Strich, S. 98 f.
7. Heinrich Heine, Sämtliche Schriften, Bd. III, S. 36 f. Vgl. dazu: Wolfdietrich Rasch, Die Pariser Kunstkritik Heinrich Heines, in: Beiträge zum Problem des Stilpluralismus. München 1977, S. 218
8. Heinrich Heine, Sämtliche Schriften, Bd. I, S. 248
9. Prosper Merimée, Carmen. Stuttgart (Reclam) 1963, S. 49, 46
10. Franziska Gräfin zu Reventlow, Gesammelte Werke. München 1925, S. 369
11. Ivan S. Turgenjew, Erzählungen 1857–1887. München 1967, S. 568, 583, 570
12. Ebenda, S. 598
13. Jens Peter Jacobsen, Niels Lyhne. München 1967, S. 82, 87
14. Prosper Merimée, Carmen, S. 52
15. Werner Hofmann, Das irdische Paradies, S. 222, 204

16. Turgenjew, Erzählungen 1857–1887, S. 594
17. Richard Wagner, Briefwechsel mit Franz Liszt, S. 153 f.
18. Richard Wagner, Lohengrin. Stuttgart (Reclam) o. J., S. 30, 29
19. Richard Wagner, Parzival. Stuttgart (Reclam) 1976, S. 31, 33, 47
20. Wedekind, Prosa, Dramen, Verse, Bd. I, S. 449, 419
21. Ebenda S. 409 f.
22. Gustave Flaubert, Correspondance. Paris 1926 ff., Bd. IV, S. 366
23. Emile Zola, Nana. München o. J. (Goldmann), S. 186
24. Ebenda S. 187 f.
25. Ebenda S. 391
26. Heinrich Heine, Sämtliche Schriften, Bd. I, S. 340
27. Vgl. dazu Peter Szondi, Das lyrische Drama des Fin de siècle. Frankfurt 1975, S. 40 ff. – Die Überlieferung der Salome-Episode, die auch vielfältig in der Volkslegende, in geistlichen Spielen zur Passion des Johannes überliefert ist, wurde dargestellt von Secundus Reimarus, Geschichte der Salome von Cato bis Oscar Wilde. Leipzig 1907
28. Vgl. dazu die beiden Briefe von Harry Graf Kessler an Hofmannsthal vom 24.11.1906 in: Hugo von Hofmannsthal, Harry Graf Kessler, Briefwechsel. Frankfurt 1968, S. 135 ff.
29. H. Hofstätter, Symbolismus und die Kunst der Jahrhundertwende. Köln 1965, S. 194
30. Joris Karl Huysmans, Gegen den Strich, S. 60, 61, 63
31. Oscar Wilde, Salome. Wiesbaden 1959, S. 48
32. Mitgeteilt von Hofstätter, a. a. O., S. 236
33. Frank Wedekind, Prosa, Dramen, Verse, Bd. I, S. 956 f.

9. Die Affinität der Décadence zur Gewalt

1. Novalis, Schriften, Band II. Stuttgart 1965, S. 499
2. Vgl. dazu Roger Bauer, Nero de inferno levatus, in: Euphorion Bd. 66, 1972
3. Gustave Flaubert, Premières œuvres, Tome deuxième, 1838–42. Paris 1914, S. 264
4. Ebenda S. 265, 267, 268
5. Roger Bauer, Das Treibhaus . . ., S. 4
6. Gustave Flaubert, Nachgelassene Werke, Bd. 1. München 1980, S. 312
7. Georg Rodenbach, Das tote Brügge, a. a. O., S. 85 f.
8. Hanno König, Heinrich Mann, Dichter und Moralist. Tübingen 1972
9. Ebenda S. 11
10. Henri Clouard, Histoire de la littérature française. Du symbolisme à nos jours, I. Paris 1947, S. 450
11. Ebenda S. 450, 451
12. Rainer Maria Rilke, Lettres Milanaises, 1921–26. Paris 1956, S. 78
13. Walter Benjamin, Schriften III. Frankfurt 1972, S. 240
14. Rainer Gruenter hat schon 1952 auf die Zugehörigkeit Jüngers zur Décadence, die er lieber „Dandysmus“ nennt, auf seine Nähe zu Baudelaire,

Huysmans usw. hingewiesen, in seinem Aufsatz Formen des Dandysmus. Eine problemgeschichtliche Studie, in: Euphorion Bd. 46, 1952 ·

15. Karl Heinz Bohrer, Die Ästhetik des Schreckens. München 1978, S. 137
16. Ernst Jünger, Sturm. Stuttgart 1978, S. 14
17. Ebenda S. 23, 24, 34
18. Ebenda S. 36, 40, 53
19. Ebenda S. 55, 82
20. Ernst Jünger, Der Kampf als inneres Erlebnis. Berlin 1929, S. 15, 55
21. Ebenda S. 109 f.
22. Rolf Geissler, Dekadenz und Heroismus. Stuttgart 1964, S. 125
23. Ernst Jünger, Das Wäldchen 121. Berlin 1941, S. 202

10. Reiz und Qual des Grauens

1. Vgl. Peter Cersowsky, Phantastische Literatur im ersten Viertel des zwanzigsten Jahrhunderts. München 1983, S. 140 f. Hier auch Hinweise auf Motive des Grauens in den phantastischen Erzählungen der Meyrink, Evers, Strobl usw. Vgl. ferner: Wolfgang Trautwein, Erlesene Angst- und Schauerliteratur im 18. und 19. Jahrhundert. München 1980
2. Alfred Kubin, Die andere Seite. München 1928, S. 98 f.
3. Ernst Jünger, Die Staubdämonen, in: Blätter und Steine. Leipzig 1942, S. 103, 101, 102
4. Karl Heinz Bohrer, Die Ästhetik des Schreckens, S. 101
5. Ebenda S. 110 – Die Formulierung findet sich in Freuds Aufsatz, Zeitgemäßes über Krieg und Tod, Gesammelte Werke Bd. 10. Frankfurt 1969, S. 343
6. Mario Praz, Liebe, Tod und Teufel, 1. Kapitel
7. Karl Heinz Bohrer, Die Ästhetik des Schreckens, S. 89
8. Ernst Jünger, In Stahlgewittern. Berlin 1924, S. 20
9. Ernst Jünger, Der Kampf als inneres Erlebnis, S. 14, vgl. Bohrer, Die Ästhetik des Schreckens, S. 90
10. Karl Heinz Bohrer, Die Ästhetik des Schreckens, S. 91

11. Lebensferne und Isolierung

1. Edmond et Jules de Goncourt, Journal. Paris 1976, S. 180. Vgl. Werner Hofmann, Nana, S. 190
2. Théophile Gautier, Mademoiselle de Maupin. München 1969, S. 46–48
3. Eckart von Sydow, Die Kultur der Dekadenz, Dresden 1921, S. 105
4. Jens Peter Jacobsen, Niels Lyhne, S. 204
5. Henry James, Erzählungen. Köln und Berlin 1958, S. 404
6. Ebenda S. 460
7. Ebenda S. 442, 444
8. Ralph-Rainer Wuthenow, Muse, Maske, Meduse. Europäischer Ästhetizismus. Frankfurt 1978, S. 181

9. Henry James, Erzählungen, S. 442
10. Brief vom 9.2.1851 an die Mutter, Briefe. Zürich 1977, S. 167
11. Werner Hofmann, Nana, S. 41, 37, 41 ff.

12. Gaukler als Symbolfiguren

1. Charles Baudelaire, Spleen de Paris, Tübingen-Stuttgart 1946, S. 39 f., S. 41
2. Vgl. dazu: Roland Berger/Dietmar Winkler, Künstler, Clowns und Akrobaten. Stuttgart 1983
3. Rilke, Briefe, S. 1015
4. Ebenda S. 750
5. Hugo Friedrich, Die Klassiker des französischen Romans. Leipzig 1939, S. 130
6. Jacob Steiner, Rilkes Duineser Elegien. Bern-München 1962, S. 103
7. Else Buddeberg, Rainer Maria Rilke. Stuttgart 1954, S. 416
8. Die Symbolfigur des Gauklers analysiert Jean Starobinski in seinem Buch Porträt des Künstlers als Gaukler. Frankfurt 1985

13. Das Wissen um Verlorenes

1. Ferdinand von Saar, Sämtliche Werke. Leipzig o.J., Bd. 10, S. 109
2. Ebenda S. 110
3. Georg Rodenbach, Das tote Brügge, S. 29, 30

14. Die Rede vom Zeitalter der Décadence

1. Charles Baudelaire, Mein entblößtes Herz, S. 27 f.
2. Gustave Flaubert, Erinnerungen eines Narren. Flaubert, Werke bis zum Jahre 1838, München 1910, S. 379
3. Vgl. Hugo Friedrich, Die Klassiker des französischen Romans, passim
4. André Banuls, La décadence – existe-t-elle?, in: Etudes germaniques, 1979, S. 404 ff.
5. Ebenda S. 412
6. Ernst Robert Curtius, Entstehung und Wandlung des Dekadenzproblems in Frankreich, in: Internationale Monatsschrift für Wissenschaft und Technik, Bd. XV, 1921, S. 38, 39
7. Ebenda S. 166
8. Emile Zola, Die Beute. München o.J., S. 214, 142
9. Zitiert bei Hannah Arendt, Elemente und Ursprünge totaler Herrschaft. Frankfurt 1955, S. 280
10. Alle Zitate in dem Aufsatz von Joachim Fest, Über Richard Wagner, in: Frankfurter Allgemeine Zeitung vom 22. April 1978, Nr. 82
11. Zitiert nach H. Petriconi, Das Reich des Untergangs. Hamburg 1958, S. 9

12. Ebenda S. 23
13. Zitiert bei René Ternois, Zola et son temps. Paris 1961, S. 11
14. Ebenda S. 29
15. Ebenda S. 24
16. Georg Steinhausen, Verfallsstimmung im kaiserlichen Deutschland, in: Preußische Jahrbücher, Bd. 194, 1923
17. Ferdinand Tönnies, Der Nietzsche-Kultus. Hamburg 1897
18. Ebenda S. 5, 7
19. Ebenda S. 20
20. Wilhelm Dilthey, Briefwechsel Wilhelm Dilthey und Graf Paul Yorck von Wartenburg. Halle 1923, S. 140
21. Ebenda S. 228
22. Ebenda S. 238
23. Zitiert nach Ternois, Zola et son temps, S. 26
24. Richard Alewyn, Über Hugo von Hofmannsthal. Göttingen 1958, S. 65
25. Stéphane Mallarmé, Œuvres complètes. Paris 1945, S. 170
26. Vgl. das Nachwort von Wolfdietrich Rasch zu der Edition Friedrich Schlegel, Dichtungen und Aufsätze. München 1984
27. Zitiert nach Hannes Böhringer, Das Pathos der Differenzierung. Der philosophische Essay Georg Simmels, in: Merkur 434, 39. Jahrgang, 1985, S. 299. – Das Hegel-Zitat 298
28. Peter Cersowsky in seinem Buch, Phantastische Literatur im ersten Viertel des 20. Jahrhunderts, zeigt, daß die Konstruktion Pateras, sofern sie allegorisch ist, dem Symbolismus Baudelaires nahesteht. „Einbildungskraft und Traum als Äußerungen kreativer Subjektivität kommt ein ebenso zentraler Stellenwert zu wie bei Baudelaire." (S. 101)
29. Eckart von Sydow nennt den Roman die „faszinierendste literarische Darstellung alles dessen, was wir dekadent nennen", gerade weil es nicht aus einer einzelnen Gestalt entwickelt ist wie etwa in Huysmans' ‚A rebours'; bei Kubin „ist zum ersten Male eine abgeschlossene Dekadenzwelt gezeichnet" (Eckart von Sydow, Die Kultur der Dekadenz. Dresden 1921, S. 222)
30. Alfred Kubin, Die andere Seite, S. 4, 54
31. Ebenda S. 193
32. Ernst Jünger, Die Staubdämonen, in: Blätter und Steine, S. 100, 105
33. Joseph Roth, Radetzkymarsch. München 1982, S. 15
34. Ebenda S. 161, 162
35. Ebenda S. 186
36. Ebenda S. 155, 159, 157
37. Ebenda S. 154, 313
38. Zitiert bei David Bronsen, Joseph Roth. Eine Biographie. München 1981, S. 401
39. Joseph Roth, Radetzkymarsch, S. 157, 161
40. Oscar Wilde, Das Bildnis des Dorian Gray, S. 179
41. Joseph Roth, Radetzkymarsch, S. 6

15. Die Abkehr von der Décadence

1. Roger Bauer, Das Treibhaus ..., S. 3
2. Thomas Mann – Heinrich Mann, Briefwechsel 1900–1949. Frankfurt 1968, S. 103 f.
3. Herman Bang, Gesammelte Werke, Bd. I. Berlin 1912, S. 264
4. Vgl. Emilien Carassus, Le snobisme et les lettres françaises, S. 158
5. Karl Korn, Zola in seiner Zeit, S. 144, 146
6. Kurt Martens, Roman aus der Décadence. Berlin 1966, S. 65, 71
7. Ebenda S. 109, 108, 195
8. Koenraad W. Swart, The Sense of Decadence in Nineteenth-Century-France. The Hague 1964, S. 167 f.
9. Ebenda.
10. Edouard Rod, La course à la mort. Paris 1891[5], S. 5
11. Edouard Rod, Le sens de la vie. Paris 1889, S. 116
12. Rémy de Gourmond, Le deuxième livre des masques. Paris 1898, S. 163
13. Zitiert nach René Ternois, Zola et son temps, S. 158
14. Ebenda S. 166
15. Ebenda
16. Eudo C. Mason, Deutsche und englische Romantik. Göttingen 1966, S. 50
17. Ebenda S.

Zweiter Teil

1. Ein Vorspiel: Die Gauklerin Bettine in Goethes Venetianischen Epigrammen

1. Goethes ‚Venetianische Epigramme‘ werden zitiert nach der Jubiläumsausgabe; Sämtliche Werke, Stuttgart und Berlin o. J., Bd. 1, und zwar mit der jeweiligen Nummer
2. Ernst Bertram zitiert diese briefliche Äußerung Flauberts aus den siebziger Jahren in seinem Aufsatz Vom Künstlertum im 19. Jahrhundert. Über Flauberts Briefe, in: Dichtung als Zeugnis. Bonn 1967, S. 12
3. Wilhelm Meisters Lehrjahre. Goethes Werke (Hamburger Ausgabe), Bd. 7. Hamburg 1950, S. 90
4. Zitiert in den Anmerkungen Wilhelm von Loepers in der Ausgabe der Werke Goethes von 1882, Bd. I, S. 449
5. Weimarer Ausgabe, Bd. 53, S. 16
6. Eduard von der Hellen spricht von der „Lichtgestalt“ Goethes in den Anmerkungen S. 358 zur Jubiläumsausgabe, a. a. O., Bd. 1, S. XV
7. So Erich Trunz im Kommentar zu Band I der Ausgabe Goethes Werke, Hamburg 1948, S. 497
8. Emil Staiger, Goethe, Bd. II. Zürich und Freiburg 1956, S. 86 f.
9. Goethe, Briefe der Jahre 1786 – 1814. Zürich 1949, S. 165
16. Weimarer Ausgabe, Bd. 5, 2. Abt., S. 358

11. Gesammelte Werke der Brüder Christian und Friedrich Leopold Grafen zu Stolberg, Bd. 9. Hamburg 1827, S. 440
12. Eine Abbildung bei Fritz Schillmann, Venedig. Geschichte und Kultur. Leipzig und Wien 1933, S. 192
13. Abbildung Nr. 161 in dem Katalog ‚Venetianische Kunst in der Schweiz und in Liechtenstein', redigiert von Georg Germann. Zürich 1928, mit einem sehr instruktiven Beitrag von Eduard Hüttinger
14. Weimarer Ausgabe, Bd. 53, S. 16, Nr. 40
15. Weimarer Ausgabe, Bd. 5, 2. Abt., S. 377
16. Heinrich Wölfflin, Die Kunst Albrecht Dürers. München 1920, S. 42
17. Goethes Werke, Hamburger Ausgabe, Bd. 3, S. 133
18. Weimarer Ausgabe, Bd. 5, 2. Abt., S. 276 f.
19. Emil Staiger, Goethe, Bd. II, S. 87
20. Jubiläumsausgabe, Bd. 35, S. 324
21. Vgl. Walter Benjamin, Charles Baudelaire. Ein Lyriker im Zeitalter des Hochkapitalismus. Frankfurt 1969, Kapitel II: ‚Der Flaneur'
22. Goethe, Hamburger Ausgabe, Bd. 11, S. 211
23. Vgl. Benjamin, Charles Baudelaire . . ., S. 133
24. Goethe, Hamburger Ausgabe, Bd. 11, S. 213
25. Goethe, Italienische Reise, Hamburger Ausgabe, Bd. 11, S. 213
26. Werner Hofmann, Nana. Mythos und Wirklichkeit. Köln 1973, S. 104, 102
27. Italienische Reise, Hamburger Ausgabe, Bd. 11, S. 68
28. Vgl. Ew. J. Hemmings, Emile Zola. Oxford 1966, S. 34
29. Brief vom 19. Oktober 1907 an Clara Rilke, Briefe S. 195

2. Verödung und Sinnverlust der bürgerlichen Existenz: Flauberts Madame Bovary

„Madame Bovary" wird zitiert nach der Übersetzung von Arthur Schurig, (Insel-TB) Frankfurt 1979. Einige Stellen werden nach der Übersetzung von Ernst Sander, München o. J. (= Sander) zitiert – die französische Fassung nach der Ausgabe der ‚Bibliothèque Française', Berlin o. J. (franz.)

1. Hans Martin Gauger, Der vollkommene Roman ‚Madame Bovary', Karl Friedrich von Siemens Stiftung, Thema XXXVII, München 1963
2. Claudine Gothof-Mersch, La genèse de Madame Bovary. Paris 1966
3. Ebenda S. 17
4. Auch sonst finden sich einige sachliche Unstimmigkeiten in Gaugers Aufsatz. 1858 ist nicht das Jahr, „in dem er (Flaubert) die Bovary beendete", wie es S. 40 heißt; der Roman ist 1856 abgeschlossen. Es trifft nicht zu, daß Charles Bovary nach Emmas Tod durch die aufgefundenen Briefe nur von ihrer Untreue mit Rodolphe erfährt (ebenda, S. 27). Er findet vielmehr auch sämtliche Liebesbriefe von Léon in einem Geheimfach von Emmas Sekretär (franz. S. 387)
5. Claudine Gothof-Mersch, La genèse de Madame Bovary, S. 47
6. Ebenda S. 51

7. Hugo Friedrich, Die Klassiker des französischen Romans. Leipzig 1939, S. 116
8. Ebenda S. 148
9. Ebenda S. 149, 139
10. Ebenda S. 126, 139, 117
11. Gauger, Der vollkommene Roman ‚Madame Bovary', S. 24
12. Ebenda S. 23
13. Ebenda S. 37
14. Flaubert, Briefe. Zürich 1977, S. 396

3. Thomas Mann und die Décadence

1. Thomas Mann – Heinrich Mann, Briefe 1900–1949. Frankfurt 1968. S. 103 f. (Brief vom 8.11.1913)
2. Thomas Mann, Geist und Kunst, in: Hans Wysling, Geist und Kunst. Thomas Manns Notizen zu einem Literatur-Essay, in: Quellenkritische Studien zum Werk Thomas Manns. Bern und München 1967
3. Ebenda S. 198 f.
4. Ebenda S. 191
5. Ebenda S. 189 f.
6. Ebenda S. 207
7. Ebenda S. 207
8. Ebenda S. 207 f.
9. Ebenda S. 197
10. Ebenda S. 208
11. Ebenda S. 208

4. Stefan Georges ‚Algabal'. Décadence als Herausforderung

1. Vgl. Mario Praz, Liebe, Tod und Teufel, S. 142; Roger Bauer, Nero de inferno levatus, in: Euphorion Bd. 66, 1972, S. 249
2. Gustave Flaubert, Briefe. Zürich 1977, S. 43. Flauberts Angabe, er habe die Lebensbeschreibung des Kaisers bei Plutarch gelesen, ist ein Irrtum. Heliogabal ist lange nach Plutarchs Tod geboren. Flaubert meint vielleicht Lampridius.
3. Edgar Allan Poe, Complete works, Bd. II. New York 1907, S. 244 f.
4. Vgl. Mario Praz, Liebe, Tod und Teufel, S. 253, 276
5. Joris Karl Huysmans, Gegen den Strich, S. 44
6. Jean Lombard, Die Agonie. Wien 1903, S. 220
7. Der Aufsatz von Oswald in: Germanic Review XIII, 1948
8. Claude David, Stefan George. Sein dichterisches Werk. München 1967, S. 78
9. Briefwechsel zwischen George und Hofmannsthal. München 1953, S. 12
10. Blätter für die Kunst. Eine Auswahl aus den Jahren 1892–1898. Berlin o. J., S. 146

11. Friedrich Gundolf, Stefan George. Berlin 1920, S. 143
12. Ebenda S. 80, 92
13. Friedrich Wolters, Stefan George und die Blätter für die Kunst. Berlin 1930, S. 41
14. Blätter für die Kunst, S. 21
15. Briefwechsel zwischen George und Hofmannsthal, S. 12
16. Blätter für die Kunst, 2. Folge 1893, Zitiert nach: Eine Auslese aus den Jahren 1892–98, Berlin 1898, S. 12
17. Claude David, Stefan George, S. 78–81
18. „Wir wissen auch noch, welchen starken eindruck die schriften der Byzantiner und Spätlateiner in uns hinterließen." (I, 506)
19. Dies der Titel von Barrès erstem Roman, 1888
20. Huysmans, Gegen den Strich, S. 172
21. Vgl. Claude David, Stefan George, S. 95
22. Albert Samain, Œuvres, Bd. I. Paris 1924, S. 15
23. Huysmans, Gegen den Strich, S. 86 f.
24. Ebenda S. 164
25. Ebenda S. 188
26. Ebenda S. 188
27. Erwin Koppen, Dekadenter Wagnerismus. Berlin 1973, S. 39

5. Claudio. Die Erfahrung der Lebensferne in Hofmannsthals Spiel ‚Der Tor und der Tod'

1. Hugo von Hofmannsthal Edgar Karg von Bebenburg, Briefwechsel. Frankfurt 1966, S. 19
2. Richard Alewyn, Über Hugo von Hofmannsthal. Göttingen 1958, S. 66
3. Gerhart Pickerodt, Hofmannsthals Dramen. Kritik ihres historischen Gehalts. Stuttgart 1968, S. 31 f.
4. Alewyn, Über Hugo von Hofmannsthal, S. 69
5. Ebenda S. 73, 75
6. Ebenda S. 73
7. Ebenda S. 70
8. Jean Paul, Werke, Bd. III. München 1961, S. 266, 263
9. Ernst Robert Curtius, Die literarischen Wegbereiter des neuen Frankreich. Potsdam 1923, S. 49
10. Ebenda S. 50
11. Brief vom 31.7.1892 an Gustav Schartzkopf, Briefe 1890–1901. Berlin 1935, S. 59 f.
12. Guy de Maupassant, Unser Herz. München o. J., S. 30, 39
13. Ebenda S. 150 f., 131
14. Paul Bourget, Psychologische Abhandlungen über zeitgenössische Schriftsteller. Minden 1903, S. 145
15. Die Feststellung einer Erkrankung des Willens ist klar unterschieden von Kierkegaards in ‚Entweder – Oder' gegebener Deutung der Indifferenz des Melancholikers, in der er eine Sünde sah, „die Sünde, nicht tief und innerlich zu

wollen". Kierkegaard folgt hier der „älteren Kirchenlehre" des Mittelalters, die in der Schwermut eine „Kardinalsünde" sah. Vgl. Walter Rehm, Gontscharow und Jacobsen. Göttingen 1963, S. 94 f.

16. Paul Bourget, Essais de psychologie contemporaine. Paris 1899, S. 149
17. Hugo von Hofmannsthal, Briefe 1890–1901. Berlin 1935, S. 181
18. Ebenda S. 182
19. Hugo von Hofmannsthal – Ottonie Gräfin Degenfeld, Briefwechsel. Frankfurt 1974, S. 359
20. Brief vom 10.5.1896 an Beer-Hofmann, Briefe 1890–1901, S. 189
21. Alewyn, Über Hugo von Hofmannsthal, S. 149
22. Peter Szondi, Das lyrische Drama des Fin de siècle, S. 167
23. Ebenda S. 234 f.
24. Ebenda S. 232
25. Hofmannsthal, Briefe 1890 – 1901, S. 212
26. Olga Schnitzler, Spiegelbild der Freundschaft. Salzburg 1967, S. 38
27. Heinz Kohut, Narzißmus. Frankfurt 1976, S. 45, 335, 34
28. In einem Gespräch über Claudio wies mich Hedda Herwig auf die Fragwürdigkeit von Claudios Lebensverlangen hin, dessen Ernsthaftigkeit ich zunächst bejaht und nicht bezweifelt hatte, und sie brachte mich mit ihrer Frage, ob Claudio wirklich und unbedingt leben wolle, auf den Weg zur exakten Interpretation seines Todes.
29. Auch Peter Szondi stellt die entscheidende Frage nicht, verkennt auch die Freudigkeit im Sterben Claudios und sucht die Bedeutung des Todes als eines dionysischen Gottes abzuschwächen, obwohl doch der Tod sich selbst als Verwandten des Dionysos bezeichnet.
30. Georg Rodenbach, Œuvres. Paris 1923, S. 130
31. Genauso heißt es bei Schopenhauer: „Das Leben kann, diesem Allen zufolge, allerdings angesehen werden als ein Traum, und der Tod als das Erwachen." (II, 398)

6. Die Entwertung der Gegenwart als Erfahrung der Décadence im Werk Arthur Schnitzlers

1. Sigmund Freud, Psychologie des Unbewußten, Studienausgabe Band III. Frankfurt 1975, S. 385

7. Décadence und Gesellschaftskritik Heinrich Manns Roman ‚Die Jagd nach Liebe'

1. Ein Zeitalter wird besichtigt, 1947, S. 6. Zum Lebensbegriff um 1900 vgl. Wolfdietrich Rasch, Zur deutschen Literatur seit der Jahrhundertwende. Stuttgart 1967
2. Die in Klammern stehenden Zahlen nach den Zitaten beziehen sich auf folgende Ausgabe: Die Jagd nach Liebe. Hamburg 1970

3. Vgl. M. Praga – R. Leoncavallo – D. Oliva – G. Ricordi – L. Illica, Manon Lescaut, übersetzt von Joachim Popelka und G. Winkler. Frankfurt 1945, S. 27 ff.

8. Décadence – Motive in Eduard von Keyserlings Romanen und Erzählungen

1. Die nicht in GE bzw. W (vgl. Abkürzungsverzeichnis) abgedruckten Stücke werden nach den jeweils genannten Einzelausgaben zitiert.
2. Saladin Schmidt hat schon 1910 in einem Aufsatz (Mitteilungen der literarischen Gesellschaft Bonn, Jahrgang 5, 1960) in den Figuren Keyserlings „das Bild des Zugrundegehens, des Verfalls der Rasse" wahrgenommen (S. 32). „Überall ist die absinkende Linie festzustellen, die im besten Fall in Resignation endet." (S. 42) – Ähnlich sieht Käthe Knoop in ihrer Dissertation ‚Die Erzählungen Eduard von Keyserlings', Marburg 1929, in den Frauengestalten Keyserlings „überzüchtete späte Erscheinungen einer alten Rasse ohne rechte Lebenskraft" (S. 24). „Ihre Nerven sind krankhaft überfeinert (...)" (S. 25) – Auf einzelne Motive der Décadence geht Käthe Knoop kaum ein. – Herbert Kalkhoff übernimmt in seiner Dissertation ‚Die Dekadenz im Werke Eduards von Keyserlings', Freiburg 1953, Walther Rehms Anschauung der Décadence, das heißt ihre entschiedene Abwertung als „Entartung", zum Teil auch als „Schuld", als „Abfall von Natur und Gott" (S. 137), was die Sachlichkeit der Analyse beeinträchtigt. Kalkhoff zeigt Décadence-Symptome selten an Einzelschicksalen auf, sondern behandelt sie abstrahierend und schematisch. Auch der Glaubensverlust wird hier als Décadence-Symptom verstanden, und es wird zu Unrecht behauptet, die Adeligen „setzen sich selber gottgleich" (S. 85). Von dem trübsinnigen Advokaten Viervogel in ‚Feiertagskinder' heißt es: „Vielleicht fehlte es ihm nur an Kraft und Mut zu einem neuen, positiv gerichteten Leben?" (S. 143). Hier verkennt Kalkhoff, daß eben im Fehlen von Kraft und Mut die Décadence besteht und daß Keyserling eine (meist biologisch bedingte) Schwächung in ihr sieht, die nicht durch guten Willen „überwunden" werden kann.

   Richard Brinkmann hat in einem Kapitel seines Buches ‚Wirklichkeit und Illusion', Tübingen 1957, die Erzählweise in ‚Beate und Mareile' in einer sehr präzisen Analyse untersucht. Wenn er gelegentlich auf das Thematische eingeht, so spricht er von der „degenerierten Gepflegtheit und Müdigkeit", einem „Hautgoût, in dem höchste Reizsamkeit, delikatester Genuß und beginnender Verfall, erster Hauch der Verwesung vereint sind (...)" (S. 290).
3. Benno von Wiese, Die deutsche Novelle II. Düsseldorf 1962, S. 296. Nicht einen „konsequenten", sondern einen halbherzigen Rebellen zeichnet Keyserling.

9. Rilkes Duineser Elegien als Dichtung des Untergangs

1. Rainer Maria Rilke, Lou Andreas-Salomé, Briefwechsel. Wiesbaden 1952, S. 246, 247, 277
2. Brief vom 11. Februar 1916, Briefe. Wiesbaden 1950, S. 334 f.
3. Rudolf Hirsch, Schwieriges Verhältnis, in: Süddeutsche Zeitung vom 1./2. April 1978
4. Jens Peter Jacobsen, Frau Marie Grubbe. Frankfurt 1985, S. 253, 273
5. Ebenda S. 285
6. Rilke, Briefe aus den Jahren 1914–21. Leipzig 1935, S. 111
7. Vgl. Walther Rehm, Experimentum medietatis. München 1947, S. 198 ff.
8. Rilke, Briefe, S. 900
9. Vgl. Jacob Steiner, Rilkes Duineser Elegien. Bern und München 1962, S. 37 f.
10. Rilke, Briefe, S. 899
11. Rilke, Briefe, S. 898, 897
12. Ebenda S. 896
13. Steiner, Rilkes Duineser Elegien, S. 20 f.
14. Peter Szondi, Das lyrische Drama des Fin de siècle, Frankfurt 1975, S. 465. Steiner sieht richtig, wenn er sagt, daß sich in der neunten „der enge Zusammenhang mit allen anderen, auch den ‚klagenden' Elegien" erweist (Steiner, a. a. O., S. 208)
15. Else Buddeberg, Die Duineser Elegien Rilkes. Karlsruhe 1948, S. 308
16. Rilke, Briefe, S. 900
17. Rainer Maria Rilke und Marie von Thurn und Taxis, Briefwechsel, Bd. I. Zürich 1951, S. 409
18. Rilke, Briefe, S. 898, 897
19. Jacob Steiner, Rilkes Duineser Elegien, S. 289

Abbildungsnachweis

Zur Abb. auf S. 138: Giovanni Antonio Canal, gen. Canaletto, Studienblatt einer Gauklervorführung, Feder über Bleistiftspuren auf Papier, vermutlich nach 1756. Schweiz, Privatsammlung, Wiedergabe mit Genehmigung des Schweiz. Instituts für Kunstwissenschaft, Zürich.

Personenregister

Buchanzeige